사회적 소유 자본

사회적 소유 자본

'자본주의 너머'
새로운 사회를 향하여

이상섭 SOC전략연구소장 지음

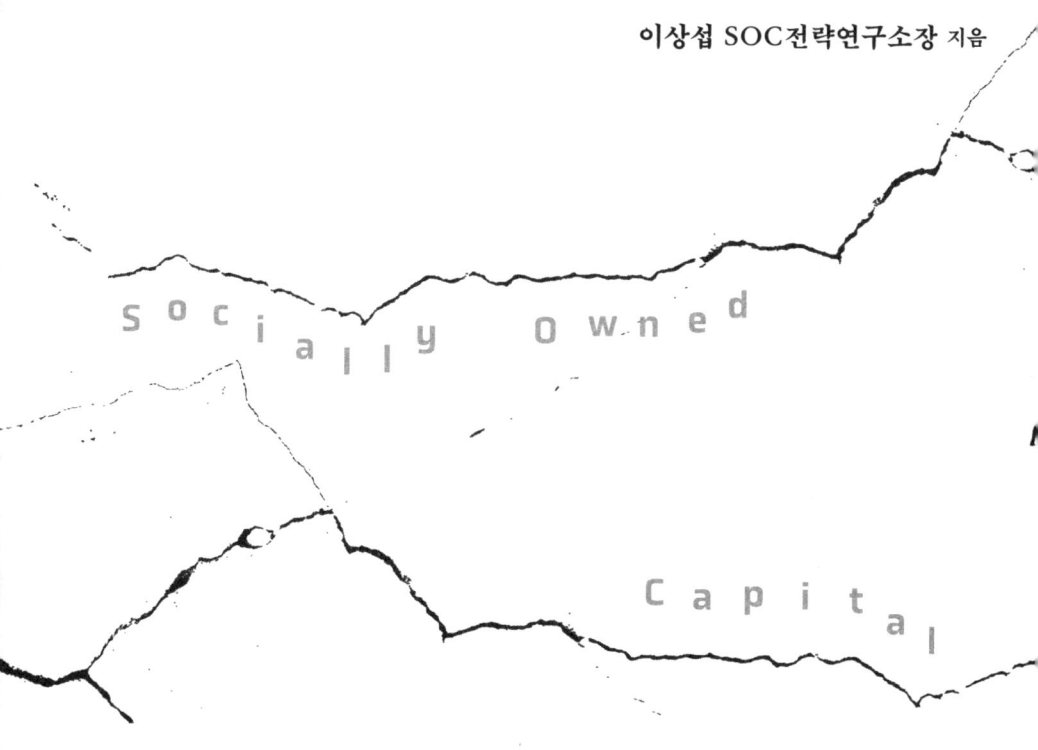

푸른나무

[머리말]

바야흐로 21세기 우리 인류는 예측과 통제가 거의 불가능한 절체절명의 위기를 맞이하고 있다. 산업화 이전 대비 지구 평균 기온 상승을 1.5°C 이내로 억제하겠다는 2015년 파리 협정의 목표는 이미 그 실현이 불가능해졌다. 브레이크 없이 폭주하는 AI, 휴머노이드, 양자컴퓨팅 등 첨단 신기술 경쟁이 아직 초기 단계임에도 에너지 고갈과 기후 위기를 가속화하고 있다. 그리고 마침내 노동 없는 성장의 현실화가 자본주의 체제의 지속 가능성을 심각하게 위협하고 있다.

이윤 추구를 유일한 목표로 하는 무한 성장의 자본 논리가 지난 수백 년간 인류 사회를 지배해온 탓이다. 종말적 위기에 처한 자본주의 체제를 유지하는 것도, 벗어나는 것도 결코 쉽지 않은 오늘날, 인류의 선택지는 과연 무엇인가. 이 책은 이와 같은 문제의식과 그 답을 찾기 위한 고뇌를 담고 있다.

유례없는 생산력 발전으로 인류에게 물질적 풍요를 안겨준 자본주의 체제가 필연적으로 만들어낸 사회적 불평등과 모순을 해소·극복하려는 노력들은 지금까지 다양하게 시도되어왔다. 그리고 역설적으로 그런 노력들이 자본주의 체제의 발전과 오랜 존속에 기여해왔다는 사실은 누구도 부인하기 어렵다. 그러나 지금 인류가 맞이하고 있는 종말적 위기는 과거의 방식이나 유사한 대안으로 과연 극복될 수 있을까. 이 책은 그에 대한 근본적 회의와 비판 위에 완전히 새로운, 그런 의미에서 매우 과감한 대안과 전략을 제시하고 있다.

인류의 종말보다도 그 종말을 더 상상하기 어려운 자본주의 체제를 극복할 수 있는 주체와 힘은 과연 어떻게 형성될 수 있는가. 이 책의 관심은 오로지 이 물음에 답하는 데 집중되어 있다.

자본주의 체제 극복을 위한 다양한 시도와 노력들의 역사적 한계와 좌절은, 세계 어느 국가나 지역사회 구성원이라도 쉽게 참여할 수 있고, 그럼으로써만 비로소 현실성이 강력하게 담보될 수 있는 자본주의의 진정한 극복 방안을 찾아내는 것을 절실한 시대적 과제로 제기하고 있다. 이 책은 21세기 인류가 짊어진 바로 이런 시대적 과제에 대한 성공적 도전이 되기를 갈망하는 마음으로 쓰였다.

작금의 세계 자본주의 체제가 초래한 전 인류적 위기는 전 인류적 협동과 연대, 인간과 자연 존중의 공동체 원리에 기초한 새로운 체제를 강력하게 요구하고 있다. 그러나 그것으로의 이행과 전환은 반드시 연착륙의 형태로 이루어져야 한다. 왜냐하면 자본주의 체제의 종말이 붕괴와 파탄의 경착륙 양상으로 전개될 경우 오로지 인류의 완전한 절멸로 끝날 것이기 때문이다. 이 책은 마침내 이와 같은 운명에 처한 인류가 올바른 길을 개척해나가는 데 방법론적으로, 그리고 실천적으로 기여함을 목적으로 하고 있다.

마지막으로, 이런 거대 담론을 되도록이면 회피하려는 경향과 소시민적 사고가 만연해 있는 지적·문화적 풍토 속에서 출판 요청을 단호히 거부하는 대신 넓은 아량으로 허락해준 푸른나무 최준석 대표와 헌신적 직원 여러분, 그리고 평생 생존 차원의 고단한 삶을 감수하며 묵묵히 버텨준 가족들에게 이 자리를 빌려 무한한 경의와 감사의 말씀을 전한다.

2025년 11월
SOC전략연구소 소장 이상섭

[차례]

머리말　4

팸플릿
사회적 소유 자본:
자본주의 후 이행기 전략과 주체에 관하여

제1장　사회적 소유 자본 중심의 자본주의 후 이행기 플랜
1. 자본주의 후 이행기 플랜, 왜 절실한가?　13
2. 자본주의 후 이행기를 향한 총력전과 주체에 관하여　19
3. 사회적 소유 자본　24
4. 사회적 소유 자본 네트워크　39
5. 자본주의 후 이행기의 제 발전 단계 전망　43
6. 사회적 소유 자본 네트워크 인터내셔널　54
7. 사회적 소유 자본 구축을 위한 제안　57

제2장　기본적 문제의식과 방법론
1. 자본주의 체제의 작동 원리와 해방의 문제　62
2. 반자본주의 혁명 노선과 반자본주의 운동에 대하여　69
3. 사회적 소유 자본의 작동 원리, 역사적 임무 및 조직 방법론　78

보론 1

인류 발전과 자본주의 이데올로기의 역사적 조망

제1장 인류 역사의 발전 과정

1. 역사 발전이란 무엇인가? — 91
2. 원시 공산제 사회 — 93
3. 고대 노예제 사회 — 99
4. 중세 봉건제 사회 — 105
5. 근대 자본주의 사회 — 113
6. 자본의 집적·집중과 제국주의 시대 — 119
7. 현대 자본주의 사회 — 125
8. 역사를 바라보는 관점에 관한 오해와 편견 — 132

제2장 자본주의 이데올로기의 역사적 검토

1. 자본주의 이데올로기의 작동 방식과 문제점 — 135
2. 초기 자본주의와 고전적 자유주의 — 138
3. 자본주의 체제의 확립과 사회진화론 — 152
4. 독점 자본주의와 제국주의 시대 — 158
5. 20세기 초 자본주의 위기와 케인스주의, 복지국가론 — 163
6. 신자유주의의 등장과 확산 — 171
7. 자본주의 이데올로기의 내면화와 재생산 메커니즘 — 184
8. 자본주의 이데올로기에 대한 비판적 관점들 — 192
9. 자본주의 이데올로기에 대한 역사적 검토의 의의와 전망 — 207

보론 2
현대 자본주의 체제 분석

제1장 현대 자본주의 체제의 이해
1. 현대 자본주의 체제, 어떻게 바라볼 것인가   213
2. 신자유주의적 세계화의 전개   215
3. 국제 분업 질서와 글로벌 자본주의   222
4. 거시적 분석: 글로벌 자본주의 체제의 작동 원리   229
5. 미시적 분석: 기업과 노동의 변화   236
6. 현대 자본주의 체제의 사회·정치적 영향   243
7. 환경 문제와 지속 가능성 도전   250
8. 현대 자본주의 체제의 미래 전망   255

제2장 기축통화 체제의 역할과 한계
1. 기축통화 체제 분석의 필요성과 의의   258
2. 기축통화 체제의 형성과 발전   261
3. 기축통화국이 갖는 이익: 자본주의적 분석   268
4. 기축통화국과 계급적 착취   280
5. 기축통화국의 딜레마와 한계   292
6. 새로운 탈출구, 스테이블 코인 전략의 의의와 한계   299
7. 기축통화 체제 문제의 대안과 근본적 해법   303

보론 3
자본주의 사회의 여러 측면

제1장　자본주의 사회의 불로소득: 지대 분석
1. 지대의 본질 　　　　　　　　　　　　　　　　　308
2. 지대의 종류 　　　　　　　　　　　　　　　　　311
3. 불로소득 자본주의의 특징 　　　　　　　　　　　314
4. 지대 추구가 초래하는 문제 　　　　　　　　　　　317
5. 자본주의 체제 내적 지대 억제 정책과 근본적 대안 　　320

제2장　자본주의 사회 과학기술 발전의 계급적 본질
1. 문제의식: 과학기술 발전과 계급 문제의 상관성 　　326
2. 분석을 위한 기본 관점 　　　　　　　　　　　　　328
3. 자본주의 사회에서 과학기술 발전의 동인 　　　　　330
4. 과학기술 발전의 계급적 본질 　　　　　　　　　　332
5. 과학기술과 계급 지배의 재생산 　　　　　　　　　334
6. 자본주의적 과학기술 발전의 한계와 모순 　　　　　336
7. 새로운 대안과 과학기술의 해방적 가능성 　　　　　338
8. 대안적 시각에서 본 자본주의 사회 과학기술 발전의 계급적 본질 　340

제3장　자본주의 사회 예술 발전의 계급적 본질
1. 기본 관점: 예술과 사회 구조의 관계적 접근 　　　343
2. 자본주의 사회의 예술 발전 단계 　　　　　　　　344
3. 리얼리즘, 모더니즘, 그리고 포스트모더니즘 　　　351
4. 자본주의 이후 예술의 전망 　　　　　　　　　　　359

제4장　자본주의 국가 조세 정책의 본질과 한계
1. 자본주의와 조세 정책의 딜레마 　　　　　　　　　363
2. 자본주의 체제의 기본 구조와 불평등 　　　　　　　366
3. 증세 정책의 한계: 자본 경쟁력과 이윤율 저하 　　369
4. 감세 정책의 역설: 사회적 불평등의 심화 　　　　　373
5. 조세 정책의 모순: 자본주의 체제 내에서의 불가피성 　377
6. 대안: 자본주의 모순의 극복 　　　　　　　　　　　380

제5장 자본주의 사회의 약탈적 소비의 계급적 본질

1. 자본주의 체제와 소비문화의 형성   383
2. 약탈적 소비의 개념과 특징   386
3. 계급 구조와 소비의 불평등   389
4. 유한계급과 과시적 소비   393
5. 현대 자본주의와 새로운 계급의 소비문화   397
6. 약탈적 소비의 사회적·환경적 영향   401
7. 결론   405

제6장 21세기 후기 파시즘에 대한 계급적 분석

1. 21세기 후기 파시즘에 대한 계급적 분석의 필요성   409
2. 파시즘의 역사적 기원과 발전   411
3. 21세기 후기 파시즘의 특징   414
4. 후기 파시즘의 계급적 분석   417
5. 후기 파시즘의 이데올로기와 전략   421
6. 후기 파시즘의 계급적 본질과 왜곡된 계급투쟁   425
7. 후기 파시즘의 기후 위기 가속화   428

제7장 양자컴퓨터와 AI가 초래할 자본주의 체제의 지속 불가능성

1. 기술 혁신과 자본주의의 구조적 한계   432
2. 기술 선진국의 위기와 대응의 한계   434
3. 기술 후진국의 위기와 대응의 실패   440
4. 글로벌 자본주의 체제의 붕괴 메커니즘   444
5. 결론: 자본주의 이후의 세계   449

팸플릿

사회적 소유 자본:
자본주의 후 이행기 전략과
주체에 관하여

제1장

사회적 소유 자본 중심의 자본주의 후 이행기 플랜

1. 자본주의 후 이행기 플랜, 왜 절실한가?

1.1 자본주의 모순의 심화에 따른 인류 고통의 가중과 지속 불가능성

1.1.1 단일 세계 자본주의 체제의 붕괴와 블록화

20세기 말 소련, 동유럽 사회주의 체제 붕괴와 중국의 이른바 개혁개방은 미국을 정점으로 하는 단일 세계 자본주의 체제를 성립시켰다. 전 지구 영역으로 통합된 자본주의 시장은 신자유주의 이데올로기로 무장한 자본의 비약적 축적을 촉진하였으나 그와 동시에 빈부 격차와 양극화의 심화, 지구 생태 파괴와 기후 위기도 초래했다. 또 그 과정에서 이루어진 중국 경제의 비약적 발전이 수십 년도 채 못 되어 미국 헤게모니가 관철되는 기존 세계 질서를 위협하고 이른바 미·중 경쟁 시대를 여는 계기로 작용하면서 단일 세계 자본주의 체제의 붕괴가 시작되고 미국과 중국, 유럽 등을 중심으로 한 블록화가 진행되고 있다.

이로써 전 지구 영역으로 통합된 자본주의 시장에 다시 균열이 발생하여 각 나라 자본 입장에서는 시장 협소화와 더욱더 치열한 경쟁 환경이 조성됨으로써 심각한 자본축적 위기로 내몰리고 있다.

1.1.2 빈부 격차와 양극화의 심화

이른바 세계화가 활발하게 진행된 지난 수십 년 동안 국가 간, 자본 간, 개인 간 빈부 격차와 양극화는 더욱 심화되어 왔다. 여러 원인이 있겠으나, 일반적으로는 세계화에 따른 자본축적 격차의 증가, 세계화에 대응한 기술 및 지식 개발 격차의 증가 및 부와 빈곤의 대물림 등이 주요 원인으로 지적되고 있다.

1.1.3 광범위한 생태 파괴와 기후 위기의 극대화

자본주의 발전이란 지속적 자본축적 즉 지속적 성장을 뜻하는데, 그것을 위해서는 생태 파괴와 그에 따른 기후 위기의 심화가 불가피하다. 특히 지난 수십 년간 이루어진 전 지구 영역에서의 급속한 자본축적은 광범위한 생태 파괴와 기후 위기의 극대화를 초래함으로써 지속적 자본축적은 물론, 인류 생존 그 자체까지 근본적으로 위협하고 있다.

기후과학자들은 대기 중 이산화탄소 농도 증가가 가져온 온실 효과와 지구 온난화로 기후 변화 속도가 점점 더 빨라지고 있다고 진단하고 있다. 세계기상기구(WMO)에 따르면 2024년 지구 평균 기온은 산업화 이전(1850~1900년) 대비 이른바 '티핑 포인트'(임계점)라고 판단되는 1.5°C를 넘어 1.55°C(±0.13) 더 높았고, 유럽연합 코페르니쿠스 기후 변화 서비스(C3S)는 그 차이를 1.6°C로 집계했다. 이로써 지구의 물리·화학적 시스템이 기존 패턴과는 질적으로 전혀 다른 새로운 양상을 보일 것으로 예상되고 있다.

지구 온도가 자연 생태계 변화에 의해 지난 1만 년 전부터 본격적 산업화 이전까지 대략 1만 년 지나는 동안 4°C 오른 데 비해 본격적 산업화 이후 지금까지 백여 년 정도밖에 되지 않는 짧은 기간에 인간의 생태계 파괴로 벌써 1.5°C 넘게 상승한 것이다. 그 결과 "지금 인류는 기후 위기를 인식한 첫 세대이자 그것을 막을 수 있는 마지막 세대가 될 것"이라거나 "이대로 가면 지금 인류에게 22세기는 영원히 오지 않을 것"이란 평가가 기후과학자들 사이에 널리 회자되고 있을 정도로 인류는 지금 문자 그대로 '절멸의 위기'를 맞이하고 있다.

1.1.4 총체적 자본축적 위기의 심화에 따른 전쟁 위기의 고조

단일 세계 자본주의 체제의 붕괴와 블록화, 빈부 격차와 양극화의 심화, 광범위한 생태 파괴와 기후 위기의 극대화가 초래한 총체적 자본축적 위기는 신규 소비 및 투자 수요의 획기적 창출 없이는 완화되기 어렵다. 이에 세계 자본 진영은 전기차로의 자동차 산업 대전환이나 생성형 인공지능(AI), 휴머노이드 로봇과 같은 IT 신기술의 개발 보급으로 그 돌파구를 찾은 한편, 역사적으로 효과가 검증된 바 있는 대규모 군비 투자 수요의 창출로 대응하려 하고 있다. 그 결과 지구촌은 어느 때보다 더 커지고 있는, 극우 파시즘의 재등장과 파국적 전쟁 위기에 직면하고 있다.

1.2 자본주의 모순 극복을 위한 역사적 노력과 한계

1.2.1 체제 내적(자본 진영의, 우파적) 노력과 한계

자본주의 발전과 함께 발현된 다양한 모순이 자본주의 발전과 지속 가능성을 위협하자 그것을 체제 내적으로 극복하려는 노력들이 자본 진영 내부로부터 다양하게 이루어져 왔다. 이른바 수정 자본주의라고 일컬어지는 이런 노력들은 자본주의의 여러 모순을 국가 개입 등에 의하여 완화함으로써 자본주의 발전과 영속을 도모하려는 주장 또는 정책을 가리킨다.

1929년 세계 공황 이후 미국 루스벨트 대통령이 채택한 뉴딜 정책과 그 이론적 근거가 된 케인스학파 경제이론이 수정 자본주의적 노력의 한 갈래라면 "요람에서 무덤까지"란 구호를 내세우며 추진된 영국의 사회보장제도에 의한 복지국가 정책은 그것의 또 다른 갈래로 여겨진다. 자본주의 모순을 완화하기 위한 노력은 "소유와 경영이 분리된 기업과 사회는 경영자가 지배한다"는 미국 철학자 번햄(J.Burnham)의 경영자 혁명론과 같은 주장이나 종업원 지주제, 주주 민주제 도입 등의 정책을 통해서도 나타났다.

국가를 초계급적 존재로 설정하는 이들 입장과 노력은 자본주의 모순의 발현을 일시 완화하는 데 다소간 기여하였다. 그러나 이러한 수정 자본주의적 노력은 첫째, 이들이 설정한 초계급적이라는 부르주아 국가에 대한 환상이 노동자 계급의 반자본주의 투쟁을 계속 억압해왔던 부르주아 국가의 역사적 대응으로 번번이 폭로됨으로써, 둘째, 세계를 무대로 한 각국 자본의 치열한 자본축적 경쟁에서 국가의 개입이나 통제가 오로지 자본축적의 환경 조성에 우호적이라고 판단될 때에만 허용될 뿐 그 선을 넘어설 경우 그것을 가차 없이 거부하는 자본 진영의 끊임없는 역사적 대응으로, 이미 그 한계를 명확히 드러냈다.

1.2.2 체제 외적(노동 진영의, 좌파적) 노력과 한계

자본주의 모순은 자본주의 체제에 내재하는 것으로 자본주의 체제의 지양을 통해서만 해결될 수 있다는 입장에서 노동 진영의 좌파적 극복 노력이 다양하게 시도되어왔다. 그러한 노력들을 크게 나누어보면 노동조합 조직의 노동운동을 중심으로 한 생디칼리즘(노동운동을 경제 투쟁에 한정시키려는 우파 생디칼리즘과 노동조합의 직접 행동과 총파업에 의해 사회혁명을 달성하고 생산·소비조합의 자유로운 활동을 통해 자본주의를 극복하려고 하는 혁명적 생디칼리즘으로 구분됨), 사회주의 전위 정당에 의한 혁명 운동, 사회민주주의를 지향하는 대중 정당에 의한 개량주의 노선, 다양한 협동조합 운동 등이 있다.

지난 수백 년 자본주의 역사를 통해 시도되어온 이들 노력이 때로는 실패하고 또 때로는 성공하여 역사의 검증 무대에 올라선 경우도 있었다. 그러나 그중 가장 성공적이라고 평가되는, 전위 정당에 의한 사회혁명을 통해 일거에 자본주의 체제 극복과 사회주의 건설을 추구한 국가들조차 소련과 같이 결국 붕괴되고 말았거나 중국, 베트남과 같이 개혁 개방을 통해 자본주의 시장경제를 대폭 수용함으로써 자본주의로 전면 회귀했다는 비판을 받고 있다. 그리고 심지어는 소련이나 중국, 베트남 할 것 없이 이들 국가의 경제체제는 사회주의라기보다는 애초 그것이 가능하기 위한 물적 토대의 미비라는 역사적 조건으로 말미암아 국가자본주의의 성격과 한계를 아예 벗어나지 못했다는 평가까지 나오고 있다.

이런 점에서 안타깝게도 자본주의 체제 지양을 통해 자본주의 모순을 해결하려는 노동 진영의 다양한 역사적 노력 또한 근본적 한계를 넘어서지 못했다고 할 수 있다.

1.3 탈자본주의 이념과 주체의 혼란 및 실종

1.3.1 소련, 동유럽 체제의 붕괴와 중국의 개혁 개방 정책 도입

1990년대 초 시작된 소련·동유럽 체제 붕괴와 1980년대부터 본격화된 중국 개혁 개방 정책 도입은 이들 국가가 사회주의 체제를 표방해왔던 터라 자연스럽게 사회주의 체제 붕괴와 포기를 의미했고, 따라서 이는 사회주의 실험의 역사적 실패로 평가되었다. 그 결과 자본주의 모순이 해결되는 새로운 사회로서의 사회주의를 추구하는 이념이 노동 진영과 진보적 좌파 세력들 사이에서 뿌리째 흔들리며 일대 이념적 혼란과 위기가 벌어지는 상황이 전개되었다.

1.3.2 탈자본주의 이념과 주체의 실종, 그리고 대안의 부재

이와 같은 사회주의 이념 퇴색과 더불어 탈자본주의 운동 핵심 주체로서의 노동자 계급 위상 또한 흔들리기 시작했다. 자본주의 모순은 여전히 존재하고 전 지구 영역으로 더욱더 확대되면서 첨예화되고 있음에도 그것을 극복할 수 있는 대안 이념이나 주체는 아직 뚜렷이 나타나지 않고 있다. 이런 상황이 오래 지속되면서 노동 진영과 진보적 좌파 세력들은 역사적 패배주의, 냉소주의, 허무주의와 무기력증의 늪으로 깊이 빠져들어 갈 수밖에 없었다.

문제와 문제에 대한 인식은 존재하지만 대안은 존재하지 않는, 그래서 역사 발전을 선도해야 할 세력들이 자본주의 지배 체제 전면화로 대중적 고통이 한층 더 가중되고 있는 현실을 생생히 목격하면서도 그 극복을 위한 방법론은 제대로 찾지 못해 사실상 무장해제 되어 있다. 바로 이런 안타까운 상황이 오늘날 자본주의 후 이행기 플랜을 그 어느 때보다 더 절실히, 그리고 더 강력하게 요구하고 있다.

2. 자본주의 후 이행기를 향한 총력전과 주체에 관하여

2.1 왜 총력전이어야 하는가?

2.1.1 사적 소유 자본에 의한 전면적 지배 체제의 확립

오늘날 지구상의 거의 대부분 국가에서 사적 소유 자본은 정치, 경제, 사회, 문화, 교육 등 거의 모든 분야를 장악하고 있거나 실질적이고 지배적인 영향력을 행사하고 있다. 말하자면 사적 소유 자본이 거의 모든 국가에서 전면적 지배 체제를 확립하고 있다고 할 수 있다.

2.1.2 기동전 및 진지전 전략과 한계

흔히 자본주의 체제를 극복하기 위한 혁명 전략은 전쟁 개념을 차용, 기동전과 진지전으로 나누어진다. 기동전이란 혁명 세력이 결정적 시기에 기동성을 수단으로 삼아 빠른 템포로 자본주의 체제를 전복하는 전략이다. 반면, 진지전이란 자본주의 체제가 국가나 사회의 토대뿐 아니라 이데올로기적 헤게모니까지 강고하게 장악하고 있는 경우 사회 각 부문에서 진지를 구축하고 사상적·문화적 헤게모니 장악을 추진하면서 결정적 시기에 대비한 준비를 꾸준하게 해나가는 전략을 말한다.

이렇게 뚜렷이 대비되는 두 가지 혁명 전략도 소수의 혁명 지도 주체와 다수의 대중을 이분법적으로 구분하고 다수의 대중을 대상화시키고 있다는 점에서는 공통점을 가지고 있다.

그러나 실질은 어떠한가. 자본주의가 이룩한 생산력의 발전 수준과 한계를 실제 생산 과정의 최전선에서 광범위하게 체득해온 쪽은 소수의 혁명 지도 주체가 아니라 노동자 계급을 포함한 다수의 대중이다. 따라서 혁명이 막 발발하는 순간적 과정에서는 소수의 혁명 지도 주체가 지도할 수 있고 다수의 대중은 지도를 받는 대상으로 동원될 수 있지만, 그 후 이어지는 지난한 혁명의 전개 과정에서는 오히려 변혁을 위한 실질 역량을 갖춘 다수의 대중이 변혁 주체가 되어 지도해야 하고, 소수의 초기 혁명 지도 주체는 그들의 지도를 통해 이후 과정에서 요구되는 실무 역량을 쌓으면서 그들과 더불어 혁명 완수와 새로운 사회 건설을 위한 일꾼으로 거듭나야 한다.

영원히 지도해야 할 고정적 주체와 영원히 지도받아야 할 고정적 대중의 이분법적 구분! 그것이 결코 올바른 입장일 순 없다. 사회주의를 표방한 국가들이 애초 불가피한 사정으로 채택할 수밖에 없었던 관료적 국가자본주의 체제를 벗어나서 대중이 주체가 되는 진정한 사회주의 체제로 나아가지 못했던 역사적 전개 과정과 그 붕괴를 통해 이 같은 관념론적 입장이 얼마나 많은 사람들에게 소외와 고통을 강요하는 역사적 오류를 범했는지는 바로 그 역사에 의해 생생히 증명되고 있다.

2.1.3 총력전

전선과 후방의 구별 없이 국가의 가용한 모든 자원을 동원하여 치르는 전쟁을 흔히 총력전 또는 전체 전쟁이라고 한다. 사적 소유 자본이 국가와 사회의 거의 모든 부문을 전면적으로, 그리고 강고하게 장악하여 지배하는 자본주의 체제에서는 그것을 극복하고자 하는 전략 또한 기동전이나 진지전이 아닌, 총력전이어야 한다. 이 같은 난공불락의 자본주의 지배 체제를 극복하기 위해서는 거대한 힘과 에너지가 결집되어 발휘되지 않으면 안 되는데, 사회 구성원 대다수를 차지하는 대중이 변혁의 진정한 주체로 성장하여 참여하지 못하면 그것이 불가능하기 때문이다.

이와 관련하여 다시 한번 확실히 해둘 것은, 제국주의 국가에 의한 총동원 전쟁으로서의 총력전과는 달리 자본주의 지배 체제 극복을 위한 총력전은 소수의 혁명 주체가 다수의 대중을 대상화시키면서 가용한 모든 사회적 자원을 동원하고 투입한다는 의미의 총력전이 결코 아니라는 점이다. 사회 구성원 대다수가 사회적 소유 자본의 균등 지분 보유자인 동시에 사회적 소유 자본의 노동 제공자라는 이중 존재적 근거 위에서 변혁 주체로 꾸준히 성장하여 마침내 스스로의 힘과 에너지를 자본주의 지배 체제 극복과 새로운 사회 건설을 위해 집중시켜나가야 한다는 것이 혁명 전략으로서의 총력전 개념이다.

2.2 총력전 주체의 형성과 성장 과정

2.2.1 총력전의 주체와 분류

사적 소유 자본이 전면적으로 지배하는 자본주의 체제 속에서 국가 또는 사회 구성원은 계급과 처지에 따라 자본주의 모순을 첨예하게 느낄 수도 있고, 약하게 느끼거나 심지어는 전혀 의식조차 하지 못할 수도 있다. 삶의 어떤 처지와 계기를 통해서든, 모순을 첨예하게 느끼는 사람은 그 해결의 적극적 주체, 약하게 느끼는 사람은 잠재적 주체가 될 수 있고, 전혀 느끼지 못하는 사람은 아예 주체가 될 수 없다. 그리고 느끼는 정도는 사람마다 고정되어 있는 것이 아니라 그 사람의 처지와 계기에 따라

바뀔 수 있다.

사적 소유 자본이 전면적으로 지배하는 자본주의 국가나 사회에서 사회적 소유 자본을 중심으로 그 극복을 위한 총력전이 전개된다면 사회 구성원 대다수가 결국 그것을 의식하게 되고 각자의 처지와 계기에 따라 다양한 입장과 동기에서 참여하는 상황이 필연적으로 전개될 것이다.

이런 상황에서 자본주의 지배 체제를 극복하려는 편에 참여하는 주체는 스스로의 의식이나 자기규정과는 별도로 대략 선도 주체, 적극 동조 주체, 소극 동조 주체, 실리 계산 주체, 단순 호기심 주체 등으로 분류될 수 있다. 그리고 당연히 이런 분류도 사람마다 고정되어 있는 것이 아니라 그 사람의 처지의 변화와 계기의 유무에 따라 달라질 수 있다.

이 같은 분류의 목적과 의미는 어떤 사람의 현재 처지를 변화시키고 그 사람에게 끊임없이 입장 변화를 위한 계기를 제공함으로써 자본주의 지배 체제를 극복하는 데 더욱더 적극적 이해관계와 입장을 갖는 주체로 성장하도록 하는 데 있다.

총력전 주체의 형성과 성장은 이 같은 처지의 변화와 계기의 제공이 우연적이고 개별적으로 일어날 때가 아니라 사회적 소유 자본에의 참여를 통해 필연적이고 집단적으로 일어날 때 비로소 가능하다.

2.2.2 총력전 주체의 형성과 성장 과정

"의식하면 이해하게 되고, 이해하면 참여하게 되며, 참여하면 앞장서게 된다." 주체의 형성과 성장 과정을 요약한 말이다.

사회적 소유 자본의 출발선에서 구분되었던 선도 주체, 적극 동조 주체, 소극 동조 주체, 실리 계산 주체, 단순 호기심 주체는 사회적 소유 자본의 용광로 속에서 점차 융해되어 사회적 소유 자본의 운영 시스템과 지향을 꾸준히 체득해나가는 과정에서 모두가 한층 더 고양된 사회 변혁 주체로 성장해나간다.

이런 과정은 국가나 사회의 토대에 해당하는 경제 영역에서뿐만 아니라 상부 구조, 즉 정치, 사회, 문화, 교육 등의 제 영역에서도 상호 영향을 주고받으면서 동일하게 진행되어 사회 구성원 대다수가 광범위한 총력전 주체로 형성·성장해나가게 된다.

또, 일정한 상대적 자율성을 가지고 사적 소유 자본의 자본주의 지배 체제를 위해 복무해온 중간 계급, 즉 지식인이나 언론인, 과학기술자, 전문 경영인과 중간 관리층, 전문직(변호사, 회계사, 변리사 등) 등도 사회적 소유 자본이 전 사회적으로 확산되어 감에 따라 점차 의식-이해-참여-선도의 주체 성장 과정을 밟으면서 자본주의가 이룩해낸 거대한 생산력 발전의 성과와 한계를 새로운 사회 건설의 토대로 삼는 데 핵심 역할을 담당할 것이다.

2.3 주체에게 주어진 과제

자본주의 모순을 극복한다는 것은 자본주의가 창출해낸 거대한 생산력을 파괴하거나 퇴보시키는 것이 아니라 그것을 보존·발전시키면서도 생태 파괴의 무한 성장주의를 지양함으로써 올바른 방향으로 나아간다는 것을 의미한다. 따라서 사회적 소유 자본 중심의 새로운 사회 건설에 나서는 주체는 결코 쉽지 않은 이들 두 가지 과제, 즉 자본주의 생산력 발전의 성과 보전과 한계 극복의 이중 과제를 반드시 떠맡아서 해결해야 한다.

3. 사회적 소유 자본

3.1 사회적 소유 자본의 목표와 임무

3.1.1 목표

사회적 소유 자본의 주요한 목표는 다음과 같다.

첫째, 자본주의 체제의 기본 모순인 자본과 노동 간 모순이 해소되는 평등한 생산관계를 구축하고, 모든 사회 구성원의 생존권과 노동권, 그리고 행복 추구권을 보장한다. 이와 관련, 노동 시간 단축, 충분한 여가 시간 제공 및 다양한 여가 활동에 대한 지원이 이루어져야 한다.

둘째, 대다수 사회 구성원이 사회적 소유 자본의 균등 지분 보유자이자 노동 제공자가 되는 이중 존재적 근거에 기초하여 민주적으로 운영되는 제반 경제 및 사회 활동의 평등한 주체로서의 삶을 영위하도록 한다.

셋째, 사적 소유 자본이 지배하는 자본주의 체제가 만들어낸 계급, 인종, 성, 성적 취향, 사상, 종교, 장애 등을 근거로 한 일체의 사회적 차별을 철폐한다.

넷째, 자본주의 체제의 생태 파괴적 무한 성장주의를 지양하고 지구 생태계를 건강하게 복원함으로써 인류를 절멸의 위기로부터 구출한다.

다섯째, 사적 소유 자본을 점진적으로, 그리고 궁극적으로는 완전히 대체해나가는 방향으로 자본주의 후 이행기의 제 단계를 발전시켜 나간다.

3.1.2 임무

사회적 소유 자본이 목표를 달성하려면 대체로 다음과 같은 임무를 수행해야 한다.

첫째, 집단적이고 민주적이며 투명하게 운영되는 의사결정 및 집행 시스템을 만들어내고 이를 엄격하게 제도화하여 적용하는 임무.

둘째, 생태 친화적이고 탈성장주의를 지향하는 상품 및 서비스 생산을 위해 매진하고, 그 의의를 직접 참여 주체뿐 아니라 전 사회적으로도 충분히 이해할 수 있도록 함으로써 전 사회로부터 전폭적 신뢰와 지지를 받도록 하는 임무.

셋째, 모든 사회적 차별의 철폐를 공공연히 선언하고 제도화하여 기본 운영 원칙으로 삼는 임무.

넷째, 지분 보유자에게는 일정 수준의 배당을 시행하여 안정적 생활의 근거가 되도록 하고, 생산 활동 종사자에게는 안락한 환경 및 노동 조건을 제공하는 임무.

다섯째, 다양한 대외 교류 활동, 그리고 지역이나 전국 범위에서의 다양한 문화·복지·교육 활동 등을 통해 사회적 소유 자본의 목표와 지향을 더 많은 사회 구성원들이 올바르게 인식·이해할 수 있는 계기를 제공함으로써 그에 대한 사회적 신뢰와 지지를 광범위하게 형성·확보해나가는 임무 등.

3.2 사회적 소유 자본의 경쟁력의 원천

사적 소유 자본과 마찬가지로 사회적 소유 자본 또한 자본주의적 환경 속에서 상품을 생산하고 실현해야 한다. 따라서 사회적 소유 자본 또한 사적 소유 자본이 끊임없이 직면하는 상품 실현의 위기로부터 완전히 벗어날 수는 없지만, 훨씬 더 자유롭다. 이 점이야말로 사회적 소유 자본이 사적 소유 자본에 대하여 경쟁력을 갖는 결정적 이유이다. 이런 관점에서 사회적 소유 자본의 경쟁력의 원천을 살펴보면 다음과 같다.

3.2.1 가치 생산에 대한 사회적 인식과 이해

사적 소유 자본의 존재 이유는 오로지 소수 사적 소유 자본가의 이윤 추구이므로 이윤 극대화만 이루어지면 수단과 방법을 가리지 않는다. 반면, 사회적 소유 자본의 존재 이유는 사적 소유 자본주의의 생태 파괴적 무한 성장주의를 지양하는 것이다. 따라서 사회적 소유 자본의 생산은 이와 같은 가치를 지향하는 가치 생산이며, 이 점에 대한 사회적 인식과 이해는 사회적 소유 자본이 생산한 상품에 대한 신뢰로 연결되어 그 실현에 유리한 배경으로 작용하게 된다.

3.2.2 사회적 지향에 대한 사회적 지지

사회적 소유 자본의 목적이 사적 소유 자본주의를 극복하고 새로운 사회 건설을 지향한다는 데 있다는 것이 널리 인식되면 이에 대한 광범위한 사회적 지지가 형성될 수 있다. 이런 단계가 되면 사회적 소유 자본이 생산한 상품의 소비는 전혀 다른 차원의 의미를 갖게 된다. 일상적이고 사소한 소비 활동을 통해서도 모든 인류가 진정한 자유와 평등, 그리고 행복을 누릴 수 있는 새로운 사회 건설을 앞당기는 데 나름대로 기여하고 있다는 보람을 느낄 수 있기 때문이다.

3.2.3 탄탄한 수요의 뒷받침

이 부분은 쉬운 예를 통해 알 수 있다. 예컨대 100억 원이라는 동일 규모의 사적 소유 자본과 사회적 소유 자본을 비교해보자. 사적 소유 자본의 경우 첫째, 지분을 갖는 사람들의 수가 상대적으로 소수에 지나지 않고, 둘째, 이들 소수조차도 자본 생산물의 적극 수요자는 아닐 것이다. 반면, 사회적 소유 자본의 경우 예컨대 균등 지분 금액을 10만 원이라고 가정하면 첫째, 지분 보유자가 10만 명에 달하여 상대적으로 훨씬 다수이고, 둘째, 이들 10만 명은 사회적 소유 자본 생산물에 대한 적극 수요자가 될 것이다. 따라서 사회적 소유 자본은 사적 소유 자본과는 비교할 수 없을 정도로 탄탄한 수요의 뒷받침을 확보할 수 있다.

3.2.4 막대한 광고비의 절약

상품 실현 즉, 생산한 상품에 대한 수요가 항상 사활적 문제가 되는 사적 소유 자본은 불가피하게 광고에 크게 의존하지 않을 수 없고 그에 따른 막대한 비용을 지불해야 한다. 반면, 사회적 소유 자본은 탄탄한 수요의 뒷받침을 받고 있으므로 광고 의존도가 상대적으로 훨씬 낮아 막대한 광고비를 절약할 수 있다.

이와 관련된 매우 중요한 부수적 효과로 강조해두어야 할 것은, 앞서 예시한 100억 원 규모 사회적 소유 자본의 경우 10만 명에 달하는 지분 보유자들이 주변의 수십만 명, 수백만 명의 사람들에게 사회적 소유 자본 생산물의 소비가 갖는 의의를 역설하는 과정이 전개될 것이므로, 바로 그 과정 자체가 지분 보유자 스스로와 주변 사람들이 주체로 성장하고 참여하게 만드는 하나의 소중한 계기가 될 것이란 점이다.

3.2.5 고도로 금융화된 사적 소유 자본의 취약성으로부터의 자유

고도의 금융화를 특징으로 하는 현대 자본주의 체제에서의 사적 소유 자본은 금융 환경에 매우 민감하고 취약할 수밖에 없다. 자본의 실질 가치와 완전히 괴리된 주식 가치의 등락이 언제라도 실질 가치의 사회적 파괴를 초래하여 자본을 존망의 위기로까지 내몰 수 있기 때문이다. 그와 더불어 금융 대출과 채권 발행에 크게 의존하는 자금 운영은 언제나 예기치 않게 자금 경색 위기에 직면케 할 수 있는 취약성을 안고 있다. 반면, 사회적 소유 자본은 이와 같이 고도로 금융화되어 있지 않으므로 사적 소유 자본이 가진 이런 성격의 취약성으로부터 상대적으로 훨씬 더 자유롭다.

3.3 주체의 참여 방식과 보장

3.3.1 사회적 소유 자본 지분의 성격과 획득 절차

사회적 소유 자본의 지분은 점유의 대상이며 소유의 대상이 아니다. 따라서 사회적 소유 자본의 소유권은 사회적 소유 자본 기업에 귀속되며, 참여 주체는 지분의 점유권을 가질 뿐이다(이 부분과 관련하여 지분을 소유의 대상으로 봐야 한다는 입장 또한 얼마든지 있을 수 있으므로 향후 반드시 광범위한 논의를 통해 더 올바른 결론에 도달해야 할 것이란 점을 미리 밝혀둔다).

사회적 소유 자본 기업은 일정 금액을 차입하였거나 무상 지원이 필요하다고 판단되는 참여 주체에게 지분을 분배한다. 차입금 상환은 동일한 금액의 지분 배당이 이루어진 시점에서 그간의 배당금으로 충당·완료된 것으로 하며, 차입금을 전액 상환받은 참여 주체도 지분 점유권은 계속 보유하게 된다.

이와 같이 사회적 소유 자본의 지분을 점유의 대상으로 규정할 때에는 한 가지 매우 중요한 이론적 및 실천적 문제가 제기된다. 이 경우 사회적 소유 자본의 소유권은 사회적 소유 자본 기업에 귀속된다고 했는데, 그러면 사회적 소유 자본 기업의 소유권은 과연 누구에게 있는가 하는 문제이다. 국가·사회 전체, 사회 구성원 전체, 특정 지역 행정관청, 특정 지역사회, 특정 지역사회 구성원 전체, 기업 지분 보유자 전체, 기타 등등, 다양한 답변이 나올 수 있다. 그러나 여기서는 추후 광범위한 연구와 논의를 통해 해답을 찾아야 할 문제로 남겨두고자 한다.

그 이유는 첫째, 자본주의적 통념에서 벗어나서 소유와 소유권의 개념과 본질이 과연 무엇인지가 먼저 규명되어야 하는데 이를 위해서는 법·정치·사회문화·철학의 제 영역에 걸쳐 깊은 고민과 천착이 필요하다는 점에서, 둘째, 사회적 소유 자본이 자본주의 후 이행기를 거쳐 건설하고자 하는 새로운 사회가 과연 어떤 사회인가 하는 근본적 물음과 깊이 관련되어 있다는 점에서 이 문제를 여기서 간단히 결론 내리고 넘어가기엔 너무나 중차대하기 때문이다.

3.3.2 지분 균등 보유의 원칙과 적용

'모든 참여 주체는 사회적 소유 자본 기업별로 1단위 지분만 균등하게 보유할 수 있다'는 지분 균등 보유의 원칙은 어떤 경우에도 절대 예외 없이 적용한다.

3.3.3 지분 보유 상한액의 설정

참여 주체 1인당, 지분 보유 상한액을 예컨대 한국 1억 원, 일본 1000만 엔, 미국 10만 달러, 유럽 10만 유로 등과 같이 일정하게 정하고(이 상한액은 나라별로 다를 수 있고, 일단 정해진 상한액도 추후 상황 발전을 반영하여 유연하게 재조정될 수 있음), 지분 배당으로 기초적 생존권이 보완될 수 있도록 한다. 이를 가구 관점에서 보면, 1인 가구, 2인 가구, 3인 가구 등과 같이 가구원 수가 늘어나면 지분 배당도 비례하여 늘어날 수 있음을 알 수 있다.

혹여 이와 관련, 그렇게 되면 지분 보유 기업 수가 너무 많아져서 현실성이 있겠느냐는 의문을 제기할 수도 있다. 그러나 우리 인류는 지금 일반 PC로는 초당 8500만(8.5×10^7) 번, 최신 슈퍼컴퓨터로는 초당 무려 100경(10^{18}) 번 이상의 연산이 가능하고, 더 나아가 그런 슈퍼컴퓨터로도 수백만 년이 필요한 문제를 단 몇 분 만에 해결할 수 있는 양자컴퓨터까지 이미 개발·상용화되어 있는 첨단 과학기술 시대에 살고 있다는 점을 고려해야 한다. 참여 주체 개인이 일일이 참여 기업을 선택하고 자신이 보유한 지분을 수작업으로 관리하는 부담을 떠안아야 하는 과거의 낙후된 시스템을 전제로 판단해선 안 된다.

이 지점에서 과거 소련 등 사회주의 국가들의 역사적 실험이 왜 실패했는지를 잠깐 되짚어볼 필요가 있다. 가장 중요한 원인 중 하나로 지적해야 할 것은 그들 국가가 추구했던 계획경제가 제대로 운영되기 위해서는 수백·수천 가지 변수들을 종합적으로 계산·계획·관리할 능력이 필수적이었지만 그들 국가에게는 그런 능력이 결여되어 있었다는 점이다. 거대 관료 조직으로 대응하려 했지만 그런 능력의 결여로 자의적 계획과 허술한 관리의 한계를 벗어날 수 없었다. 그 결과 오랜 기간 사회적 자원 배분의 엄청난 왜곡이 불가피했고 또 다른 원인들과 함께 얽히고설켜 마침내는 국가 붕괴까지 초래했던 것이다. 한마디로 그들 국가는 사회주의 건설을 추진할 수 있는 물질적 기초를 결여했던 것이다.

그러나 지금 우리 인류는 완전히 달라진 물질적 조건 속에서 살고 있다. 다시 말해 사적 소유 자본 기업 하나가 지구상 수십 개 나라에 흩어져 살고 있는 수억 명 고객 개개인에게 시시각각 맞춤형 서비스를 제공하고 있는 첨단 AI 시대에 살고 있는 것이다. 따라서 자연스럽게 제기될 수 있는 현실성에 대한 판단의 근거는 바로 이와 같이 변화된 역사적 조건에서 어렵지 않게 찾을 수 있다.

또, 1단위 지분 금액을 10배로 재조정하면 1인당 지분 참여 기업 수는 10분의 1로 줄어들고, 100배로 재조정하면 기업 수는 100분의 1로 줄어들어 1인당 지분 참여 기업 수에 대한 우려는 기술적 차원의 것으로 얼마든지 해소될 수 있다는 점도 결코 간과되어선 안 될 것이다.

3.3.4 최저 배당 보장

최저 배당 수준은 나라에 따라 각각 달리 정해질 수 있다. 예컨대 한국의 경우 월 1%, 연 12% 수준이 예금 이자의 대략 3~6배 수준으로 적절하다고 판단되는데, 이를 예시 상한액 1억 원 지분 보유자의 입장에서 보면 1인당 월 100만 원, 연 1200만 원 수준의 최저 배당이 이루어진다.

3.3.5 노동권 보장

보유 지분에 대한 배당으로 생존권이 보장되기 어려운 경우 일정액 이상의 지분을 보유하고 있으면 일정 시간(1일 2~6시간 범위) 노동을 할 수 있는 노동권이 보장되어야 한다. 예컨대, 노동 시간을 월 90시간, 기본 시급 2만 원 기준으로 각종 수당을 포함하면 최소 월 250만 원가량의 임금 지급이 보장될 수 있다. 이와 같은 노동권이 고령자나 장애인 등 노동 약자들에게는 노동 시간은 물론 노동의 종류나 방식도 그들의 건강권 보장과 충분히 조화될 수 있게끔 보장되어야 함은 두말할 필요가 없다.

3.3.6 사회적 소유 자본의 형성: '사회적 소유 자본 펀드'

나라별 사회적 소유 자본 네트워크 전국 본부는 준비위원회 단계에서부터 사회적 소유 자본의 형성을 위해 '사회적 소유 자본 펀드'를 설립하여 운영한다.

'사회적 소유 자본 펀드'는 지분 보유 상한액의 설정과 재조정, 단위 지분 금액의 설정과 재조정, 참여를 위한 정보 제공과 컨설팅, 사회적 소유 자본 참여자의 모집, 사회적 소유 자본 기업 설립과 운영, 참여 기업 선정 등의 제반 업무를 총괄적으로 담당하거나 지원하는 역할을 한다.

3.4 사회적 소유 자본 기업의 형태와 구조

사회적 소유 자본 기업의 형태는 나라나 부문별로 다양할 수 있다. 그러나 어떤 경우에도 예외 없이 지분 균등 보유의 기본 원칙이 지켜져야 하므로 기업의 대표를 비롯한 모든 구성원은 지분 균등 보유자라는 점에서는 완전히 서로 평등하다. 기업의 구조 또한 모든 참여 주체에 의한 민주적 운영 원칙만 관철된다면 다양한 모습을 띨 수 있다.

3.5 사회적 소유 자본 기업의 몇 가지 운영 원칙

3.5.1 임금 균등의 원칙

사회적 소유 자본 기업에서는 대표를 포함한 모든 구성원의 임금은 예컨대 표준임금의 80~120% 범위 내에서 정해지도록 한다. 이와 같이 임금 수준의 편차를 최대한 줄여 임금 균등의 원칙이 적용되도록 한다.

3.5.2 성 평등의 원칙

사회적 소유 자본 기업에서는 한 성의 비율이 60%를 초과해서는 안 된다. 또 내부의 각종 기구와 부서에서도 그 비율을 원칙적으로 지키되, 예컨대 3인으로 구성되는 기구와 같이 불가피한 사정이 인정되는 경우 예외를 적용하나 그 경우에도 초과 비율을 최소화하는 것을 원칙으로 한다. 또, 성 평등의 원칙을 적용하여 임금·인사를 포함한 전반적인 분야에서 성과 성적 취향을 이유로 일체의 차별을 해서는 안 된다.

3.5.3 외국인, 고령자, 장애인 등 노동 약자 존중의 원칙

기업 구성원 중 외국인, 고령자, 장애인 등 노동 약자의 비율은 일정 수준 이상이어야 하고, 이들은 일체의 차별 없이 존중받아야 하며, 특별한 지원이 필요한 경우 그 지원은 반드시 이루어져야 한다.

3.5.4 인권 보호의 원칙

기업 내 각종 갑질, 차별 행위 및 인권유린 행위는 철저히 금지되며, 가해자는 정해진 규정에 따라 엄중하게 처벌되고 피해자는 철저하게 보호되어야 한다.

3.5.5 취약 청소년과 사회적 약자의 지분 보유 무상 지원의 원칙

사회적 소유 자본 기업이 창출한 이윤의 일정 비율은 취약 청소년과 사회적 약자가 지분 보유자가 될 수 있도록 무상 지원하는 용도로 충당되어야 한다.

3.5.6 지분 보유자 우대의 원칙

사회적 소유 자본의 지분 보유자는 예컨대 직접 참여한 기업의 상품 소비 시에는 5% 수준, 직접 참여하지 않은 기업의 상품 소비 시에는 2% 수준의 할인 우대를 받되, 할인은 모든 사회적 소유 자본 기업의 상품 소비 시 지불수단으로 통용되는 포인트 적립 방식으로 이루어진다(단, 포인트로 지불한 부분에 대해서는 할인을 적용하지 않는다). 이 경우 할인 수준(=포인트 적립 비율)은 전체적으로 통일되거나 아니면 기업별로 달라질 수 있다.

이 우대 원칙엔 직접적으로 지분 보유자를 우대한다는 목적이 있지만, 사회적 소유 자본의 지분 보유자에겐 지분 참여 기업 수를 확대할 동기를 제공하고, 사회적 소유 자본 기업에겐 상품의 실현 가능성을 더 높인다는 간접적 목적도 있다.

3.5.7 지분 점유권의 교환·매매·증여 및 상속 금지의 원칙

사회적 소유 자본의 지분 점유권에 대해서는 원칙적으로 교환·매매·증여 및 상속을 금지하되, 예외적으로 일정한 기준에 따라 허용한다. 예컨대, 어떤 부모가 상한액의 지분을 보유하고 있다가 사망하고 2명의 자녀 중 1명은 상한액의 지분을 보유하고 있지만 다른 1명은 상한액 절반의 지분만 보유하고 있는 경우 부모의 지분 중 절반은 상한액 절반을 가진 자녀 1명에게 상속되어 그 자녀의 상한액을 채우지만 나머지 절반은 사회적 소유 자본의 '상속 금지 원칙'에 따라 반납 또는 회수 처리된다. 그러나 이 예시 상황에서 만약 부모가 사망하지 않고 생존해 있는 조건이라면 부모의 상한액 지분 중 어떤 부분의 증여도 '증여 금지 원칙'에 따라 금지된다.

3.5.8 지분 보유자 전체에 의한 통제의 원칙

사회적 소유 자본 기업의 운영은 끊임없이 기업 지분 보유자 전체에 의해 통제되어야 한다. 사회적 소유 자본 기업의 소속 구성원은 지분 보유자 전체에 대하여 운영에 관한 책임을 져야 한다. 그것이 지속적이고 구조적으로 가능하기 위한 시스템이 반드시 갖추어져야 한다(예: 구성원이 아닌 지분 보유자로 구성된 감찰위원회의 설치, 지분 보유자 전체의 대의원 기구나 대표 기구에서의 정기적 보고와 점검 등).

3.6 기업 규약 또는 경영 준칙

사회적 소유 자본 기업의 목표와 임무, 형태와 구조 및 운영 원칙 등은 표준 규약 또는 경영 준칙과 동일한 내용 또는 당해 기업의 특수성을 반영하여 일부 변형된 내용으로 규정하여 제도화한다.

3.7 사회적 소유 자본의 관계

3.7.1 사회적 소유 자본과 사적 소유 자본의 관계

사회적 소유 자본과 사적 소유 자본은 경쟁과 협력 또는 대립의 관계를 맺는다. 때로는 경쟁하고, 때로는 협력하며, 또 때로는 대립한다.

3.7.2 사회적 소유 자본과 자영업의 관계

사회적 소유 자본과 자영업은 경쟁과 협력 또는 포섭의 관계를 맺는다. 사회적 소유 자본은 자영업과 때로는 경쟁하고, 때로는 협력하며, 또 때로는 자영업을 포섭한다.

3.7.3 사회적 소유 자본 간의 관계

사회적 소유 자본은 사회적 소유 자본 네트워크의 일원이자 공동

운명체로서 상호 긴밀하게 협력하고 상호 적극 지원하는 관계를 맺는다.

3.8 사회적 소유 자본의 집적과 집중(M&A)

3.8.1 사회적 소유 자본의 집적

자본의 집적이란 창출된 이윤을 재투자하여 자본의 크기를 키우는 것을 말한다. 사회적 소유 자본 또한 자본인 만큼 이윤이 창출된다. 사회적 소유 자본의 집적은 이때 창출된 이윤의 일정 비율이 무상 지원의 방법과 절차를 통해 취약 청소년과 사회적 약자를 지분 균등 보유자로 추가·확대하거나 기존 지분 보유자의 단위 지분 금액의 상향 재조정을 위한 재원으로 활용되는 방식으로 이루어진다.

3.8.2 사회적 소유 자본의 집중(M&A)

자본의 집중이란 하나의 자본이 다른 자본을 인수 합병(M&A)함으로써 자본의 크기를 키우는 것을 말한다. 이때 인수 합병의 재원은 금융권으로부터의 대출 등이 아니라면 당연히 자본이 창출한 이윤에서 나온다. 사회적 소유 자본 또한 필요에 따라 자본의 집중을 한다. 사회적 소유 자본의 창출된 이윤 중 인수 합병의 재원이 되거나 금융권으로부터 대출된 부분이 인수 합병의 대상이 된 자본 기업 구성원 전체 또는 일부를 지분 균등 보유자로 추가·확대하는 재원으로 활용되는 방식으로 이루어진다.

사회적 소유 자본의 M&A는 그 대상에 따라 몇 가지 경우로 나눌 수 있다.

◆ **사적 소유 자본에 대한 M&A**

사적 소유 자본에 대한 M&A는 주로 경쟁이나 대립 관계에 있는 사적 소유 자본의 사회적 가치가 급속히 파괴되는 상황이 벌어졌을 때 행해지고 파괴된 가치 기준에 따라 행해지는 M&A이다. 이와 같은 M&A는 자본주의 후 이행기의 전 과정을 통해 지속적으로 행해진다.

◆ **자영업에 대한 M&A**

자영업에 대한 M&A는 주로 경쟁과 협력 관계에 있는 자영업이 그로 인해 사회적 가치가 급속히 파괴되는 상황이 벌어지거나 적극적으로 포섭되는 상황이 벌어질 때 행해지고 사회적 가치를 온전히 보장하면서 행해지는 M&A이다.

◆ **사회적 소유 자본 상호 간의 M&A**

사회적 소유 자본 상호 간에도 사회적 필요에 따라 분할과 합병 등 이합집산이 다양하게 일어날 수 있다.

3.9 사회적 소유 자본 기업 노동조합의 역할과 임무

3.9.1 대내적 역할과 임무

사회적 소유 자본 기업 노동조합은 기업의 대표를 포함한 모든 소속 구성원으로 구성되며, 기업의 지분 보유자 전체에 대하여 스스로의 권익을 주장하고 확보하는 대내적 역할과 임무를 갖는다.

그러나 사회적 소유 자본 기업 노동조합은 사적 소유 자본 기업 노동조합과는 본질적으로 다른 성격을 갖는다. 사적 소유 자본 기업 노동조합이 생산된 가치의 분배를 둘러싸고 자본과 일종의 제로섬 게임을 벌여야 하는 데 반해 지분 균등 보유자로 구성된 사회적 소유 자본 기업 노동조합은 그 존재적 근거에서 원윈 게임을 벌인다. 또 사회적 소유 자본 기업 노동조합의 모든 구성원에게는 사적 소유 자본 기업의 노동자들과 전혀 다른 임금, 노동 시간 및 노동 조건이 원천적으로 보장되기 때문에 권익 주장과 확보라는 사적 소유 자본 기업 노동조합의 전통적 역할이나 임무와는 전혀 다른 역할과 임무가 주어진다.

사회적 소유 기업 노동조합은 기업 운영이 본래의 목표와 지향에 충실하게 이루어지고 있는지를 가장 잘 파악할 수 있는 위치에 있으므로 그것을 끊임없이 점검·견제하고, 올바른 방향으로 견인하는 것이 더 기본적 역할과 임무가 된다.

3.9.2 대외적 역할과 임무

사회적 소유 기업 노동조합은 사적 소유 기업 노동조합이 함께 가입되어 있는 노동조합 연합체 내에서 사회적 소유 자본 기업의 경험과 지향을 광범위하게 공유함으로써 자본주의 후 이행기의 발전을 촉진하는 대외적 역할과 임무를 갖는다.

4. 사회적 소유 자본 네트워크

4.1 사회적 소유 자본 네트워크

4.1.1 사회적 소유 자본 네트워크의 성격과 역할

사회적 소유 자본 네트워크의 성격은 지배 기구나 권력 기구가 아닌, 지원 및 관리 기구이며, 사회적 소유 자본 기업의 설립·운영 및 확대 등을 전반적으로 지원하고 관리하는 역할을 맡는다. 사회적 소유 자본 네트워크는 사회적 소유 자본 플랜의 필요성을 절감한 선도 주체들의 주도로 조직된 '위로부터 구성된 기구'이기 때문에 과도기적 성격을 갖는다. 따라서 사회적 소유 자본 플랜이 추진되는 과정에서 '아래로부터 구성되는 기구'가 명실상부하게 구성될 수 있는 단계에 이르면 광범위한 사회적 소유 자본 기업들로부터 파견된 대표(대의원)들로 구성되는 '사회적 소유 자본 평의회'로 전환되는 지향성을 갖는 기구라 할 수 있다.

네트워크로부터 평의회로의 이와 같은 전환은 단순히 사회적 소유 자본 기업의 수가 양적으로 확대된다는 것으로 이해해선 안 된다. 사회적 소유 자본의 주체가 사적 소유 자본주의 체제의 노동 계급과 중간 계급이 선도 주체가 되는 단계로부터 완전히 새로운 주체, 즉 사적 소유 자본주의 체제에서는 아예 계급이나 계층으로 존재할 수 없었던, 따라서 이전에는 결코 존재하지 않았던 완전히 새로운 공동체적 대중 주체가 사회적 소유 자본을 명실상부하게 주도하는 새로운 사회 발전 단계로의 전환을 의미하기 때문이다.

4.1.2 사회적 소유 자본 네트워크의 체계와 구조

사회적 소유 자본 네트워크는 각 나라의 행정 단위에 따른 체계를 갖는다. 예컨대 한국의 경우 전국 본부-광역 지부-기초 지회의 체계를 갖는다. 그리고 사회적 소유 자본 네트워크의 각급 조직은 지역 기구와 직능 기구로 나뉘는 구조를 갖는다. 네트워크가 평의회로 전환되면 네트워크의 각급 조직 또한 평의회의 각급 조직으로 전환되어야 한다.

4.1.3 사회적 소유 자본 네트워크의 구성과 운영 원칙

사회적 소유 자본 네트워크의 구성과 운영 원칙은 사회적 소유 자본 기업의 그것을 준용한다.

4.2 사회적 소유 자본 펀드의 설립과 역할

사회적 소유 자본 네트워크는 준비위원회 단계에서부터 사회적 소유 자본의 모집 및 운영 전담 기구인 '사회적 소유 자본 펀드'를 설립하여 사회적 소유 자본을 모집·운영해나간다. '사회적 소유 자본 펀드'의 주요한 역할은 다음과 같이 설정될 수 있다.

① 사회적 소유 자본 참여 주체의 모집을 통한 펀드 조성
② 참여 주체 지분 상한액의 설정 및 재조정

③ 참여 기업 단위 지분 금액의 설정 및 재조정

④ 사회적 소유 자본 기업의 설립 지원 및 관리

⑤ 사회적 소유 자본 기업의 운영 지원 및 관리

⑥ 사회적 소유 자본 기업 간의 유기적 협력 지원 및 관리

⑦ 사회적 소유 자본 기업의 M&A 지원 및 관리

⑧ 사회적 소유 자본 지분 참여 주체에 대한 전반적 지원 및 관리

⑨ 사회적 소유 자본 기업과 참여 주체를 위한 다양한 정보 및 자료 제공 등

4.3 사회적 소유 자본 네트워크의 재정 운용

4.3.1 사회적 소유 자본 네트워크 추진위원회 및 준비위원회 단계의 재정 운용

사회적 소유 자본은 자연스럽게 이루어지는 것이 아니라 탈자본주의를 추구하는 전략적 핵심 개념이자 실체로서 그 전략 주체에 의해 만들어지는 것이다. 그러므로 탈자본주의를 추구하는 어떤 나라, 어떤 사회에서도 그것을 추진하는 가장 우선적 활동은 사회적 소유 자본 기업과 사회적 소유 자본 네트워크를 설립하기 위한 사회적 소유 자본 네트워크 추진위원회와 준비위원회를 조직·운영하는 것이다.

사회적 소유 자본 네트워크 추진위원회는 사회적 소유 자본 네트워크 준비위원회를 조직하기 위한 것이므로 그것이 조직됨과 동시에 해소되는 기구이다.

사회적 소유 자본 네트워크 준비위원회의 가장 우선적 임무는 '사회적 소유 자본 펀드'를 설립하는 것이다. 그리고 이 기구는 '사회적 소유 자본

펀드'의 운영을 통해 일정 수의 사회적 소유 자본 기업이 설립되면 사회적 소유 네트워크 전국 본부를 조직함과 동시에 해소된다.

    이 과정까지의 단계에서도 일정한 재정 운용이 필요하다. 이 단계의 주체는 각 나라나 사회에서 탈자본주의를 추구하는 노동조합을 포함한 노동운동 세력과 진보적 시민운동 세력이므로 이들 세력이 자체 지원 내지 모금 형식으로 필요한 재원을 조달·운용하는 것이 가장 현실적 방안이다.

4.3.2 사회적 소유 자본 네트워크 발족 후의 재정 및 운용

    사회적 소유 자본 네트워크 전국 본부는 일정 수의 사회적 소유 자본 기업이 설립된 후 결성되는 것이므로 전국 본부의 재정은 이들 기업이 납부하는 회비로써 재정을 충당하여 운영되어야 한다. 전국 본부는 전국적 범위에서 사회적 소유 기업을 설립해나가면서 여건이 되는 지역에서 광역 지부를 설치하고 또 여건이 되는 지역에서 광역 지부 산하 기초 지회를 설치하는 활동을 하게 된다. 이런 과정이 진행되면서 전국 본부에 납부된 회비 재정 중 일부가 광역 지부로 배분되고, 광역 지부로 배분된 회비 재정 중 일부가 다시 기초 지회로 배분되는 방식으로 전반적 재정이 운용된다.

5. 자본주의 후 이행기의 제 발전 단계 전망

자본주의 후 이행기의 제 발전 단계를 전망함에 있어 일국적 관점을 취하는 것과 세계적 관점을 취하는 것 사이에는 커다란 차이가 있다. 일국적 관점에서라면 사적 소유 자본이 완전히 소멸하고 사회적 소유 자본이 전면화된 단계에서는 시장의 역할이 결정적으로 축소되거나 중대한 변화를 맞을 수 있지만, 세계적 관점에서라면 일국적으로는 그런 단계에 도달했더라도 세계 시장 시스템이 거의 변화 없이 지속될 수 있고, 그 경우 일국 시장 시스템 또한 결정적인 변화를 만들어내기 어렵기 때문이다.

이런 점에 대한 고려 없이 전망이 이루어질 경우 자칫 심각한 오류를 범할 수 있다는 점을 전제하면서 일반적으로 다음과 같이 전망해본다.

5.1 초기 착근 단계(사회적 소유 자본의 비율 20% 미만)

초기 착근 단계란 사회적 소유 자본이 최초로 탄생하여 20% 미만의 비율(이 비율을 무슨 기준으로 산정하는지에 대해서는 추후 논의가 필요함)을 차지하는 단계이다.

5.1.1 토대, 경제 영역

사적 소유 자본의 자본주의 지배 체제를 극복하고 새로운 사회로 이행하기 위한 전략을 확고히 한 노동운동 세력 및 진보적 시민운동 세력이 사회적 소유 자본 기업 설립과 확산의 산파 역할을 할 조직(사회적 소유 자본 네트워크 추진위원회와 준비위원회)을 결성하는 순간 자본주의 지배 체제의 내적 균열이 토대 즉, 경제 영역의 생산관계에서부터 시작된다.

초기 착근 단계에서 사회적 소유 자본 기업의 설립과 확산은 주로 소비재 생산 영역인 B2C 부문에서 이루어지게 된다. 그리고 그중에서도 일회성 소비보다는 반복 구매나 구독 구매가 광범위하게 이루어지는 분야에 먼저 집중되어 이 단계에서 이미 대다수 사회 구성원은 사회적 소유 자본 기업이 생산한 상품의 소비 경험을 반복적으로 쌓아가게 된다.

사회적 소유 자본 기업과 영역이 겹치는 사적 소유 자본 기업은 급속히 몰락하는 현상이 벌어지고 이를 목격한 다른 영역의 사적 소유 자본은 향후 자신들 역시 몰락하는 운명에 처하게 되리라는 것을 본능적으로 느끼며 강한 경계심을 품게 된다. 반면, 사회적 소유 자본의 참여 주체는 물론, 아직 참여하지 못한 사회 구성원들도 사적 소유 자본주의 지배 체제가 심각하게 도전받고 있기에, 그 도전이 향후 어떤 방향의 변화를 만들어낼지, 그리고 그 변화에 자신들은 어떻게 대응하는 것이 좋을지를 직감하게 된다.

그 결과 사회적 소유 자본의 비율이 20%에 가까워지는 이 단계 말기쯤 되면 사회 구성원 대다수가 사회적 소유 자본의 지분 보유에 발을 들여놓게 된다.

5.1.2 국가의 성격과 정치 영역

지난 수백 년의 역사를 통해 전 지구 영역에서 자본주의 체제를 구축하여 사실상 독점 지배해온 사적 소유 자본에 본격적으로 대항하고 마침내는 그것을 대체할 역사적 비전을 지닌 전략 주체가 관념 형태가 아니라 하나의 실체로 등장했다는 사실 그 자체만으로도 사적 소유 자본주의 지배 체제에 엄청난 충격을 주게 된다.

그러나 이 단계에서는 사적 소유 자본이 아직은 지배적이고, 정치적으로는 부르주아 민주주의를 여전히 벗어나지 못하며, 사적 소유 자본의 지배 도구로서의 국가의 본질적 성격 또한 여전하다. 다만, 사회적 소유 자본 전략이 지닌 정치적 함의를 적극 인식하고 그것을 정치 영역에서 적극적으로 추구하려는 정치 세력이 이 단계에서 이미 등장하여 국가의 중앙 및 지방 무대에서 활발한 정치 활동을 펼쳐나갈 것으로 전망된다.

5.1.3 법과 제도 영역

사회적 소유 자본 전략 노선을 확립한 정치 세력이 중앙 정치나 지방 정치에서 아직은 소수의 위치를 벗어나기 어려우므로 사회적 소유 자본의 활성화를 적극 뒷받침하는 법과 제도를 만들어내긴 어렵다.

그러나 그런 법과 제도 도입으로 나아가기 위한 사회적 의제를 꾸준히 발굴하여 적극적으로 제기하면서 사회적 관심과 지지를 꾸준하게 형성해 나가는 과정이 치열하게 진행될 것이다.

5.1.4 문화, 이데올로기 영역

초기 착근 단계에서 사회적 소유 자본에 의한 자본주의 지배 체제의 균열이 토대, 즉 경제 영역에서부터 일어나기 시작하면 그것에 가장 민감하게 반응하게 될 영역은 문화, 이데올로기 영역이 될 것이다.

원래 이 영역은 상부 구조의 일부로 하부 구조인 토대의 영향을 받을 수밖에 없고 그것에 기초한 사회 지배계급의 이해관계를 적극 반영하여 지배 이데올로기를 체계적으로 구축함으로써 그 지배를 정당화하는 역할을 하지만 상부 구조의 다른 영역보다는 더 많은 상대적 자율성을 가지고 있다. 이런 이유에서 기존 체제에 비판적이거나 저항적인 학자, 언론인, 문화 예술가들이 다른 영역에서보다 훨씬 더 많이 눈에 띄고 주목받기도 한다.

그래서 자연히 초기 착근 단계라 할지라도 일단 사회적 소유 자본의 출현에 의해 토대 즉, 경제 영역에서의 변화가 나타나기 시작하면 여러 학문 분야에서의 다양한 연구, 언론 분야에서의 다양한 취재 보도, 문화 예술가들의 다양한 표현 활동이 왕성하게 이루어지게 될 것이다. 그 결과 사적 소유 자본과 사회적 소유 자본, 낡은 세력과 새로운 세력 사이의 문화·이데올로기 투쟁이 이 단계의 역사적 조건 속에서 치열하게 이루어지면서 다음 단계로의 발전을 촉진할 것이다.

5.2 가속적 확산 단계(사회적 소유 자본의 비율 20~50%)

가속적 확산 단계란 사회적 소유 자본의 비율이 20~50%를 차지하는 단계이다.

5.2.1 토대, 경제 영역

가속적 확산 단계에서는 토대 즉, 경제 영역에서 사회적 소유 자본이 점점 더 빠르게 확산되며, 소비재 생산 영역인 B2C 부문에서는 사회적 소유 자본의 비중이 이미 사적 소유 자본의 그것보다 훨씬 더 커지게 된다.

그리고 B2B 부문 즉, 생산재 생산 영역에도 사회적 소유 자본의 진입이 본격화하여 국내외 사적 소유 자본이나 또 다른 사회적 소유 자본과의 거래 관계가 점점 더 많이 형성되어 간다.

이 단계가 거의 완성되어 사회적 소유 자본의 비중이 50% 가까이에 달하게 되면 거의 모든 사회 구성원이 사회적 소유 자본의 지분을 상당한 정도 보유하면서 일정한 배당을 누리게 될 것이다.

또, 사회적 소유 자본이 범주적으로 초과 이윤을 얻는 만큼 사적 소유 자본은 범주적으로 마이너스 초과 이윤을 얻으면서 사적 소유 자본의 사회적 가치 파괴가 광범위하게 진행된다.

발전과 성장 방향에 있어서도 사적 소유 자본의 생태 파괴적 무한 성장주의와 사회적 소유 자본의 생태 친화적 탈성장주의가 대비되면서 사적 소유 자본의 발전과 성장은 계속 저하되고 사회적 소유 자본의 그것은 계속 촉진되는 추세가 뚜렷하게 나타날 것이다.

5.2.2 국가의 성격과 정치 영역

사회 구성원 대다수가 사회적 소유 자본의 상당한 지분 보유자로서의 위치를 갖게 되면 그들의 의식 또한 급속히 발전하여 사회적 소유 자본 전략을 추구하는 정치 세력을 강력히 지지하게 된다. 그리하여 이 단계가 거의 완성되는 시점 즉, 사회적 소유 자본의 비중이 50%에 근접하는 시점이 되면 이들 정치 세력이 기존 정치 세력과 국가 권력 장악을 둘러싸고 벌이는 치열한 각축 끝에 마침내 승리하여 안정적이고 장기적인 집권의 길로 들어서게 될 것이다.

그 결과 국가의 성격도 달라져 더 이상 부르주아 민주주의 국가, 즉 사적 소유 자본의 지배 도구가 아니라 모든 사회 구성원이 국가의 운명과 사회적 부의 생산 및 분배를 결정하는 진정한 주인, 주권자로서 완전히 평등한 권리를 발휘하는 '진정한 민주주의' 국가로 변모해갈 것이다.

여기서 언급되는 '진정한 민주주의'는 사회적 부의 생산과 분배에 있어서의 자본가 계급 독점과 노동자 계급 소외, 즉 원천적인 경제적 불평등의 기초 위에서 선거와 투표에서만 1인 1표를 보장하는 형식적 민주주의인 부르주아 민주주의와는 전혀 다르다. 그리고 또 그것은 그런 본질적인 경제적 불평등의 구조와 근거는 전혀 건드리지 않으면서도(=사적 소유 자본주의를 그대로 수용하면서도) 경제적 불평등 해소가 마치 가능한 것처럼 주장하는 허위 이데올로기적 경제 민주화 내지 경제 민주주의와는 전혀 다른 성격을 갖는다.

'진정한 민주주의'란 사회적 부의 생산과 분배에 있어서 생산수단 소유의 독점과 소외를 근거로 어느 계급은 독점하고 또 다른 계급은 소외됨으로써 필연적으로 발생하는 원천적인 경제적 불평등을 극복한 위에서만 비로소 온전히 성립할 수 있는, 말 그대로 진정한 민주주의를 가리키는 정치경제학적 개념이라 할 수 있다.

5.2.3 법과 제도 영역

사회적 소유 자본 활성화를 뒷받침하는 법과 제도의 도입에 대한 사회적 요구가 점점 더 강력해져 사적 소유 자본의 이해를 대변하는 정치 세력의 필사적 저항과 방해에도 불구하고 그런 법과 제도가 속속 도입되기 시작할 것이다.

그리고 그런 법제화는, 그것이 사회적 소유 자본 활성화를 강력히 뒷받침함으로써 사회적 소유 자본의 발전을 더욱 촉진하고 그 결과 또 다른 법제화에 대한 사회적 요구가 더 강력하게 분출하게 되는 선순환 궤도를 만들어내는 역할을 하게 된다.

그중 특히 중요한 의미를 갖는 법, 제도 개혁 세 가지만 예로 들면 다음과 같다.

첫째, 증여세와 상속세 개혁이다.

이것은 증여세와 상속세를 대폭 강화하여 사적 소유 자본이 끈질기게 추구하는 부의 대물림을 방지하는 것이다. 예컨대 한국의 경우 증여세나 상속세의 최고 누진 구간인 과표 기준 30억 원 초과 시 적용 세율을 2025년 현재의 50%에서 90% 수준으로 대폭 높이는 것이다.

이런 증여세나 상속세 개혁이 이루어지면 부의 대물림 현상은 2~3대 정도 내려가면서 거의 사라지게 될 것이다. 그 결과 사적 소유 자본가들의 자손들도 자본의 노예 상태로부터 완전히 해방되어 평범한 사회 구성원의 한 사람으로 인간적 삶을 회복하고 누리게 될 것이다.

둘째, 사회보장제도 관점에서의 사회적 소유 자본 지원법 제정이다.

이것은 사회적 소유 자본 기업이 취약 청소년과 사회적 약자에게 균등 지분을 무상으로 분배하여 일정한 지분 배당을 실시함으로써 그들에게 생존권적 근거를 제공하는 역할을 더 원활하게 하도록 지원한다. 사회적 소유 자본 기업의 이와 같은 역할은 많은 국가가 현재 각종 사회보장정책을 통해 추구하는 역할과 일정 부분 겹치게 된다.

이 점에 주목하여 사회적 소유 자본 지원법 도입을 통해 사회적 소유 자본이 이들에게 무상으로 지분 상한을 채워나가는 과정에서 사회적 소유 자본과 국가가 1:1 매칭이나 1:2 매칭 등 어떤 형식을 취하든 국가도 거기에 일정 지원 역할을 하게 되면 오늘날 많은 국가가 겪고 있는, 국가의 연금개혁을 둘러싸고 벌어지고 있는 엄청난 사회적 갈등을 원천적으로 해결하는 실마리를 찾을 수 있을 것이다.

셋째, 저출산 정책과 관련된 제도이다.

오늘날 한국은 물론, 전 세계적으로도 저출산 추세가 광범위하게 나타나고 있어 그것을 극복하는 것이 비상한 국가적 과제가 되고 있다. 여기서 반드시 전제해두어야 할 부분은 저출산이 문제가 된다면 바람직한 출산은 어떤 것이어야 하는지 하는 점과 그런 판단이 과연 누구의, 누구를 위한 관점에서 나온 것인가 하는 점을 반드시 심각하게 고민하여 올바른 관점을 정립하고 그 관점에서 바람직한 출산을 논해야 한다는 것이다.

이런 전제를 분명히 해둔 후 저출산 문제를 해결하고자 하는 유력한 방법의 하나로 사회적 소유 자본의 역할을 제도적으로 적극 활용하는 방안을 제시하고자 한다.

그것은 나라별로 현재 시행되고 있는 출산 지원책에 추가하거나 그것을 일정 부분 보완 또는 대체하는 방안으로, 출산모와 신생아 모두에 대하여 사회적 소유 자본 지분을 사회적 소유 자본과 국가의 공동 지원 형태로 임신 및 출산과 동시에 상한까지 채워주고 그에 대한 지분 배당을 받을 수 있도록 함으로써 향후 기나긴 육아 과정에 필요한 안정적 생계 기초를 마련해주는 것이다. 그리고 거기에 더하여 출산 부모의 경우 추후 육아 과정에서 일정 시간 노동할 수 있는 여건이 될 경우 그 여건에 맞추어 사회적 소유 자본 기업에서 노동할 수 있도록 노동권을 확실히 보장해주는 것이다.

이와 더불어 교육이나 주택 등 다른 분야에서의 다양한 지원도 병행하여 아이를 낳아 키우는 것이 부모가 당연히 누려야 할 삶을 단순히 희생하는 것이 되지 않도록 해야 할 것이다. 사회가 이들 잠재적 부모들에게 그런 희생을 일방적으로 요구하고 그런 희생을 하지 않는다고 부당하게 비난해서는 결코 안 되기 때문이다.

5.2.4 문화, 이데올로기 영역

이 단계에 이르면 사적 소유 자본에 의한 자본주의 지배 체제가 붕괴되어가면서 다양한 사회적 현상이 각 영역에서 나타나게 된다. 예컨대 사회적 소유 자본의 새로운 운영 시스템 도입과 적용으로 일어나는 토대 즉, 경제 영역에서의 변화, 그것이 초래하는 대다수 사회 구성원의 의식 변화, 정치 영역에서 일어나는 일대 변혁, 법과 제도에 있어서의 사회적 요구와 변화, 사적 소유 자본의 몰락 과정과 그것이 가져오는 사회적 파장 등과 같은 다양한 사회적 현상들이 나타나게 될 것이다.

이와 같은 사회적 현상들 대부분은 지난 수백 년 자본주의 역사상 전례를 찾기 어려운 생소한 현상들로 학문, 언론, 문화 예술 등 문화, 이데올로기 영역에서 완전히 새로운 관점에서 접근하지 않으면 온전히 이해될 수 없다.

그 결과 이 영역의 여러 분야 종사자들은 감당하기 어려울 정도로 다양하고 많은 연구와 취재 보도의 대상, 표현의 주제 및 소재들과 맞닥뜨려 완전히 새로운 관점을 정립하여 치열하게 대응하지 않을 수 없게 될 것이다.

이런 과정에서 낡은 자본주의 지배 체제를 정당화하고 사적 소유 자본의 이익을 옹호해온 기존 관점이나 입장은 폐기되고, 새로운 사회 건설을 위해 요구되는 문화, 이데올로기가 체계적으로 정립되어가면서 다음 단계로의 발전을 촉진하게 될 것이다.

5.3 지배적 단계(사회적 소유 자본의 비율 50% 이상)

지배적 단계란 사회적 소유 자본의 비율이 50%를 넘어서게 되면서 사적 소유 자본주의 지배 체제가 사실상 빠르게 붕괴되는 단계이다.

5.3.1 토대, 경제 영역

이 단계가 되면 사회적 소유 자본은 소비재 생산 영역에서뿐 아니라 생산재 생산 영역에서도 지배적 위치를 차지하게 된다. 바야흐로 한 국가나 사회의 토대 즉, 경제 영역에서 평등하고 민주적인 생산관계가 광범위하게 자리 잡게 되는 것이다. 아울러 이 단계에서는 사회적 가치가 파괴된 사적 소유 자본이 속속 도산하여 사회적 소유 자본에 의해 인수되거나 소멸하는 과정도 급속하게 진행된다.

이와 함께 사회 구성원 대다수가 단순 지분 보유자의 위치에 머물러 있는 것이 아니라 각자의 처지와 조건에 따라 사회적 소유 자본 기업에서 적절한 형태의 노동 제공자로 일하게 되면서 생산 과정의 담당 주체로 참여하고 성장하게 된다.

그리고 과학기술 발전의 성과를 바탕으로 끊임없이 이루어지는 생산 기술의 혁신은 생산력의 발전을 더욱더 촉진하여 사회적 소유 자본의 생태 친화적이고 탈성장주의적 생산을 정착시키는 데 결정적 기여를 할 것이다. 그리고 이 과정에서 현실화된 대다수 사회 구성원의 노동 시간 단축과 여가 시간 증가는 그들로 하여금 물질적 여유와 정신적 행복을 누릴 수 있게 할 것이다.

5.3.2 국가의 성격과 정치 영역

이 단계에 이르면 스스로가 국가와 사회의 진정한 주인이라는 주체 의식으로 무장된 사회 구성원 대다수의 적극 참여와 강력한 지지에 따라 사회적 소유 자본 전략을 추구하는 정치 세력이 국가 권력을 완전히 그리고 지속적으로 장악하게 된다.

그와 함께 국가의 성격도 확연히 달라져 전 국민과 사회의 이익을 위해 전적으로 봉사하는 진정한 민주주의 국가로 완전히 탈바꿈하게 될 것이다.

5.3.3 법과 제도 영역

이 단계에서는 사적 소유 자본에 의한 자본주의 지배 체제를 유지하기 위해 만들어진 법과 제도 전반에 대한 광범위한 검토와 대대적인 개혁이 이루어질 것이다.

그 결과 낡은 법과 제도로 뒷받침되는 낡은 질서가 붕괴되고, 새롭게 도입된 법과 제도를 근간으로 새로운 질서가 체계적으로 형성되어 자리 잡게 될 것이다.

5.3.4 문화, 이데올로기 영역

다른 영역의 변화에 선행하는 특징을 갖는 문화, 이데올로기 영역에서는 일국 또는 전 세계적 범위에서 사회적 소유 자본이 완성 단계에 들어서면서 달라지는 인류의 삶이 과연 어떤 양상을 띨지 다양한 예측과 전망이 제시될 것이다.

예컨대 시장경제 시스템은 어떻게 보완되거나 대체될 수 있는지, 국가라는 칸막이는 계속 유지될 것인지, 아니면 그것이 사라지면서 마침내 단일한 세계 정부로 통합되어 전 인류가 지구의 자원과 생태를 평화롭게 공유하게 될 것인지 등에 대한 치열한 예측과 전망이 나오게 될 것이다.

그것을 기초로 인류가 오랜 역사를 통해 꿈꾸고 추구해왔던 유토피아 사회의 건설이 더 이상 허황된 꿈이 아닌, 현실적 토대와 역사적 조건을 확보하면서 모든 인류의 끈끈한 협업 속에서 한 걸음 한 걸음 힘차게 추진되어나갈 것이다.

6. 사회적 소유 자본 네트워크(평의회) 인터내셔널

6.1 인터내셔널의 성격과 역할

6.1.1 성격

인터내셔널은 각국 사회적 소유 자본 네트워크(평의회)의 지원 및 관리 기구이다.

6.1.2 역할

인터내셔널은 사회적 소유 자본 네트워크(평의회)가 조직되어 있지 않은 국가에서는 사회적 소유 자본 네트워크(평의회)의 산파 역할을 함으로써 사회적 소유 자본을 전 세계적으로 확산시켜 나가고, 국제적으로 사회적 소유 자본 간 또는 네트워크(평의회) 간 교류를 촉진, 확대해나감으로써 전 세계적 수준에서 자본주의 후 이행기의 제 발전 단계를 촉진한다.

6.2 인터내셔널의 체계와 구조

6.2.1 체계와 구조

인터내셔널은 중앙-지역-각국의 체계로 편제하되, 중앙과 지역에는 본부를 두고, 각국에는 중앙 및 지역에서 연락관을 파견한다.

6.2.2 중앙 본부

중앙 본부는 각국 네트워크(평의회) 파견 대표로 총회를 구성하고, 사무국을 두어 사무를 총괄한다.

6.2.3 지역 본부

지역 본부는 지역 소속국의 네트워크(평의회) 파견대표로 총회를 구성하고, 사무국을 두어 사무를 총괄한다.

6.2.4 연락관

연락관은 중앙 및 지역 본부 사무국에서 각국의 사회적 소유 자본 네트워크(평의회) 전국 본부로 각각 파견한다.

6.3 인터내셔널의 역할

인터내셔널은 다음의 역할을 담당한다.

① 각국 사회적 소유 자본 네트워크(평의회)의 산파
② 각국 사회적 소유 자본의 확대 지원

③ 각국 사회적 소유 자본 또는 네트워크(평의회) 선진 경험 공유

④ 각국 사회적 소유 자본 또는 네트워크(평의회) 간 교류 지원 및 관리

⑤ 각국 사회적 소유 자본과 네트워크(평의회)를 위한 다양한 정보 및 자료 제공 등

7. 사회적 소유 자본(기업, 네트워크(평의회) 및 인터내셔널) 구축을 위한 제안

7.1 사회적 소유 자본 구축 순서

사회적 소유 자본은 기업, 네트워크(평의회), 인터내셔널의 체계로 구성되며, 단선적 순서가 아니라 쌍방향적이고 복합적으로 구축된다.

7.1.1 인터내셔널

인터내셔널의 경우 몇몇 나라에서 네트워크(평의회)가 구축된 후 그 네트워크(평의회)들이 모여 인터내셔널 중앙 본부 건설을 위한 준비위원회를 구성하고, 준비위원회 단계에서 네트워크(평의회)가 구축되지 않은 국가들의 네트워크(평의회) 구축 사업을 진행하다가 일정 목표 수의 네트워크(평의회)가 추가 구축되면 중앙 본부를 발족한다.

중앙 본부가 네트워크(평의회) 구축 사업을 계속 진행하다가 일정 목표 수의 네트워크(평의회)가 구축된 지역이 나오면 그 지역의 지역 본부를 발족한다.

이렇게 발족한 중앙 본부와 지역 본부가 계속 확대·확충되고 각국에 연락관을 파견하면서 조직 체계를 완성해나간다.

7.1.2 네트워크(평의회)

네트워크의 경우 사회적 소유 자본을 전략적 주체로 하여 자본주의 체제의 극복을 지향하는 사람 또는 단체가 주축이 되어 네트워크 전국 본부 건설을 위한 추진위원회와 준비위원회를 구성하고, 준비위원회 단계에서 '사회적 소유 자본 펀드'의 설립과 운영을 통해 일정 수의 사회적 소유 자본 기업이 설립되면 사회적 소유 네트워크 전국 본부를 발족한다.

전국 본부가 '사회적 소유 자본 펀드'의 운영을 통해 기업 설립 사업을 계속 진행하다가 일정 목표 수의 기업이 설립된 광역 지역이 나오면 그 광역 지역의 광역 지부를 발족한다. 또, 광역 지부 산하에 일정 목표 수의 기업이 설립된 기초 지구가 나오면 광역 지부의 기초 지회를 발족한다. 이렇게 발족한 전국 본부와 광역 지부 및 기초 지회가 계속 확대되면서 조직 체계를 완성해나간다.

그 후 사회적 소유 자본이 일정한 발전 단계에 이르면 네트워크는 '평의회'로 전환한다.

7.1.3 기업

네트워크 준비위원회나 네트워크의 발족 전에도 신규 또는 인수의 방식으로 기업이 설립될 수 있는데, 이 경우 추진위원회 → 준비위원회 → 기업 설립의 순서로 진행되며, 각 단계의 역할과 임무를 수행해나가지만, 네트워크 준비위원회나 네트워크의 발족 후 '사회적 소유 자본 펀드 위원회'의 지원하에 설립되는 신규 또는 인수 기업의 경우 추진위원회를 둘 필요 없이 준비위원회 → 기업 설립의 순서로 진행된다.

7.2 사회적 소유 자본 구축의 주체

사적 소유 자본주의 지배 체제의 모순을 인식하고 그 해결을 위해 투쟁하고 있는 각국의 노동운동 세력, 시민운동 세력이 사회적 소유 자본 구축을 선도하는 주체가 된다. 이들의 선도에 따라 광범위한 노동·시민 대중이 참여할 때 비로소 사회적 소유 자본이 광범위하게 구축될 수 있다.

7.3 '플랜' 제안 취지

지금 이 순간 우리 인류가 살고 있는 지구에는 매초 히로시마 투하 핵폭탄이 5개씩, 매일 43만 2000개씩 폭발하면서 만들어내는 정도의 엄청난 열에너지가 끊임없이 축적되면서 초래되는 기후 재앙이 지구촌 곳곳을 덮치고 있다. 지구 생태 복원을 위한 시간적 여유를 제대로 가질 수 없는 우리 인류는 바야흐로 절체절명의 위기를 맞이하고 있다.

이런 위기 시 당면 과제는 이를 초래한 사적 소유 자본에 의한 자본주의 지배 체제를 극복할 수 있는 현실적이고 효과적인 방법, 즉 탈자본주의 전략을 시급히 찾아내 실행해나가는 것이다. 그리고 전략 성패의 핵심 관건은 전략을 추진해나갈 주체 형성의 성패 여부다. 흔히 '깨어 있는 시민'을 강조한다. 그러나 계몽주의적 시민의 한계를 벗어나기 어렵다. 그래서 '조직되어 있는 시민'이 필요하다고 한다. 그러나 존재론적 토대를 공유하지 못한 비일상적·부분적으로 조직되어 있는 시민에 그칠 수밖에 없다.

지배와 피지배계급으로 나뉘어 있고 계급 갈등이 엄존하는 모든 계급 사회에서는 인식, 존재와 실천의 영역이 지배계급 구성원에게는 통일장으로 통합되어 있을지 모르지만 피지배계급 구성원이나 중간 계급 구성원에게는 갈가리 찢겨 있다. 그 결과 인식과 존재, 실천의 광범위한 괴리가 발생하고 그런 괴리가 극복되고 통합되지 않는 한 계급 사회 지양을 위한 대중 주체의 등장과 형성은 결코 쉽지 않다.

그래서 인식, 존재, 실천의 통일장을 '사적 소유 자본'의 대립물인 '사회적 소유 자본'에서 찾고, 그 속에서 인식론적·존재론적·실천론적인 훈련을 통해 비로소 형성되는 공동체적 대중 주체가 새로운 사회 건설의 거대한 원동력이 되는 '플랜'을 제안한다.

이런 취지인 만큼 '사회적 소유 자본 플랜'이 한국, 그리고 세계의 노동운동과 진보적 시민운동 진영에서 새로운 사회 건설을 위한 절박한 논의와 실천의 계기가 되기를 나름대로 절실하게 기대해본다.

제 2 장

기본적 문제의식과 방법론

1. 자본주의 체제의 작동 원리와 해방의 문제

1.1 자본주의 체제의 본질: 수탈과 착취

1.1.1 수탈과 착취, 부등가 교환과 등가 교환

흔히 자본주의 체제와 시장경제에 관하여 논할 때 진보적 관점을 지닌 이들조차 등가 교환에 기초한 착취는 기본적으로 이루어지되 부등가 교환의 수탈은 예외적 현상이라고 인식하고 있다. 그리고 더 나아가 자본주의 역사를 통해 부등가 교환의 수탈이 횡행하는 전근대 사회로부터 등가 교환의 착취를 기본 원리로 하는 근대 사회로 발전해왔다고 주장하기도 한다.

그러나 이런 인식과 주장은 이념형적 접근 방법론에 따른 자본주의 체제 분석을 자본주의 체제 현실 그 자체와 혼동하는 데서 나온다. 물리적 세계에서 운동이 정지의 한 형태가 아니라 정지가 보편적 운동의 특수한 형태이듯 계급 사회에서 지배계급에 의한 잉여 생산물의 수취는 부등가 교환에 기초한 수탈이 기본적이고 보편적 형태이며, 등가 교환에 의한 착취는 그러한 수탈의 특수한 형태에 지나지 않는다.

역사적 현실 자본주의 체제에서 수탈, 즉 부등가 교환은 보편적 현상으로 이는 단지 자본-노동 간 관계에서만 일어나는 것이 아니라 자본-자본 간 관계에서도 끊임없이 일어난다. 시장 외적 힘의 개입이 없다면 부등가 교환에서 어느 쪽이 유리하며, 어느 정도로 이루어지는가는 전적으로 양자 간 힘의 관계에 의해 결정될 것이다. 결국 역사적 현실 자본주의 사회구성체의 복합적·중층적 모순 구조는 그 사회구성체에서 이루어지는 이와 같은 부등가 교환 관계에 의해 만들어지는 것이다.

이렇게 본다면 자본주의 역사에서 근대성은 전근대성의 청산 위에서 나타나는 것이 아니라 그 기초 위에서 그것과 뒤섞여 복합적으로 존재하고 있다고 할 수 있다. 따라서 자본주의 근대 사회에서도 전근대성은 법이 아닌 현실 속에서는 결코 청산될 수 없는 요소이다. 아무리 법에 사회적 특권 계급을 인정하지 않는다고 명시되어 있다 하더라도, 예컨대 한국의 재벌이나 미국 등지의 대자본가가 사회적 특권 계급으로 엄연히 존재하고 있는 현실이 이런 사실을 명확히 입증하고 있다.

1.1.2 부의 이전과 축적 메커니즘

자본주의 체제에서 부의 이전과 축적 메커니즘은 역사적·경제적 변화에 따라 대체로 다음과 같이 전개되어왔다.

■ **초기 자본주의: 봉건제에서 시장경제로의 전환**

초기 자본주의에서는 토지 소유와 농업 생산성이 부의 주요한 원천이었다. 인클로저 운동과 같은 토지 사유화는 농민들을 임금 노동자로 전환시키며 계급 구조를 재편했고, 부는 지대와 임대를 통해 이전되고, 축적되었다.

■ **산업 자본주의: 생산 중심의 부 축적과 이전**

산업혁명 이후 자본이 기계와 공장 시스템에 투자되어 대량생산 체제가 확립되었다. 이 시기 부의 축적과 이전은 주로 생산 활동에서 발생하는 잉여가치를 통해 이루어졌고, 노동자 계급과 자본가 계급 간의 경제적 격차가 확대되었다.

■ 금융 자본주의: 금융화와 자산 소유

19세기 말부터 금융 자본주의가 등장하며, 부는 주식, 채권 등 금융 자산을 통해 이전되고 축적되었다. 산업 자본과 금융 자본의 결합으로 금융 시장이 주도권을 가지게 되었고, 이는 부의 집중과 독점을 강화시켰다.

■ 복지국가와 수정 자본주의: 재분배 메커니즘 도입

20세기 중반, 수정 자본주의는 정부 지출과 복지를 통해 부를 재분배하려는 노력을 강화했다. 이는 노동자 계급의 생활수준을 어느 정도 개선하고, 경제적 안정성을 높이는 데 일정하게 기여했다.

■ 신자유주의와 글로벌화: 시장 중심의 부 이전과 축적

20세기 후반 신자유주의는 규제 완화를 통해 시장 중심의 부의 이전과 축적을 강화했다. 다국적 기업과 국제 무역이 확대되며, 부는 국가 간 이동하거나 글로벌 금융 시장을 통해 집중되었다.

■ 디지털 경제와 플랫폼 자본주의

최근에는 디지털 플랫폼 기업들이 데이터를 독점하고 네트워크 효과를 활용해 막대한 부를 축적하고 있다. 이는 기술 산업에서 독점지대를 형성하며 새로운 형태의 부의 축적과 이전 메커니즘을 만들어냈다.

이처럼 자본주의 체제에서 부의 축적과 이전 방식은 생산성 향상, 금융화, 복지 정책, 디지털 혁신 등 다양한 요인에 따라 변화하며, 시대마다 경제적 불평등과 사회 구조에 영향을 미쳤다.

자본주의 체제의 이와 같은 역사적 전개 과정 속에서 기술의 지속적 발전을 통해 노동력의 가치(=가변자본, V)에 대한 생산수단의 가치(=불변자본, C)의 비율, 즉 자본의 유기적 구성이 고도화됨에 따라 이윤율이 저하되는 경향이 필연적으로 나타나게 된다.

이에 대한 자본의 우선적 대응은 직접적으로는 노동 시간의 연장, 노동 강도의 강화, 임금 삭감 등을 통해 이윤율을 높이는 것이었다. 그러나 그것이 노동 저항 등의 요인으로 일정한 한계에 부딪치면서 자본은 부동산의 금융화와 자산 가격 상승 등에 기초한 수탈적 성격의 불로소득 자본주의를 강화하는 전략으로 맞서게 된다. 이에 따라 오늘날 자본은 상품과 재화의 생산과 유통을 통해 이윤을 창출하는 생산적 자본으로부터 소유적 자본이나 투기적 자본으로 그 성격을 바꾸면서 사회적 불평등과 빈부 격차를 더욱더 심화시키고 있다.

1.2 철의 자본 논리와 인간 예속화

1.2.1 철의 자본 논리

흔히 화폐와 자본이 어떤 차이가 있는지 혼란스러워할 수도 있는데, 먼저 그 개념을 간단히 정리해보자. 먼저 화폐(Money)는 상품이나 서비스의 교환, 부채 상환, 가치 저장 등의 수단으로 사용된다. 화폐 그 자체로는 사용가치 없이 교환 매개체 역할을 하며, 예컨대 C → M → C(상품 → 화폐 → 상품) 형태로 유통된다. 반면 자본(Capital)은 생산수단으로 사용되는 자산 또는 자원으로 부가가치 창출을 목적으로 한다. 화폐가 투자나 생산을 통해 이익을 창출하면 자본으로 전환되며, 기본적인 유통 형태는 M → C → M′(화폐 → 상품 → 증가된 화폐)이다.

만약 M < M′이 아니라 M ≧ M′이라면 M은 자본으로서의 의미를 갖지

못한다. 결국 자본 논리란 가치의 증식, 즉 자본 증식을 유일한 목적으로 추구하는 것을 가리킨다. 따라서 이와 같은 목적을 달성하지 못하는 자본은 더 이상 자본으로서의 기능을 하지 못하므로 자본 세계에서 퇴출될 수밖에 없다. 결국 자본 논리는 마치 물리 세계의 중력 법칙과 마찬가지로 그 누구도, 그 어떤 자본가도 결코 거스를 수 없는 자본주의 사회의 자연법칙이자 철의 규칙인 것이다.

1.2.2 소외와 인간 예속화

인간 소외(Alienation)는 원래 자본주의 체제에서 노동자가 자신의 본질적 인간성으로부터 분리되는 과정을 설명하는 핵심 개념이다. 소외는 주로 노동 과정과 생산관계에서 발생하는 문제로 다음과 같이 네 가지 주요 측면으로 나눌 수 있다.

■ **노동으로부터의 소외**

노동자는 자신이 생산하는 상품에 대한 통제권을 잃고, 생산물이 자신과 분리된 외부의 대상이 된다. 생산물은 시장에서 교환가치로만 취급되며, 노동자는 자신의 창조적 활동의 결과를 소유하거나 즐길 수 없다.

■ **생산 과정에서의 소외**

노동자는 단순히 기계적인 작업을 반복하며, 노동 과정 자체가 비인간적이고 강제적인 것으로 느껴진다. 이는 노동자가 자신의 노동 활동을 자유롭고 창조적인 자기표현으로 느끼지 못하게 만든다.

■ **다른 인간으로부터의 소외**

자본주의 체제에서는 경쟁이 강조되기 때문에 노동자들 간의 협력보다는 갈등이 조장된다. 또한, 노동자는 자본가와의 관계에서도 착취당하는 존재로 전락하며, 인간 대 인간의 관계가 경제적 이해관계로 왜곡된다.

■ **자기 자신으로부터의 소외**

노동자는 자신의 본질적 인간성을 잃고, 단순히 생존을 위해 일하는 도구로 전락한다. 이는 인간이 가진 창조적이고 사회적인 본성을 억압하며, 스스로를 타자화하게 만든다.

이와 같은 소외 현상은 사적 소유 자본에 기초한 자본주의 생산 체제의 구조적 문제에서 비롯되며, 이를 극복하려면 바로 그와 같은 자본주의 생산 체제 그 자체를 변화시켜야 한다.

그렇다면 자본가는 과연 소외 현상으로부터 자유로울까. 언뜻 자본가는 자신의 의도와 계획에 따라 생산 체제를 조직하고 운영하는 것처럼 보일지 모른다. 그러나 어떤 자본가도 자본주의 사회의 자연법칙이자 철의 규칙인 자본 논리를 거스를 수 없다. 노동자가 자신이 생산한 생산물과 단절됨으로써 소외되듯이 자본가 또한 스스로의 논리에 따라 운동하는 자본에 예속되어 자신의 본질적 인간성을 상실하는, 소외된 존재로의 전락을 피할 수 없게 된다.

결국 자본주의 체제를 깊이 들여다보면 노동자뿐 아니라 자본가 또한 절대적 존재인 자본과 자본 논리에 철저하게 예속되어 있음을 알 수 있다.

1.3 인간 해방을 위한 길

오로지 자기 증식만을 목표로 하는 자본 논리에 의해 작동하는 사적 소유 자본주의 체제는 노동자를 소외·예속화하는데 그치지 않고 자본가까지도 자본 논리에 철저히 예속화함으로써 소외와 인간성 상실의 질곡에서 벗어나지 못하게 한다. 따라서 이와 같은 사적 소유 자본주의 체제를 극복한다는 것은 단순히 노동자의 노동 해방을 의미할 뿐 아니라 자본가까지도 포함한 인간 전반의 해방을 위한 노력이기도 하다.

상품 물신, 화폐 물신, 자본 물신이 지배하는 사적 소유 자본주의 체제가 인간을 어떻게 소외시키고 인간성을 얼마나 철저히 파괴할 수 있는지는 지나온 인류 역사를 통해서뿐 아니라 바로 이 순간 인류가 겪고 있는 다양한 고통의 현실을 직시하면 어렵지 않게 알 수 있다.

세계 자본주의 체제의 지배와 전횡 속에서 살아가고 있는 우리 인류에겐 이제 선택할 시간도, 선택지도 거의 없다. 인류 스스로가 만들어낸 괴물이 마침내 인류를 돌이킬 수 없는 파멸의 막다른 골목으로 몰아넣는 것을 허용할 것인가, 아니면 결코 쉽지는 않겠지만 그 괴물을 퇴치하고 인간 해방의 길로 나아갈 것인가의 마지막 선택만 남아 있다.

2. 반자본주의 혁명 노선과 반자본주의 운동에 대하여

2.1 반자본주의 혁명 노선과 한계

반자본주의 혁명 노선이란 전위 정당을 비롯한 전위적 주체가 혁명이란 방법을 통해 자본주의 체제를 일거에 뒤집어엎고 새로운 사회를 건설하려는 노선을 말한다. 이 노선에는 혁명이 유일하거나 가장 현실적이라는 판단이 깔려 있다.

그러나 세계 자본주의 체제의 전일적 지배하에 놓여 있는 현대 자본주의 국가에서 전위적 주체의 반자본주의 혁명 노선이 성공하기란 절대 쉽지 않다. 이들 주체가 직면해야 하는 다음과 같은 도전 과제가 결코 만만치 않기 때문이다.

첫째, 노동 계급 내부의 의식 불균등성과 개혁주의 영향이다. 노동 계급 내부에는 정치적 의식의 수준 차이가 존재하며, 대다수는 개혁주의적 관점에 머물러 있다. 이는 자본주의 체제 내에서 급진적 변화보다 안정과 점진적 개선을 선호하게 만들며, 전위적 주체의 혁명적 강령에 대한 지지를 약화시킨다. 개혁주의와 사회민주주의 정당은 노동자들에게 익숙한 선택지로 자리 잡고 있으며, 전위적 주체가 대중적 지지를 얻는 데 큰 장애물로 작용한다.

둘째, 국가 권력이 집중되어 있고 억압 기구가 작동하고 있다. 현대 자본주의 국가는 고도로 집중된 권력을 바탕으로 억압 기구(경찰, 군대 등)를 활용해 혁명적 움직임을 강력하게 억제한다. 이는 전위적 주체가 대중을 동원하고 체제에 도전하는 데 또 다른 큰 장애물로 작용한다. 전반적 정보와 설득 수단을 장악한 자본가 계급은 대중 여론을 통제하고, 실업과 금융 위기 등의 공포를 이용해 노동 계급을 분열시킨다.

셋째, 국가와 자본의 결탁 문제다. 현대 자본주의 국가는 자본가 계급과 긴밀히 결탁하여 체제를 공고히 하고 있다. 국가기구는 노동 계급의 급진화를 억제하고, 사회복지나 공공 정책을 통해 대중의 불만을 일정 부분 흡수함으로써 그것이 폭발하지 않도록 방지하는 역할을 한다.

넷째, 현대 자본주의는 위기 상황에서도 스스로를 재조정하며 체제를 유지하는 강력한 적응력을 보인다. 불평등이나 환경 문제와 같은 구조적 결함이 드러나더라도 자본주의는 이를 형식적이지만 외관적으로는 민주적 제도와 개량적 정책을 통해 완화하려는 경향이 있다. 이와 같은 체제의 유연성은 급진적 혁명을 추진하는 전위적 주체의 설득력을 크게 약화시킨다.

다섯째, 전위적 주체 내부의 응집력 문제를 들 수 있다. 전위적 주체 내부에서도 전략적 차이나 분파 형성이 발생할 수 있으며, 이는 행동 통일성을 저해하고 응집력을 약화시킨다. 민주집중제를 통해 전략적 일치를 추구해야 하지만, 이를 유지하는 과정에서 다양한 내부 갈등이 발생할 가능성이 크다.

여섯째, 대중적 기반의 취약성 문제가 있다. 전위적 주체는 종종 소수의 혁명가로 구성되어 있어 대중적 기반이 취약하다. 이는 대중 운동과의 결합 및 설득 과정에서 커다란 어려움을 초래한다. 노동 계급 내에서 지지를 얻기 위해서는 일상적 투쟁 속에서 자신의 역량을 입증해야 하지만,

이는 시간이 오래 걸리고 체제 내 개혁주의 세력과 경쟁해야 하는 상황에 직면하게 된다.

일곱째, 대중 동원의 한계와 공동 전선 문제다. 전위적 주체는 개혁주의 세력과 단절하면서도 동시에 그들과 협력해 노동자 대중을 설득해야 하는 이중 과제를 안고 있다. 그러나 이 과정에서 공동 전선 구축이 실패하거나 오히려 혼란을 초래할 위험이 존재한다. 개혁주의자들과 공동 행동을 통해 노동자들을 설득해낼 수 있어야 하지만, 이는 현실적으로 매우 까다로운 과제이다.

여덟째, 전위적 주체의 정통성 문제다. 지난 역사에서 혁명이 성공한 사례를 분석해보면 기존 체제가 공화정이 아닌 왕정·제정·식민 종속 체제의 전제주의 체제였거나, 공화정이라 하더라도 폭압적인 독재나 부정선거를 통해 유지되는 체제로 권력의 정통성을 결여한 경우였다. 그렇지 않은 경우, 즉 형식적이라 하더라도 상당한 정통성을 확보한 부르주아 민주주의 체제에서는 전위적 주체의 주도에 의한 혁명이 결코 성공하지 못했다.

마지막으로 글로벌 자본주의와 상호 의존성을 들 수 있다. 세계화된 자본주의 체제는 국가 간 경제적 상호 의존성을 심화시키며, 단일 국가 내 혁명의 성공 가능성을 낮춘다. 국제 자본과 기존 체제의 강력한 압력은 혁명 후에도 지속적으로 그리고 광범위하게 작용하여 대중의 생존 기반을 철저히 파괴함으로써 마침내 혁명을 좌절시킬 수 있다.

결론적으로 전위적 주체가 현대 자본주의 국가에서 혁명을 이끌기 위해서는 노동 계급의 의식을 고양하고, 조직 내부의 응집력을 유지하며, 억압적 국가 권력에 효과적으로 대응해야 한다. 또 개혁주의 세력과 경쟁하면서도 대중적 기반을 확장하고 국제적 연대를 강화하는 것도 필수적이다. 그러나 현대 자본주의 국가에서 반자본주의 혁명 노선을 추구하는 전위적 주체가 동시에 복합적으로 작용하는 이러한 도전들을 극복하고 혁명을 성공시키기란 결코 쉽지 않을 것이다.

2.2 반자본주의 운동과 한계

2.2.1 정치주의적 접근 방법과 한계

자본주의 체제란 자본가와 노동자가 지배와 피지배의 기본 계급을 이루고 다양한 중간 계급이 존재하는 사회 체제이다. 이 체제에서는 자본가 계급이 정치와 경제 권력을 동시에 장악해서 사회를 전면적으로 지배한다.

이와 같은 자본주의 체제에서 반자본주의 세력이 일단 정치권력을 장악하기만 하면 경제 권력의 장악을 비롯한 자본주의의 극복 노력은 어렵지 않게 성공할 수 있다고 판단하고 정치권력 장악에 집중하는 노선이 있다. 이른바 정치주의적 반자본주의 운동 노선이라고 일컬어질 수 있다. 그러나 자본주의를 극복하고자 하는 진보 세력이 이런 노선에 따라 먼저 정치권력을 장악한 후 경제 권력의 장악을 추구하더라도 그것이 성공할 가능성은 매우 낮다고 판단된다.

첫째, 기존 자본주의 경제 구조는 매우 복잡하다. 자본주의는 사적 소유와 시장 경쟁을 기반으로 하는 복잡한 체제로 이를 단기간에 해체하거나 대체하기는 어렵다. 혁명이 아닌 선거를 통해 들어선 정치권력이라면 몇 년 정도로 임기가 정해져 있다. 그 몇 년 정도의 임기 내에 기존 자본주의 체제의 해체나 대체를 통한 경제 권력의 장악은 사실상 거의 불가능에 가깝다.

둘째, 정치적·사회적 저항이 매우 크다. 기존 자본주의 경제체제에 의존하는 대중과 자본가 계급은 반자본주의적 변화에 강력히 저항할 가능성이 크다. 특히, 대중은 급격한 변화로 인한 경제적 불안정성을 우려할 수 있다. 자본가 계급은 상당 기간 저항할 수 있는 물적 기반을 충분히 가지고 있지만, 일반 대중은 오히려 그와 같은 변화의 과정을 견뎌낼 수 있는 물적 기반의 결여로 새로운 정치권력에 대한 이들의 저항이 훨씬 더 강하고 클 수 있다. 그 결과 경제 권력의 장악은커녕 힘들게 획득한 정치권력까지 유지하기 어려울 가능성이 훨씬 더 크다.

셋째, 국가기구의 본질과 성격 문제가 있다. 국가 관료제와 기존 법률 체계가 자본주의적 이해관계를 철저히 반영하고 있어 정치권력에 의해 시도되는 반자본주의 정책을 크게 제한하거나 왜곡시킬 수 있다.

넷째, 이데올로기적으로도 커다란 장애물이 존재한다. 자본주의는 개인의 자유와 경쟁을 강조하는 이데올로기를 통해 정당성을 유지한다. 이러한 이념 구조를 극복하지 못하면 그와 같은 이데올로기를 깊숙이 내재화하고 있는 대중의 지지를 끌어내기 어렵다.

마지막으로 세계 자본주의 체제가 전면적으로 글로벌화 되어 있다. 이와 같은 세계 자본주의 지배구조 속에서 한 국가가 자본주의를 벗어나려 할 경우 외국 자본의 철수, 무역 제재를 포함한 각종 국제적 제재와 압박, 봉쇄에 의해 국가 경제가 곧바로 파탄에 직면할 수 있다.

이러한 장애물들로 인해 한 국가의 반자본주의 세력이 설사 선거를 통해 정치권력을 장악했다고 하더라도 경제 권력까지 장악하기란 결코 쉽지 않을 것이다. 그런 점에서는 개량이 혁명보다 오히려 더 어려울 수 있다.

2.2.2 경제주의적 접근 방법과 한계

반자본주의 운동에서 경제주의란 경제적 요구와 투쟁에만 초점을 맞추는 경향을 의미한다. 경제주의적 사고는 자본주의 체제의 모순을 극복하려는 과정에서 여러 문제와 한계를 드러낸다. 경제주의는 경제적 요인에 지나치게 초점을 맞춤으로써 다음과 같은 방식으로 운동의 효과를 제한한다.

첫째, 사회적·정치적 요인을 간과한다. 경제주의는 자본주의의 착취 구조를 주로 경제적 관점에서만 분석하며, 정치적 억압이나 문화적 지배와 같은 비경제적 요인을 충분히 고려하지 않는다. 이는 계급투쟁을 단순히 임금 인상이나 노동 조건 개선에 머무르게 하고, 자본주의 체제 전반을 근본적으로 변혁하는 데 실패할 위험을 초래한다.

둘째, 자본주의 논리를 내재화한다. 경제주의적 접근은 자본주의의 경쟁과 상품화 논리를 무비판적으로 수용하는 경향이 있다. 이는 자본주의 시장경제의 논리가 여전히 지배적인 상황에서, 반자본주의 운동이 자본주의 체제 내에 머물거나 이를 강화하는 결과를 낳게 할 수 있다.

셋째, 계급 연대를 약화한다. 경제주의는 노동 계급 내부의 다양한 이해관계를 통합하지 못하고, 특정 집단(예: 조직 노동자)의 이익에 국한될 가능성이 크다. 이는 계급 간 연대와 대중 투쟁의 확장을 저해하며, 반자본주의 운동을 고립시키는 결과를 초래할 수 있다.

넷째, 구조적 모순의 해결에 한계를 드러낸다. 자본주의 위기의 근본 원인은 이윤율 저하와 같은 구조적 모순에 있다. 그러나 경제주의는 이러한 구조적 문제를 심층적으로 분석하기보다, 단기적인 경제적 요구 해결에 집중함으로써 체제 변혁보다는 개혁에 머무르게 된다.

다섯째, 대안 체계 구축의 부재를 지적할 수 있다. 경제주의는 자본주의 이후 사회를 구체적으로 설계하거나 대안을 제시하는 데 한계를 보인다. 이는 반자본주의 운동이 단순한 비판을 넘어선 실질적인 변화를 이루지 못하게 한다.

결론적으로, 반자본주의 운동에서 경제주의는 체제 변혁이라는 궁극적 목표를 약화시키며, 대중 운동의 지속성과 확장성을 저해할 수 있다. 이를 극복하기 위해서는 정치적·사회적·문화적 요인을 포괄하는 다차원적 접근과 함께, 대안 체계에 대한 구체적 비전을 명확히 제시해야 한다.

2.2.3 각 부문 투쟁의 분산 고립화와 한계

자본 논리가 철의 규칙이자 자연법칙으로 작용하는 자본주의 지배 체제에서 수탈과 착취를 통한 자본 증식은 광범위한 차별과 억압을 필연적으로 수반할 수밖에 없다. 세계 자본주의 체제의 지배 세력은 계급 이익의 극대화를 위해 인종과 민족, 성, 종교 등의 차이를 근거로 인류를 철저히 분할 지배하고 있다. 그 결과 어느 나라 어느 지역에서든 어떤 차이로 집단과 집단이 분할되면 또 다른 차이로 각 집단이 또다시 분할되는 중층적·복합적 분할 구조가 형성된다.

이와 같은 총체적 분할 구조는 집단 간, 그리고 집단 내부의 차별과 억압을 만들어내고, 그 차별과 억압은 필연적 저항을 불러일으키게 된다. 그 결과 인종과 민족 차별 철폐 운동, 반전 평화운동, 환경 운동, 노동운동, 농민 운동, 여성 운동, 성 소수자 운동, 장애인 차별 철폐 운동 등 각 부문 투쟁이 다양하게 이루어지게 되는 것이다.

세계 자본주의 체제의 지배 세력에 의한 분할 지배의 목표는 각 나라와 지역에서 필연적으로 발생하는 이들 각 부문 투쟁이 철저하게 분산 고립된 상태로 전개될 때 가장 잘 달성된다. 각 부문 투쟁을 효과적으로 힘들지 않게 제압할 수 있기 때문이다.

결국은 반자본주의 운동일 수밖에 없는 이들 부문 투쟁이 수탈과 착취를 위한 차별과 억압을 분쇄하고 인간 해방을 향해 나아가는 연대 투쟁으로 결집되지 못한다면 궁극적 승리를 위한 동력을 담보해낼 수 없는 한계에 봉착할 것이다.

2.2.4 방어적 운동과 한계

자본주의 체제의 노멀(정상적 작동 상태)이 어떤 이유로든 흔들릴 때 그 노멀을 회복하려는 투쟁을 방어적 운동이라고 한다. 그렇다면 자본주의 체제의 노멀은 무엇이고 그것이 흔들린다는 건 무엇인가. 또 방어적 운동이 승리한다는 건 무엇이고 그 승리를 통해 담보되는 건 무엇인가.

자본주의 체제의 노멀, 즉 자본주의 체제가 정상적으로 작동하는 상태란 자본가 계급에 의한 수탈과 착취가 정상적으로 이루어지고 있는 상태를 말한다. 그리고 그를 위해 차별과 억압이 일상적으로 행해지고 있는 상태를 가리킨다. 방어적 운동은 이와 같은 자본주의 체제의 노멀과 투쟁하는 운동을 뜻하는 것이 아니다. 그런 것이라면 그것은 방어적이 아니라 공격적 운동이다. 방어적 운동은 어떤 이유로든 이런 노멀이 흐트러지고 위협받을 때 그 노멀을 회복하려는 투쟁을 말한다.

따라서 이와 같은 방어적 투쟁과 운동은 자본주의 체제를 극복하고 지양하고자 하는 반자본주의 운동의 전개에 일정 부분 기여할 수는 있으나 그것 자체가 반자본주의 운동이 될 수는 없다.

개별 자본의 입장에서 볼 때 자본주의 체제에서 자본의 운동, 즉 자본 증식은 결코 안정적으로 보장되지 않는다. 오히려 사활이 걸린 치열한 생존 경쟁 속에서 자본 세계로부터의 도태와 도태되지 않으려는 처절한 몸부림이 여기저기에서 끊임없이 일상적으로 벌어진다. 이런 상황을 반영하여, 그리고 그 필연적 결과로서 초래된 각 부문의 방어적 투쟁 또한 광범위하게 그리고 끊임없이 벌어질 수밖에 없다.

결국 수탈과 착취, 차별과 억압에 맞서고자 하는 각 부문의 주체들이 이와 같이 끊임없는 방어적 투쟁에만 매몰되어 역량을 쏟다 보면 그 자체를 감당하는 것만으로도 버거운 상황으로 내몰리게 된다. 이런 상황에서 벗어나지 못한다면 자본주의 체제의 노멀을 넘어 인간에 의한 인간의 수탈과 착취, 그를 위한 차별과 억압을 극복하고 진정한 인간 해방과 평등의 뉴노멀을 추구하는 반자본주의 운동의 여력과 역량이 과연 어디서 생기겠는가.

2.2.5 운동 역량 축적 메커니즘의 부재

인내의 한계를 넘어선 자본주의 체제의 노멀 붕괴에 맞서는 노멀 회복 투쟁이든, 진정한 인간 해방의 뉴노멀을 추구하는 투쟁이든 지속적으로 이루어질 수 있을 때 마침내 승리할 수 있다.

이런 관점에서 자본주의 체제의 수탈과 착취, 차별과 억압에 맞선 역사적 투쟁을 평가해보면 운동 역량의 축적 메커니즘을 구축하지 못해냄으로써 소모적 운동의 한계를 넘어서지 못하고 있다.

흔히 '깨어 있는 시민의 힘'을 강조한다. 그러나 그것은 계몽주의적 한계를 넘어서지 못할 수 있다. 그래서 한 걸음 더 나아가 '조직된 시민의 힘'을 추구할 수 있다. 그러나 그 조직이 자본주의 체제의 테두리를 벗어나지 못하는 일종의 기능적 조직의 한계에 갇혀 있을 때 자본주의 체제를 극복하고 마침내 새로운 사회를 만들어낼 수 있는 진정한 전망과 역량을 갖춘 조직의 힘으로 진화·발전할 수 있으리라 기대하기는 어렵다.

반자본주의 운동에도 고양기와 퇴조기가 있다. 고양기에 모처럼 형성된 대중 운동의 주체와 동력이 퇴조기에는 눈 녹듯이 완전히 사라져버린다면 반자본주의 운동의 운명은 끊임없이 고양기와 퇴조기를 반복하며 궁극적 승리를 결코 기약할 수 없다. 그리고 지금까지의 운동 역사가 바로 역량 축적 메커니즘을 결여한 반자본주의 운동의 한계를 여실히 드러내고 있다.

3. 사회적 소유 자본의 작동 원리, 역사적 임무 및 조직 방법론

3.1 사회적 소유 자본의 작동 원리

사적 소유 자본의 유일한 작동 원리는 자본 논리, 자본 증식 논리다. 이에 반해 사회적 소유 자본은 한편으로는 일정하게 자본 논리에 따라 작동하지만 다른 한편으로는, 그리고 더욱더 본질적으로는 사회적 소유 원리, 즉 협동과 연대, 평등, 인간과 자연 존중의 공동체 원리에 따라 작동한다.

사적 소유 자본 또한 지극히 예외적인 상황에서는 공동체 원리에 따라 작동할 수 있다. 그러나 그런 상황은 말 그대로 지극히 예외적이고 일시적인 상황에 지나지 않는다. 반면, 사회적 소유 자본은 자체적으로나 또 다른 사회적 소유 자본과의 관계에서는 공동체의 이익과 공동체가 지향하는 가치를 실현하는 것을 목표로 하여 작동하되, 사적 소유 자본과의 외적 관계에서는 자본 논리에 따라 작동한다. 말하자면 사회적 소유 자본은 사적 소유 자본과 공존하고 경쟁하는 과도기에는 자본 논리와 공동체 원리라는 이중 작동 원리에 따라, 그리고 그 과도기가 완료되면 오로지 공동체 원리에 따라서만 작동할 것이다.

3.2 사회적 소유 자본의 역사적 임무

3.2.1 각 나라와 지역사회구성체의 다양성

일찍이 수백 년 전 유럽에서 형성되어 자리 잡기 시작한 자본주의 체제는 오늘날 인류가 살고 있는 지구 전역으로 전파되어 사실상 전일적 지배 체제로서의 세계 자본주의 체제를 이루기에 이르렀다. 자본주의 발흥지로서의 유럽을 포함한 지구상의 모든 나라와 지역은 세계 자본주의 체제로 포섭·편입되기 이전에는 각각의 역사적 과정과 특수성에 따라 다양한 전 자본주의적 사회구성체를 이루고 있었다.

이들 나라와 지역이 다양한 역사적 계기와 경로를 통해 자본주의 체제로 포섭·편입되었다는 것이 각각의 전 자본주의적 사회구성체가 깔끔하게 해체되고 자본주의적 사회구성체가 전일적으로 그것을 대체했다는 것을 결코 의미하지 않았다. 오히려 각 나라와 지역에는 전 자본주의적 요소와 자본주의적 요소가 다양한 형태로 혼재되고 결합되어 다양한 형태의 복합적 사회구성체가 형성되어 있다.

그리하여 오늘날 세계 자본주의 체제가 글로벌 영역에서 전일적 지배 체제를 이루고 있다고 하더라도 각 나라와 지역의 사회구성체는 각기 다양한 형태를 이루면서 다양한 역사적 특수 상황에 처해 있는 것이다.

3.2.2 사회적 소유 자본의 다중적인 임무와 역할

각 나라와 지역에 형성되어 있는 복합적 사회구성체에서 사회적 소유 자본은 과연 어떤 임무와 역할을 담당해야 할까.

각 나라와 지역의 역사적 특수성에 기인하여 특수한 형태로 이루어지고 있는 수탈과 착취, 차별과 억압의 극복이란 과제를 담당하는 전략적 주체로서의 사회적 소유 자본은 다중적인 임무와 역할을 해낼 수밖에 없다. 인종, 민족, 성과 성적 취향, 종교, 장애 등 다양한 차별과 억압이 수탈과 착취를 위한 자본가 계급 지배를 은폐하고 강화하는 도구로서 다양하게 작동하는 복합적 사회구성체에서 사회적 소유 자본은 각종 차별과 억압에 맞서 싸움과 동시에 계급 지배를 철폐해야 하는 다중적인 임무와 역할을 해야 하는 것이다.

따라서 사회적 소유 자본은 사적 소유 자본주의 체제가 고도로 발달한 선진 자본주의 국가나 지역에서뿐만 아니라 전근대성이 강하게 온존되어 있는 후진 자본주의 국가나 지역에서도, 제국주의 국가에서뿐만 아니라 신식민지 국가에서도 새로운 사회로의 자본주의 후 이행기 플랜의 전략적 주체로서 다중적인 역사적 임무와 역할을 담당하게 될 것이다.

3.3 사회적 소유 자본의 조직

새로운 사회 건설을 위해 사회적 소유 자본에 의한 자본주의 후 이행기 플랜 전략을 채택한다고 할 때 제기되는 문제 중 하나는 어떻게 그것을 조직할 것인가이다. 나라와 지역에 따라 적합한 방법과 경로가 다양할 수 있다는 점을 전제하면서 일반적으로 판단되는 경우를 제시해보고자 한다.

3.3.1 사회적 소유 자본 펀드

나라별 사회적 소유 자본 네트워크 전국 본부 또는 전국 본부 준비위원회는 그 나라의 사회적 소유 자본의 조직화를 위해 무엇보다 먼저 사회적 소유 자본의 모집과 운영을 전담할 전문 기구인 '사회적 소유 자본 펀드'를 설립·운영함으로써 '사회적 소유 자본 조직 플랫폼' 역할을 담당할 수 있도록 해야 한다.

자본주의의 지양과 극복을 수행할 전략적 주체로서의 사회적 소유 자본의 비전과 필요성에 동의하는 모든 사회 구성원들은 사회적 소유 자본 펀드에 일단 참여하는 방식으로 새로운 사회 건설에 동참하는 사회적 행동과 실천의 첫걸음을 내딛게 된다.

3.3.2 '사회적 소유 자본 펀드'의 임무와 역할

'사회적 소유 자본 펀드'는 사회적 소유 자본의 모집과 운영을 통해 사회적 소유 자본 기업을 신규 또는 인수를 통해 네트워크 전국 본부의 일원으로 설립하고, 기업의 완전 균등화 및 사회적 소유 자본의 집적과 집중을 지원하는 임무와 역할을 수행한다.

이를 위해 '사회적 소유 자본 펀드'는 사회적 소유 자본의 모집을 담당하는 '조직전략본부'와 신규 또는 인수 기업의 설립과 운영을 지원하는 '경영전략본부' 등을 설치하여 운영한다.

'사회적 소유 자본 펀드'가 이와 같은 임무와 역할을 제대로 수행하기 위해서는 노동운동 진영과 진보적 시민운동 세력의 광범위한 지지와 지원을 토대로 변호사, 회계사, 변리사, 학계 전문가, 증권 및 펀드 전문가, 기업 경영 및 관리 전문가, 첨단 정보통신기술(ICT) 전문가, 유통 분야 전문가 등 분야별로 풍부한 경험과 전문 역량을 갖춘 이들의 본격적인 참여를 이끌어내는 것이 필수적이다.

3.3.3 '사회적 소유 펀드' 운영 방법: 현실에서 원칙으로

사회적 소유 자본의 조성과 사회적 소유 자본 기업의 설립 및 운영을 어떤 방법으로 해나갈 것인가. '현실에서 원칙으로'를 그 방법으로 제시하고자 한다.

각 나라에서 사회적 소유 자본과 관련된 현실은 무엇인가. 사회적 소유 자본의 비전과 필요성에 동의하는 사회 구성원들의 수, 각 사회 구성원들의 인식과 열망의 정도, 각 사회 구성원들의 경제 상황 등이 현실을 구성하는 요소들이다.

각 사회 구성원들에 따라 인식과 열망의 정도나 경제 상황이 다르다. 어떤 사람은 당장 10만 원이나 100달러, 100유로, 1만 엔 정도로 펀드에 참여할 수 있는가 하면 또 다른 사람은 당장 1억 원, 10만 달러, 10만 유로, 1천만 엔 수준으로 펀드에 참여할 수도 있다. 어느 정도나 수준의 참여라도 모두 유연하게 수용하는 것이 바로 현실에서 출발하는 펀드 조성과 운영 방법이다(참여 수준은 이론적으로 1부터 무한대까지임).

그러나 거기에서 그치면 안 된다. 지분 균등 보유의 원칙을 관철하기 위해 추후 반드시 지분 균등화의 과정을 밟아가야 한다.

'사회적 소유 자본 펀드'는 이런 방법, 즉 현실에서 출발하여 원칙으로 나아가는 방법으로 사회적 소유 자본을 조직해나가야 한다. 그리고 이 방법은 기업 자본의 집적과 집중 과정과 결합하여, 그것을 각각의 계기로 활용하는 방식으로 원활하게 적용될 수 있다.

나아가 '사회적 소유 자본 펀드'는 각 사회 구성원의 지분 참여 기업의 수를 단위 지분 금액을 조정함으로써 증감할 수 있다. 예컨대 지분 참여 총액을 1억 원으로 하고 단위 지분 금액을 10만 원으로 하면 지분 참여 기업의 수는 1000개가 되지만 단위 지분 금액을 100만 원으로 조정하면 지분 참여 기업의 수는 100개가 되는 방식이다. 이와 같은 과정에서 종국적으로 지분 균등 보유의 원칙이 반드시 지켜져야 함은 두말할 필요도 없다.

3.3.4 사회적 소유 자본 기업의 조직 (1): 투쟁과 이슈를 계기로

예컨대 어느 노동 현장에서 벌어진 투쟁의 결과 그것을 주도했거나 적극 가담한 사람들이 해고되는 상황을 상정해보자.

이들 해고자들은 이후 벌어지는 몇 가지 문제에 대응해야 한다. 각자의 생계와 그 현장의 후속 투쟁을 당장 어떻게 해나갈 것인가가 당면 문제라면 이 투쟁을 사회적 연대 투쟁으로 어떻게 확대해서 더욱더 의미와 성과 있는 사회적 승리의 결실을 맺을 것인가는 지향적 목표의 문제다.

이때 가장 효과적인 연대 투쟁의 방법 중 하나는 단순히 그 현장의 파업 기금을 활용하거나 사회적으로 파업 기금을 모금하는 것이 아니라 그것을 계기와 동력으로 하나의 새로운 사회적 소유 자본 기업을 조직하는 것이 될 수 있다. 이 투쟁에 연대하고자 하는 사람들은 어느 지역 어느 부문에 있더라도 그 사회적 소유 자본 기업의 조직에 참여하여 투쟁에 대한 직접 지원과 광범위한 연대 투쟁의 주체가 됨과 동시에 스스로 사회적 소유 자본의 주체가 되는 계기로 삼을 수 있다.

자본주의 사회의 수탈과 착취를 둘러싼 투쟁과 이슈는 세계 어느 지역, 어느 부문에서도 끊임없이 광범위하게 발생한다. 이런 투쟁과 이슈를 사회적 소유 자본 기업 조직의 계기로 포착해낸다면, 그리고 그렇게 조직된 사회적 소유 자본 기업이 지역적·전국적·세계적으로 네트워크화되어 끊임없이 확대되어간다면 사회적 소유 자본에 의한 자본주의 후 이행기 플랜은 한층 더 빠르게 추진될 것이다.

3.3.5 사회적 소유 자본 기업의 조직 (2): 파산 및 몰락 자본의 인수

고도로 금융화된 현대 자본주의 사회에서는 필연이나 우연에 의해 자본의 사회적 가치가 파괴되어 일거에 파산하는 일들이 끊임없이 일어난다. 기술 혁신의 직접 경쟁에서 뒤처져서이거나 사회적 불매 운동의 표적이 되어서이기도 하고, 심지어는 전혀 예상치 못한 지구 반대편에서의 전쟁 발발이 그 계기가 되기도 한다. 이러저런 이유로 사적 소유 자본이 파산하고 사회적 가치가 일거에 파괴되면 소속 노동자들도 졸지에 해고와 실업으로 내몰리게 된다.

이런 경우 사회적 소유 자본 펀드가 파괴된 자본의 사회적 가치를 복구하면서 사적 소유 자본 기업을 사회적 소유 자본 기업으로 재탄생시킬 수 있다. 이 과정에서 당연히 해당 기업의 경영진이나 노동자들도 완전히 동등한 권리를 가진 주체로 새롭게 자리매김하면서 재탄생한 사회적 소유 자본 기업의 일원으로 사회적 가치 복구에 참여할 수 있다.

또, 사회적 소유 자본 펀드는 사회적 가치가 완전히 파괴되어 파산한 자본뿐 아니라 이러저런 이유로 급격히 몰락해가는 사적 소유 자본 기업을 인수하여 사회적 소유 자본 기업으로 탈바꿈시킬 수도 있다.

물론 사회적 소유 자본 펀드가 기존에 전혀 존재하지 않았던 사회적 소유 자본 기업을 새롭게 만들 수도 있다는 건 두말할 필요가 없다.

마지막으로 사적 소유 자본으로서는 더 이상 존재하거나 유지될 수 없는 기업이 사회적 소유 자본 기업으로서는 어떻게 유지·발전할 수 있느냐는 의문과 우려도 제기될 수 있지만, 사회적 소유 자본 기업이 지닌 전혀 다른 차원의 경쟁력과 이중적 작동 원리를 고려해보면 어렵지 않게 해소될 수 있을 것이다.

3.3.6 사회적 소유 자본 기업의 조직 (3): 노동조합 조직을 기반으로

사회적 소유 자본 기업을 노동조합 조직을 기반으로 조직하는 것도 유력한 접근 방법이 될 수 있다. 노동조합은 그 구성원인 조합원들이 이미 기업별·산별·지역별로 조직돼 있지만 조직의 질적 수준은 다양하다. 이와 같이 다양한 질적 수준의 현실적 근거 위에서 사회적 소유 자본 기업의 지분 균등 보유자라는 완전히 새로운 정체성을 조합원들이 모두 획득하고 공유해나간다면 한편으론 각급 노동조합 조직의 질적 수준에도 엄청난 변화가 일어나고 다른 한편으론 사회적 소유 자본 기업의 파급력도 엄청난 속도로 커지는 시너지 효과를 만들어낼 수 있을 것이다.

노동조합 조직을 기반으로 만들어진 사회적 소유 자본 기업이라 하여 조합원만 참여하는 것이 아니라 조합원의 가족·친지와 일반 사회 구성원에게도 개방되어야 함은 말할 필요도 없다. 또 이와 같은 사회적 소유 자본 기업이 단 하나에 그치는 것이 아니라 다양한 분야에 걸친 다양한 기업으로 확장돼 나가는 현상도 당연할 것이다.

3.3.7 사회적 소유 자본 기업의 조직 (4): 지역 및 직능 조직을 기반으로

사회적 소유 자본 기업을 이미 존재하는 다양한 지역 및 직능 조직을 기반으로 조직하는 것 또한 고려해볼 만한 접근 방법이 될 수 있다. 조합원들이 노동조합과 사회적 소유 자본 기업 지분 균등 보유자라는 복수의 정체성을 가지듯이 이들 지역 및 직능 조직의 구성원들 또한 복수의 정체성을 가지게 될 것이다.

3.3.8 사회적 소유 자본 기업의 조직 (5): 소비재 생산 영역인 B2C 부문에서부터

사회적 소유 자본 기업은 초기 단계에는 사회 구성원이 빠르고 광범위하게 참여할 수 있는 소비재 생산 영역인 B2C 부문에서부터 시작되어 사회적 소유 자본 기업의 수가 점점 더 많아지고 점점 더 성숙해진 단계에는 생산재 생산 영역인 B2B 부문으로 영역을 넓혀가는 방향으로 조직되어야 할 것이다. 물론 모든 경우가 그렇지는 않겠지만 일반적으로 취할 수 있는 사회적 소유 자본 기업의 조직 방향이 될 수 있다.

3.3.9 사회적 소유 자본 기업의 조직 (6): 인터넷, SNS, AI 등 디지털 플랫폼 영역

인터넷, SNS, AI 등 거대 디지털 플랫폼이 사적 소유 자본에 의해 형성되어 이미 생산, 유통, 소비 등 21세기 인류 생활의 거의 전 영역을 직간접적으로 지배하며 인류를 새로운 방식으로 광범위하게 종속화하고 있다.

이와 같은 영역에서 그것을 대체할 디지털 플랫폼이 사회적 소유 자본에 의해 조직되어 글로벌 차원에서 완전한 대체가 이루어지지 않으면 몇몇 극소수의 거대 디지털 플랫폼이 마침내 전 인류를 그들의 이윤 극대화를 위한 '알고리즘 노예'로 전락시킬 것이다.

그러나 다행스럽게도 그들 거대 디지털 플랫폼 또한 고도로 금융화된 사적 소유 자본 기업인만큼 사회적 소유 자본에 의한 대체 플랫폼의 출현만으로도 급속한 사회적 가치의 파괴 상황에 직면하고, 마침내는 그것에 의한 완전한 대체가 이루어질 것이다.

3.4 사회적 소유 자본 확산의 동력과 전개 양상

3.4.1 확산 동력

사회적 소유 자본은 그것이 지니고 있는 경쟁력이 가장 기본적 확산 동력이다. 즉, 가치 생산에 대한 사회적 인식과 이해, 사회적 지향에 대한 사회적 지지, 탄탄한 수요의 뒷받침, 막대한 광고비의 절약, 고도 금융화에 따른 취약성으로부터의 자유 등의 측면에서 사적 소유 자본에 대한 원천적 경쟁력이 확산의 강력한 동력으로 작용할 것이다.

그러나 매우 가혹한 이야기지만 사회적 소유 자본은 사적 소유 자본과 양립하면서 경쟁과 대립의 과정에서 그것을 끊임없는 잠식 대상으로 삼음으로써 오히려 초기에는 서서히, 그리고 갈수록 더 빠르게 확산해나갈 수 있다. 말하자면 경쟁하고 대립하는 사적 소유 자본의 존재 그 자체가 바로 사회적 소유 자본의 확산을 지속적으로 추동하는 강력한 동력으로 작용하게 될 것이다.

3.4.2 확산의 전개 양상

각 나라와 지역, 세계를 무대로 벌어지는 사회적 소유 자본과 사적 소유 자본의 영토 싸움은 사회적 소유 자본이라는 전례 없는 범주적 주체가 탄생 순간 점으로 시작하여 선이 되고, 마침내 면을 이루는 양상으로 전개될 것이다. 그리고 흩어져 존재하는 그 점들과 선들, 면들이 점차 서로 연결되고 확산해나감으로써 마침내 무대 위의 비중을 계속 키워나갈 것이다. 그리고 마지막으로 무대를 사회적 소유 자본의 영토로 완전히 바꾸어냄으로써 그 영토 싸움은 영원히 종지부를 찍을 것이다.

사회적 소유 자본이 상품 실현을 통해 초과 이윤을 거두는 사이 경쟁하는 사적 소유 자본은 상품 실현의 실패로 마이너스 초과 이윤을 감수해야 하고, 마침내는 사적 소유 자본 그 자체의 가치 파괴로 자본 세계에서 도태될 것이다. 이는 경쟁을 통해 사회적 소유 자본이 전반적으로 성장하는 과정이 동시에 사적 소유 자본이 전반적으로 축소돼가는 과정이 된다는 것을 뜻한다.

이와 같은 과정은 속도와 양상이 단계별로 다르게 진행될 것이다. 각 나라나 지역별 상황의 차이가 있겠지만 대체로 사회적 소유 자본의 비율이 20%에 이르기까지의 '초기 착근 단계'에서는 사적 소유 자본과의 경쟁과 대립이 일종의 게릴라전, 비정규전 양상을 띠며 속도가 느려 전 과정의 80% 정도의 기간이 소요될 것이다. 그러나 그 비율이 20~50%의 '가속적 확산 단계'나 50%를 초과하는 '지배적 단계'로 들어서면 일종의 정규전, 전면전 양상을 띠고 가속화되어 나머지 20% 정도의 기간을 차지하게 될 것으로 전망된다.

그래서 마침내 마지막 단계가 마무리되면 생산수단의 사적 독점을 근거로 한 지배와 피지배의 계급 관계는 인류 사회에서 완전히 사라진다. 그 결과 이윤 추구를 유일한 목적으로 하면서 인간과 자연을 약탈하는 사적 소유 자본의 무한 성장주의는 완전히 멈추고, 사회적 소유 원리, 즉 협동과 연대, 평등, 인간과 자연 존중의 공동체 원리에 따른 인류 사회가 도래할 것이다.

보론 1

인류 발전과 자본주의 이데올로기의 역사적 조망

제1장

인류 역사의 발전 과정

1. 역사 발전이란 무엇인가?

역사 발전이란 인류 사회가 시간의 흐름에 따라 변화하고 진보하는 과정을 의미한다. 이는 단순히 시간의 경과에 따른 사건의 나열이 아니라, 사회 구조와 문화, 경제, 정치 등 다양한 요소들이 상호작용하며 질적으로 변화하는 것을 포괄한다. 이러한 역사 발전의 본질을 이해하기 위해서는 물질적 생산력과 생산관계의 모순이라는 관점을 고려할 필요가 있다.

물질적 생산력이란 인간이 자연을 변형하여 생활에 필요한 재화를 생산하는 능력을 의미한다. 이는 기술의 발전, 노동력의 조직화, 자연자원의 활용 등을 포함하며, 인류의 생존과 번영을 위한 기초적인 조건을 제공한다. 반면, 생산관계는 이와 같은 생산력을 기반으로 형성된 사회적 관계를 의미하며, 주로 소유권과 계급 구조를 통해 나타난다.

역사 발전은 이러한 물질적 생산력과 생산관계 사이의 모순에서 비롯된다. 생산력이 발전함에 따라 기존의 생산관계가 이를 적절히 수용하지 못하는 경우, 사회적 긴장과 갈등이 발생하게 된다. 이러한 모순은 결국 기존 사회 구조를 변화시키고 새로운 사회 체제를 도입하게 하는 원동력이 된다. 예를 들어, 산업혁명은 기술 혁신을 통해 물질적 생산력을 급격히 증가시켰으며, 이는 기존 봉건제 사회 구조와의 충돌을 야기하여 자본주의 체제로의 전환을 촉발했다.

따라서 역사 발전은 단순히 기술이나 경제적 측면에서의 진보를 의미하는 것이 아니라, 이러한 발전이 사회 구조와 어떻게 상호작용하며 변화를 이끌어내는지를 포괄적으로 이해하는 과정이다. 이는 인류가 직면한 문제와 도전을 극복하고 보다 나은 삶을 추구하는 과정에서 나타나는 필연적인 변화라고 할 수 있다. 이러한 관점에서 역사 발전은 인간 사회가 끊임없이 진화하고 적응해 나가는 역동적인 과정으로 이해될 수 있다.

2. 원시 공산제 사회

2.1 원시 사회의 생산력과 기술

2.1.1 수렵과 채집의 경제

　　원시 사회에서 수렵과 채집은 인간 생존의 근본적인 경제 활동으로 자리 잡았다. 이 시기의 인류는 자연환경에 크게 의존했으며, 주로 이동 생활을 통해 다양한 지역의 자원을 활용했다. 수렵과 채집 사회는 대개 소규모의 유목적 공동체로 구성되었으며, 이들은 계절에 따라 이동하며 식량을 확보했다. 이러한 생활 방식은 자연의 순환과 밀접하게 연관되어 있었고, 인간은 환경에 대한 일정한 이해를 바탕으로 생태계와 조화를 이루며 살아갔다.

　　수렵은 주로 동물을 사냥하여 고기를 얻는 활동으로, 이는 공동체 내에서 중요한 협력의 기회를 제공했다. 사냥 기술은 시간이 지남에 따라 발전했으며, 도구의 사용과 전략적 접근이 점차 정교해졌다. 채집은 주로 식물, 열매, 뿌리 등을 수확하는 활동으로, 이는 대개 여성과 어린이들이 주도했다. 이러한 역할 분담은 공동체 내에서 자연스럽게 이루어졌으며, 생존을 위한 필수적인 노동 분업을 형성했다.

　　수렵과 채집 경제는 자급자족의 형태를 띠었으며, 잉여 생산물이 거의 없었다. 이는 곧 재산의 축적이 불가능한 사회 구조를 의미하며, 평등한 분배와 공동체 중심의 생활 방식을 촉진했다. 이러한 사회에서는 개인의 소유보다는 공동체의 안녕이 우선시되었고, 이는 현대 사회와는 다른 가치 체계를 이루었다.

그러나 수렵과 채집 경제는 환경 변화와 인구 증가에 따라 한계를 드러내기 시작했다. 자원의 고갈이나 기후 변화는 새로운 생존 방식을 모색하게 만들었고, 이는 결국 농경 사회로의 전환을 촉진하는 요인이 되었다.

2.1.2 초기 농경의 시작

초기 농경의 시작은 인류 역사에서 혁신적인 전환점으로 평가된다. 농경은 자연에 대한 인간의 이해와 기술 발전을 바탕으로 하여 식량 생산 방식을 근본적으로 변화시켰다. 초기 농경 사회는 주로 비옥한 강 유역을 중심으로 발전했으며, 이는 안정적인 식량 공급을 가능하게 했다.

농경의 시작은 특정 식물과 동물의 길들이기에서 비롯되었다. 밀, 보리 등의 곡물과 가축화된 동물들은 인간에게 지속 가능한 식량 공급원을 제공했고, 이는 정착 생활을 가능하게 했다. 이러한 변화는 인구 증가와 함께 사회 구조의 변화를 초래했다. 정착 생활은 마을과 도시의 형성을 촉진했으며, 이는 복잡한 사회 조직과 문화 발전의 기초가 되었다.

농경 사회에서는 잉여 생산물이 발생하면서 재산의 축적이 가능해졌고, 이는 계층 구조와 사유재산 개념을 발전시키는 데 기여했다. 또한, 농업 기술의 발전은 관개 시스템과 같은 혁신적인 방법을 통해 생산성을 더욱 향상시켰다. 이러한 기술적 진보는 인류가 자연환경을 보다 적극적으로 개조하고 활용할 수 있게 했다.

그러나 초기 농경 사회는 새로운 도전 과제도 안겨주었다. 정착 생활로 인해 질병 확산이 용이해졌고, 농작물 실패나 자연재해에 대한 취약성이 증가했다. 또한, 계층화된 사회 구조는 갈등과 불평등을 초래하기도 했다.

결론적으로 초기 농경은 인류 문명의 발달에 기여한 중요한 전환점이었으며, 이는 마침내 현대 사회로 이어지는 복잡한 경제 및 사회 구조를 형성하는 데 중대한 역할을 했다.

2.2 공동체적 생산관계와 협력

2.2.1 공동 소유와 자원 분배

원시 공산제 사회는 공동 소유와 자원 분배의 원칙에 기초하여 운영되었다. 이러한 사회에서는 사유재산의 개념이 존재하지 않았으며, 모든 생산수단과 자원이 공동체의 구성원들에 의해 공유되었다. 이때는 자연환경과의 조화로운 관계 속에서 생존을 도모하던 시기였으며, 개인의 이익보다는 집단의 생존과 번영이 우선시되었다. 공동 소유는 자연스럽게 자원의 평등한 분배로 이어졌으며, 이는 구성원 간의 신뢰와 협력을 바탕으로 이루어졌다.

자원의 분배는 주로 필요에 따라 이루어졌으며, 이를 통해 모든 구성원이 생존에 필요한 기본적인 자원을 확보할 수 있었다. 이러한 분배 방식은 공동체 내에서 불평등을 최소화하고, 구성원 간의 갈등을 줄이는 데 기여했다. 또한, 자원의 분배 과정은 공동체 내의 규범과 전통에 의해 규율되었으며, 이는 구성원들이 자연스럽게 받아들이고 따르는 사회적 합의를 형성했다.

공동 소유와 자원 분배는 원시 공산제 사회의 경제적 기반을 형성했으며, 이는 이후 사회 발전의 기초가 되었다. 이러한 시스템은 현대 사회에서 논의되는 경제적 평등과 사회적 정의의 원형으로 볼 수 있다. 비록 현대 사회에서는 사유재산과 시장경제가 주류를 이루고 있지만, 원시 공산제 사회의 공동 소유와 자원 분배 원칙은 여전히 중요한 역사적 교훈을 제공하고 있다.

2.2.2 사회적 유대와 의사결정

원시 공산제 사회에서는 강력한 사회적 유대가 형성되어 있었으며, 이는 공동체의 안정성과 지속 가능성을 보장하는 중요한 요소였다. 이러한 유대는 혈연, 혼인, 친족 관계를 중심으로 형성되었으며, 구성원 간의 상호 의존성을 강화했다. 사회적 유대는 공동체 내에서 신뢰와 협력을 증진시키는 역할을 했으며, 이는 집단이 외부 위협에 대처하고 내부 갈등을 해결하는 데 중요한 기반이 되었다.

의사결정은 주로 합의를 통해 이루어졌으며, 모든 구성원이 참여하여 의견을 나누고 결정을 내리는 과정을 거쳤다. 이러한 합의제 의사결정 방식은 집단의 지혜를 모으고 다양한 관점을 반영할 수 있는 장점을 가지고 있었다. 또한, 이는 구성원들이 공동체에 대한 책임감을 느끼고 적극적으로 참여하도록 장려했다.

사회적 유대와 의사결정 과정은 공동체 내에서 민주적인 문화를 형성하는 데 기여했다. 비록 현대 민주주의와는 차이가 있지만, 원시 공산제 사회의 의사결정 과정은 모든 구성원의 목소리를 존중하고 반영하는 데 중점을 두었다는 점에서 의미가 있다. 이러한 시스템은 구성원 간의 평등한 관계를 유지하고, 공동체의 결속력을 강화하는 데 중요한 역할을 했다.

결론적으로, 원시 공산제 사회의 사회적 유대와 의사결정 방식은 현대 사회에서도 여전히 시사하는 바가 크다. 특히, 집단 내에서 신뢰와 협력을 바탕으로 한 의사결정 과정은 오늘날에도 조직이나 커뮤니티 운영에 있어 중요한 모델로 고려될 수 있다.

2.3 내적 모순과 사회 변화의 시작

2.3.1 인구 증가와 자원 고갈

원시 공산제 사회는 공동체의 모든 구성원이 생산한 자원을 공동으로 소유하고 분배하는 형태로 운영되었다. 이러한 시스템은 초기 단계에서 자원의 고른 분배와 협력적인 생활 방식을 통해 사회적 안정성을 유지할 수 있었다. 그러나 시간이 지나면서 인구가 증가함에 따라 이 사회는 내적 모순을 겪기 시작했다.

인구 증가로 인해 공동체 내에서 필요한 자원의 수요가 급격히 늘어났다. 이는 자연히 자원 고갈로 이어졌고, 특히 식량, 물, 그리고 생활에 필요한 기타 자원들이 부족해지기 시작했다. 원시 공산제 사회는 자원을 효율적으로 관리할 수 있는 체계가 부족했기 때문에, 자원의 고갈 문제는 더욱 심각해졌다. 이러한 상황에서 공동체 구성원들은 생존을 위한 경쟁에 직면하게 되었고, 이는 원래의 협력적 관계를 약화시키는 결과를 초래했다.

자원 부족은 또 사회적 불만과 갈등을 야기했다. 공동체 내에서 자원을 어떻게 분배할 것인가에 대한 논쟁이 발생하고, 일부 구성원들은 자신의 이익을 위해 다른 구성원들과의 관계를 소홀히 하게 되었다. 이러한 변화는 원시 공산제 사회의 기본 원칙인 평등과 협력을 위협하게 되었고, 결국 사회 구조의 변화가 불가피하게 되었다.

결국 인구 증가와 자원 고갈은 원시 공산제 사회의 지속 가능성을 심각하게 위협하는 요인이 되었으며, 이는 새로운 사회 구조로의 전환을 촉발하는 중요한 계기가 되었다.

2.3.2 새로운 사회 구조로의 전환

인구 증가와 자원 고갈로 인해 원시 공산제 사회는 더 이상 지속될 수 없는 상황에 직면하게 되었다. 이러한 내적 모순은 새로운 사회 구조로의 전환을 불가피하게 만들었으며, 이는 여러 가지 형태로 나타났다.

첫째, 일부 공동체에서는 자원의 소유권 개념이 도입되기 시작했다. 개인이나 가정 단위로 자원을 소유하고 관리하는 방식이 생겨났고, 이는 자연스럽게 개인 간의 경쟁을 촉발했다. 사람들이 자신의 재산을 보호하고 증대시키기 위해 노력하면서 공동체 내에서의 협력보다는 개인주의가 강조되기 시작했다.

둘째, 이러한 변화는 경제적 불평등을 초래했다. 일부 개인이나 가정이 자원을 독점하게 되면서 부와 권력이 집중되는 현상이 발생했다. 이로 인해 새로운 계급 구조가 형성되었고, 원시 공산제 사회의 평등한 기반이 무너졌다. 이러한 계급 간의 갈등은 결국 정치적 권력 투쟁으로 이어졌으며, 이는 새로운 정치 체제와 법률 체계의 필요성을 제기했다.

셋째, 새로운 기술과 생산 방식의 도입도 중요한 요소였다. 농업 기술의 발전이나 도구 사용의 혁신은 생산성을 높였지만, 동시에 노동 분업과 전문화된 역할 분담을 야기했다. 이는 다시 한번 개인 간의 경쟁을 강화하고, 각자의 역할에 따른 가치 평가가 이루어지게 만들었다.

결국 원시 공산제 사회는 인구 증가와 자원 고갈이라는 내적 모순으로 인해 새로운 사회 구조로 전환하게 되었으며, 이는 단순한 경제적 변화뿐만 아니라 정치적·문화적 변화까지 포함하는 복합적인 과정이었다. 이러한 전환은 인류 역사에서 중요한 이정표가 되었으며, 이후 발전하는 다양한 사회 형태에 큰 영향을 미쳤다.

3. 고대 노예제 사회

3.1 농업 혁명과 생산력의 증대

3.1.1 관개 농업과 기술 발전

고대 노예제 사회에서 관개 농업은 농업 생산성을 획기적으로 향상시킨 중요한 기술적 혁신이었다. 관개는 자연적인 강이나 호수의 물을 인위적으로 농경지에 공급하는 방식을 의미하며, 이를 통해 농작물의 성장에 필요한 수분을 안정적으로 제공할 수 있었다. 이러한 기술의 발전은 특히 기후가 건조하거나 불규칙한 지역에서 농업의 지속 가능성을 높이는 데 기여했다.

관개 시스템의 도입은 단순히 물을 공급하는 것을 넘어, 농업 생산 방식 전반에 변화를 가져왔다. 예를 들어, 메소포타미아 지역에서는 티그리스와 유프라테스강의 물을 활용한 복잡한 관개 네트워크가 구축되었다. 이로 인해 농민들은 더 많은 면적을 경작할 수 있게 되었고, 다양한 작물을 재배할 수 있는 가능성이 열렸다. 또한, 이러한 시스템은 농업의 집중화와 전문화를 촉진하여, 특정 지역에서 특정 작물의 대량생산이 가능해졌다.

기술 발전 또한 관개 농업과 밀접한 관계가 있었다. 예를 들어, 물레방

아와 같은 기계적 장치의 발명은 물을 효율적으로 끌어올리는 데 도움을 주었고, 이는 농업 생산성을 더욱 높이는 결과를 가져왔다. 이러한 기술적 혁신은 노동력의 효율성을 극대화하고, 더 많은 식량을 생산함으로써 인구 증가와 도시화의 기초를 마련했다.

결국 관개 농업과 기술 발전은 고대 노예제 사회에서 경제적 기반을 강화하고, 사회 구조의 변화를 이끄는 중요한 요소로 작용했다. 이러한 변화는 단순히 농업에 국한되지 않고, 정치적·사회적 구조에도 깊은 영향을 미쳤으며, 도시 국가의 형성과 같은 복잡한 사회적 현상을 촉발하는 데 기여했다.

3.1.2 도시 국가의 형성

고대 노예제 사회에서 도시 국가의 형성은 여러 요인의 복합적인 결과로 나타났다. 관개 농업의 발전과 생산력 증대는 인구 밀집을 가능하게 했고, 이는 자연스럽게 도시의 출현으로 이어졌다. 도시 국가는 단순한 거주지가 아니라 정치적·경제적·문화적 중심지로 기능했으며, 이러한 중심지는 고대 사회의 복잡성을 더욱 심화시켰다.

도시 국가의 형성 과정에서 중요한 요소 중 하나는 상업과 교역의 활성화였다. 농업 생산성이 높아짐에 따라 잉여 생산물이 발생했고, 이는 상인들에 의해 교역되는 기반이 되었다. 다양한 상품이 교환되면서 상업 활동이 활발해졌고, 이는 도시 경제를 더욱 다변화시키는 계기가 되었다. 또한, 교역망이 확장되면서 외부 문화와 기술이 유입되어 도시 국가 내에서 새로운 아이디어와 혁신이 싹트는 환경이 조성되었다.

정치적으로도 도시 국가는 강력한 중앙집권 체제를 필요로 했다. 통치자는 자원을 효율적으로 관리하고 외부 위협에 대응하기 위해 권력을 집중시킬 필요가 있었으며, 이는 귀족 계층과 함께 복잡한 정치 구조를 형성하는 데 기여했다. 이러한 정치 구조는 법률과 제도의 발전으로 이어져 사회 질서를 유지하고 시민들의 권리를 보호하는 역할을 했다.

결론적으로, 고대 노예제 사회에서 도시 국가의 형성은 관개 농업과 기술 발전에 의해 촉진된 경제적 변화와 정치적 요구가 결합된 결과로 볼 수 있다. 이러한 도시 국가는 이후 인류 역사에서 중요한 정치적 단위로 자리 잡았으며, 그 영향력은 오늘날까지 이어지고 있다.

3.2 노예제 경제 구조와 생산관계

3.2.1 노예 노동의 역할

고대 노예제 사회에서 노예 노동은 경제 구조의 핵심적인 요소로 자리 잡았다. 노예는 단순한 재산으로 여겨졌으며, 이들은 다양한 분야에서 노동력을 제공함으로써 사회의 생산성을 극대화하는 데 기여했다. 농업, 건축, 가정 서비스 등 여러 분야에서 노예들이 수행한 노동은 고대 사회의 경제적 기반을 형성했다.

특히 농업 부문에서는 노예가 대규모 농장 운영에 필수적인 존재였다. 노예들은 주로 곡물, 포도, 올리브 등의 재배에 투입되었으며, 이들 작물은 상업적 가치가 높아 경제적 이익을 창출하는 데 중요한 역할을 했다. 또한, 건축 분야에서도 노예들은 대규모 공사에 동원되어 피라미드, 신전 등의 웅장한 구조물을 만드는 데 기여했다. 이러한 대규모 프로젝트는 당시 사회의 권력과 부를 상징하는 중요한 요소로 작용했다.

노예 노동은 단순히 경제적 생산성을 높이는 데 그치지 않고, 사회적 구조에도 깊은 영향을 미쳤다. 노예 제도가 확립된 사회에서는 지배계급이 자원을 독점하고, 피지배계급인 자유민과의 관계를 통해 권력을 유지했다. 따라서 노예 노동은 고대 사회의 경제적 발전뿐만 아니라 정치적 안정에도 기여한 중요한 요소로 평가된다.

3.2.2 지배계급과 피지배계급의 관계

고대 노예제 사회에서 지배계급과 피지배계급 간의 관계는 복잡하고 다층적인 구조로 이루어져 있었다. 지배계급은 정치적 권력과 경제적 자원을 독점하며, 사회의 주요 결정권을 행사했다. 이들은 대개 귀족이나 부유한 상인들로 구성되어 있었으며, 그들의 부는 주로 노예 노동에 의존했다.

피지배계급은 주로 자유민과 노예들로 구성되었다. 자유민은 일정한 권리를 가지고 있었지만, 그들의 생활수준은 지배계급의 부와 권력에 크게 의존했다. 반면, 노예는 법적으로 소유물로 간주되어 기본적인 인권이 없었으며, 이들은 지배계급의 명령에 따라 강제적으로 노동을 수행해야 했다.

이러한 관계는 경제적 불평등을 심화시키고, 사회적 갈등을 유발하는 원인이 되기도 했다. 지배계급은 자신의 권력을 유지하기 위해 다양한 방법으로 피지배계급을 통제했으며, 때때로 폭력이나 억압적인 법률을 통해 저항을 억누르기도 했다. 그러나 피지배계급 내에서도 저항의 움직임이 존재했으며, 이는 역사적으로 여러 차례 반란이나 저항 운동으로 나타났다.

결국 고대 노예제 사회에서 지배계급과 피지배계급 간의 관계는 단순한 착취와 종속의 구도를 넘어서는 복잡한 상호작용을 포함하고 있었다. 이러한 관계는 고대 사회의 정치적 안정성과 경제적 발전에 중대한 영향을 미쳤으며, 역사적으로도 중요한 연구 주제가 되고 있다.

3.3 노예제 사회의 모순과 한계

3.3.1 경제적 비효율성과 저항

고대 노예제 사회는 그 구조적 특성으로 인해 경제적 비효율성을 내포하고 있었다. 노예는 자발적인 노동력을 제공하지 않기 때문에, 생산성의 한계가 명확했다. 이들은 자신의 생존을 위해 노력하지 않았고, 그로 인해 농업이나 공업에서의 효율성이 떨어졌다. 또한, 노예제는 기술 발전을 저해했다. 노예들은 자신의 기술을 발전시키거나 직업적 자아를 형성할 기회가 없었기 때문에, 전체 사회의 기술 수준은 정체되거나 후퇴하는 경향을 보였다.

이러한 경제적 비효율성은 종종 저항으로 이어졌다. 노예들은 자신들의 처지를 개선하기 위해 다양한 형태의 저항을 시도했다. 이는 단순한 도망이나 반란뿐만 아니라, 일상적인 작업에서의 저항, 즉 느린 작업 속도나 고의적인 실수와 같은 형태로도 나타났다. 이러한 저항은 노예제 사회의 안정성을 위협하며, 지배층과 피지배층 간의 갈등을 심화시켰다. 결국 이러한 비효율성과 저항은 고대 사회의 경제적 기반을 약화시키고, 사회 전반에 걸쳐 불안정을 초래했다.

3.3.2 외부 침략과 내부 붕괴

고대 노예제 사회는 외부 침략과 내부 붕괴라는 두 가지 주요 요인에 의해 위협받았다. 외부 침략은 주로 인접 국가나 부족에서 발생했으며, 이들은 자원을 확보하고 세력을 확장하기 위해 공격했다. 이러한 침략은 고대 사회의 군사적 자원을 소모하게 만들었고, 결과적으로 내부 안정성을 해치는 요인이 되었다. 특히, 노예제 사회는 대규모 전쟁에서 효과적으로 방어할 수 있는 능력이 부족했기 때문에, 외부 세력의 침략에 취약했다.

내부 붕괴 또한 중요한 문제였다. 노예제 사회는 계급 간 갈등이 심화되면서 내부적으로 분열될 위험이 컸다. 지배층과 피지배층 간의 불균형한 권력 구조는 불만을 초래했고, 이는 반란이나 폭동으로 이어질 수 있었다. 또한, 경제적 비효율성과 더불어 사회적 불안정성이 커지면서 내부 단결력이 약화되었다. 이러한 상황은 결국 고대 노예제 사회가 지속 가능한 발전을 이루기 어렵게 만들었으며, 역사적으로 많은 고대 문명들이 이러한 요인으로 인해 쇠퇴하게 되는 결과를 초래했다.

이처럼 고대 노예제 사회는 외부와 내부의 다양한 요인들로 인해 지속적으로 위협받았으며, 이는 그 자체로 큰 모순과 한계를 드러냈다. 그리하여 마침내 고대 노예제 사회는 생산력의 한계와 외부 세력의 충돌로 조성된 불안정한 사회 환경으로 급속히 붕괴되고, 농노라는 형태의 더욱 안정적인 노동력 확보와 지역적 자율성 강화를 기반으로 하는 중세 봉건제 사회가 등장했다.

4. 중세 봉건제 사회

4.1 봉건 제도의 성립과 발전

4.1.1 봉토 제도와 군사적 충성

봉건제 사회의 형성에서 핵심적인 역할을 한 봉토 제도는 군주와 신하, 대영주와 소영주 간의 관계를 규정하는 중요한 체계였다. 이는 고대 노예제 사회의 내재적 모순을 극복하고 새로운 사회 구조로 전환하는 과정에서 등장했다. 봉토 제도는 군주가 신하에게 토지를 하사하고, 그 대가로 신하는 군사적 충성과 서비스를 제공하는 일종의 계약 관계였다. 이러한 관계는 단순한 경제적 교환을 넘어 정치적 안정과 사회적 질서를 유지하는 데 기여했다.

봉토 제도는 군사적 충성을 기반으로 한 상호 의존 관계를 형성했다. 군주와 신하, 대영주와 소영주 간의 상호 의무와 권리를 명확히 하는 체계였다. 이러한 구조는 지역 방어와 정치적 통합을 동시에 도모할 수 있는 기반을 마련했다.

봉건제 사회에서 봉토 제도는 중앙 권력과 지방 권력 간의 균형을 유지하는 중요한 장치로 작용했다. 이는 영주들이 자신의 영지를 효과적으로 관리하고, 농노를 통해 경제적 생산성을 높이는 데 기여했다. 농노는 영주에게 지대를 납부했는데, 이는 새로운 형태의 잉여 노동 착취로 기능했다.

결국 봉토 제도와 군사적 충성은 고대 노예제 사회의 모순을 해결하고, 더 안정적인 사회 구조를 구축하는 데 핵심적인 역할을 했다. 이는 정치적 안정과 사회적 연대를 강화하는 방향으로 발전했으며, 중세 봉건 제도의 기초를 확립하는 데 결정적인 기여를 했다.

4.1.2 중세 초기의 사회 구조 변화

중세 초기의 사회 구조 변화는 고대 노예제 사회가 가진 모순을 극복하고 봉건제로 이행하는 과정을 명확히 보여준다. 고대 노예제는 생산력 발전에 걸림돌이 되었고, 이는 새로운 생산관계를 요구했다. 이러한 변화는 농업 중심의 경제체제로 전환되면서 이루어졌다.

농노는 이제 단순한 노동력이 아니라, 토지를 경작하며 자급자족 경제를 이루는 주체가 되었다. 그러나 이는 착취 구조에서 벗어난 것이 아니라, 새로운 형태의 잉여 노동 착취로 대체되었다. 농노들은 영주에게 지대를 납부해야 했으며, 이는 농노들의 노동력을 통해 영주가 경제적 이익을 취할 수 있는 방식이었다.

중세 초기에는 이러한 변화가 지역사회 전반에 걸쳐 확산되었다. 농노들은 공동체 내에서 중요한 역할을 맡았으며, 이는 지역 경제와 정치 구조에 큰 영향을 미쳤다. 농업 생산력의 증대는 인구 증가와 함께 지역사회의 발전을 촉진했다.

새로운 생산관계는 고대 노예제 사회에서의 폭압적 착취와 억압 수준은 아니었지만, 여전히 신분적 예속을 통해 지대 납부라는 새로운 형태로 피지배계급의 잉여 노동을 착취·억압하는 것이었다. 이는 중세 사회가 가진 독특한 특징으로 자리 잡았으며, 이후 사회 전반에 걸쳐 지속적인 발전을 이루게 했다.

결국 중세 초기의 사회 구조 변화는 고대 노예제 사회의 모순을 해결하고, 더 효율적인 생산관계를 구축하는 데 기여했다. 이는 새로운 시대를 열어가는 중요한 전환점이 되었으며, 중세 봉건 제도의 기초를 확립하는 데 결정적인 역할을 했다.

4.2 농노와 영주 간의 생산관계

4.2.1 농노제와 경제적 의무

중세 사회에서 농노제는 농노와 영주 간의 복잡한 경제적 관계를 형성했다. 농노는 영주의 토지에서 경작하며 생계를 유지하는 농민으로, 그들의 노동은 영주의 재산과 권력을 뒷받침하는 중요한 요소였다. 농노는 일반적으로 영주에게 일정한 경제적 의무를 지니고 있었으며, 이는 주로 두 가지 형태로 나타났다.

첫째, 농노는 토지를 경작하고 그 수확의 일부를 영주에게 바치는 의무가 있었다. 이 수확의 일부는 대개 전체 생산량의 10%에서 30%에 이르렀으며, 이는 영주가 자신의 토지를 관리하고 방어하는 데 필요한 자원을 확보하기 위한 것이었다. 이러한 형태의 의무는 농노가 영주에게 종속되어 있음을 나타내며, 경제적 자립을 제한하는 요소로 작용했다.

둘째, 농노는 추가적인 노동 의무를 수행해야 했다. 이는 영주의 토지에서 특정한 기간 무급으로 일하거나, 영주의 필요에 따라 추가적인 작업을 수행하는 것을 포함한다. 이러한 노동 의무는 농노의 삶에 큰 부담이 되었으며, 그들은 자신과 가족의 생계를 유지하기 위해 필사적으로 노력해야 했다.

결과적으로 농노제는 경제적 의무를 통해 농노와 영주 간의 불균형한 권력 관계를 강화시켰다. 농노는 영주에게 종속된 존재로 남아 있었고, 이는 중세 사회의 구조적 불평등을 더욱 심화시켰다. 이러한 관계는 시간이 지나면서 변화했지만, 기본적인 경제적 의무는 여전히 농노제의 핵심 요소로 남아 있었다.

4.2.2 영주의 권리와 책임

영주는 중세 사회에서 중요한 권력을 지닌 계층으로, 그들의 권리와 책임은 농노제의 구조를 결정짓는 핵심 요소였다. 영주는 자신의 토지를 소유하고 관리하며, 그에 따라 다양한 권리를 행사할 수 있었다. 그러나 이러한 권리는 단순히 개인적인 이익을 위한 것이 아니라, 공동체와 지역사회의 안정성을 유지하기 위한 책임과도 연결되어 있었다.

첫째, 영주는 자신의 토지에서 생산된 자원을 통해 경제적 이익을 얻을 수 있는 권리를 가졌다. 이는 농노가 경작한 수확물의 일부를 수취하는 것뿐만 아니라, 세금 징수 및 상업 활동을 통해 이루어졌다. 이러한 경제적 권리는 영주가 자신의 세력을 확장하고 지역사회를 지배하는 데 중요한 역할을 했다.

둘째, 영주는 자신의 농노를 보호하고 그들의 안전을 보장할 책임이 있었다. 중세 사회는 외부의 침략이나 내부의 불안정성으로부터 위협받기 쉬운 환경이었기 때문에, 영주는 군사적 방어와 법적 보호를 제공해야 했다. 이는 농노가 안정된 환경에서 경작할 수 있도록 하여 생산성을 높이는 데 기여했다.

셋째, 영주는 지역사회의 법과 질서를 유지할 책임이 있었다. 중세 사회에서 법은 주로 영주에 의해 시행되었으며, 그들은 지역 주민들 간의 분쟁을 해결하고 공공질서를 유지하기 위해 노력해야 했다. 이러한 역할은 영주가 단순한 지배자가 아닌 지역사회의 일원으로서 기능하도록 만들었다.

결론적으로, 영주의 권리와 책임은 중세 사회의 구조를 형성하는 데 중요한 요소였다. 그들은 경제적 이익을 추구하면서도 동시에 지역사회의 안정성과 질서를 유지해야 하는 복합적인 역할을 수행했다. 이러한 관계는 중세 사회의 발전과 변화에 큰 영향을 미쳤으며, 후에 발생할 여러 사회적 변화의 기초가 되었다.

4.3 봉건 지대의 변천

4.3.1 장원 제도의 변화와 해체

장원 제도는 중세 사회에서 농업 경제의 중심을 이루었던 제도로, 대규모 농장인 장원을 귀족이나 교회가 소유하고, 농노들이 그곳에서 노동을 제공하는 형태였다. 이 제도는 농노들이 자작농으로서의 권리를 갖지 못하고, 대신 일정한 의무를 지고 일하는 소작농으로서의 삶을 살게 만들었다. 그러나 14세기부터 시작된 여러 사회적·경제적 변화는 장원 제도의 구조를 흔들리게 했다.

우선, 인구 증가와 도시화가 진행되면서 농업 생산량이 늘어나고, 이에 따라 농노들의 생활수준이 향상되었다. 이로 인해 일부 농노들은 자립적인 경제 활동을 통해 자산을 축적하게 되었고, 이는 장원 제도의 기반을 약화시켰다. 또한, 흑사병과 같은 전염병의 확산은 인구 감소를 초래하여 노동력 부족 현상을 발생시켰고, 이는 농노들이 더 나은 조건을 요구할 수 있는 환경을 조성했다.

더불어, 상업의 발달과 함께 새로운 경제적 기회가 열리면서 많은 농노가 도시로 이주하기 시작했다. 이들은 도시에서 새로운 직업을 찾거나 상업 활동에 참여함으로써 장원 제도와의 관계를 단절했다. 이러한 변화는 장원 제도가 점차 해체되는 계기가 되었으며, 15세기에는 많은 지역에서 장원 제도가 사실상 사라지게 되었다.

결국 장원 제도의 변화와 해체는 중세 사회의 구조적 변화를 반영하며, 봉건 사회에서 자본주의 사회로의 전환을 위한 중요한 발판이 되었다. 이는 단순히 경제적 변화에 그치지 않고, 사회적 계층 구조와 권력 관계에도 큰 영향을 미쳤다.

4.3.2 상업 발달과 화폐 경제로 전환

중세 후기에 접어들면서 유럽에서는 상업이 급속히 발달했고, 이는 화폐 경제로의 전환을 촉진하는 중요한 요인이 되었다. 중세 초기에는 주로 자연 경제가 지배적이었으나, 상업의 발전과 함께 화폐 사용이 보편화되면서 경제 구조가 크게 변화했다.

상업 발달의 배경에는 여러 가지 요인이 있었다. 첫째, 십자군 전쟁을 통해 동방과의 교역이 활발해지면서 다양한 상품들이 유입되었고, 이는 상업적 활동을 활성화시켰다. 둘째, 도시가 성장하면서 상인 계층이 형성되었고, 이들은 시장에서 거래를 통해 부를 축적하게 되었다. 이러한 상인들은 상품의 생산과 유통에 중요한 역할을 했으며, 이는 결국 화폐 경제의 기초를 다지는 데 기여했다.

화폐 경제로의 전환은 단순히 거래 방식의 변화를 의미하지 않았다. 화폐가 일반적으로 사용됨에 따라 사람들은 노동과 상품의 가치를 보다 명확하게 인식하게 되었고, 이는 생산성과 효율성을 높이는 결과를 가져왔다. 또한, 금융 시스템이 발전하면서 대출과 투자 개념이 생겨났고, 이는 상업 활동을 더욱 활성화시켰다.

결국 이러한 변화는 중세 사회의 봉건적 구조를 약화시키고 새로운 경제체제를 형성하는 데 중요한 역할을 했다. 상업과 화폐 경제의 발전은 단순한 경제적 변화를 넘어 정치적·사회적 변동에도 큰 영향을 미쳤으며, 이는 근대 사회로 나아가는 길목에서 필수적인 요소로 작용했다.

4.3.3 봉건 지대의 변천

중세 봉건 사회에서 농민, 즉 농노는 피지배계급으로서 지배계급인 영주에게 신분적으로 예속된 존재였다. 봉건 지대의 수취 과정은 농노의 잉여 노동을 착취하는 방식으로 이루어졌으며, 이는 노동 지대, 현물 지대, 화폐 지대로 변천했다.

■ 노동 지대

초기 봉건 사회에서 농노들은 영주에게 직접 노동을 제공해야 했다. 이 노동 지대는 농노들이 영주의 토지를 경작하거나 성을 수리하는 등의 잉여 노동을 통해 이루어졌다. 농노들은 생존을 위해 영주에게 의존할 수밖에 없었으며, 이는 그들의 신분적 예속을 강화하는 역할을 했다. 영주는 이러한 노동력을 통해 자신의 경제적 이익을 극대화할 수 있었다.

■ 현물 지대

농업 기술이 발전하고 생산력이 향상되면서, 농노들은 자신들의 경작지에서 더 많은 생산물을 얻을 수 있게 되었다. 이에 따라 노동 대신 생산한 곡물이나 기타 농산물을 현물로 납부하는 형태로 전환되었다. 이 현물 지대는 여전히 농노의 잉여 생산물을 착취하는 방식이었지만, 영주는 다양한 지역의 생산물을 확보할 수 있는 장점이 있었다.

■ 화폐 지대

중세 후기에 상업과 도시가 발달하고 화폐 경제가 확산되면서, 현물 지대는 화폐 지대로 변모했다. 농노들은 시장에서 생산물을 판매하고 그 대금으로 영주에게 지대를 납부하게 되었다. 이는 경제 활동의 범위가 넓어지고 화폐가 주요 교환 수단으로 자리 잡으면서 가능해진 변화였다. 화폐 지대는 영주에게 보다 안정적인 수입을 제공했으며, 농노들에게는 시장경제에 참여할 기회를 주었지만, 농노들은 여전히 착취 구조에서 벗어나지 못했다.

■ 생산력과 생산관계의 변화

봉건 지대의 이러한 변천 과정은 중세 사회의 생산력과 생산관계의 변화와 밀접하게 연결되어 있다. 초기에는 낮은 생산력과 폐쇄적인 경제 구조로 인해 노동 지대가 필연적이었다. 그러나 기술 발전과 함께 생산력이 증가하면서 현물 지대로 전환이 가능해졌고, 이는 상업과 도시 발달로 인해 화폐 지대로 이어졌다.

결국 이러한 변화는 봉건적 토지 소유와 신분적 예속 관계를 점차 해체시키고, 근대적 토지 소유와 자유로운 경제 활동이 가능해지는 기반을 마련했다. 이는 단순한 경제적 변화에 그치지 않고 사회 전반에 걸친 구조적 변화를 의미하며, 중세에서 근대로의 이행을 설명하는 중요한 역사적 맥락을 제공한다.

5. 근대 자본주의 사회

5.1 상업 혁명과 자본의 원시적 축적

5.1.1 무역 확장과 금융 혁신

근대 자본주의 사회의 형성 과정에서 무역의 확장은 중요한 역할을 했다. 15세기부터 18세기까지 유럽은 대항해 시대를 맞이하며 새로운 무역로를 개척하고, 아시아, 아프리카, 아메리카 등지와의 상업적 교류를 활발하게 진행했다. 특히, 스페인과 포르투갈은 신대륙의 자원을 착취하고, 이를 유럽으로 수송함으로써 막대한 부를 축적했다. 이러한 무역의 확장은 단순히 물자의 이동을 넘어서, 다양한 문화와 정보가 교류되는 계기가 되었다.

무역의 확대는 금융 혁신과 밀접한 관련이 있다. 상업 활동이 증가함에 따라 자본의 필요성이 커졌고, 이에 따라 새로운 금융 제도가 등장했다. 대표적으로 주식회사와 은행 시스템이 발전했으며, 이는 대규모 상업 활동을 가능하게 했다. 주식회사는 여러 투자자가 자본을 모아 대규모 사업을 운영할 수 있도록 하여, 위험 분산과 자본 조달의 용이함을 가져왔다. 또한, 은행은 상업 거래에 필요한 자금을 대출하고, 외환 거래를 통해 국제 무역을 지원하는 중요한 역할을 했다.

이러한 금융 혁신은 무역의 활성화뿐만 아니라 경제 전반에 걸쳐 자본주의적 사고방식을 확산시키는 데 기여했다. 상인들은 이제 단순한 물품 거래를 넘어 투자와 수익 창출을 목표로 하는 경영 전략을 세우게 되었고, 이는 결국 자본주의 경제체제의 기초를 다지는 데 중요한 요소로 작용했다.

5.1.2 자본의 원시적 축적과 부르주아 계급의 부상

자본의 원시적 축적은 근대 자본주의 사회에서 부르주아 계급의 형성과 밀접하게 연결되어 있었다. 원시적 축적이란 초기 자본주의가 형성되는 과정에서 최초의 자본이 축적되는 현상을 의미하며, 이는 종종 토지로부터 농노의 강제 축출, 식민지 수탈 등 불법적이고 폭력적인 방법에 의해 이루어졌다. 대항해 시대 동안 유럽 열강들은 식민지에서 얻은 자원을 통해 막대한 부를 축적했고, 이러한 과정에서 부르주아 계급이 출현하게 되었다.

부르주아 계급은 상업과 산업에서 성공적으로 활동한 중산층으로 새로운 경제체제에서 중요한 역할을 맡게 되었다. 이들은 농업 중심 사회에서 벗어나 도시로 이동하며 상업 활동에 종사하게 되었고, 그 과정에서 정치적 권력과 사회적 지위를 획득했다. 부르주아 계급은 단순한 상인에서 벗어나 산업혁명과 함께 마침내 공장 소유자로서 경제의 중심축으로 자리 잡았다.

자본의 원시적 축적 과정은 또한 노동 계급과의 갈등을 초래했다. 부르주아 계급이 부를 축적하는 동안 노동자들은 열악한 환경에서 일하며 상대적으로 낮은 임금을 받았다. 이러한 사회적 불평등은 후에 노동운동과 사회 개혁의 필요성을 촉발시키는 원인이 되었다.

결론적으로, 자본의 원시적 축적과 부르주아 계급의 부상은 근대 자본주의 사회의 형성을 위한 핵심 요소로 작용했으며, 이는 현대 경제체제와 사회 구조에 지대한 영향을 미쳤다. 이러한 변화는 단순히 경제적인 측면뿐만 아니라 정치·사회 전반에 걸쳐 깊은 변화를 가져왔고, 오늘날까지도 그 여파가 지속되고 있다.

5.2 산업혁명과 생산력의 급진적 변화

5.2.1 기계화와 공장 제도 도입

근대 자본주의 사회에서 산업혁명은 기계화와 공장 제도의 도입을 통해 생산력의 급진적 변화를 가져왔다. 18세기 후반부터 19세기 초반에 걸쳐 영국에서 시작된 이 혁명은 수공업 중심의 생산 방식에서 기계화된 대량생산 체제로의 전환을 의미했다. 초기의 방직업과 섬유 산업에서 기계의 도입은 생산성을 획기적으로 향상시켰으며, 이는 곧 상품의 가격을 낮추고 소비를 촉진하는 결과를 낳았다.

기계화는 단순히 생산 과정의 효율성을 높이는 것에 그치지 않고, 노동자의 역할도 크게 변화시켰다. 수공업자들은 자신의 기술과 경험을 바탕으로 제품을 제작했지만, 기계화된 공장에서는 노동자들이 기계 조작에 특화된 단순한 작업을 수행하게 되었다. 이러한 변화는 노동자에게 일정한 기술이 필요하지 않게 하여, 대량으로 노동력을 공급할 수 있는 기반을 마련했다.

또한, 공장 제도의 도입은 생산의 집중화를 가져왔다. 여러 개의 기계가 한 장소에 모여 운영됨으로써, 자원의 효율적인 사용과 대규모 생산이 가능해졌다. 이는 생산 과정에서의 시간 절약과 원가 절감을 이루어냈으며, 결과적으로 자본가들은 더 많은 이익을 추구할 수 있게 되었다. 이러한 변화는 또한 시장 구조에도 큰 영향을 미쳤다. 대량생산된 상품들은 국내외 시장에서 경쟁력을 갖추게 되었고, 이는 자본주의 경제체제의 발전을 가속화하는 계기가 되었다.

결론적으로, 기계화와 공장 제도의 도입은 근대 자본주의 사회에서 산업혁명의 핵심적인 요소로 작용했으며, 이는 생산력의 비약적인 발전과 함께 사회 구조의 변화를 초래했다.

5.2.2 노동 계급의 형성과 도시화

산업혁명은 노동 계급의 형성과 도시화라는 두 가지 중요한 사회적 변화를 가져왔다. 기계화와 공장 제도의 도입으로 인해 대규모 생산이 가능해지면서, 많은 사람이 농촌에서 도시로 이동하게 되었다. 이는 새로운 경제적 기회를 찾아 나선 결과로, 도시에는 공장에서 일할 노동력이 필요하게 되었다.

노동 계급은 주로 농업에 종사하던 인구가 도시로 이주하면서 형성되었다. 이들은 공장에서 일하며 생계를 유지하게 되었고, 그 과정에서 새로운 사회적 정체성을 갖게 되었다. 그러나 이들의 삶은 결코 순탄하지 않았다. 공장 환경은 열악하고 위험하며, 긴 노동 시간과 낮은 임금이 일반적이었다. 이러한 상황은 노동자들 사이에서 불만을 초래했고, 이후 노동운동과 사회 개혁의 필요성을 인식하게 만들었다.

도시화 또한 이 시기에 급격히 진행되었다. 인구가 집중되면서 도시들은 빠르게 성장했고, 이는 주거 환경과 사회 인프라에 큰 부담을 주었다. 많은 사람이 비위생적인 환경에서 살게 되었고, 이는 건강 문제와 범죄율 증가 등의 부작용을 초래했다. 그러나 동시에 도시화는 문화와 교육의 발전에도 기여했다. 다양한 계층과 배경을 가진 사람들이 모인 도시에서는 새로운 사상과 문화가 교류되었고, 이는 근대 사회의 발전에 중요한 영향을 미쳤다.

결국 산업혁명은 노동 계급의 형성과 도시화를 촉진하며 근대 자본주의 사회의 구조를 변화시켰다. 이러한 변화는 단순히 경제적 측면에 그치지 않고, 정치적·사회적 갈등을 불러일으키며 근대 사회의 복잡한 양상을 형성하는 데 중요한 역할을 했다.

5.3 자본주의 생산관계의 발전과 모순

5.3.1 자본축적과 빈부 격차 확대

근대 자본주의의 발전 과정에서 자본축적은 경제적 성장의 핵심 요소로 작용했다. 자본가들은 생산수단을 소유하고, 이를 통해 이윤을 극대화하기 위해 노동력을 활용했다. 이러한 과정에서 자본은 집중되고, 소수의 자본가가 막대한 부를 축적하게 되는 반면, 대다수 노동자는 상대적으로 낮은 임금과 열악한 노동 조건에 시달리게 되었다.

자본축적의 과정은 여러 가지 방식으로 진행되었다. 첫째, 기술 혁신과 생산성 향상은 자본가에게 더 많은 이윤을 안겨주었고, 이는 다시 자본의 집적과 집중으로 이어졌다. 둘째, 시장의 확대와 국제 무역의 발전은 자본가들이 새로운 시장을 탐색하고, 경쟁력을 강화하는 데 기여했다. 그러나 이러한 발전은 동시에 빈부 격차를 심화시키는 결과를 초래했다.

빈부 격차는 단순히 경제적 수치로만 나타나는 것이 아니다. 사회적 불평등과 계급 간의 갈등을 유발하며, 이는 정치적 불안정성과 사회적 긴장을 초래할 수 있다. 자본주의 사회에서 부유한 계층과 가난한 계층 간의 간극이 확대되면 사회적 이동성이 제한되고 계급 간의 갈등이 심화된다. 이러한 상황은 결국 사회 전체의 안정성을 해치는 요소로 작용하게 된다.

결론적으로, 근대 자본주의에서 자본축적과 빈부 격차 확대는 불가분의 관계에 있으며, 이는 지속적인 사회적 문제로 남아 있다. 따라서 이러한 문제를 자본주의 틀 내에서 일정 부분 완화하거나 근본적으로 해결하기 위한 다양한 접근 방식이 시도되었다.

5.3.2 노동운동과 사회 개혁

노동운동은 근대 자본주의 발전 과정에서 중요한 사회적 현상으로 자리 잡았다. 산업화가 진행됨에 따라 노동자들은 열악한 노동 조건과 저임금에 대한 불만을 표출하기 시작했고, 이는 조직적인 행동으로 이어졌다. 노동자들은 자신들의 권리를 보호하고 개선하기 위해 노조를 결성하고 파업과 시위를 통해 목소리를 높였다.

노동운동은 단순히 임금 인상을 요구하는 데 그치지 않고, 노동 환경 개선, 노동 시간 단축, 그리고 사회 안전망 구축 등 다양한 사회 개혁을 지향했다. 이러한 요구는 점차 사회 전반에 영향을 미치며, 법률 제정 및 정책 변화로 이어졌다. 예를 들어, 19세기 말부터 20세기 초까지 여러 나라에서 노동법이 제정되었고, 이는 노동자의 권리를 법적으로 보장하는 중요한 계기가 되었다.

또, 노동운동은 정치적 차원에서도 큰 변화를 가져왔다. 노동자 계급이 정치적으로 조직화되면서 사회주의와 같은 새로운 정치 이념이 등장했고, 이는 기존의 권력 구조에 도전하는 원동력이 되었다. 노동자들은 자신들의 이해관계를 대변할 수 있는 정당을 지지하며 정치 참여를 확대해 나갔다.

결론적으로, 노동운동은 근대 자본주의 사회에서 빈부 격차와 불평등을 해소하기 위한 중요한 수단으로 작용했다. 이러한 운동은 단순히 경제적 요구를 넘어 사회 전반에 걸친 개혁을 촉진하며, 궁극적으로 더 공정하고 평등한 사회를 지향하는 데 기여했다.

6. 자본의 집적·집중과 제국주의 시대

6.1 자본 집적·집중 과정

6.1.1 금융 자본과 산업 자본의 결합

19세기 후반, 금융 자본과 산업 자본의 결합은 자본주의의 새로운 국면을 열었다. 이 시기, 산업혁명으로 인해 대규모 생산이 가능해지면서 자본의 필요성이 급증했고, 이를 충족시키기 위해 금융 자본이 중요한 역할을 하게 되었다. 금융 기관들은 기업에 대한 대출을 통해 자금을 공급하고, 이는 산업의 성장과 혁신을 촉진하는 데 기여했다.

금융 자본은 단순히 자금을 제공하는 것에 그치지 않고, 기업 경영에까지 깊숙이 개입하게 되었다. 은행들은 기업의 주식에 투자하거나 지분을 확보함으로써 경영에 대한 영향력을 행사하게 되었고, 이는 기업의 전략적 결정에 중요한 역할을 했다. 이러한 결합은 대기업의 시장 지배력을 강화하고, 경쟁 업체와의 통합이나 인수를 통해 독점적 시장 구조를 형성하는 결과를 초래했다.

특히 독일과 일본에서는 은행이 산업 자금 공급의 중심 역할을 하며, 금융 자본이 산업 자본을 소유하거나 지배하는 경우가 많았다. 독일의 하우스방크나 일본의 메인뱅크는 이러한 관계를 통해 금융 자본과 산업 자본 간의 결합을 촉진했다. 이러한 형태의 결합은 자금 조달 비용 절감과 거래 비용 감소 등의 긍정적인 효과를 가져오기도 했지만, 동시에 경제력 집중과 불균형을 초래하는 부작용도 있었다.

이 시기의 금융 자본과 산업 자본 결합은 단순히 경제적 현상에 그치지 않고 사회적·정치적 맥락에서도 중요한 의미를 지닌다. 대기업들이 시장에서 우위를 점하게 되면서 중소기업은 도태되고, 이는 노동 시장에서도 고용 불안정을 초래했다. 또한, 금융 자본이 산업 자본을 지배함으로써 경제적 불평등이 심화되었고, 이는 사회 전반에 걸쳐 갈등을 유발하는 요인이 되었다.

결론적으로, 19세기 후반 금융 자본과 산업 자본의 결합은 자본주의 체제 내에서 새로운 권력 구조를 형성했으며, 이는 오늘날까지도 여전히 영향을 미치고 있다. 이러한 역사적 맥락을 이해하는 것은 현대 자본주의 체제를 분석하고 미래를 예측하는 데 필수적이다.

6.1.2 독점 자본주의 형성

독점 자본주의의 형성은 19세기 후반부터 20세기 초반에 걸쳐 광범위하게 진행된 역사적 현상으로, 자본의 집적과 집중을 통해 이루어졌다. 이 시기, 산업화가 급속히 진행되면서 대규모 기계제 생산이 보편화되었고, 이는 대기업의 출현을 촉진했다. 기업들은 경쟁의 격화 속에서 생존을 위해 합병이나 카르텔 형성을 선택하게 되었고, 이는 결국 독점적 시장 구조를 만들어냈다.

자본의 집중은 대기업들이 시장에서 우위를 점하게 했고, 이로 인해 중소기업들은 경쟁에서 밀려나거나 인수합병 되는 경우가 많았다. 이러한 과정에서 주식회사 형태의 기업 소유가 확산되었으며, 자본가들은 공동의 생산 활동과 통일된 시장 전략을 위해 협력하게 되었다. 결과적으로 경쟁은 독점으로 대체되었고, 이는 경제 전반에 걸쳐 독점적 가격 형성을 가능하게 했다.

독점 자본주의는 또한 금융 자본과 산업 자본의 융합을 가져왔다. 은행 자본은 산업 자본과 결합하여 금융 과두를 형성하고, 이는 자본 수출을 통해 국제적 지배력을 강화하는 데 기여했다. 자본 수출은 단순한 상품 수출과는 달리, 외국에서 직접 공장을 설립하거나 현지 기업의 주식을 매수하는 형태로 나타났다. 이러한 자본 수출은 자본주의적 관계의 급속한 발전을 촉진하며, 동시에 자본 수입국에 대한 종속적인 발전을 초래했다.

결국 독점 자본주의는 제국주의로 귀결될 수밖에 없었다. 제국주의는 독점적 기업들이 해외 시장을 확보하고 자원을 착취하기 위한 필연적인 결과로 나타났다. 자본의 과잉이 발생한 강대국들은 저임금 국가로 자본을 밀어내며 새로운 시장을 찾았고, 이는 식민지 지배와 군사적 충돌로 이어졌다. 이러한 과정에서 세계 각국은 경제적으로 종속되었고, 제국주의 열강 간의 대립이 심화되었다.

결론적으로, 독점 자본주의는 자본의 집적과 집중, 기술 발전, 금융 자본의 역할 등을 통해 형성되었으며, 이는 필연적으로 제국주의로 이어졌다. 상품과 자본 수출 시장의 확보는 강대국들이 생존하기 위한 전략으로 자리 잡았고, 이로 인해 세계 경제 구조가 크게 변화하게 되었다.

6.2 제국주의 전쟁과 세계 자본주의 체제의 재편

6.2.1 1차 세계대전과 식민지 영토 재분할

제1차 세계대전(1914~1918)은 제국주의 국가 간의 갈등과 경쟁이 극대화된 결과로 발생한 전쟁이다. 이 전쟁은 단순한 군사적 충돌을 넘어서, 자본주의 국가 간의 불균형 발전이 초래한 식민지 영토의 분할 및 재분할 문제와 깊은 연관이 있다. 19세기 말쯤 되면 제국주의 국가들의 세계를 대상으로 한 식민지 영토 분할이 거의 완료된다. 그러나 자본주의 국가 간의 불균형 발전에 따라 불만을 품은 후발 제국주의 국가들은 필연적으로 이렇게 분할된 식민지 영토에 대한 재분할을 요구하게 된다.

당시 유럽의 주요 강대국들은 식민지 확보를 통해 자원을 착취하고, 자본과 상품의 수출을 위한 새로운 시장을 창출하려는 사활적 경쟁으로 내몰렸다. 이러한 경쟁이 제국주의 국가 간의 긴장을 고조시켰고, 결국 제1차 세계대전이라는 극단적인 전면전 상황으로 치달았던 것이다.

전쟁이 끝난 후, 베르사유 조약(1919)은 패전국인 독일에게 가혹한 조건을 부과하며 새로운 국제 질서를 확립하려 했다. 이 조약은 식민지 영토의 재분할을 포함하여, 강대국 간의 세력 균형을 재조정하는 데 중점을 두었다. 그러나 이러한 재편 과정에서 약소국가들은 대체로 배제되었고, 그들의 민족적 열망은 무시되었다. 이는 결국 제2차 세계대전의 발발로 이어지는 원인이 되었다.

또한, 제1차 세계대전은 자본주의 체제에 심각한 영향을 미쳤다. 전쟁 비용을 감당하기 위해 각국은 대규모 채무를 지게 되었고, 이는 경제적 불안정을 초래했다. 특히 독일은 전후 경제 위기로 인해 극단적인 정치적 상황에 직면하게 되었고, 이는 나치당의 부상으로 이어졌다. 한편, 미국은 전쟁을 통해 경제적 우위를 점하게 되었고, 세계 경제의 중심으로 자리 잡았다.

결과적으로 1차 세계대전은 단순히 군사적 충돌에 그치지 않고, 세계 자본주의 체제를 재편하는 중요한 계기가 되었다. 식민지 영토의 재분할과 새로운 국제 질서의 형성은 제국주의 국가 간의 불균형 발전이 가져온 필연적인 결과였다. 이러한 변화는 이후의 역사적 사건들, 특히 제2차 세계대전과 냉전 시대에 큰 영향을 미치게 된다.

6.2.2 2차 세계대전과 세계 자본주의 체제의 재편

제2차 세계대전(1939~1945)은 인류 역사상 가장 파괴적인 전쟁 중 하나로, 그 결과는 단순히 군사적 승패를 넘어 세계 자본주의 체제에 깊은 변화를 가져왔다. 이 전쟁은 제1차 세계대전 이후 형성된 국제 질서가 지속될 수 없음을 보여주었으며, 새로운 경제적·정치적 질서를 요구하는 계기가 되었다.

전쟁을 통해 미국과 소련은 서로 다른 이념을 가진 두 강대국으로 부상했다. 미국은 자유 시장경제를 기반으로 한 자본주의 종주국으로서의 입지를 확고하게 구축했고, 소련은 사회주의 세력과 이념의 확산을 통해 동유럽 및 아시아에서 영향력을 확보했다. 이러한 양극화는 전후 국제 질서에서 중요한 축을 형성하게 된다.

전후 복구 과정에서 미국은 마셜 플랜(1948)을 통해 유럽 국가들의 경제를 지원하며 자본주의 체제를 안정시키려 했다. 이는 단순한 경제 지원을 넘어 미국의 정치적 영향력을 강화하는 전략으로 작용했다. 마셜 플랜은 유럽 국가들이 경제적으로 시급하게 회복하여 미국 주도의 세계 자본주의 체제를 벗어나지 않도록 강력하게 지원하는 한편, 소련의 영향력 확장을 저지하려는 목표를 추구하고 있었다.

소련은 동유럽 국가들에 대한 통제를 강화하며 사회주의 체제를 확립했다. 이 과정에서 소련 블록 국가들은 중앙 집중식 계획경제를 도입하게 되었고, 이는 미국 주도의 자본주의와 극명하게 대비되는 모델로 자리 잡았다. 이러한 대립 구도는 냉전이라는 새로운 국제 정치 질서를 형성하게 되었다.

또한, 2차 세계대전 후 국제연합(UN)과 같은 새로운 국제기구들이 등장하면서 국가 간 협력과 평화 유지에 대한 필요성이 강조되었다. 이는 과거 제국주의 시대와는 다른 형태의 국제 관계를 형성하는 데 기여했다.

결론적으로 제2차 세계대전은 단순히 군사적 충돌이 아니라, 세계 자본주의 체제를 근본적으로 재편하는 중요한 계기가 되었다. 미국과 소련이라는 두 강대국 간의 대립은 이후 수십 년간 국제 정치 및 경제 구조에 지대한 영향을 미쳤으며, 오늘날까지도 그 여파가 지속되고 있다. 이러한 변화는 또한 식민지 해방 운동과 같은 역사적 흐름에도 큰 영향을 미쳐, 제국주의 시대의 종말을 알리는 신호탄이 되었다.

7. 현대 자본주의 사회

7.1 현대 자본주의 체제의 형성과 발전

7.1.1 전후 달러 지배 체제의 전개

제2차 세계대전 이후, 미국은 국제 경제 질서의 중심에 서게 되었다. 브레튼우즈 회의에서 합의된 새로운 금융 시스템은 미국 달러를 기축통화로 삼아 세계 경제를 재편성했다. 이 체제는 달러를 금에 고정시키고, 다른 국가들이 자국 통화를 달러에 연동시키는 방식으로 운영되었다. 이러한 구조는 전후 경제 복구와 안정성을 도모하는 데 기여했으나, 미국의 경제적 패권을 강화하는 결과를 초래했다. 미국은 달러 발행을 통해 국제 무역과 금융에서 유리한 위치를 점유했으며, 이는 다른 국가들의 경제 정책에 대한 자율성을 제한하는 요인으로 작용했다.

브레튼우즈 체제는 초기에는 성공적으로 작동했으나, 1960년대 후반부터 미국의 무역 적자와 인플레이션 문제로 인해 압박을 받기 시작했다. 특히 베트남 전쟁으로 인한 막대한 군사비 지출은 미국 경제에 부담을 주었고, 이는 결국 1971년 닉슨 대통령이 금-달러 교환을 중단하는 '닉슨 쇼크'로 이어졌다. 이로 인해 브레튼우즈 체제는 붕괴되었고, 변동환율제로 전환되었다.

브레튼우즈 체제의 붕괴에도 불구하고, 달러는 여전히 국제 금융 시장에서 주요 통화로 사용되고 있다. 이는 미국의 경제적 영향력을 지속시키는 동시에, 글로벌 경제 불균형을 심화시키는 요인으로 작용하고 있다. 특히 개발도상국들은 외채 문제와 환율 변동성에 취약한 상태로 남아 있으며, 이는 그들의 경제적 자립과 발전을 저해하는 요소로 지적되고 있다.

7.1.2 군산복합체와 다국적기업의 활약

냉전 시대 동안 군산복합체는 미국 경제와 정치에서 중대한 역할을 수행했다. 군산복합체란 군사 산업과 정부 간의 긴밀한 관계를 통해 방위 산업을 확장하고 이를 통해 경제 성장을 촉진하는 구조를 말한다. 이 과정에서 군비 경쟁이 심화되었고, 이는 국내외적으로 군사적 긴장을 고조시키는 결과를 낳았다. 군산복합체는 방위 산업의 발전을 통해 기술 혁신을 이루었으나, 동시에 막대한 예산이 군사 분야에 집중되면서 사회 복지나 교육 등 다른 분야에 대한 투자가 상대적으로 소홀해지는 문제를 야기했다.

다국적기업은 세계화의 흐름 속에서 급속히 성장하며 글로벌 시장에서 지배적인 위치를 차지하게 되었다. 이들 기업은 생산과 유통 네트워크를 전 세계에 구축하여 효율성을 극대화했으나, 노동 착취와 환경 파괴 등의 부작용을 초래했다. 특히 개발도상국에서는 저임금 노동력과 느슨한 환경 규제를 활용하여 생산비를 절감하는 전략을 구사했으며, 이는 해당 국가들의 경제적 종속과 사회적 불평등을 심화시키는 결과를 낳았다.

또한, 다국적기업은 각국 정부의 규제를 회피하며 세금 회피와 같은 비윤리적 행태를 보이기도 했다. 이러한 행태는 국가 주권을 약화시키고, 지역 경제가 다국적기업에 종속되는 현상을 초래했다. 이에 따라 글로벌 차원에서 기업의 사회적 책임과 윤리 경영에 대한 요구가 증가하고 있으며, 지속 가능한 발전을 위한 새로운 기업 모델이 모색되고 있다.

7.1.3 신자유주의 세계화와 그늘

1980년대 이후 신자유주의는 시장 자유화와 규제 완화를 강조하며 세계화를 가속화했다. 이러한 정책은 국제 무역과 투자 흐름을 촉진하여 경제 성장을 도모했으나, 동시에 심각한 사회적 문제를 초래했다. 신자유주의는 정부의 역할 축소와 민영화를 통해 효율성을 높이고자 했으나, 이는 공공 서비스의 질 저하와 사회 안전망 약화를 가져왔다.

특히 노동 시장 유연화 정책은 고용 불안을 증대시키고 소득 불평등을 심화시켰다. 금융 시장의 자유화는 자본 이동을 용이하게 했으나, 금융 위기의 빈도를 증가시키고 글로벌 경제 불안정을 초래했다. 이러한 과정에서 부유한 국가와 기업들은 막대한 이익을 얻었으나, 빈곤층과 개발도상국은 더욱 취약한 상태에 놓이게 되었다.

신자유주의 세계화는 경제적 효율성을 강조했으나, 인간의 삶과 환경에 대한 고려가 부족하다는 비판을 받고 있다. 이는 결국 지속 가능한 발전을 저해하고, 사회적 갈등과 불안을 증대시키는 요인으로 작용하고 있다. 이러한 상황에서 대안적인 경제 모델과 정책이 필요하며, 공정 무역 및 지속 가능한 개발 목표(SDGs) 등이 새로운 방향으로 제시되기도 했다.

7.2 현대 자본주의 사회의 고도 정보화와 디지털 경제

7.2.1 정보 기술 혁신과 디지털 경제

정보 기술 혁신은 현대 사회의 모든 분야에 걸쳐 급속한 변화를 가져오고 있으며, 이는 디지털 경제의 발전에 중대한 영향을 미치고 있다. 정보 기술의 발전은 데이터 처리, 저장, 전송의 효율성을 크게 향상시켰으며, 이는 기업과 소비자 간의 상호작용 방식을 근본적으로 변화시켰다. 특히, 인터넷과 모바일 기술의 발전은 정보의 접근성과 유통을 혁신적으로 개선했고, 이는 새로운 비즈니스 모델과 시장 기회를 창출했다.

디지털 경제는 이러한 정보 기술 혁신을 기반으로 형성되었으며, 전통적인 경제 활동이 디지털 플랫폼으로 전환되는 과정을 포함한다. 예를 들어, 전자상거래는 소비자가 물리적 매장을 방문하지 않고도 상품을 구매할 수 있게 하여 소매업의 패러다임을 변화시켰다. 또한, 빅 데이터와 인공지능(AI)의 활용은 기업이 소비자의 행동을 분석하고 맞춤형 서비스를 제공하는 데 필수적인 요소로 자리 잡았다.

이러한 변화는 기업 운영 방식에도 영향을 미쳤으며, 생산성과 효율성을 높이는 데 기여하고 있다. 클라우드 컴퓨팅과 같은 혁신적인 기술은 기업들이 자원을 보다 효율적으로 관리하고, 글로벌 시장에서 경쟁력을 유지할 수 있도록 지원한다. 따라서 정보 기술 혁신은 단순한 기술적 발전을 넘어, 경제 전반에 걸쳐 구조적 변화를 이끌어내고 있다.

7.2.2 디지털 경제와 생산관계의 변화

디지털 경제의 발전은 생산관계에 중대한 변화를 가져왔지만, 이러한 변화는 긍정적인 측면뿐만 아니라 비판적인 시각에서도 조명될 필요가 있다. 정보와 데이터가 핵심 자원으로 부각되면서, 전통적인 자본과 노동의 관계는 복잡해지고 있다. 이는 생산 과정에서의 효율성을 높이는 긍정적인 효과를 가져오기도 하지만, 동시에 새로운 형태의 불평등과 착취를 초래할 수 있다.

플랫폼 경제의 부상은 많은 사람에게 새로운 기회를 제공하는 것처럼 보이지만, 실제로는 고용 불안정과 노동자의 권리 침해 문제를 야기하고 있다. 예를 들어, 공유 경제 모델은 개인이 소유한 자산을 다른 사람과 공유함으로써 가치를 창출하지만, 이는 종종 노동자에게 불리한 조건에서 이루어진다. 플랫폼 기업들은 종종 노동자에게 최소한의 보상을 제공하면서도, 그들의 데이터를 활용해 막대한 이익을 얻고 있다. 이러한 구조는 노동자의 권리를 약화시키고, 경제적 불평등을 심화시킬 위험이 크다.

또한, 디지털 기술의 발전으로 인해 원격 근무와 유연한 근무 형태가 가능해졌지만, 이는 모든 노동자에게 동등하게 적용되는 것은 아니다. 고소득 직종에 종사하는 일부 노동자는 이러한 유연성을 통해 혜택을 누릴 수 있지만, 저소득층이나 비정규직 노동자는 오히려 더 큰 불안정성을 경험할 수 있다. 이로 인해 사회적 계층 간의 격차가 더욱 확대될 수 있으며, 이는 디지털 경제가 지향해야 할 포용성과 공정성의 원칙에 반하는 결과를 초래할 수 있다.

결론적으로, 디지털 경제는 생산관계를 재구성하는 과정에서 생산성과 착취의 효율성을 고도로 높일 수 있어 노동자의 권리를 심각하게 위협하고 사회적 불평등을 더욱더 악화시킬 수 있는 요소를 내포하고 있다. 그것이 어디까지나 사적 소유 자본에 근거한 현대 자본주의의 틀 내에서 이루어지는 것이기 때문이다.

7.3 현대 자본주의의 모순과 도전

7.3.1 글로벌 경제 불평등과 빈부 격차의 심화

현대 자본주의는 글로벌 경제 불평등을 심화시키고 있으며, 이는 빈부 격차의 확대라는 심각한 문제를 초래하고 있다. 세계화가 진행되면서 일부 국가와 기업은 막대한 자원을 축적하는 반면, 많은 개발도상국은 경제적 기회를 잃고 있다. 이러한 불균형은 단순히 경제적 차원에서 그치지 않고, 사회적 불안과 정치적 갈등을 초래한다. 부유한 국가들은 기술과 자본을 독점하여 경제 성장을 지속하는 반면, 가난한 국가들은 자원과 기회가 부족해 더욱 고립된다.

빈부 격차는 교육, 건강, 주거 등 다양한 분야에서의 불평등으로 이어지며, 이는 사회적 이동성을 저해한다. 예를 들어, 저소득층 아이들은 양질의 교육을 받기 어려워 미래의 기회를 제한받고, 이는 세대 간 불평등을 심화시킨다. 또한, 이러한 경제적 불평등은 범죄율 증가와 사회적 갈등으로 이어져 사회의 안정성을 해친다.

특히, 최근 기후 변화로 인해 저소득 국가가 더 큰 피해를 입고 있으며, 이는 경제적 불평등을 더욱 악화시키는 요인으로 작용한다. 기후 재난에 대한 대응 능력이 부족한 개발도상국은 재정적 지원이 절실하지만, 선진국들은 이를 외면하는 경우가 많다. 이러한 상황은 국제사회에서의 불신과 갈등을 증대시키며, 결국 글로벌 차원의 협력이 필요한 시점에 이르게 된다.

결국 현대 자본주의 시스템은 구조적으로 빈부 격차를 확대하고 있으며, 이는 단순한 경제 문제를 넘어 인류 전체의 지속 가능한 발전을 저해하는 주요 요인이 되고 있다. 따라서 이러한 불평등을 해결하기 위한 근본적인 접근과 노력이 필요하다.

7.3.2 기후 위기와 인류 문명의 지속 가능성

기후 위기는 현대 인류가 직면한 가장 중대한 도전 중 하나로, 단순한 환경 문제가 아닌 인류 문명의 지속 가능성을 위협하는 복합적인 위기이다. 산업화 이후 무한 성장과 자원 착취의 이념은 지구 생태계를 파괴하고 있으며, 그 결과로 나타난 기후 변화는 전 세계적으로 심각한 영향을 미치고 있다. 온도 상승, 해수면 상승, 극단적인 날씨 현상 등은 이미 현실로 나타나고 있으며, 이는 특히 취약 계층과 개발도상국에 치명적인 영향을 미친다.

기후 위기는 단순히 환경 문제에 국한되지 않고 경제적 불평등과도 깊은 연관이 있다. 저소득 국가들은 기후 변화에 적응할 능력이 부족하여 재난에 더 큰 피해를 입는다. 예를 들어, 농업 의존도가 높은 지역에서는 기후 변화로 인한 식량 생산 감소가 생존을 위협하며, 이는 사회적 불안정으로 이어진다. 이러한 상황에서 기후 회복력 개발이 필요하지만, 이는 기술적 해결만으로는 부족하다.

지속 가능한 발전을 위해서는 자연과의 관계를 재정립하고 새로운 패러다임을 모색해야 한다. 이를 위해서는 에너지 전환, 친환경 기술 개발 및 사회적 가치의 재구성이 필요하다. 또한, 각국 정부와 국제사회는 기후 변화 대응을 위한 협력을 강화해야 하며, 공정한 자원 분배와 지원이 필수적이다.

결론적으로 기후 위기는 인류 문명의 지속 가능성을 위협하는 중대한 도전이며, 이를 해결하기 위한 근본적인 접근이 필요하다. 우리는 지금 행동해야 하며, 미래 세대를 위해 지속 가능한 지구를 남기기 위한 노력이 절실하다.

8. 역사를 바라보는 관점에 관한 오해와 편견

인류 역사를 원시 공산제 사회에서 현대 자본주의 사회에 이르기까지 단계론적 발전 과정으로 살펴보는 것은 흥미로운 작업이다. 그러나 이러한 접근은 서구 지역을 중심으로 한 역사적 흐름에 국한된 것이며, 인류의 총체적 역사를 포괄하지 못한다는 점을 그 한계로 명확히 해두어야 한다. 그렇지 않으면 특정 지역의 발전 과정을 지나치게 일반화하는 오류를 범할 수 있기 때문이다.

인류 역사 발전의 원동력은 무한한 생산력의 발전과 그것에 조응하면서 형성되는 생산관계의 모순이다. 이러한 모순은 일정 단계가 지나면 생산력 발전을 가로막는 족쇄가 되기도 한다. 이는 역사 발전의 보편적 원리로 이해될 수 있지만, 모든 지역의 인류 역사가 서구 지역과 동일한 단계를 밟거나 동일한 형태를 취하며 발전해온 것은 결코 아니다. 예를 들어, 아시아나 아프리카의 많은 지역은 서구와 다른 경로를 통해 발전해왔다. 각 지역은 고유한 역사적·문화적 배경을 가지고 있으며, 이를 간과해서는 안 된다.

그럼에도 불구하고 서구 지역 중심으로 인류 역사를 살펴본 이유는 서구가 인류 역사의 단계적 발전 과정을 가장 뚜렷하게 보여주고 있고, 오늘날 인류를 총체적으로 지배하고 있는 자본주의 체제를 역동적으로 형성해온 지역이기 때문이다. 산업혁명과 같은 사건들은 전 세계에 걸쳐 경제적·사회적 변화를 촉발했으며, 이러한 변화는 현대 세계의 구조를 이해하는 데 필수적이다.

하지만 이와 같은 접근이 서구 중심주의나 결정론적 역사 인식, 제국주의 정당화론 등을 강화하는 근거가 되어서는 안 된다. 우리는 역사를 바라볼 때 다양한 관점과 경험을 존중해야 하며, 특정 지역의 역사적 경험을 보편화하는 오류를 피해야 한다. 역사는 복잡하고 다층적인 과정이며, 이를 단순화하거나 왜곡하는 것은 위험하다.

결론적으로, 인류 역사를 이해하는 데 있어서는 다양한 지역과 문화의 고유한 발전 과정을 인정하고 존중해야 한다. 서구 중심의 역사 서술은 중요한 통찰을 제공할 수 있지만, 그것이 전부가 될 수는 없다. 우리는 역사를 바라볼 때 무심코 취하기 쉬운 오해와 편견을 경계해야 하며, 다양한 시각과 경험을 통합하여 더욱 포괄적인 관점을 형성하도록 해야 한다. 이러한 노력이야말로 인류 역사에 대한 진정한 이해로 나아가는 길일 것이다.

제 2 장

자본주의 이데올로기의 역사적 검토

1. 자본주의 이데올로기의 작동 방식과 문제점

1.1 이데올로기란?

'이데올로기'란 단순한 신념이나 사상이 아니라 지배계급이 자신들의 이익을 사회 전체의 이익인 것처럼 포장하여 피지배계급에게 내면화시키는 사회적 장치다. 이와 같이 이데올로기는 피지배계급에게 허위의식을 심어주어, 자신들의 현실적 처지와 계급적 이해관계를 올바로 인식하지 못하게 만든다.

자본주의 이데올로기는 피지배계급인 노동자 계급이 자본주의적 생산관계와 계급 구조를 자연스럽고 불가피한 것으로 받아들이게 하여 자본주의 체제의 유지에 핵심적인 역할을 한다. 이를 위해 자본주의 이데올로기는 사유재산권, 시장경제, 이윤 추구와 같은 핵심 가치를 강조하고, 그러한 가치의 존중을 통해 경제 성장과 개인의 자유를 달성할 수 있다고 주장한다.

1.2 자본주의 이데올로기의 작동 방식

자본주의 이데올로기의 핵심은 현실로서 존재하는 불평등한 사회 구조를 자연스럽고 불가피한 것으로 포장하는 데 있다. 이는 주로 다음과 같은 방식으로 작동한다.

첫째, '상식'이란 가면을 쓰고 나타난다. 자본주의 이데올로기는 종종 '상식'이라는 이름으로 제시된다. "기업은 당연히 이윤을 추구해야 한다"거나 "인간 사회에서 완전한 평등은 불가능하다"라는 주장들이 그 예다.

둘째, 지배계급의 이익을 반영하는 지배계급의 사상이 사회의 지배적 사상이 된다. 지배계급은 교육이나 미디어와 같은 '정신적 생산수단'을 통제하여 자본주의 이데올로기를 확산시킨다.

셋째, '동의'의 생산이다. 그람시의 개념을 빌리면, 자본주의 이데올로기는 피지배계급의 '동의'를 얻어내는 데 중요한 역할을 한다.

넷째, 대안의 억압이다. 자본주의 이데올로기는 현 체제에 대한 도전을 '비현실적'이거나 '위험한' 것으로 규정하고 억압함으로써 대안적 사회체제의 상상력과 가능성을 차단한다.

1.3 자본주의 이데올로기의 문제점과 대안적 사상의 필요성

자본주의 이데올로기의 문제점은 다음과 같이 요약될 수 있다.

첫째, 자본주의 이데올로기는 노동자와 자본가 간의 근본적인 이해관계 충돌을 숨기고, 양측이 협력해야 한다고 주장함으로써 계급 갈등을 은폐한다.

둘째, 자본주의는 극심한 부의 격차와 사회적 불평등을 초래하지만,

자본주의 이데올로기는 이를 개인의 능력과 노력의 차이로 설명함으로써 불평등을 정당화한다.

셋째, 이윤 추구를 최우선 가치로 삼는 자본주의 이데올로기는 환경오염과 같은 부정적 외부 효과를 묵인함으로써 광범위한 환경 파괴를 부추긴다.

이와 같은 문제점을 지닌 자본주의 이데올로기는 노동자들의 실제 경험과 이데올로기 사이의 모순, 그리고 경제 위기나 대중투쟁 과정에서 그 헤게모니가 근본적으로 흔들릴 수 있다. 그래서 자본주의 이데올로기에 대한 비판적 인식과 대안적 사상의 활발한 모색이 중요하다.

2. 초기 자본주의와 고전적 자유주의

2.1 존 로크의 자본주의적 소유권 사상

2.1.1 존 로크의 시대적 배경

존 로크(1632~1704)는 17세기 영국의 격동기, 즉 봉건 사회에서 근대 사회로 전환되는 대변혁의 시기에 활동한 철학자이자 정치사상가였다. 그는 영국 남북전쟁(1642~1651), 청교도 혁명, 왕정복고, 1688년 명예혁명 등 사회적·정치적 혼란과 변혁을 직접 경험했다. 이 시기는 의회와 왕권의 갈등, 종교적 대립, 신분제 약화, 상공업과 금융의 발전, 식민지 확장 등으로 영국 사회의 구조가 크게 변화하던 때였다.

이러한 시대적 배경 속에서 로크는 개인의 자유와 권리, 정부의 역할, 사유재산의 정당성 등 근대적 가치에 대한 철학적 탐구를 심화했다. 특히 명예혁명 이후 확립된 입헌군주제와 의회 중심의 정치 질서는 로크의 사회계약론과 자유주의 사상에 직접적 영향을 주었다. 그의 사상은 이후 계몽주의, 미국 독립혁명, 프랑스 인권선언 등 서구 근대 정치 질서의 이론적 토대가 되었다.

2.1.2 존 로크 사상의 핵심 개념

■ **자연 상태와 자연법**

로크는 인간의 본성과 사회의 기원을 설명하기 위해 '자연 상태'와 '자연법' 개념을 제시했다. 로크에 따르면 자연 상태란 인간이 정치적 권위나 정부의 간섭 없이 살아가는 상태를 의미한다. 이 상태에서 인간은 본질적으로 평등하며, 누구도 타인에 대해 우월한 권리를 갖지 않는다. 그러나 로크는 자연 상태가 무질서하거나 혼란스러운 상태가 아니라고 본다. 오히려 그는 자연법이 존재한다고 주장한다. 자연법은 이성에 기초한 보편적 도덕법으로 모든 인간은 이 법에 따라 자신의 생명·자유·재산을 보존할 권리와 의무를 가진다. 즉, 자연 상태에서의 인간은 이성에 따라 행동하며, 타인의 권리를 침해하지 않는 한 최대한의 자유를 누릴 수 있다.

■ **사회계약론과 정부의 정당성**

로크는 자연 상태의 한계를 인식했다. 자연 상태에서는 각자가 자신의 권리를 스스로 보호해야 하므로, 갈등이나 분쟁이 발생할 경우 공정한 판결이 어렵고, 권리 보장이 불완전할 수 있다. 이런 문제를 해결하기 위해 인간들은 '사회계약'을 맺고, 상호 동의하에 자연권 일부를 양도하여 정부를 수립한다. 로크에 따르면 정부의 주된 목적은 개인의 생명·자유·재산(즉, '소유')을 보호하는 것이다. 정부는 시민의 동의에 의해 정당성을 얻으며, 만약 정부가 권력을 남용하거나 시민의 권리를 침해할 경우, 시민은 저항권을 행사할 수 있다. 이러한 로크의 주장과 사상은 근대 자유주의 정치철학의 핵심을 이룬다.

■ **개인의 자유와 권리**

로크 철학의 출발점은 개인의 자유와 권리이다. 그는 모든 인간이 태어날 때부터 자유롭고 평등하며, 자신의 생명·자유·재산을 보존할 권리를 가진다고 보았다. 이 세 가지 권리는 로크가 말하는 '자연권'의 핵심이다. 로크는 개인의 자유를 신성불가침한 것으로 간주하며, 정부나 타인이 함부로 침해할 수 없다고 주장한다. 이러한 권리관은 이후 자유주의 및 인권 사상의 토대가 되었으며, 근대 시민사회의 기본 원리로 자리 잡았다. 또한, 로크는 개인의 권리와 자유가 사회 전체의 질서와 조화를 이루도록 하기 위해 법치주의와 권력 분립의 필요성을 강조했다.

이처럼 존 로크의 사상은 자연 상태와 자연법, 사회계약론, 개인의 자유와 권리라는 세 가지 핵심 개념을 통해 인간의 본성과 사회의 정당성을 설명한다. 이러한 사상은 이후 자본주의 이데올로기의 철학적 기반이 되었으며, 현대 자유민주주의 체제의 사상적 근간을 이룬다.

2.1.3 사유재산권의 철학적 근거

■ 노동과 소유권의 연관성

로크는 사유재산권의 정당성을 노동의 개념에서 찾았다. 그는 『통치론』(1689)에서 자연 상태의 모든 것은 누구의 소유도 아니지만, 인간이 자신의 노동을 투입함으로써 그것을 자신의 것으로 만들 수 있다고 주장했다. 예를 들어, 들판의 사과나 나무는 자연 그대로일 때 누구의 것도 아니지만, 한 사람이 그것을 따서 자신의 노동을 결합시키면 그 사과는 그의 소유가 된다. 로크는 "노동은 소유의 기초"라고 보았으며, 노동을 통해 자연물을 자신의 것으로 전환하는 것이 정당하다고 여겼다. 이로써 사유재산은 단순한 점유가 아니라, 개인의 신체와 노력, 즉 노동을 통해 정당화된다. 이는 자본주의적 소유 관념의 핵심 논리로, 생산수단과 생산물의 사적 소유를 이론적으로 뒷받침한다.

■ **사유재산의 절대성 및 확장**

로크는 사유재산권이 개인의 자유와 불가분의 관계에 있다고 보았다. 개인이 자신의 노동으로 획득한 재산은 타인이나 국가가 함부로 침해할 수 없는 권리로 간주된다. 로크는 자연 상태에서도 각 개인이 자신의 필요에 따라 재산을 소유할 수 있지만, "충분히 남아 있고, 다른 사람도 사용할 수 있는" 한도 내에서만 정당하다고 보았다. 그러나 화폐의 등장으로 재산의 축적이 가능해지면서, 재산의 한계가 사실상 사라지게 된다. 로크는 화폐에 대한 사회적 합의가 이루어진 이상, 개인이 자신의 노동과 교환을 통해 재산을 무한히 축적하는 것도 정당하다고 보았다. 이는 자본주의 사회에서 자본의 축적과 부의 집중을 정당화하는 이론적 근거가 된다.

■ **소유권·자유·평등의 관계**

로크는 사유재산권이 자유와 평등의 기반이 된다고 주장한다. 모든 사람은 자신의 노동을 통해 재산을 소유할 수 있으므로, 원칙적으로 평등한 기회를 가진다. 하지만 실제로는 노동력·자원·기회의 차이로 인해 재산의 불평등이 발생한다. 로크는 이러한 불평등을 자연스러운 결과로 받아들인다. 그에 따르면, 재산의 불평등은 각자의 노력과 능력에 따른 것이므로 정당하다. 다만, 재산권은 타인의 권리를 침해하지 않는 범위 내에서 행사되어야 하며, 법과 계약에 의해 조정될 수 있다. 로크의 이러한 입장은 자유주의적 평등관, 즉 '기회의 평등'을 강조하며, 결과의 평등이 아닌 과정의 공정성을 중시한다. 이는 현대 자본주의 사회의 기본 원리와도 맞닿아 있다.

이처럼 로크는 노동을 통한 소유의 정당화, 사유재산의 절대성과 축적의 정당성, 그리고 소유와 자유, 평등의 관계를 통해 사유재산권의 철학적 근거를 제시했다. 이러한 사상은 자본주의 이데올로기의 핵심적 논리로 작용하며, 개인의 경제적 자유와 시장경제의 발전을 정당화하는 기초가 되었다.

2.1.4 존 로크 사상의 이데올로기적 함의

로크의 사상은 자본주의 이데올로기의 철학적 뿌리를 제공한다. 그는 자연 상태와 자연법, 사회계약론, 그리고 사유재산권의 정당화라는 일련의 논리를 통해 개인의 자유와 권리, 그리고 소유의 절대성을 강조했다. 로크의 사유재산권 이론은 노동을 통한 소유의 정당화, 재산 축적의 허용, 그리고 경제적 자유의 보호라는 점에서 자본주의적 소유 관념의 핵심을 이룬다. 또한, 시장경제의 자유로운 교환과 화폐의 등장을 긍정적으로 평가하며, 개인의 이익 추구가 사회 전체의 번영으로 이어질 수 있음을 시사했다.

로크의 이러한 논리는 자유주의와 자본주의의 철학적 연계, 즉 정치적 자유와 경제적 자유가 상호 보완적으로 작동하는 자본주의적 사회 질서의 정당성을 이론적으로 뒷받침한다.

2.1.5 존 로크 사상의 한계와 비판적 재조명

그러나 로크의 사상은 자본주의 이데올로기의 정당성만큼이나 그 한계와 비판의 지점도 분명하다. 첫째, 노동을 통한 소유의 정당화 논리는 현실에서 자원의 불평등한 분배와 부의 세습, 그리고 시장에서의 경쟁 격차를 충분히 설명하지 못한다. 둘째, 로크가 강조한 '기회의 평등'은 실제로는 사회적·경제적 조건에 따라 실현되기 어렵고, 이는 결과적으로 불평등의 구조적 고착을 정당화할 위험이 있다. 셋째, 사유재산권의 절대성은 공공의 이익이나 사회적 약자 보호와 충돌할 수 있으며, 현대 사회에서는 재산권의 한계와 사회적 책임이 더욱 중요하게 논의되고 있다. 마지막으로, 로크의 사상은 식민주의와 노예제의 정당화에 악용되기도 했다는 역사적 비판도 존재한다.

이런 한계에도 불구하고 자본주의 여명기에 출현한 로크의 사상은 생산력의 발전에 조응하여 새로운 생산관계를 정립해나가는 신흥 부르주아 계급의 이해를 충실히 대변하는 것으로서 진보적 자본주의 이데올로기의 성격을 갖는다.

2.2 애덤 스미스의 '보이지 않는 손'

2.2.1 애덤 스미스 이론의 시대적 배경

애덤 스미스(1723~1790)가 활동한 18세기 영국과 스코틀랜드는 사회경제적으로 큰 변혁의 시기를 겪었다. 스미스는 1723년 스코틀랜드 커크칼디에서 태어나, 산업혁명과 상업 자본주의가 본격적으로 전개되던 시대를 살았다. 이 시기 영국은 명예혁명(1688) 이후 의회정치와 법치주의가 정착되며, 경제적 자유와 사유재산권이 강화되었다. 상업과 무역, 금융업이 급속히 성장하면서 전통적 지주층과 신흥 상인·금융가 계층이 공존·경쟁하는 사회 구조가 형성되었다.

스미스가 자란 스코틀랜드는 당시 영국 내에서 상대적으로 후진적이었으나, 계몽주의의 영향으로 학문과 사상에서 활발한 논의가 이루어졌다. 그의 사상은 산업화와 상업화, 계몽주의, 그리고 시민사회의 성장이라는 시대적 흐름과 밀접하게 연결되어 있다.

즉, 스미스의 시대는 경제적 자유와 개인주의, 시장 확대, 계몽주의적 합리주의가 결합된 시기였으며, 이러한 배경이 '보이지 않는 손'과 같은 시장 자율성 이론의 탄생에 결정적 영향을 주었다.

2.2.2 '보이지 않는 손'의 개념과 등장 배경

■ '보이지 않는 손'의 개념

'보이지 않는 손'은 스미스가 18세기 후반 저서 『도덕감정론』(1759)과 『국부론』(1776)에서 언급한 개념으로, 개별 경제주체들이 자신의 이익을 추구하는 과정에서 의도하지 않게 사회 전체의 부와 번영이 증진된다는 논리이다.

스미스는 시장에서 각 개인이 자신의 이익을 극대화하려고 행동하지만, 이들이 시장 가격, 수요와 공급의 원리에 따라 자원을 배분하게 됨으로써 결과적으로 사회 전체의 효율적인 자원 배분이 이루어진다고 보았다. 이러한 과정은 마치 '보이지 않는 손'에 의해 이끌리는 것처럼 자연스럽게 이루어진다고 설명된다.

■ '보이지 않는 손'의 등장 배경

이 개념이 등장한 배경에는 18세기 영국의 경제적·사회적 변화가 자리하고 있다. 중상주의의 쇠퇴와 산업혁명의 시작, 그리고 자유로운 상업과 무역의 확대는 개인의 경제 활동이 사회 전체에 미치는 긍정적 효과에 대한 관심을 높였다. 당시 스미스는 국가의 과도한 규제와 간섭이 오히려 경제 발전을 저해한다고 비판하며, 시장의 자율성과 개인의 자유로운 경제 활동을 강조했다.

'보이지 않는 손'은 이러한 시대적 요구와 맞물려, 자본주의 시장경제의 정당성을 이론적으로 뒷받침하는 중요한 논리로 자리 잡았다.

2.2.3 자본주의 이데올로기로서의 '보이지 않는 손'

■ **자유방임주의와 시장의 자율 조정 기능**

스미스의 '보이지 않는 손'은 자본주의 이데올로기의 핵심 원리인 자유방임주의에 이론적 정당성을 제공했다. 자유방임주의란 정부나 외부 권력이 시장에 개입하지 않고, 시장이 자율적으로 운영되도록 내버려 두어야 한다는 사상이다.

스미스는 시장에서 각 개인이 자신의 이익을 추구하는 과정이 전체 사회의 이익으로 이어진다고 보았고, 이는 시장의 자율 조정 기능에 대한 신뢰로 이어졌다. 수요와 공급, 가격 메커니즘에 의해 자원이 효율적으로 배분된다는 신념은 자본주의 경제체제의 기본 전제가 되었다.

이러한 자유방임주의적 시각은 19세기와 20세기 초반 서구 자본주의의 급속한 성장과 산업화 과정을 이끄는 이데올로기적 토대가 되었다.

■ **개인 이익 추구와 사회적 조화의 논리**

'보이지 않는 손'은 개인의 이기적 동기가 사회 전체의 조화와 번영으로 연결된다는 논리를 제공한다. 각 경제 주체가 자신의 이익을 극대화하려는 행동은, 시장 메커니즘을 통해 자원의 효율적 배분을 실현하고, 결과적으로 사회 전체의 부를 증대시킨다. 이 과정에서 개인의 자유로운 선택과 경쟁이 중요한 역할을 하며, 이는 자본주의 이데올로기의 핵심 가치인 개인주의와 경쟁주의의 정당화 논리가 된다. 즉, '보이지 않는 손'은 개인의 자유와 이익 추구가 사회적 선으로 자연스럽게 연결된다는 점을 강조함으로써, 자본주의 체제의 도덕적, 철학적 기반을 제공한다.

■ 분업과 효율성의 강조

스미스는 '보이지 않는 손'과 함께 분업의 중요성을 강조했다. 분업은 생산성을 극대화하고, 각 개인이 자신의 능력과 자원을 가장 효율적으로 활용할 수 있도록 한다. 이는 곧 시장 전체의 효율성 증대와 부의 창출로 이어진다. 분업을 통한 전문화는 시장에서의 경쟁을 촉진하고, 기술 혁신과 경제 성장의 원동력이 된다.

이러한 논리는 자본주의 이데올로기에서 효율성과 생산성, 혁신의 가치를 강조하는 근거로 작용한다. '보이지 않는 손'과 분업의 결합은 자본주의가 경제적 번영과 사회적 진보를 실현할 수 있다는 믿음을 확산시키는 데 중요한 역할을 했다.

이처럼 '보이지 않는 손'은 자유방임주의, 개인 이익 추구의 사회적 조화, 분업과 효율성의 강조라는 세 가지 측면에서 자본주의 이데올로기의 형성과 정당화에 결정적인 기여를 했다. 이 개념은 시장의 자율성과 개인의 자유, 그리고 효율성이라는 자본주의의 핵심 가치를 이론적으로 뒷받침하며, 오늘날까지도 자본주의 체제의 정당성을 설명하는 데 중요한 역할을 하고 있다.

2.2.4 '보이지 않는 손'에 대한 비판적 조명

■ 공공재 등 시장 실패의 문제

'보이지 않는 손' 이론은 시장이 자율적으로 자원을 효율적으로 배분할 수 있다는 전제를 바탕으로 한다. 그러나 현실의 시장은 항상 이상적으로 작동하지 않는다.

대표적인 예가 '시장 실패'다. 시장 실패란 시장 메커니즘만으로는 사회 전체의 효율적 자원 배분이나 공공의 이익 달성이 불가능한 상황을 의미한다. 공공재(예: 국방, 치안, 환경 등)는 비경합성과 비배제성을 지니기 때문에 시장에서 적절히 공급되지 않거나 과소 공급될 위험이 있고, 관리와 유지에 많은 노력이 필요하므로 정부의 역할을 필요로 한다. 또한, 외부 효과 문제도 있다. 예를 들어, 한 기업이 이윤을 추구하는 과정에서 환경오염을 유발하면, 그 피해는 사회 전체에 돌아가지만 시장 가격에는 반영되지 않는다. 이러한 현상은 '보이지 않는 손'이 모든 상황에서 사회적 최적을 보장하지 못한다는 점을 보여준다. 따라서 이와 같은 시장 실패를 해소하기 위한 국가의 규제와 개입, 즉 '보이는 손'이 필요하다는 비판이 제기된다.

■ 독과점과 불공정 경쟁의 현실

스미스가 '보이지 않는 손'을 주장할 당시에는 시장 참여자들이 대체로 소규모이고, 경쟁이 잘 이루어지는 상황을 상정했다. 그러나 현대 자본주의에서는 대기업의 독과점과 같은 불공정 경쟁이 빈번하게 발생한다. 소수의 기업이 시장을 장악하면 가격 결정권이 왜곡되고, 소비자 후생이 감소하며, 혁신이 저해될 수 있다. 이는 시장의 자율적 조정 기능이 약화된다는 의미다. 또한, 정보의 비대칭성, 거래 비용 등 현실적 제약 요인도 '보이지 않는 손'의 원활한 작동을 어렵게 만든다.

이러한 문제들은 자본주의 시장경제가 스스로의 논리만으로는 공정성과 효율성을 항상 보장할 수 없다는 점을 드러낸다.

■ '보이지 않는 손'의 오용과 이데올로기적 왜곡

'보이지 않는 손'은 자본주의 이데올로기로서 시장경제의 정당성을 뒷받침하는 강력한 논리로 자리 잡았지만, 그 과정에서 이 개념이 오용되는 경우도 많았다.

일부에서는 '보이지 않는 손'을 마치 시장이 모든 문제를 자동으로 해결해주는 만능의 원리로 해석하며, 국가의 역할과 사회적 책임을 경시하는 근거로 삼았다. 이는 스미스가 강조한 도덕적 기반과 사회적 규범의 중요성을 간과한 결과다. 실제로 신자유주의적 정책이 전 세계적으로 확산되면서, '보이지 않는 손'은 사회적 불평등, 환경 파괴, 금융 위기 등 다양한 부작용을 정당화하는 이데올로기적 도구로도 활용되었다.

따라서 '보이지 않는 손'의 현실적 한계와 오용 가능성에 대한 비판적 성찰이 필요하다.

이처럼 시장 실패, 독과점, 이데올로기적 오용 등은 '보이지 않는 손' 이론의 한계와 문제점을 드러낸다. 자본주의 체제의 지속적 발전을 위해서는 시장의 자율성과 더불어 국가의 역할, 사회적 책임, 도덕적 기준이 균형을 이루는 새로운 접근이 요구된다.

2.3 공리주의와 벤담, 밀

2.3.1 공리주의 출현의 시대적 배경

공리주의(Utilitarianism)는 18세기 후반에서 19세기 초 영국, 즉 산업혁명과 자본주의의 급격한 발전기와 밀접하게 연결되어 있다. 산업혁명으로 인해 영국 사회는 대규모 공장제 생산, 도시화, 기술 발전 등으로 물질적 풍요를 누리게 되었지만, 동시에 극심한 빈부 격차와 노동자 착취, 사회적 불평등이 심화되었다. 이 시기에는 어린이와 여성까지 장시간 저임금 노동에 시달렸고, 사회적 약자에 대한 보호 장치가 지극히 미흡했다.

이러한 현실에서 개인의 이익 추구와 자유방임주의가 사회 전체의 이익과 과연 조화를 이룰 수 있을 것인지가 중요한 문제로 대두되었다. 공리주의는 바로 이 문제에 대한 반성적 자유주의, 즉 개인의 이익과 사회 전체의 공익을 조화시키려는 시도로 등장했다.

벤담과 밀 등 공리주의 사상가들은 도덕과 법, 정책의 기준을 '최대 다수의 최대 행복'이라는 원리에 두고, 사회 전체의 행복 증진을 목표로 삼았다.

결국 공리주의는 산업혁명과 자본주의의 모순(빈부 격차, 노동 착취 등)에 대한 윤리적·사회적 대응으로 나타난 사상이며, 근대 시민사회와 자본주의 질서의 윤리적 토대를 제공하는 역할을 했다.

2.3.2 공리주의의 정의와 주요 원리

공리주의는 행위의 도덕적 가치를 '최대 다수의 최대 행복'이라는 기준에 따라 판단하는 결과주의 윤리학의 대표적 이론이다. 즉, 어떤 행위가 사회 전체에 가져오는 쾌락(행복)과 고통(불행)의 총합을 비교해, 쾌락이 더 크다면 그 행위는 도덕적으로 옳다고 본다. 이때 '행복'은 단순히 쾌락적 만족에 국한되지 않고, 삶의 질, 복지, 만족감 등 다양한 긍정적 상태를 포괄한다.

공리주의는 개인의 이익보다는 사회 전체의 복리를 우선시하며, 개인의 권리나 의무도 사회적 유용성에 따라 상대화된다. 이러한 관점은 정책 결정, 입법, 윤리적 판단 등 다양한 사회적 영역에서 영향력을 발휘해왔다.

공리주의는 자본주의적 사회 구조와 밀접한 연관성을 갖는다. 첫째, 공리주의는 개인의 이익 추구와 효용 극대화를 긍정적으로 평가하며, 시장에서의 자유로운 선택과 경쟁을 정당화한다. 이는 자본주의 경제 질서의 기본 원리와 부합한다. 둘째, 공리주의가 추구하는 '행복의 총량 극대화'는 사회 전체의 효율성과 생산성 향상 논리와 연결된다. 셋째, 공리주의는 사회적 불평등이나 계급 구조의 문제를 구조적 원인보다는 개인의 효용과 선택의 문제로 환원하는 경향이 있다.

2.3.3 공리주의 사상가: 벤담과 밀

공리주의의 창시자는 제러미 벤담(1748~1832)이다. 벤담은 모든 인간은 쾌락을 추구하고 고통을 피하려는 존재라는 전제에서 출발했으며, '쾌락 산술'을 통해 쾌락과 고통을 수량화하려 했다. 그의 사상은 법률, 형벌, 정치 제도 등에서 인간의 행복 극대화를 목표로 삼았다.

이후 존 스튜어트 밀(1806~1873)은 벤담의 공리주의를 계승하면서도, 쾌락의 '질적 차이'를 강조했다. 밀은 단순한 육체적 쾌락보다 지적·도덕적 쾌락이 더 가치 있다고 보았으며, 개인의 자유와 권리의 중요성도 일정 부분 인정했다. 공리주의는 18~19세기 영국의 산업혁명과 자본주의 발전기와 맞물려, 사회개혁과 입법의 이론적 근거로 널리 수용되었다.

2.3.4 공리주의의 이데올로기적 성격

공리주의는 다음과 같은 점에서 자본주의 이데올로기로서의 성격을 드러내고 있다.

첫째, 공리주의는 자본주의 질서의 윤리적 정당화에 기여한다. 공리주의는 사회 전체의 행복 총량 극대화를 목표로 하면서, 실제로는 자본주의적 생산관계와 계급 구조를 정당화하는 논리로 작동한다. 예를 들어, 공리주의는 경제적 효율성과 생산성 향상을 긍정적으로 평가하며, 시장 경쟁과 자유로운 선택이 사회적 행복을 증진한다고 본다. 그러나 이러한 논리는 소수 자본가의 이익과 다수 노동자의 희생을 정당화하는 수단이 될 수 있다. 즉, 공리주의의 '최대 다수의 최대 행복'이라는 원칙은 계급 간 불평등과 구조적 착취의 현실을 은폐하고, 자본주의적 질서의 지속을 도모하는 이데올로기로 기능할 수 있다.

둘째, 공리주의는 사회 전체의 행복 총합을 강조하지만, 그 행복이 어떻게 분배되는지에 대해서는 상대적으로 무관심하다. 자본주의 사회에서 생산수단을 소유한 자본가는 노동자의 노동력을 구매해 잉여가치를 착취하고, 이윤을 독점한다. 공리주의적 논리에서는 자본가의 이윤이 사회 전체의 행복 증진에 기여한다면 정당화될 수 있다. 그러나 이 과정에서 발생하는 불평등과 착취, 즉 소수의 부와 다수의 빈곤이 구조적으로 고착화된다. 공리주의가 분배의 정의와 계급 구조의 문제를 외면하는 한, 진정한 사회적 정의와 평등은 실현될 수 없다.

셋째, 공리주의가 내세우는 쾌락·행복의 총량과 실제 분배는 괴리되어 있다. 공리주의는 '행복의 총량'이라는 추상적 개념을 강조하지만, 현실 사회에서는 행복의 분배가 극도로 불평등할 수 있다. 예를 들어, 소수의 지배계급이 막대한 부와 권력을 독점하고 다수의 피지배계급이 빈곤과 소외에 시달리는 사회에서도 전체 행복의 총합이 증가할 수 있다는 논리가 성립된다. 그러나 공리주의는 사회적 행복이란 단순한 수치의 합이 아니라 인간의 존엄과 평등, 실질적 자유의 실현과 직결되어 있고 행복의 총합이 아니라, 그 분배의 형평성과 정의로움이 중요하다는 것을 애써 외면하고 있다.

결국 공리주의는 사회적 모순과 계급 갈등을 구조적으로 분석하지 못하고, 추상적이고 계량적인 행복 개념에 머무르며, 이는 자본주의 체제의 근본적 문제를 은폐하고, 사회 변혁의 필요성을 약화시키는 이데올로기로 작용한다고 할 수 있다.

3. 자본주의 체제의 확립과 사회진화론

3.1 허버트 스펜서의 사회진화론

3.1.1 사회진화론의 시대적 배경

허버트 스펜서(1820~1903)는 산업혁명과 제국주의가 절정에 달하던 19세기 영국에서 활동한 사상가다. 이 시기는 과학적 진보, 계몽사상, 자유방임주의 경제학, 식민지 확장 등 다양한 사상과 사회 변화가 경쟁하던 시기였다.

스펜서는 다윈보다 먼저(1851) 사회진화 개념을 주장했으나 이후 다윈의 '적자생존' 개념을 사회 현상에 적용하여, 사회 역시 자연과 마찬가지로 진화의 법칙에 따라 발전한다고 주장했다. 스펜서에게 사회진화는 단순하고 동질적인 상태에서 복잡하고 이질적인 상태로의 점진적 변화와 분화를 의미했다. 이러한 관점은 사회의 변화와 발전을 자연스러운 과정으로 바라보며, 사회 내 경쟁과 적응을 강조한다.

스펜서의 사회진화론은 빈부 격차, 계급 갈등, 제국주의, 인종주의 등 당대의 현실을 재해석하거나 정당화하는 데 이용됐다. 결국 스펜서의 사회진화론은 산업혁명, 과학적 진화론, 자유주의, 제국주의가 혼재한 19세기 영국 사회의 산물이었지만 무한 경쟁과 약육강식의 자본주의를 가장 거침없이 정당화하는 제국주의의 보편적 이데올로기로 자리 잡았다.

3.1.2 스펜서의 적자생존, 사회 유기체설, 진보관

스펜서는 사회를 하나의 '유기체'로 보았다. 그는 인간 사회가 생물학적 유기체처럼 각 부분이 상호 의존하고 기능적으로 연결되어 있다고 보았다. 사회의 각 구성원(개인, 집단, 제도 등)은 신체의 기관처럼 전체의 기능을 위해 존재한다. 이러한 유기체설은 사회 내 질서와 조화, 그리고 점진적 발전을 강조한다.

또한, 스펜서는 '적자생존'의 원리를 사회에 적용했다. 사회 내에서 경쟁을 통해 가장 적합한 개인과 집단이 살아남고, 부적합한 존재는 도태된다는 주장이다. 그는 이러한 경쟁과 도태가 사회의 진보를 촉진한다고 보았다. 이 과정에서 국가의 개입은 최소화되어야 하며, 개인의 자유와 자율적 경쟁이 보장되어야 한다고 강조했다.

스펜서의 진보관은 사회가 점차 복잡하고 고도화된 방향으로 발전한다는 낙관적 신념에 기반한다. 그는 사회 발전의 단계를 군사형 사회(권위와 복종 중심)와 산업형 사회(자율과 협동 중심)로 구분하며, 산업형 사회가 인류 문명의 진보된 형태라고 보았다.

3.1.3 사회 발전 단계: 군사형 사회와 산업형 사회

스펜서는 사회 발전을 두 가지 이상적 유형으로 구분했다. 첫째, '군사형 사회'는 외부의 위협에 대응하기 위해 강한 중앙집권적 권력과 규율·복종이 강조되는 사회이다. 이 사회에서는 집단의 생존이 최우선시되며, 개인의 자유는 제한된다. 둘째, '산업형 사회'는 평화와 교환·협동이 중심이 되는 사회로, 개인의 자유와 자율성이 보장된다. 산업형 사회에서는 경제적 교환과 분업이 활발해지고, 국가의 역할은 최소화된다.

스펜서는 인류 문명이 군사형 사회에서 산업형 사회로 진화한다고 보았으며, 이는 사회의 복잡성과 다양성이 증대되는 과정이라고 해석했다. 이러한 발전 단계론은 사회의 변화와 발전을 선형적·점진적 과정으로 이해하려는 시도로, 사회 내 경쟁과 적응·분업의 확대를 긍정적으로 평가한다.

3.1.4 스펜서 사회진화론의 이데올로기적 성격

스펜서의 사회진화론은 19세기 영국의 사회적·경제적 배경 속에서 등장하여, 사회를 자연의 진화 법칙에 따라 발전하는 유기체로 해석했다. 그는 경쟁과 적자생존, 점진적 진보를 강조하며, 사회 발전을 군사형에서 산업형으로의 선형적 변화로 설명했다. 이러한 접근은 자유방임주의와 자본주의 질서를 이론적으로 정당화하는 데 큰 역할을 했다.

우선, 스펜서 사회진화론은 사회 발전의 동인과 과정, 결과를 지나치게 단순화하고, 구조적 불평등과 계급 착취의 현실을 은폐하거나 정당화하고 있다.

또, 스펜서의 이론은 사회 내 불평등을 자연스러운 결과로 정당화하고, 사회적 약자의 처지를 개인의 능력 부족이나 부적응으로 환원한다. 아울러 사회 변동을 자연적·보편적 과정으로 설명하면서, 각 사회의 역사적·구조적 맥락과 계급 관계를 충분히 고려하지 않는다.

이러한 점에서 스펜서 사회진화론은 자본주의 체제의 이데올로기로서 기능하며, 사회적 연대와 집단적 실천의 가능성을 약화시킨다는 비판을 받고 있다.

오늘날에도 스펜서의 사회진화론은 신자유주의, 시장 만능주의, 경쟁 중심의 사회 담론에서 여전히 영향을 미치고 있다. 경쟁과 효율, 자유 시장 논리가 강조되는 사회에서, 사회진화론적 사고는 불평등과 빈곤을 개인의 책임으로 돌리고, 국가의 복지와 개입을 최소화하는 논리적 근거로 활용된다.

3.2 사회진화론의 확산과 폐해

사회진화론의 확산은 19세기 말부터 20세기 초까지 자본주의 체제를 정당화하는 강력한 이데올로기로 작용했다. 이 이데올로기는 자본가 계급의 지배를 공고히 하는 데 중요한 역할을 했지만, 동시에 심각한 사회적 폐해를 야기했다.

3.2.1 사회진화론의 확산

사회진화론은 찰스 다윈의 진화론을 인간 사회에 잘못 적용한 이론으로 스펜서는 '적자생존'과 '자연선택'의 개념을 사회 현상에 적용했다. 그는 사회가 진화한다고 보았고, 가장 적합한 개인이 살아남아 번영한다고 주장했다. 이는 곧 부자와 권력자들이 '자연적으로' 우월하다는 논리로 이어지게 된다.

3.2.2 자본주의 정당화 논리로의 활용

사회진화론은 자본가 계급에게 매력적인 이데올로기였다. 그들은 이를 통해 자신들의 부와 권력을 정당화할 수 있었기 때문이다.

자본가 계급은 자신들의 성공이 '적자생존'의 결과이고 빈곤층은 '열등'하기 때문에 가난하다는 논리로 경제적 불평등을 정당화했다. 아울러, 자본가 계급은 정부가 빈곤 문제에 개입하는 것을 '자연적' 선택 과정을 방해한다고 여겨 반대했다. 또한, 자본가 계급은 무제한 경쟁이 사회 발전의 원동력이라고 주장하면서 노동자 보호 정책이나 독점 규제에 반대하고 자유방임주의를 옹호하는 논리로 사회진화론을 적극 활용했다.

3.2.3 사회적 영향과 문제점

사회진화론의 확산은 다음과 같이 사회적 영향을 끼쳐 심각한 사회적 문제를 초래했다.

첫째, 인종주의와 제국주의 정당화다. 사회진화론은 '우월한' 인종이 '열등한' 인종을 지배하는 것이 자연스럽다는 논리로 제국주의 침략을 정당화했다.

둘째, 우생학의 발전이다. 사회진화론은 인위적으로 '우수한' 유전자를 선별하려는 우생학을 발전시켰으며, 결국 이는 나중에 나치즘의 인종 정책으로 이어졌다.

셋째, 사회 불평등의 심화다. 사회진화론은 빈곤층에 대한 지원을 거부하는 논리로 작용해 사회 양극화를 심화시켰다.

3.2.4 비판과 쇠퇴

20세기에 들어 사회진화론은 다음과 같은 강력한 비판에 직면했다.

첫째, 과학적 근거의 결여다. 사회진화론은 실제 다윈의 진화론과는 거리가 먼 왜곡된 해석이라는 비판을 받았다.

둘째, 윤리적 문제다. 사회진화론은 사회적 약자에 대한 착취와 차별을 정당화한다는 윤리적 비판이 제기됐다.

셋째, 대안적 이론의 등장이다. 상호부조론 등 협력을 강조하는 사회 이론들이 사회진화론의 대안 이론으로 등장했다.

결국 제2차 세계대전 이후 나치즘의 몰락과 함께 사회진화론도 크게 쇠퇴했다. 그러나 사회진화론은 자본주의 체제의 모순을 은폐하고 자본가 계급의 이익을 옹호하는 강력한 이데올로기로 한 시대를 풍미했고 오늘날까지도 신자유주의적 경제 논리 등 다양한 변종으로 완전히 척결되지 않고 있어 지속적인 비판이 필요하다.

4. 독점 자본주의와 제국주의 시대

4.1 사회진화론의 변형

자본주의 이데올로기는 자본가 계급의 지배를 정당화하는 강력한 도구로 기능해 왔다. 19세기 후반에 등장한 사회진화론은 이러한 이데올로기적 정당화의 대표적 사례로 볼 수 있다. 사회진화론은 특히 당시의 시대적 상황, 즉 독점 자본주의와 제국주의를 정당화하는 논리로 변형·진화해나갔다.

4.1.1 사회진화론의 기본 관점과 주장

사회진화론은 다윈의 진화론을 인간 사회에 적용한 일종의 정치 이데올로기였다. 이는 개인·집단·민족 간의 생존 경쟁을 사회 진보의 원동력으로 보고, 생물학적 진화와 사회 발전을 동일시했다.

사회진화론자들은 다음과 같이 주장했다. 첫째, 사회에는 자연적으로 우월한 자가 존재한다. 둘째, 상층 사회와 하층 사회의 구분은 정당하다. 셋째, 인종 간에도 서열이 존재하며, 열등한 인종은 제거되어야 한다.

사회진화론자들의 이런 기본 관점과 주장은 자본주의 체제하의 불평등과 착취를 합리화하는 이데올로기로서의 역할을 충실히 수행하게 된다.

4.1.2 독점 자본주의와 제국주의 옹호론으로의 변형

19세기 말부터 20세기 초, 자본주의는 독점 자본주의 단계로 진입했다. 이 시기 사회진화론은 독점 자본주의와 제국주의 옹호론으로 변형되었다.

첫째, 당시 독점 자본은 금융 자본과 결합하여 새로운 양상의 자본축적 체제를 구축해나갔는데, 사회진화론은 그런 현상을 '자연스러운 것'으로 포장함으로써 그들의 지배를 정당화하는 역할을 담당했다. 둘째, 사회진화론은 '우월한' 국가나 인종이 '열등한' 지역을 지배하는 것이 당연하다고 주장함으로써 제국주의적 침략과 지배를 정당화하고 그 논리적 근거를 제공했다. 셋째, 사회진화론은 노동자에 대한 착취와 기업 간 무한 경쟁을 '자연스러운 질서'로 포장함으로써 독점 자본주의하에서도 '적자생존'의 논리에 따른 경쟁과 착취를 정당화했다.

4.1.3 허구적 이데올로기 비판

산업혁명 이후 생산력의 비약적 발전과 함께, 자본은 소수의 자본가 집단에게 집중되기 시작했다. 19세기 말이 되면 경쟁의 결과 중소기업들이 도태되고 대규모 기업들이 산업을 장악하게 되었다. 이 과정에서 카르텔, 트러스트, 신디케이트 등 다양한 형태의 독점 구조가 등장하며, 생산과 시장을 통제하는 힘이 극소수에게 집중되었다. 금융 자본, 즉 은행 자본과 산업 자본의 결합은 이러한 독점 구조를 더욱 강화시켰다.

이렇게 형성된 독점 자본주의는 필연적으로 제국주의로 이행한다. 국내 시장에서의 이윤 추구가 한계에 봉착하면, 자본은 해외로 팽창하여 새로운 시장과 자원의 확보를 시도한다. 이 과정에서 경제적 침투, 정치적 지배, 군사적 충돌이 발생하며 세계적 차원의 착취와 불평등이 심화된다.

이런 역사적 사실과 전개에도 불구하고 사회진화론은 과학적 근거가 없는 허구적 논리를 통해 경쟁에서 살아남은 독점 자본과 국가를 적자생존의 '우월한 존재'로 규정하고, 약소국과 피지배 민족에 대한 착취와 억압을 '자연의 법칙'으로 정당화했다. 결국 사회진화론은 제국주의를 통한 새로운 방식의 자본축적을 꾀한 독점 자본의 폭압적 착취와 제국주의적 침략을 합리화하는 허구적 이데올로기에 지나지 않았다.

4.2 민족주의와 인종주의 이데올로기

자본주의 이데올로기는 자본가 계급의 지배를 정당화하는 주요 도구로 기능해 왔다. 특히 독점 자본주의와 제국주의 시대에 들어서면서, 민족주의와 인종주의 이데올로기는 더욱 강화되어 자본가 계급의 이익을 옹호하는 데 활용되었다.

4.2.1 민족주의 이데올로기의 활용

독점 자본주의 체제에서 민족주의는 자본가 계급의 이익을 전체 국민의 이익으로 위장하는 역할을 했다. 자본가들은 '국가 경제 발전'이라는 명분 아래 그들의 이윤 추구를 정당화하고, 노동자 계급에게 희생을 강요했다. 또한, 민족주의는 제국주의적 침략을 정당화하는 논리로도 사용되었다.

특히 제국주의 시대에 접어들면서, 민족주의는 식민지 쟁탈과 시장 확대를 위한 침략 전쟁을 정당화하는 이데올로기로 변질되었다. 자본가 계급은 '문명화의 사명'이라는 미명으로 후진국에 대한 침략과 수탈을 합리화했다.

4.2.2 인종주의 이데올로기의 활용

인종주의 또한 제국주의 시대에 자본가 계급의 이익을 옹호하는 강력한 이데올로기로 작용했다. 서구 열강은 인종적 우월성을 내세워 식민지 지배와 착취를 정당화했다. 이는 식민지 원주민들에 대한 차별과 억압을 합리화하고, 자본가 계급의 이익을 극대화하는 데 기여했다.

인종주의는 또한 국내 노동자 계급을 분열시키는 수단으로도 사용되었다. 자본가들은 인종 간 갈등을 조장하여 노동자 계급의 단결을 방해하고, 임금 인상 등의 요구를 억제했다.

4.2.3 비판적 관점과 필요성

이러한 민족주의와 인종주의 이데올로기에 대해 비판적 관점을 제시한 학자들이 있었다.

프랑크푸르트학파의 호르크하이머는 자본주의 사회의 이데올로기적 허구성을 비판하며, 대중이 자신들의 역사적 상황을 인식할 수 있도록 계몽해야 한다고 주장했다.

마르쿠제 역시 고도로 발달한 산업 사회가 기술에 의해 규제되면서 일차원적 사회가 되었다고 비판했다. 그는 과학기술의 발전이 오히려 사회 변동을 저지하고 기존 질서를 공고히 하는 데 기여한다고 보았다.

베블런은 자본주의의 계급 구조와 산업에 대한 비즈니스의 지배를 비판하며, 제국주의적 팽창이 자본가 계급의 이익을 위한 것임을 지적했다.

이와 같이 독점 자본주의와 제국주의 시대의 민족주의와 인종주의 이데올로기는 자본가 계급의 이익을 옹호하고 그들의 지배를 정당화하는 강력한 도구로 작용했다. 이는 국내적으로는 노동자 계급의 착취를, 대외적으로는 식민지 침탈을 합리화하는 논리를 제공했다. 따라서 이러한 이데올로기의 허구성을 인식하고 비판적으로 바라보는 것이 중요하다. 나아가 계급·민족·인종을 초월한 연대의 필요성을 인식하고, 더욱 평등하고 정의로운 사회를 향한 노력이 요구된다.

5. 20세기 초 자본주의 위기와 케인스주의, 복지국가론

5.1 세계 대공황과 케인스주의의 성쇠

자본주의 체제에서 자본가 계급의 지배를 정당화하는 핵심 이데올로기인 자유방임주의는 1929년 세계 대공황을 계기로 심각한 도전에 직면했다.

자유방임주의는 시장의 '보이지 않는 손'이 경제를 가장 효율적으로 운영한다고 주장하며, 정부의 개입을 최소화해야 한다고 강조한다. 이는 자본가 계급의 이익을 위해 노동자 계급에 대한 착취를 정당화하는 논리로 작용했다.

그러나 세계 대공황은 자유방임 자본주의의 근본적인 모순과 한계를 여실히 드러냈다. 1929년 미국 주식시장의 붕괴로 시작된 세계 대공황은 전 세계로 확산되어 대량 실업과 빈곤, 사회 불안을 초래했다. 이는 시장의 자율적 조정 능력에 대한 맹신이 얼마나 위험한지를 보여주었다.

세계 대공황의 원인에 대해 케인스는 유효수요의 부족을 지적했다. 기업의 투자 감소로 인한 고용 축소와 임금 하락이 소비 위축으로 이어지는 악순환이 발생했다는 것이다. 이는 자본주의의 구조적 모순을 보여주는 것으로, 자본가들의 이윤 추구가 결국 전체 경제를 위기로 몰아넣을 수 있음을 의미한다.

마르크스주의 관점에서는 세계 대공황을 자본주의의 이윤율 저하 경향의 필연적 결과로 본다. 자본축적이 노동력 확대보다 빠르게 진행되면서 이윤율이 하락하고, 이는 결국 경제 위기로 귀결된다는 것이다. 이는 자본주의 체제의 근본적 모순을 지적하는 것이다.

세계 대공황을 계기로 자유방임주의에 대한 비판이 고조되었고, 정부의 적극적 개입을 주장하는 케인스주의가 부상했다. 미국의 루스벨트 대통령은 뉴딜 정책을 통해 정부 주도의 경기 부양과 사회 안전망 구축을 추진했다. 이는 자본주의 체제를 유지하면서도 그 폐해를 완화하려는 시도였다.

그러나 이러한 수정 자본주의 역시 근본적인 한계를 지니고 있었다. 1970년대 이후 스태그플레이션 현상이 나타나면서 케인스주의 정책의 효과가 의문시되었고, 이는 다시 신자유주의의 등장으로 이어졌다. 신자유주의는 자유방임주의의 부활이라고 볼 수 있으며, 이는 노동자 계급에 대한 착취를 더욱 강화하는 결과를 낳았다.

자본주의 체제는 빈부 격차 심화, 주기적인 경제 위기, 환경 파괴 등 다양한 문제를 야기한다. 이는 단순히 '시장의 실패'가 아닌 '자본주의의 실패'라고 볼 수 있다. 자본주의는 이윤 추구를 최우선 가치로 삼기 때문에 인간성의 황폐화, 공동체의 약화 등 사회문화적 폐해도 초래한다.

결론적으로, 대공황과 그 이후의 역사는 자유방임주의를 비롯한 자본주의 이데올로기의 허구성을 드러냈다. 자본가 계급의 이익을 위해 만들어진 이데올로기는 결국 전체 사회를 위기로 몰아넣었고, 그 대안으로 제시된 수정 자본주의나 신자유주의 역시 근본적인 문제를 해결하지 못했다.

5.2 케인스의 유효수요 이론

케인스의 유효수요 이론은 자본주의 체제의 근본적인 모순을 지적하면서도, 그 체제 내에서 개혁을 통해 문제를 해결하려 했다는 점에서 양면성을 지닌다.

5.2.1 유효수요 이론의 핵심과 한계

케인스의 유효수요 이론은 다음과 같은 핵심 주장을 담고 있다. 첫째, 총수요(유효수요)가 총생산과 고용을 결정한다. 둘째, 소득이 증가하면 소비도 증가하지만, 소비 증가액은 소득 증가액보다 적다. 셋째, 투자는 이자율의 함수이지만, 이자율이 투자에 미치는 영향은 매우 적다. 넷째, 노동의 수요는 실질 임금의 함수이나, 노동의 공급은 명목 임금의 함수이다.

이러한 주장은 고전학파 경제학의 '세이의 법칙'을 정면으로 반박하는 것이다. 세이의 법칙은 "공급이 스스로의 수요를 창출한다"라고 주장하며, 시장경제가 항상 균형 상태를 유지한다고 본다. 그러나 세이의 법칙이 옳다면 공급과 수요의 엄청난 괴리로 인해 발생한 세계 대공황은 결코 일어날 수 없으므로 세계 대공황의 발발 그 자체가 세이의 법칙의 가장 확실한 반증이 된다고 할 수 있다.

반면 케인스는 총수요의 부족이 경제 불황과 실업의 주요 원인이라고 보았다. 그러나 케인스의 이와 같은 유효수요 이론은 자본주의의 표면적 증상 즉, 수요 부족만을 다룰 뿐 이윤율 저하나 자본의 과잉 축적과 같은 자본주의 위기의 근본 원인을 해결하는 것은 아니다. 따라서 케인스의 유효수요 이론에 따른 정부 지출 확대는 일시적 완화책이 될 수 있지만, 자본주의 체제의 모순을 근본적으로 해결할 수는 없다.

세계 대공황이 과연 케인스의 유효수요 이론으로 실제 해결되었는지는 다음과 같은 역사적 사실을 통해서도 평가할 수 있다.

미국 등 주요국은 대공황 극복을 위해 정부 주도의 대규모 재정 지출(뉴딜 정책 등)과 공공사업을 시행했다. 이는 실업률 감소와 경제 안정에 일정 부분 기여했다. 그러나 케인스주의 정책만으로 완전한 경기 회복을 이루지는 못했고, 실업률 등 주요 지표는 전쟁 전까지 완전히 정상화되지 않았다.

2차 세계대전이 발발하면서 군수 산업 등 전쟁 준비를 위한 대규모 정부 지출이 이뤄졌고, 이는 대공황의 완전한 종식을 가져온 결정적 계기로 작용했다. 전쟁 기간 미국 경제 성장률이 급등하고 실업이 사실상 사라졌다.

결국 대공황 극복은 케인스주의 정책이 경제의 바닥을 다지는 데 기여했지만 2차 세계대전이 본격적인 경기 회복을 이끌어 가능했다는 것이 일반적인 평가라는 점에서 케인스 유효수요 이론의 성격과 한계를 알 수 있다.

5.2.2 케인스의 자본주의 이데올로기 비판

케인스는 자본주의 체제의 근본적인 모순을 지적한다는 점에서 자본주의 이데올로기에 대한 비판적 관점을 일정하게 견지하고 있다.

첫째, 케인스는 불완전 고용을 인정한다. 케인스는 자본주의 경제가 완전 고용 상태에 도달하지 못한 채 균형을 이룰 수 있다고 보았는데, 이는 자본주의가 필연적으로 실업 문제를 야기한다는 것을 인정하는 것이다. 둘째, 케인스는 시장의 비합리성을 인정한다. 케인스는 기업의 투자가 '동물적 본능'에 의해 결정된다고 보았는데, 이는 시장이 항상 합리적으로 작동한다는 자본주의 이데올로기에 대한 비판이다. 셋째, 케인스는 자본주의가 야기한 불평등의 문제를 인정한다. 케인스는 소득의 과도한 집중을 자본주의의 근본 문제 중 하나로 지적하며, 능력주의라는 자본주의 이데올로기에 대한 비판적 관점을 견지하고 있다.

5.2.3 개혁을 통한 자본주의 유지

그러나 케인스의 이론은 자본주의 체제 자체를 부정하지는 않는다.

첫째, 케인스는 총수요 부족 문제를 해결하기 위해 정부의 적극적인 개입을 주장했는데, 이는 자본주의 체제를 유지하면서 문제를 해결하려는 시도로 볼 수 있다. 둘째, 케인스의 이론은 결과적으로 자본주의 체제를 안정화시키는 데 기여함으로써 사회주의의 위협으로부터 자본주의를 보호하는 역할을 했다고 볼 수 있다. 셋째, 케인스는 적당한 불평등은 사회 전체에 이득이 될 수 있다는 입장을 취하면서 능력주의라는 자본주의 이데올로기를 완전히 부정하지는 않았다.

이와 같이 케인스의 유효수요 이론은 자본주의 체제의 모순을 지적하면서도, 그 체제 내에서 개혁을 통해 문제를 해결하려 했다. 이는 자본주의 이데올로기에 대한 비판적 관점을 제공하면서도, 결과적으로는 자본주의 체제를 유지하고 안정화하는 데 일정 부분 기여했다. 결국 케인스의 이론은 자본가 계급 지배의 정당화 논리로서의 자본주의 이데올로기를 부분적으로 비판하면서도, 동시에 그 이데올로기를 새로운 형태로 재생산하는 양면성을 지닌다고 할 수 있다.

5.3 복지국가론

복지국가론은 19세기 말에서 20세기 초에 이르러 자본주의 국가들이 노동운동과 사회적 불안에 대응하기 위해 등장했다. 초기에는 독일의 비스마르크식 사회보험 제도, 이후에는 영국의 베버리지 보고서와 같은 정책을 통해 제도화되었다.

복지국가론은 사회적 평등, 연대, 국가의 책임을 강조하지만 동시에 자본주의 체제 내에서 사회적 갈등을 완화하고 체제의 정당성을 유지하는 기능도 수행했다. 자유주의, 사회민주주의, 보수주의 등 다양한 정치 이념이 복지국가의 형태와 범위에 영향을 미쳤다.

5.3.1 복지국가론의 본질

자본주의와 복지국가는 모순적 관계에 있다. 표면적으로는 복지국가가 빈곤과 불평등을 완화하고 사회적 안전망을 제공하는 긍정적 제도로 보이지만, 그 이면에는 자본주의적 생산관계의 안정과 지속을 위한 기능이 내포되어 있다. 즉, 복지국가는 노동력의 재생산을 보장하고, 사회적 저항을 흡수하며, 자본축적 과정에서 발생하는 모순을 일시적으로 완화하는 역할을 한다.

이런 점에서 복지국가론은 자본주의의 구조적 한계를 근본적으로 극복하기보다는, 오히려 체제 내 모순을 관리하고 유지하는 이데올로기적 장치로 작동한다.

5.3.2 복지국가론의 이데올로기적 기능과 한계

복지국가는 표면적으로는 빈곤 완화, 사회적 평등, 국민의 삶의 질 향상 등 긍정적 기능을 수행한다. 그러나 복지국가의 또 다른 기능과 한계에 주목해야 한다.

첫째, 복지국가는 자본주의적 생산관계의 안정성을 유지하는 역할을 한다. 실업보험, 의료보험, 연금 등의 제도는 노동력이 안정적으로 재생산되도록 돕고, 사회적 불만을 흡수하여 계급 갈등을 완화한다. 그러나 경제 위기나 재정 악화 시기에는 이런 제도들은 얼마든지 후퇴나 축소될 수 있는 한계를 가지고 있다. 둘째, 복지 정책은 자본축적 과정에서 발생하는 사회적 모순을 일시적으로 완화하지만, 근본적으로는 자본주의 체제 내에서 자본의 이익을 우선시한다. 복지국가 이데올로기 하에서도 여전히 시장 논리가 지배하여, 복지 서비스의 상품화, 민영화 등을 통해 자본의 이윤 추구 논리가 복지 영역에까지 침투하고 있다. 셋째, 복지국가는 사회적 통합과 통제의 수단으로 작동하여 국가가 노동 계급을 관리하고 체제에 순응하도록 만든다.

결국 복지국가론은 계급 간 타협을 통해 사회적 합의를 이루려 하지만 근본적인 이해관계의 대립을 해소하지 못하고, 결국 자본가 계급에 유리한 방향으로 타협이 이루어지는 경향을 수용하는 이데올로기적 기능과 한계를 지니고 있다.

5.3.3 대안적 관점의 필요성

진정한 복지사회가 이루어지기 위해서는 소유와 생산관계의 근본적인 변화가 필요하고, 노동자 계급의 권한 강화와 경제 민주화를 통해 불평등한 구조가 개선돼야 한다. 또, 자본주의적 경쟁과 개인주의를 넘어 사회 구성원 간의 연대와 협력을 바탕으로 한 새로운 사회 모델을 모색해야 한다. 이는 단순한 복지 정책을 넘어선 근본적인 사회 변화를 요구한다.

결론적으로, 복지국가론은 자본주의 체제의 모순을 완화하고 체제를 유지하는 기능을 수행해 왔다. 그러나 이는 근본적인 문제 해결이 아닌 일시적인 대증요법에 불과하다. 진정한 사회 정의와 평등을 실현하기 위해서는 복지국가론의 본질과 한계를 뚜렷하게 인식하고, 더 근본적인 사회 변화를 추구해야 할 것이다.

6. 신자유주의의 등장과 확산

6.1 신자유주의 사상의 선구자: 프리드리히 하이에크의 이론

6.1.1 하이에크 이론 검토의 필요성

20세기 자유주의 사상에서 가장 큰 영향력을 끼친 인물 중 한 명인 프리드리히 하이에크(1899~1992)는 시장의 자생적 질서와 국가 개입의 최소화를 강조하며 신자유주의 이론의 기초를 마련했다. 하이에크의 이론은 1980년대 이후 세계 각국의 경제 정책에 깊은 영향을 미쳤으며, 오늘날에도 자유 시장경제의 정당성을 뒷받침하는 주요 이데올로기로 기능하고 있다.

그러나 이런 하이에크의 이론은 과연 누구의 이익을 대변하며, 오늘날의 자본주의 사회 구조 속에서 어떠한 역할을 수행하는가? 20세기 후반 신자유주의가 인류에게 끼친 영향과 해악을 제대로 파악하기 위해서는 그 이론적 선구자인 하이에크의 이론에 대한 본격적인 검토와 이해가 반드시 이루어져야 할 것이다.

6.1.2 하이에크 이론의 핵심 내용

■ **시장경제의 핵심 원리로서의 자생적 질서**

하이에크는 시장경제의 핵심 원리를 '자생적 질서' 개념으로 설명한다. 그는 사회 구성원 각자가 자신의 이익을 추구하는 과정에서, 시장이라는 메커니즘이 개별적 지식과 정보를 효율적으로 조정하여 전체 사회의 질서와 조화를 이룬다고 보았다.

하이에크에 따르면, 시장은 수많은 개인의 분산된 지식이 가격이라는 신호를 통해 자연스럽게 통합되는 체계이다. 이 과정에서 중앙집권적 계획이나 국가의 개입은 오히려 정보의 왜곡과 자원의 비효율적 배분을 초래한다고 주장했다. 따라서 시장의 자생적 질서를 존중하고, 인위적 개입을 최소화해야 사회 전체의 번영과 자유가 실현될 수 있다고 본다.

■ **개인 자유와 사적 소유의 절대적 가치 옹호**

하이에크 이론의 또 다른 중심축은 개인의 자유와 사적 소유의 절대적 가치에 대한 옹호이다. 그는 경제적 자유가 정치적 자유의 토대임을 강조하며, 사적 소유권이야말로 개인의 자율성과 창의성을 보장하는 핵심 제도라고 주장했다. 사유재산이 보호되어야만 개인이 자신의 삶을 계획하고, 시장에서 자유롭게 경쟁할 수 있다는 것이다. 하이에크는 재산권 침해나 소득의 강제적 재분배를 자유의 본질적 위협으로 간주했다.

이런 관점은 복지국가나 사회주의적 정책에 대한 근본적 비판으로 이어지며, '작은 정부'와 '규제 완화'의 논리적 근거를 제공한다.

■ **국가 개입에 대한 비판**

하이에크는 『노예의 길』(1944)에서 국가의 경제 개입이 궁극적으로는 개인의 자유를 침해하고, 전체주의로 나아가는 위험을 내포한다고 경고했다. 그는 계획경제나 광범위한 복지 정책이 시장의 자율성을 훼손하고, 관료주의적 통제와 권력의 집중을 초래한다고 보았다. 하이에크는 국가의 역할을 법치와 질서 유지, 최소한의 공공재 제공 등으로 한정해야 한다고 주장했다. 그 외의 경제적·사회적 문제는 시장과 시민사회의 자율적 조정에 맡겨야 한다는 것이다.

이러한 입장은 신자유주의 정책의 이론적 토대가 되었으며, 1980년대 이후 세계적으로 확산된 '작은 정부' 기조의 핵심 논리로 자리 잡았다.

6.1.3 하이에크 이론의 이데올로기적 기능

■ **주류 계급의 이익과 허위의식의 재생산**

하이에크 이론은 자본주의 사회의 주류 계급, 즉 자본가 계급의 이익을 정당화하는 이데올로기적 기능을 수행한다.

하이에크는 시장의 자유와 경쟁을 '자연적 질서'로 제시하지만, 이는 실제로는 생산수단을 소유한 소수 자본가 계급의 지배를 은폐하는 역할을 한다. 노동자 계급은 시장의 자유가 모두에게 평등하게 주어지는 것처럼 인식하게 되지만, 실질적으로는 자본가 계급의 경제적·정치적 우위가 구조적으로 재생산된다. 이러한 허위의식은 피지배계급이 자신의 처지와 사회 구조의 본질을 인식하지 못하게 만들며, 체제에 대한 비판적 문제의식을 약화시킨다.

■ **경제적 불평등과 사회 정의 문제**

하이에크는 경제적 불평등을 시장의 자생적 결과로 받아들이고, 이를 사회 정의의 문제로 접근하는 시도를 비판한다. 그는 소득과 부의 분배가 개인의 능력, 노력, 운에 따라 결정되는 것이며, 국가가 이를 인위적으로 조정하려는 시도는 자유를 침해한다고 본다.

그러나 이러한 논리가 실제로는 구조적 불평등을 정당화하는 데 활용된다. 시장에서의 경쟁은 출발선이 다른 계급 간에 불평등을 심화시키며, 사회 정의의 실질적 실현이 불가능해진다. 하이에크 이론은 결과적 불평등을 자연스럽고 불가피한 것으로 받아들이게 하여, 사회적 연대와 평등의 가치를 약화시킨다.

■ '자유' 담론의 이데올로기적 성격

하이에크가 강조하는 '자유'는 표면적으로는 모든 개인에게 평등하게 적용되는 보편적 가치처럼 보이지만, 실제로는 자본주의적 생산관계와 계급 구조를 유지하는 수단으로 작동한다. 하이에크의 자유 개념은 경제적 자율성과 창의성의 실현이 아니라, 자본가 계급의 소유권과 지배력을 강화하는 방향으로 왜곡한다. 노동자에게 주어진 '자유'는 자신의 노동력을 팔아야만 하는 생존의 자유에 불과하며, 실질적 선택권이 제한된 구조 속에서 진정한 자유가 실현될 수 없다.

이런 점에서 하이에크의 자유 담론은 자본주의 체제의 모순을 은폐하고, 지배계급인 자본가 계급의 이익을 보편적 가치로 철저히 포장하는 이데올로기적 성격을 갖는다.

■ 하이에크 이론의 현대적 의미

하이에크의 이론은 1980년대 이후 신자유주의 물결과 함께 전 세계적으로 경제 정책의 핵심 이데올로기로 부상했다. 영국의 대처 정부와 미국의 레이건 행정부는 하이에크의 시장 중심주의와 국가 개입 최소화 원칙을 정책에 적극 반영했다. 이 과정에서 민영화, 규제 완화, 복지 축소, 노동 시장 유연화 등이 대대적으로 추진되었다. 이러한 신자유주의적 정책들은 경제 성장과 효율성을 강조하는 한편, 사회 전반에 걸쳐 불평등과 양극화를 심화시켰다. 노동자와 서민 계층은 고용 불안정, 복지의 후퇴, 소득 격차 확대 등 부정적 영향을 크게 받았다. 하이에크가 옹호한 '시장 자유'의 논리는 실제로는 자본가 계급의 이익을 극대화하고, 사회적 약자의 삶을 더욱 취약하게 만드는 결과를 초래했다.

그럼에도 오늘날 하이에크 이론은 경제·정치 담론에서 여전히 강력한 영향력을 유지하고 있다. 시장의 자율성과 경쟁, 사적 소유의 신성함, 국가 개입의 최소화 등은 아직도 주류 경제학과 정책 결정의 기본 원리로 자리 잡고 있다. 특히 글로벌 금융 위기 이후에도 하이에크의 이론은 '시장 실패'의 책임을 개인이나 국가의 개입 탓으로 돌리며, 시장 중심의 질서 복원을 강조하는 논리로 활용된다.

이런 현상은 하이에크 이론이 오늘날에도 여전히 자본주의 체제의 구조적 모순과 불평등을 은폐하고, 현존 질서의 정당성을 재생산하는 이데올로기적 기능과 역할을 지속적으로 수행하고 있다는 것을 의미한다.

6.2 신자유주의 통화주의자: 밀턴 프리드먼

6.2.1 신자유주의 이데올로기의 이론적 토대 제공

밀턴 프리드먼(1912~2006)의 사상은 1970년대 이후 신자유주의 이데올로기의 이론적 토대가 되었다. 신자유주의는 시장의 자유와 경쟁, 사적 소유권의 절대적 보호, 규제 완화, 복지 축소, 노동 시장 유연화 등을 핵심으로 한다. 프리드먼은 이러한 원칙을 바탕으로 통화주의를 제시하며, 인플레이션 억제와 시장의 자율적 조정 능력을 강조했다.

그의 이론은 1980년대 미국 레이건 정부와 영국 대처 정부의 경제 정책에 결정적 영향을 미쳤고, 세계은행과 IMF 등 국제기구의 정책 기조에도 깊이 반영되었다. 프리드먼 사상은 자본주의적 질서의 보편성과 우월성을 자연스럽게 받아들이도록 유도하는 이데올로기로 기능하며, 신자유주의적 정책의 세계적 확산을 촉진했다.

6.2.2 프리드먼 사상의 핵심 내용과 이데올로기적 기능

■ 경제적 자유와 정치적 자유의 연계

프리드먼 사상의 핵심은 사적 소유권 보장을 전제로 하는 경제적 자유와 정치적 자유의 밀접한 연관성에 있다. 그는 『자본주의와 자유』(1962)에서 경제적 자유가 정치적 자유의 필수적 조건임을 강조했다. 프리드먼에 따르면, 시장경제는 개인이 자율적으로 재화와 서비스를 교환할 수 있는 공간을 제공하며, 이러한 자율성은 정치적 억압으로부터의 자유와도 직결된다. 다시 말해, 경제적 자유가 보장되어야만 개인의 정치적 권리와 자유가 실질적으로 실현될 수 있다는 것이다. 이는 국가의 과도한 개입이나 계획경제가 개인의 자유를 침해하고, 궁극적으로 전체주의로 귀결될 수 있다는 경고로 이어진다.

이는 시장경제와 자본주의 질서의 정당성을 뒷받침하는 이데올로기적 성격을 지닌 전형적인 논리다.

■ 시장 중심주의와 정부 역할의 축소

프리드먼은 시장의 자율성과 효율성을 신봉했다. 그는 가격 메커니즘이 자원의 최적 배분을 가능하게 하며, 정부의 개입은 오히려 시장의 왜곡과 비효율을 초래한다고 주장했다. 따라서 정부의 역할은 최소한으로 제한되어야 하며, 주로 법과 질서 유지, 사유재산권 보호, 계약의 집행 등 시장이 제대로 작동하기 위한 기본적 조건을 마련하는 데 국한되어야 한다고 보았다. 복지국가나 공공부문 확대, 규제 강화

등은 경제적 자유를 저해하고, 자본주의의 역동성을 약화시킨다는 비판적 입장을 견지했다.

이러한 주장은 자본주의 시장 질서의 자연스러움과 불가피성을 강조하는 이데올로기적 효과를 낳는다.

■ **노동 시장 유연화와 복지국가의 축소**

프리드먼은 노동 시장 유연화를 신자유주의 정책의 핵심으로 제시한다. 그는 고용의 자유와 해고의 자유, 임금의 시장 결정 등 노동 시장의 '자유로운' 조정이 경제 전체의 효율성을 높인다고 주장한다. 또, 프리드먼은 복지국가의 확대가 시장의 자율성을 저해하고, 개인의 책임 의식을 약화시킨다고 비판한다. 그는 복지 제도와 공공부문 지출을 최소화할 것을 주장하며, 사회적 안전망보다는 시장 기제에 의한 자원 배분을 선호한다.

노동 시장 유연화와 복지국가의 축소와 같은 신자유주의적 정책은 사회적 재생산의 비용을 노동자 계급에 전가하고, 사회 전체의 양극화를 심화함으로써 자본주의적 불평등 구조를 강화하는 이데올로기적 기능을 수행한다.

6.2.3 프리드먼 통화주의 이론의 개관

■ **통화주의의 핵심 주장과 배경**

통화주의는 20세기 중반 케인스주의의 한계를 비판하며 등장한 경제학 이론이다. 프리드먼이 대표적으로 이 이론을 정립했으며, 경제의 장기적 안정과 성장은 화폐 공급의 관리에 달려 있다고 주장한다. 통화주의는 1970년대 스태그플레이션(경기 침체와 인플레이션의 동시 발생)이라는 현실 속에서 케인스주의 정책이 무력함을 드러내자 대안으로 부상했다.

프리드먼은 정부의 재정 정책이나 임의적 통화 정책이 오히려 경제의 불안정을 초래할 수 있다고 보았다. 그는 시장의 자율성과 예측 가능성을 중시하며, 경제 주체들이 합리적으로 미래를 예측한다는 전제하에 정책의 일관성과 신뢰성이 중요하다고 강조했다.

■ 프리드먼의 신화폐수량설과 정책적 시사점

프리드먼의 이론적 핵심은 고전적 화폐수량설의 현대적 해석에 있다. 그는 "인플레이션은 언제 어디서나 화폐적 현상"이라고 주장하며, 물가 상승의 주된 원인을 화폐 공급의 과잉에서 찾았다. 프리드먼은 MV=PY(화폐수량 방정식)에서 화폐의 유통 속도(V)가 비교적 안정적이라고 보고, 화폐 공급(M)의 변화가 명목 소득(PY)에 직접적인 영향을 미친다고 보았다. 따라서 중앙은행이 화폐 공급을 예측 가능하게 일정한 비율로 증가시키면, 경제는 장기적으로 안정된 성장 경로를 따를 수 있다고 주장했다.

이러한 관점에서 프리드먼은 경기 부양을 위한 단기적 통화 정책이나 정부의 적극적 개입을 비판하며, 오히려 정책의 일관성과 규칙성을 강조했다.

■ 통화 정책의 규칙('K% 룰')과 시장에 대한 관점

프리드먼은 임의적이고 재량적인 통화 정책 대신 'K% 룰'이라는 정책 원칙을 제시했다. 이는 중앙은행이 매년 일정한 비율(K%)로 화폐 공급을 증가시키는 규칙을 따르라는 것이다. 이러한 규칙은 정책의 예측 가능성을 높이고, 경제 주체들의 기대 형성을 돕는다고 보았다. 프리드먼은 시장이 본질적으로 효율적으로 자원을 배분할 수 있다고 믿었으며, 정부의 과도한 개입이 오히려 경제의 불안정과 왜곡을 초래한다고 보았다.

이처럼 통화주의는 경제의 안정과 성장을 위해 정부와 중앙은행의 역할을 엄격히 제한하고, 시장의 자율적 조정 기능을 강조한다. 프리드먼의 이러한 통화주의 이론은 1970~1980년대 미국과 영국 등 주요국의 경제 정책에 큰 영향을 미쳤으며, 신자유주의적 경제 정책의 이론적 토대가 되었다.

6.2.4 프리드먼 통화주의의 이데올로기적 기능

■ **자본주의 동학과 화폐 공급의 관계**

프리드먼의 통화주의 이론은 자본주의 경제의 동학을 지나치게 단순화하고 있다. 프리드먼은 화폐 공급의 변화가 경제 전체에 직접적이고 예측 가능한 영향을 미친다고 보지만, 화폐 공급은 자본주의적 생산관계와 축적 과정의 산물이다. 즉, 화폐 공급은 실물 경제의 구조적 변화-예를 들어 이윤율 저하, 자본의 과잉 축적, 투자 위축 등-에 의해 결정되며, 단순히 중앙은행의 정책만으로 조절될 수 없는 복합적 결과이다. 다시 말해 화폐 공급의 증감은 자본의 순환과 위기, 계급투쟁 등 구조적 요인과 긴밀히 연결되어 있다.

따라서 통화주의가 제시하는 'K% 룰'과 같은 기계적 정책은 자본주의의 내재적 불안정성을 해결하지 못하며, 오히려 자본주의 위기의 본질을 은폐하는 것이다.

■ **실물 경제와 금융의 분리**

프리드먼의 통화주의는 화폐와 실물 경제를 상대적으로 독립적으로 취급한다. 그는 화폐가 실물 경제에 외생적으로 영향을 미친다고 보며, 화폐 공급의 변화가 곧바로 명목 소득과 물가에 영향을 준다고 가정한다. 그러나 화폐와 실물 경제는 불가분의 관계에 있다. 화폐는 상품 생산과 자본축적의 과정에서 필연적으로 발생하는 사회적 관계이며, 실물 경제의 구조와 모순이 금융 영역에 반영된다.

특히 현대 자본주의에서 금융 자본의 팽창과 실물 경제의 괴리는 자본의 자기증식 운동에서 이미 예견된 바, 금융 팽창이 실물 경제의 한계와 모순에서 비롯된 결과에 지나지 않으므로 소극적인 통화량 조절로는 이러한 문제는 결코 해결될 수 없다.

■ 계급·분배·이윤율 관점에서 본 통화주의의 한계

프리드먼의 통화주의는 경제를 계급과 분배의 문제로 보지 않는다. 그는 시장의 자율성과 화폐 공급의 안정적 관리만으로 경제의 효율성과 성장, 물가 안정이 달성될 수 있다고 본다. 그러나 인플레이션과 경기 변동, 실업 등은 단순히 화폐 공급의 변화에서 비롯된 것이 아니라, 자본과 노동 간의 계급 갈등, 이윤율 저하, 자본의 축적 과정에서 발생하는 구조적 모순의 표현이다. 통화주의는 이러한 구조적 문제를 외면하며, 정책의 초점을 소극적이고 단순한 화폐 공급 관리에만 한정함으로써 자본주의의 불평등과 위기를 해결할 수 없다는 한계를 가진다.

결국 프리드먼의 통화주의는 자본주의 경제의 내재적 불안정성과 계급 구조, 분배 문제 등 본질적 모순을 외면하고, 경제 정책을 기술적·외생적 변수의 관리로 축소함으로써 자본주의 위기의 근본적 원인을 은폐하거나, 정책 효과를 과대평가하게 만들어 위기 대응을 가로막는 이데올로기적 역할을 수행하고 있다고 할 수 있다.

■ 화폐수량설, 신화폐수량설의 이데올로기적 성격

프리드먼의 신화폐수량설은 고전학파의 화폐수량설의 현대적 변형으로 본질적으로 "돈을 풀면 물가가 오른다"라는 명제를 통해 정부의 적극적 재정 정책이나 복지 확대, 노동자·서민을 위한 소득 재분배 정책에 반대하는 논리적 근거로 활용된 점에서는 별반 차이가 없다.

고전학파의 화폐수량설은 자유방임주의, 프리드먼의 신화폐수량설은 신자유주의를 각각 뒷받침하는 이론으로 작은 정부, 공공 지출 축소, 감세 정책, 재정 건전성 등 자본가 계급의 이익을 보호하는 방향으로 작동했다.

이들 이론은 가치 중립적인 과학 이론이 아니라 금융 자본이 통화 발행권을 정부로부터 탈취하고, 노동 계급의 협상력과 복지를 약화시키는 데 이용된 자본가 계급의 '이론적 무기'였다. 따라서 이들 이론은 정부의 적극적인 재정 및 통화 정책을 비판하고, 정부의 역할을 화폐량 조절이라는 지극히 소극적인 통화 정책 수행에 한정함으로써 자본의 이해를 관철시키는 이데올로기적 장치로 기능했다.

이런 측면에서 이들 이론은 단순한 경제 이론, 화폐 이론이 아니라 자본주의 체제와 금융 자본, 국가 권력의 계급적 이해관계를 철저히 반영하는 이데올로기적 성격을 지니고 있다고 할 수 있다.

6.3 세계화와 신자유주의 확산

세계화와 신자유주의의 확산은 자본가 계급의 지배를 정당화하고 강화하는 이데올로기적 기능을 수행해 왔다고 볼 수 있다. 이에 대한 비판적 관점에서 살펴보면 다음과 같은 점들을 지적할 수 있다.

6.3.1 신자유주의 세계화의 본질

신자유주의 세계화는 1970년대 이후 자본주의의 위기를 타개하기 위한 자본의 전략으로 등장했다. 이는 국가의 규제를 완화하고 시장 기능을 극대화하는 것을 핵심으로 한다. 구체적으로는 민영화, 노동 시장 유연화, 금융 자유화, 무역 자유화 등의 정책을 통해 자본의 자유로운 이동과 이윤 추구를 보장하고자 했다.

■ 자본가 계급 이익의 관철

신자유주의 세계화는 표면적으로는 경제 성장과 효율성 증대를 표방했지만, 실제로는 자본가 계급의 이익을 관철시키는 수단으로 기능했다. 국가 간 자본 이동의 자유화로 인해 자본은 더 많은 이윤을 추구할 수 있는 곳으로 쉽게 이동할 수 있게 되었고, 이는 노동자들의 협상력을 약화시켰다.

■ 불평등의 심화

신자유주의 세계화는 전 세계적으로 불평등을 심화시켰다. 자본의 자유로운 이동은 저임금 노동력을 찾아 개발도상국으로 이동하게 만들었고, 이는 선진국 노동자들의 임금 하락과 일자리 상실로 이어졌다. 동시에 개발도상국에서는 노동 착취가 심화되었다.

■ 민주주의의 약화

신자유주의 세계화는 국가의 역할을 축소시키고 시장의 역할을 확대함으로써 민주주의를 약화시켰다. 초국적 기업들의 영향력이 커지면서 국가의 정책 결정 과정에 대한 기업의 영향력이 증대되었고, 이는 민주적 의사결정 과정을 왜곡시켰다.

■ 금융화와 불안정성 증대

신자유주의 세계화의 또 다른 특징은 금융의 팽창과 금융화이다. 금융 자유화로 인해 투기적 자본의 영향력이 커졌고, 이는 경제의 불안정성을 높였다. 2008년 글로벌 금융 위기는 이러한 금융화의 문제점을 극명하게 보여주었다.

■ 노동의 소외와 착취 심화

신자유주의 체제하에서 노동은 더욱 소외되고 착취가 심화되었다. 노동 시장 유연화로 인해 고용 불안정성이 증가했고, 노동조합의 힘이 약화되었다. 노동자들은 자본의 이윤 추구를 위한 도구로 전락했으며, 노동의 본질적 가치는 무시되었다.

■ **생태계 파괴와 환경 문제**

신자유주의 세계화는 무한한 경제 성장을 추구하면서 생태계 파괴와 환경 문제를 심화시켰다. 자연은 단순히 이윤 창출을 위한 자원으로 취급되었고, 지속 가능성에 대한 고려는 부차적인 것으로 여겨졌다.

6.3.2 근본적 대안 패러다임 모색의 필요성

이러한 신자유주의 세계화의 문제점들을 극복하기 위해서는 대안적 관점이 필요하다. 국가 간 협력을 통한 거시경제 정책의 조율, 노동권 강화, 금융 규제, 생태계 보호 등이 요구된다. 또한, 시장 만능주의에서 벗어나 국가와 시장 간의 균형점을 모색하고, 글로벌 거버넌스를 통한 새로운 조율 양식을 탐색해야 한다.

결론적으로, 신자유주의 세계화 담론은 자본가 계급의 이익을 관철시키는 이데올로기로 기능해 왔다. 이는 불평등 심화, 민주주의 약화, 노동 착취, 환경 파괴 등 다양한 문제를 야기했다. 따라서 이를 극복하기 위한 근본적 대안 패러다임의 모색이 시급하다. 이는 단순히 경제체제의 변화뿐만 아니라 사회 전반의 가치관과 운영 원리의 근본적인 재고를 필요로 한다.

7. 자본주의 이데올로기의 내면화와 재생산 메커니즘

지금까지 자본주의 이데올로기의 흐름을 역사적 검토를 통해 정리해보았다. 우리가 심각하게 받아들여야 하는 것은 이 같은 자본주의 이데올로기가 다양한 사회적 메커니즘과 일상적 경험을 통해 자본주의 사회에 속해 있는 개인에게 자신도 모르게 내면화되어 일상적으로 반복·강화된다는 것이다.

광고와 미디어는 소비를 자유와 자기실현의 수단으로 제시하며, 사람들은 소비를 통해 자아를 실현하고 사회적 지위를 확인한다. 또, 교육, 직장, 대중문화 등은 경쟁, 효율, 성공과 같은 자본주의적 가치를 사람들에게 자연스럽게 주입한다.

이 과정에서 자본주의 체제의 불평등이나 착취 구조는 '자연스럽고 당연한 것'으로 받아들여지고, 개인은 설사 이를 비판적으로 인식하더라도 실천적으로는 체제에 순응하게 된다. 이렇게 자본주의 이데올로기는 사회 전반에 스며들어 개인의 사고와 행동을 광범위하게 규정한다.

따라서 이와 같은 자본주의 이데올로기의 내면화 메커니즘을 비판적으로 인식하지 못하면 자본주의적 삶을 그저 '정상'으로 수용하면서 자본주의적 일상에 매몰된 채 소시민적 삶을 영위해나가게 된다.

7.1 교육 시스템을 통한 내면화와 재생산

교육 시스템은 자본주의 이데올로기의 내면화와 재생산에 중요한 역할을 하는데, 그것은 다음과 같은 메커니즘을 통해 이루어진다.

■ **이데올로기적 국가기구로서의 학교**

알튀세르에 따르면, 학교는 대표적인 이데올로기적 국가기구이다. 학교는 지배계급의 이데올로기를 학생들에게 주입함으로써 기존 질서를 정당화하고 재생산하며, 이를 통해 자본주의 체제를 유지하는 데 기여한다.

■ **능력주의 이데올로기의 주입**

자본주의 사회는 능력주의 이데올로기를 통해 불평등한 사회경제적 지위 분배를 정당화한다. 학교는 개인의 능력과 노력에 따라 성적과 학력이 결정되고, 이것이 미래의 사회경제적 지위로 이어진다는 믿음을 심어준다. 이는 실제로 부모의 계급이 자녀의 학력과 계층을 크게 좌우함에도 불구하고 불평등을 개인의 책임으로 돌리는 효과를 낳는다.

■ **'숨은 교육과정'을 통한 사회화**

보울즈와 긴티스의 대응이론에 따르면, 학교의 사회적 관계는 생산 현장의 사회적 관계와 대응한다. 학생들은 '숨은 교육과정'을 통해 자본주의 체제에 순응적인 성격 특성과 행동 양식을 학습한다. 예를 들어, 학생들은 교사에 대한 복종, 외적 보상에 의한 동기 부여, 학습 내용에 대한 통제권 부재 등을 경험하며 미래의 노동자로서 필요한 태도를 내면화한다.

■ **문화 자본의 재생산**

부르디외의 문화적 재생산 이론에 따르면, 학교는 지배계급의 문화를 보편적이고 중립적인 것으로 제시함으로써 '상징적 폭력'을 행사한다. 중상류층 가정의 자녀들은 부모로부터 학교에서 인정받는 문화 자본을 상속받아 교육적 성공을 거두기 쉽다. 반면 노동 계급 자녀들은 이러한 문화 자본의 부족으로 인해 불리한 위치에 놓인다. 이로써 교육은 계급 간 불평등을 재생산하는 메커니즘으로 작용한다.

■ **선별과 배치 기능**

학교는 학생들을 선별하고 서로 다른 진로로 배치하는 기능을 수행한다. 이는 겉으로는 개인의 능력과 적성에 따른 것처럼 보이지만, 실제로는 계급적 배경에 크게 영향을 받는다. 예를 들어, 고등학교의 취업반과 대학 진학반 구분은 학생들을 미래의 직업 위계에 맞게 준비시키는 역할을 한다.

■ **경쟁 시스템의 내면화**

입시 위주의 교육은 학생들에게 극심한 경쟁을 경험하게 한다. 이를 통해 학생들은 자본주의 사회의 경쟁 논리를 자연스럽게 받아들이게 된다. 또한, 성적에 따른 서열화와 차별은 미래의 불평등한 사회 구조를 정당한 것으로 받아들이게 만든다.

■ **기술 인력의 양성**

학교는 산업 사회가 요구하는 기술자와 전문가를 양성하여 자본주의 경제체제의 유지와 발전에 필요한 인력을 공급한다. 이 과정에서 학생들은 자본주의적 생산관계에 적합한 지식과 기술·태도를 습득하게 된다.

결론적으로, 교육 제도는 겉으로는 평등한 기회와 사회 이동성을 제공하는 것처럼 보이지만, 실제로는 자본주의 체제의 불평등한 구조를 정당화하고 재생산하는 핵심적인 메커니즘으로 작용한다. 이를 통해 지배계급은 자신들의 특권적 지위를 유지하고, 피지배계급은 현재의 자본주의적 질서를 자연스럽고 정당한 것으로 받아들이게 된다.

7.2 대중 매체와 문화 산업의 역할

자본주의 이데올로기의 내면화 메커니즘에서 대중 매체와 문화 산업은 핵심적인 역할을 수행한다. 이들은 자본주의 체제를 정당화하고 유지하는 데 기여하며, 대중의 의식을 조작하고 통제하는 수단으로 작용한다.

■ 문화 산업의 본질

아도르노와 호르크하이머는 문화 산업이 대중을 기만하는 장치라고 비판했다. 그들에 따르면, 문화 산업은 모든 것을 동질화시키고 규격화된 상품을 생산한다. 영화, 라디오, 잡지 등 모든 매체는 획일화된 체계를 만들어내며, 이를 통해 세상을 문화 산업의 필터로 걸러낸다.

문화 산업은 예술의 자율성을 파괴하고 상품화한다. 예술가들은 시장의 법칙에 순응해야 하며, 심미적 전문가이면서도 사업가의 삶을 살아야 한다. 이는 예술의 비판적 기능을 약화시키고, 기존 체제를 강화하는 이데올로기를 생성한다.

■ 대중의 의식 조작

문화 산업은 대중의 의식을 교묘하게 조작한다. 끊임없이 새로운 즐거움을 약속하지만, 실제로는 그 약속을 계속해서 기만한다. 충동을 승화시키는 대신 억압하고, 욕망의 대상을 노출시키면서도 실제 충족은 불가능하게 만든다.

대중은 문화 산업이 제공하는 상품을 소비하면서 기존 질서와 상상에 순응하는 규범화되고 획일화된 개인으로 전락한다. 노동자들은 실제 자신의 삶이 아닌 미디어에서 보여주는 중산층의 삶에 자신을 동일시하며, 이는 계급의식을 약화시키고 '사이비 행복의식'을 만들어낸다.

■ **이데올로기의 재생산**

문화 산업은 자본주의 이데올로기를 끊임없이 재생산한다. 대중문화는 체제를 존속시키는 기제로 작용하며, 자본주의 사회의 유지를 위해 허위 욕구를 창출한다. 이는 대중의 비판적 사고를 마비시키고, 현실에 대한 저항을 무력화시킨다.

특히 광고와 같은 매체는 노동자들의 소비 욕망을 부추기고, 자본주의적 가치관을 내면화하도록 유도한다. 이를 통해 노동자들은 자본가와 국가, 대중문화의 상징과 이미지 조작에 스스로 동참하게 된다.

■ **과학기술의 이데올로기화**

문화 산업은 과학기술을 이데올로기의 도구로 전락시킨다. 이성은 도구화되고, 과학기술은 기존 체제를 옹호하고 합리화하는 이데올로기가 된다. 이는 노동자들의 의식을 지배하고, 생활 세계를 식민화하는 결과를 낳는다.

결론적으로, 대중 매체와 문화 산업은 자본주의 이데올로기를 내면화하는 강력한 메커니즘으로 작용한다. 이들은 예술을 상품화하고, 대중의 의식을 조작하며, 이데올로기를 재생산한다. 또한, 과학기술을 이데올로기의 도구로 전락시켜 지배 체제를 강화한다.

이러한 메커니즘에 대한 비판적 인식과 저항이 필요하다. 문화의 진정한 가치와 예술의 자율성을 회복하고, 대중의 비판적 사고력을 키우는 것이 중요하다. 이를 통해서만 자본주의 이데올로기의 내면화에 저항하고, 보다 공정하고 인간적인 사회를 만들어갈 수 있다.

7.3 일상생활에서의 소비주의 확산

자본주의 이데올로기의 내면화 메커니즘과 관련하여 일상생활에서의 소비주의 확산은 자본가 계급의 지배를 정당화하는 중요한 수단으로 작용한다.

■ 소비주의 이데올로기의 확산

소비주의 이데올로기는 자본주의 체제의 핵심적인 이데올로기로 작용하며, 개인의 정체성과 삶의 의미를 소비 활동에서 찾도록 유도한다. 현대인들은 생산 활동에서 정체성을 부정당하기 때문에 소비를 통해 정체성을 찾으려 하지만, 이는 결국 공허한 대용물에 불과하다.

소비주의는 지속적인 소비를 유도하여 자본주의의 이익 추구를 정당화하고 촉진하는 역할을 한다. 이는 자본가 계급의 이익에 부합하는 방식으로 대중의 욕구와 행동을 조절하는 효과적인 메커니즘으로 작용한다.

■ 거짓 욕구의 창출

마르쿠제는 소비주의 이데올로기가 거짓 수요나 욕구를 창출한다고 비판했다. 현대 사회에서 광고는 거짓 수요나 욕구를 만들어내고, 이는 사람들로 하여금 소비에 중독되도록 한다. 이러한 거짓 욕구의 창출은 자본가 계급의 이익을 위해 대중의 욕구를 조작하는 수단으로 볼 수 있다.

■ 물화와 소외

자본주의 체제는 사용가치를 교환가치로 대체하여 대중의 소외를 심화시킨다. 모든 것이 시장에서 화폐로 교환되는 교환가치로 환원되면서, 인간관계마저 사물화된다. 이러한 물화 현상은 개인들이 주변의 모든 것을 물질적 관계로만 바라보게 만들어 인간 소외를 심화시킨다.

■ 과잉 생산과 과소비의 조장

자본주의는 잉여 노동을 착취하고 상품을 판매하여 자본을 축적하는 체제이기에 과잉 생산을 추구하고 과소비를 조장한다. 생산된 상품은 소비되어야만 이윤으로 돌아오기 때문에, 자본가는 광고 등 다양한 방법을 통해 노동자의 소비 욕망을 부추긴다.

■ 소비주의의 내면화

후기 자본주의 사회에서 소비주의는 급속히 확산되었다. 경제 발전과 소득 증대로 중산층이 확대되면서 소비가 미덕으로 인식되기 시작했고, 사회적 지위와 정체성을 표현하는 수단으로 자리 잡게 되었다.

■ 기업 마케팅의 역할

기업들의 마케팅 활동은 소비주의를 더욱 조장한다. 광고와 마케팅 전략을 통해 불필요한 욕구를 창출하고 소비를 미화하여 대중의 소비 행태에 직접적인 영향을 미친다.

■ 성장주의 이데올로기와의 결합

현대 사회에 만연한 성장주의 이데올로기는 소비주의와 결합하여 더욱 강력한 영향력을 발휘한다. 경제 성장이 모든 문제의 해결책이라는 믿음은 끝없는 소비를 정당화하는 근거가 된다.

결론적으로, 이러한 메커니즘들을 통해 소비주의는 일상생활에 깊이 침투하여 자본주의 체제를 유지하고 자본가 계급의 지배를 정당화하는 강력한 이데올로기로 작용하고 있다.

8. 자본주의 이데올로기에 대한 비판적 관점들

8.1 마르크스주의 관점의 비판

8.1.1 착취와 소외 이론

마르크스주의의 '착취와 소외 이론'은 자본주의 체제에서 노동자 계급이 겪는 경제적 착취와 인간성 상실을 비판적으로 분석한다. 이 이론은 자본가 계급의 지배를 정당화하는 자본주의 이데올로기에 대한 강력한 비판을 제기한다.

■ 착취 이론

마르크스는 자본주의 체제에서 노동자들이 생산한 가치의 일부를 자본가들이 부당하게 취득한다고 보았다. 노동자들은 생존을 위해 자신의 노동력을 판매할 수밖에 없고, 자본가들은 이를 이용해 이윤을 창출한다. 노동자가 생산한 가치와 받는 임금의 차이가 바로 '잉여가치'이며, 이것이 자본가의 이윤이 된다.

마르크스는 이러한 착취 구조가 자본주의의 본질이라고 주장했다. 자본가들은 더 많은 이윤을 위해 노동 강도를 높이고 임금을 낮추려 하며, 이는 노동자들의 삶을 악화시킨다.

■ 소외 이론

소외 이론은 자본주의 노동이 인간의 본질을 왜곡한다고 본다. 마르크스는 노동이 인간의 자아실현 수단이어야 하지만, 자본주의에서는 오히려 인간을 소외시킨다고 주장했다. 마르크스는 이것을 네 가지 측면에서 설명한다.

① 생산물로부터의 소외: 노동자는 자신이 만든 생산물을 소유하지 못한다.
② 노동 과정으로부터의 소외: 노동자는 생산 과정을 통제하지 못한다.
③ 인간의 본질로부터의 소외: 노동이 자아실현이 아닌 생존 수단이 된다.
④ 타인으로부터의 소외: 경쟁으로 인해 인간관계가 왜곡된다.

이러한 소외는 노동자의 인간성을 파괴하고 노동자를 단순한 생산 도구로 전락시킨다.

■ 자본주의 이데올로기 비판

마르크스는 자본주의 이데올로기가 이러한 착취와 소외를 은폐하고 정당화한다고 보았다. 능력주의, 자유주의 등의 이데올로기는 불평등한 자본주의 체제를 자연스럽고 정당한 것으로 보이게 만든다. 특히 능력주의는 개인의 노력과 재능에 따라 성공할 수 있다는 환상을 심어주지만, 실제로는 기회의 불평등을 무시하고 구조적 문제를 개인에게 전가한다. 이는 노동자 계급의 계급의식 형성을 방해하고 체제 유지에 기여한다. 마르크스주의는 이러한 이데올로기 비판을 통해 자본주의의 모순을 폭로하고, 노동자 계급의 해방을 추구한다. 착취와 소외를 극복하기 위해서는 생산수단의 사회화와 노동자 통제가 필요하다고 주장한다.

결론적으로 마르크스주의의 착취와 소외 이론은 자본주의 체제의 근본적 모순을 드러내고, 이를 정당화하는 이데올로기를 비판함으로써 대안적 사회 체제의 필요성을 제기한다.

8.1.2 이데올로기와 허위의식

마르크스주의의 '이데올로기와 허위의식' 개념은 자본주의 체제에서 지배계급이 어떻게 자신들의 권력을 정당화하고 유지하는지를 설명하는 중요한 이론적 도구이다.

■ 이데올로기의 본질

마르크스주의에서 이데올로기는 지배계급의 이익을 반영하고 정당화하는 사상과 신념 체계를 의미한다. 이는 사회의 모든 구성원에게 영향을 미치며, 특히 피지배계급이 자신들의 실제 이익을 인식하지 못하도록 하는 역할을 한다. 이데올로기의 본질은 첫째, 현실을 왜곡하여 제시하고, 둘째, 지배계급의 이익을 보편적 이익으로 포장하며, 셋째, 사회 구조의 불평등을 자연스럽고 불가피한 것으로 정당화하는 것이다.

■ 허위의식의 형성

허위의식은 이데올로기의 영향으로 인해 노동자 계급이 자신의 실제 상황과 이익을 제대로 인식하지 못하는 상태를 말한다. 이는 첫째, 계급 간 갈등의 은폐, 둘째, 개인주의와 경쟁의 강조, 셋째, 사회 이동성에 대한 환상의 조장과 같은 과정을 통해 형성된다.

■ 이데올로기와 허위의식의 기능

이데올로기와 허위의식은 자본주의 체제 유지에 다음과 같은 중요한 기능을 담당한다. 첫째, 현존하는 불평등한 사회 구조를 자연스럽고 불가피한 것으로 인식하게 함으로써 자본가 계급의 지배를 정당화한다. 둘째, 노동자 계급 내부의 분열을 조장하여 집단적 저항을 어렵게 함으로써 계급 연대를 방해한다. 셋째, 자본가 계급에 의한 노동자 계급의 착취를 보이지 않게 함으로써 착취를 은폐한다.

■ 문화적 헤게모니

이탈리아 마르크스주의 이론가 그람시는 '문화적 헤게모니' 개념을 통해 이데올로기적 통제의 중요성을 강조했다. 그에 따르면, 지배계급은 특정한 규범·가치·낙인을 만들어내 자신들의 지배가 상식적이고 유익한 것으로 여겨지는 문화를 형성한다. 이와 같이 그람시는 자본가 계급이 자본주의 질서를 유지할 수 있는 것은 단순히 노동 계급에 대한 폭력이나 강압이 아니라 이념적·문화적 영향력을 통해 노동 계급의 동의와 자발적인 복종을 이끌어낼 수 있기 때문이라고 분석했다.

■ 이데올로기 비판의 중요성

마르크스주의자들은 이데올로기와 허위의식을 극복하는 것이 사회 변혁의 핵심이라고 본다. 이를 위해서는 첫째, 비판적 의식의 함양하고, 둘째, 노동 계급의 계급의식의 고양하며, 셋째, 지배 이데올로기에 대한 체계적 분석과 비판이 필요하다는 것을 강조한다.

■ 결론

마르크스주의의 '이데올로기와 허위의식' 개념은 자본주의 사회에서 지배계급이 어떻게 자신들의 권력을 유지하는지를 이해하는 데 중요한 통찰을 제공한다. 이는 단순히 경제적 착취뿐만 아니라 사상과 문화 영역에서도 지배와 저항의 역학이 작동함을 보여준다. 따라서 마르크스주의는 진정한 사회 변혁을 위해서는 경제적 구조의 변화와 함께 이데올로기적 지배에 대한 비판과 극복이 필수적이라는 입장을 취하고 있다.

8.2 프랑크푸르트학파의 비판 이론

프랑크푸르트학파의 비판 이론은 자본주의 사회에서 지배계급의 이데올로기가 어떻게 작동하는지를 분석하고 비판하는 데 초점을 맞추었다. 그것은 그들이 자본주의 현실 속에서 불균형적 힘의 관계를 왜곡·은폐·정당화하는 것이 이데올로기이며, 따라서 이데올로기를 비판함으로써 자본주의 현실 세계의 왜곡을 드러낼 수 있다고 보았기 때문이다. 다시 말하자면 그들은 이데올로기 지배가 가진 은폐된 힘의 관계를 파악해 그것을 극복하고 다시금 인간이 역사와 사회의 주체로서 활동하게 되는 것을 추구했던 것이다.

■ 이데올로기 비판

프랑크푸르트학파는 마르크스주의를 기반으로 하되, 경제결정론을 넘어 문화와 이데올로기의 역할에 주목했다. 그들은 자본주의 사회의 지배 이데올로기가 어떻게 불평등한 사회관계를 정당화하고 은폐하는지를 분석했다.

특히 아도르노와 호르크하이머는 『계몽의 변증법』(1947)에서 이성과 과학이 오히려 새로운 형태의 지배를 낳았다고 주장했다. 그들은 자본주의 사회에서 이성이 도구화되어 인간을 억압하는 수단이 되었다고 비판했다. 이를 통해 그들은 서구 중심적인 이성과 문명이 어떻게 인류를 진정으로 인간적인 상태로 이끄는 대신 나치즘이라는 야만 상태까지 초래할 수 있었는지를 규명하고자 했다.

■ 대중문화 비판

프랑크푸르트학파는 대중문화를 '문화 산업'으로 규정하며, 자본주의 사회에서 문화가 산업화되어 상품처럼 생산·소비되면서 노동자 계급을 체제에 순응하게 만드는 도구 역할을 한다고 보았다. 그들은 자본주의 사회의 대중문화와 문화 산업이 획일화된 상품을 생산하여 사람들에게 획일화된 경험을 제공하며, 사회적 현실에 대한 비판적 사고를 마비시킨다고 주장했다.

프랑크푸르트학파는 대중문화가 표면적으로는 즐거움과 오락을 제공하지만, 실제로는 자본과 권력의 도구가 되어 대중의 자율성과 창의성을 억압하고 자본가 계급의 이윤 추구와 지배 이데올로기를 강화하는 산업적 산물이라고 규정했다.

■ **철학과 예술의 연대**

프랑크푸르트학파에 따르면 예술과 사회는 이중적으로 밀접한 관련을 맺고 있다. 한편으로 시대의 모든 문제가 예술 속에 개입해 들어오고, 다른 한편으로 예술 작품은 이른바 직접적인 참여 없이 사회의 부정적 상태에 대해 비판을 가할 수 있다. 그러기에 예술 작품 속에 시대의 상처와 함께 시대의 진리가 암시되어 있다. 이러한 진리 함축은 어떤 개념 아래 들어오는 것이 아니라, 해석과 비판을 통해 그때마다 작품 속에서 증류되어 나와야 한다. 이러한 해석은 철학적 해석과 비판을 의미하며, 그러기에 진리 함축은 철학적 반성을 통해서만 획득된다. 그리고 바로 이것이 미학을 정당화한다.

아도르노에 따르면 예술로 가상의 세계가 열린다고 하더라도 이 과정을 철학이 주도하지 않으면 가상의 세계는 한갓 거짓일 뿐이다. 그래서 그는 철학과 예술은 연대해야 한다고 주장한다.

■ **권위주의 성격 탐구**

프랑크푸르트학파는 권위주의 성격의 형성을 자본주의 사회와 근대 대중문화의 구조적 산물로 보았다. 이들은 파시즘과 같은 전체주의가 어떻게 근대적 이성과 합리성의 발전 속에서도 등장할 수 있었는지에 주목하며, 문화 산업과 이데올로기가 개인의 비판적 사고를 약화시키고, 획일화된 가치와 순응적 태도를 내면화하게 만든다고 분석했다. 즉, 대중은 문화 산업을 통해 수동적이고 비판의식이 결여된 존재로 길들여지며, 이 과정에서 권위에 복종하는 성격이 사회적으로 재생산된다고 보았다.

특히 에리히 프롬은 마르크스와 프로이트의 사상을 결합한 정신분석학적 접근을 통해 현대인이 자유를 감당하지 못해 오히려 권위에 복종하거나 집단에 동화되는 심리를 파헤치고, 이를 통해 권위주의 성격의 형성이 파시즘과 같은 전체주의 체제를 받아들이는 심리적 기제가 된다는 것을 설명하고자 했다.

■ **실증주의 비판**

호르크하이머는 실증주의 사회학이 현상을 단순히 기술하는 데 그친다고 비판하며, 사회 변혁을 지향하는 '비판 이론'의 필요성을 역설했다. 그는 사회과학이 가치 중립적일 수 없으며 해방의 실천과 결합해야 한다고 보았다.

프랑크푸르트학파는 이와 같이 실증주의를 사회 비판과 해방의 가능성을 제한하는 협소한 인식론으로 비판했다. 실증주의는 객관적 사실과 경험적 관찰, 가치 중립적 검증만을 중시해 사회의 불평등, 이데올로기, 권력 관계 등 본질적 문제를 간과한다고 보았다. 그들은 실증주의가 주관과 객관, 이론과 실천을 분리해 사회 현실의 왜곡을 드러내지 못하고, 오히려 기존 질서와 지배 이데올로기를 정당화하는데 기여한다고 주장했다.

■ **총체성에 대한 강조**

프랑크푸르트학파는 사회 현상을 개별적으로 분석하는 것이 아니라 전체 사회 구조 속에서 파악해야 한다고 주장했다. 이를 통해 자본주의 체제의 모순을 총체적으로 비판하고자 했다.

그들에게 '총체성'이란 사회를 개별 요소의 단순 집합이 아니라 상호 연관된 전체로 파악하는 비판적 관점이다. 그들은 헤겔과 마르크스의 변증법 전통을 계승해 사회의 다양한 부분(경제, 정치, 문화, 이데올로기)이 유기적으로 연결되어 있으며, 이 전체 구조 속에서 모순과 지배, 소외 현상을 분석해야 한다고 본다.

프랑크푸르트학파는 실증주의나 환원주의가 사회의 복잡성과 모순을 간과한다고 비판하며, 총체적 접근을 통해 인간 소외, 권위주의, 문화 산업 등 자본주의 사회의 본질적 문제를 드러내고자 했다.

결론적으로, 프랑크푸르트학파의 비판 이론은 마르크스주의를 창조적으로 계승하면서 현대 자본주의 사회의 지배 메커니즘을 다각도로 분석했다. 그들은 경제적 토대뿐 아니라 문화, 심리, 이데올로기 등 상부 구조의 중요성을 강조하며 자본주의 체제에 대한 비판의 지평을 넓혔다. 이를 통해 프랑크푸르트학파는 지배계급의 이데올로기가 어떻게 대중의 의식을 통제하고 체제를 정당화하는지를 폭로하고자 했다.

그러나 프랑크푸르트학파의 이와 같은 비판 이론의 한계도 아울러 주목해야 한다. 그들은 자본주의의 도구적 이성, 문화 산업 등 현대 사회의 모순을 날카롭게 비판했으나, 구체적이고 실현 가능한 대안 제시에는 미흡했다. 따라서 그들의 해방적 사회에 대한 논의는 종종 추상적이고 유토피아적이라는 평가를 받는다. 또, 계몽, 이성, 문화 등 모든 영역에서 지배와 억압의 논리를 강조하면서 사회 변혁의 동력과 주체로서의 대중의 가능성에 대해 지나치게 비판적으로 본다는 비판도 결코 간과해서는 안 된다.

8.3 포스트모더니즘의 성과와 한계, 그리고 극복 방향

8.3.1 포스트모더니즘 등장과 확산의 시대적 배경

20세기 후반, 서구 사회를 중심으로 '포스트모더니즘'이라는 새로운 문화적·철학적 조류가 급속히 확산되었다. 에르네스트 만델이 『후기 자본주의』(1972)에서 제시한 세 번의 기술혁명 이론은 이와 같은 포스트모더니즘의 등장과 확산을 설명하는 핵심적 프레임워크를 제공한다. 그는 자본주의를 ① 시장 자본주의(1848~1890) ② 제국주의 단계(1890~1945) ③ 후기 자본주의(1945년 이후)로 구분하며, 각 단계가 특정한 문화 양식(고전주의-모더니즘-포스트모더니즘)과 대응한다고 보았다.

프레드릭 제임슨은 이를 확장해 『포스트모더니즘, 혹은 후기 자본주의의 문화적 논리』(1984)에서 다국적 자본의 세계화가 문화 생산 방식을 근본적으로 변형시켰다고 주장한다. 정보기술의 발달과 금융 자본의 확장은 문화 상품의 표준화를 촉진했으며, 이는 앤디 워홀의 대량 복제 미술에서 드러나듯 예술의 탈정치화와 상품화로 이어졌다.

특히 1970년대 이후 신자유주의 체제의 확립은 문화적 실천을 차이의 상품화라는 역설적 메커니즘으로 포섭했는데, 이 과정에서 지역적 정체성마저 자본의 마케팅 도구로 전락했다.

8.3.2 포스트모더니즘의 인식론과 진리관

■ **인식론적 전환: 절대성에서 다원성으로**

포스트모더니즘은 근대 이성 중심주의와 절대적 진리 개념에 대한 근본적 회의를 바탕으로, 인식론의 패러다임을 전환시켰다. 기존의 서구 철학은 객관적이고 보편적인 진리, 즉 인간의 이성이나 과학적 방법을 통해 누구나 동일하게 도달할 수 있는 진리를 전제했다.

그러나 포스트모더니즘은 이런 전제를 '순진한 실재론' 혹은 '메타 내러티브'라고 비판하며, 현실과 진리가 사회적·언어적 구성물임을 강조한다. 즉, 우리가 인식하는 세계는 언어, 담론, 권력 관계 등 다양한 맥락에 의해 구성되며, 진리 역시 고정된 실체가 아니라 사회역사적 조건에 따라 달라지는 상대적 개념으로 본다.

■ 진리의 상대성과 해체

포스트모더니즘의 대표적 특징은 진리의 상대성이다. 장 프랑수아 리오타르는 '메타 내러티브(보편적이고 절대적인 진리의 큰 이야기)'의 해체를 주장하며, 다양한 담론과 언어 게임이 각기 고유한 규칙과 맥락에서 진리를 산출한다고 본다. 따라서 진리는 단일하지 않고, 다양한 사회적·문화적 집단의 관점과 언어적 실천에 따라 다르게 구성된다. 미셸 푸코는 진리가 권력과 불가분의 관계에 있다고 보며, 진리는 단순히 발견되는 것이 아니라 권력 구조 속에서 '구성'된다고 주장한다.

이처럼 진리는 시대와 사회·권력 관계에 따라 변화하며, 절대적·보편적 진리는 존재하지 않는다는 입장이 포스트모더니즘의 핵심이다.

자크 데리다의 해체론 역시 고정된 의미와 중심, 본질의 존재를 부정한다. 그는 언어와 기호의 의미가 항상 차이와 지연(차연, différance)에 의해 유보된다고 보며, 어떠한 텍스트도 완전한 현존이나 단일한 진리를 담보하지 못한다고 본다. 이로 인해 텍스트와 의미는 무한히 해석 가능하며, 진리 역시 고정되지 않고 유동적으로 재구성된다.

■ 인식론적 자기비판과 한계

포스트모더니즘은 이러한 인식론적 전환을 통해 기존의 이분법(예: 참/거짓, 주체/객체, 중심/주변)과 이성 중심주의를 해체한다. 그러나 동시에, 모든 것이 상대적이고 해체 가능하다는 입장은 자기모순의 위험도 내포한다. 데리다조차도 해체의 유희를 위해서는 해체될 '중심'

의 전제가 필요함을 인정하며, 완전한 언어의 바깥, 완전한 탈중심화는 불가능하다고 본다. 또한, 과도한 상대주의는 인식론적 회의주의나 냉소주의로 흐를 수 있다는 비판도 존재한다.

결론적으로, 포스트모더니즘은 진리를 절대적·보편적 실체로 보지 않고, 사회적·언어적·권력적 맥락 속에서 구성되는 상대적 개념으로 이해한다. 이에 따라 진리는 다양한 담론과 언어 게임, 권력 관계에 따라 다르게 산출되며, 고정된 중심이나 본질은 부정된다. 이러한 인식론은 기존의 이성 중심주의와 이분법적 사고를 비판적으로 해체하지만, 자기모순과 극단적 상대주의의 한계도 내포한다.

이와 같은 포스트모더니즘의 인식론과 진리관은 현대 자본주의 사회의 다원성과 복잡성을 반영하며, 진리의 생산과 해석이 어떻게 권력·언어·맥락에 의해 끊임없이 변화하는지 보여준다.

8.3.3 포스트모더니즘의 자본주의 이데올로기 비판과 한계

■ **도구적 합리성에 대한 문화적 저항**

포스트모더니즘은 자본주의가 강요하는 획일화, 근대적 합리성, 권력의 중심화에 대해 의미 있는 비판을 제기했다. 하버마스가 '근대성의 미완의 프로젝트'에서 지적했듯, 근대는 이성의 이름으로 다양한 삶의 양식을 억압해왔다. 포스트모더니즘은 이러한 단일한 진리와 보편성에 맞서, 다양한 정체성과 문화적 실천의 가치를 옹호한다. 예를 들어, 소수자 운동, 페미니즘, 퀴어 문화, 탈식민주의 담론 등은 포스트모던적 다원주의의 토양에서 성장했다. 이는 기존 마르크스주의가 간과했던 억압의 다층성을 드러내는 데 기여했다.

또한, 포스트모더니즘은 예술과 일상, 고급문화와 대중문화의 경계를 해체하며, 창의성과 유희, 실험성을 중시한다. 이는 자본주의의 생산성 중심 논리와 효율성 강박에 대한 문화적 저항의 형태로 해석될 수 있다. 예술적 실험, 대중문화의 하위문화 운동, 디지털 네이티브 세대의 창작 활동 등은 기존 권력 구조에 균열을 내는 잠재력을 보여준다. 이러한 문화적 다원성은 사회 변화의 새로운 가능성을 제시하는 긍정적 측면이 있다.

■ **자본주의 체제 내 문화 영역의 자율성 과대평가**

그러나 포스트모더니즘의 급진성은 한계도 명확하다. 우선, 문화적 차이와 정체성의 정치에 과도하게 집중함으로써, 자본주의 생산관계와 계급 구조라는 근본적 문제를 주변화시킨다. 프레드릭 제임슨은 "포스트모더니즘은 자본주의의 문화적 논리가 자기 자신을 반성하는 방식"이라고 지적한다. 즉, 자본주의는 차이와 다양성마저 상품화하여 소비의 대상으로 만든다. 서브컬처, 페미니즘, 퀴어 문화 등도 자본의 논리 안에서 브랜드화되고, 시장의 차별화 전략으로 흡수된다.

또한, 포스트모더니즘은 경제적 토대와 상부 구조의 변증법적 관계를 부정하거나 약화시킨다. 생산양식, 계급투쟁, 물질적 조건 등의 분석이 '거대 서사'로 치부되면서, 사회 변혁의 실질적 동력이 약화된다. 문화적 실천이 체제 변혁으로 이어지지 못하고, 오히려 자본주의의 유연성과 포용성을 강화하는 결과로 귀결될 수 있다. 예를 들어, 페미니즘적 메시지를 내세운 광고, 다양성을 강조하는 글로벌 브랜드 캠페인 등은 저항의 의미를 상업적 가치로 전환시킨다.

■ **문화적 저항의 제도화와 소비 사회 포섭**

포스트모더니즘이 강조하는 문화적 저항은 종종 제도화되고, 소비 사회의 일부로 포섭된다. 예술의 정치화, 하위문화 운동, 디지털 창작 등은 자본주의의 강력한 흡수력 앞에서 상업적 상품, 트렌드, 콘텐츠로 전환된다. 슬라보예 지젝은 "오늘날 저항은 체제의 일부로서 소비된다"라고 지적한다. 예를 들어, 반체제적 메시지를 담은 스트리트 패션, 사회적 이슈를 다루는 영화와 음악 등은 곧바로 시장에서 상품으로 유통된다.

이러한 현상은 포스트모더니즘이 자본주의 체제 내에서 문화적 차이와 저항의 공간을 허용하는 듯 보이지만, 실제로는 체제의 유연성과 생존 전략을 강화하는 역할을 한다. 문화적 실천이 체제 변혁의 동력이 되기 위해서는, 경제적 토대와의 긴밀한 연계, 계급적 시각의 복원이 필수적이다.

8.3.4 포스트모더니즘이 지닌 한계의 극복 방안

■ **알렉스 캘리니코스의 제안: 문화 비판과 계급투쟁의 결합**

포스트모더니즘과 마르크스주의의 대립적 관계는 종종 양자택일의 문제로 제시되지만, 최근 일부 이론가들은 양자의 비판적 통합 가능성을 모색한다. 대표적으로 알렉스 캘리니코스는 『포스트모더니즘 비판』에서, 포스트모더니즘이 제기한 문화적 차이와 정체성의 문제를 계급 분석과 결합할 필요성을 강조한다. 그는 "정체성 정치가 계급 문제를 대체하는 것이 아니라, 계급투쟁과 상호 보완적으로 작동해야 한다"고 주장한다. 예를 들어, 인종, 젠더, 섹슈얼리티에 기초한 억압은 자본주의적 생산관계와 긴밀히 연동되어 나타나므로, 문화적 저항과 계급적 연대를 통합하는 전략이 필요하다는 것이다.

이러한 관점은 계급적 착취와 문화적 차별이 별개의 문제가 아니라, 자본주의적 지배 질서의 복합적 양상이라는 것을 드러낸다. 따라서 마르크스주의의 경제적 분석에 포스트모더니즘의 문화 비판을 접목함으로써, 더욱 총체적이고 현실적인 저항 전략을 모색할 수 있다.

예를 들어, 노동운동 내에서 성 소수자, 이주 노동자, 여성 노동자 등 다양한 주체의 권리와 정체성을 존중하는 방식으로 계급 연대를 재구성하는 것이 그 사례다.

■ 21세기 문화사회 기획: 탈경계적 실천과 디지털 노동자 연대

오늘날 디지털 자본주의, 플랫폼 경제, 글로벌 공급망 등은 전통적 계급 구조를 복잡하게 만들고 있다. 이에 따라, 포스트모더니즘이 강조하는 탈경계성·네트워크적 연대의 논리는 새로운 사회 운동의 전략으로 재해석될 수 있다. 예를 들어, 디지털 플랫폼 노동자들은 국적·인종·언어·성별을 초월해 온라인 공간에서 연대하고, 알고리즘 착취, 임금 삭감 등 공통의 문제에 맞서 집단행동을 전개한다. 이는 전통적 노동조합 운동이 포착하지 못했던 새로운 계급 형성의 가능성을 보여준다.

또한, 소수자 담론과 물적 조건 분석의 통합은 문화적 해방과 경제적 정의를 동시에 추구하는 사회 운동으로 발전할 수 있다. 예를 들어, '페미니스트 파업', '기후 정의 운동', '흑인 생명도 소중하다(Black Lives Matter)'와 같은 운동은 정체성 정치와 계급투쟁을 결합하여, 자본주의적 억압의 다층적 구조에 맞선다. 이 과정에서 포스트모더니즘의 문화적 상상력과 자본주의 체제의 구조적 분석이 상호 보완적으로 작동한다.

■ 실천적 과제: 문화정치학의 재구성

이러한 접목의 시도는 단순한 이론적 절충이 아니라, 실천적 문화정치학의 재구성을 요구한다. 즉, 문화적 차이와 계급적 총체성을 동시에 포괄하는 새로운 저항 패러다임이 필요하다. 이를 위해서는 다음과 같은 과제가 제기된다.

첫째, 문화적 실천이 자본주의 구조 변혁과 연결될 수 있도록, 경제적 토대에 대한 비판적 인식을 강화해야 한다. 둘째, 정체성 정치와 계급투쟁이 상호 배타적이지 않음을 분명히 하고, 다양한 사회 운동 간의 연대를 조직해야 한다. 셋째, 디지털 시대의 새로운 노동 형태와 착취 구조를 분석하고, 이에 맞는 집단적 대응 전략을 개발해야 한다.

이러한 노력이 모일 때, 포스트모더니즘의 문화적 급진성과 자본주의 체제의 구조적 분석은 상호 보완적으로 작동하며, 자본주의의 다층적 모순에 맞서는 총체적 저항의 가능성을 열어갈 수 있을 것이다.

9. 자본주의 이데올로기에 대한 역사적 검토의 의의와 전망

9.1 의의

자본주의 이데올로기는 단순한 경제체제를 넘어 사회 전반의 가치관, 정치 구조, 인간관계까지 포괄하는 강력한 사상적 틀이다. 토마 피케티의 『자본과 이데올로기』(2019)는 자본주의가 불평등을 어떻게 정당화하고 고착화하는지, 그리고 그 이데올로기가 어떻게 사회적 현실을 재구성해왔는지 방대한 역사 자료와 통계를 바탕으로 분석한다. 피케티는 불평등이 단순히 경제적 현상이 아니라, 정치적·이데올로기적 산물임을 강조한다. 즉, 사적 소유의 신성화, 불평등의 자연화와 같은 이데올로기가 사회 구성원들에게 내면화되면서, 불평등은 마치 자연스럽고 불가피한 질서로 받아들여지게 된다고 역설하고 있다.

역사적으로 자본주의 이데올로기는 상업 혁명과 자본의 원시적 축적, 산업혁명과 자본주의 체제의 확립, 독점 자본주의와 제국주의의 식민 지배, 20세기 초중반의 복지국가와 수정 자본주의 등장, 그리고 1980년대 이후 신자유주의의 부상 등 다양한 변곡점을 거치며 변화해왔다. 이 과정에서 불평등을 정당화하는 논리는 시대와 맥락에 따라 달라졌으나, 본질적으로는 자본축적과 소유권의 절대성을 옹호하는 방향으로 작동했다.

자본주의 이데올로기에 대한 역사적 검토는 이처럼 불평등이 불가피하거나 자연스러운 것이 아니라, 특정한 정치적·사회적 선택의 결과임을 보여준다. 이는 오늘날의 극심한 불평등 역시 변화 가능한 사회적 산물임을 시사한다.

9.2 전망

21세기 들어 자본주의는 심화된 불평등, 금융 자본의 초집중, 조세회피, 교육 불평등, 중간 계급의 붕괴 등 구조적 위기에 직면해 있다. 이매뉴얼 월러스틴, 랜들 콜린스와 같은 사회학자들은 자본주의가 마침내 역사적 한계에 도달했으며, 21세기 중엽에는 새로운 체제로의 이행이 불가피하다고 전망한다. 이들은 자본주의의 핵심인 '끝없는 자본축적'이 더 이상 지속될 수 없으며, 기술 발전에 따른 노동의 대체와 중간 계급의 해체가 체제의 기반을 약화시키고 있다고 진단한다.

그럼에도 불구하고 마크 피셔와 같은 문명비평가는 '자본주의 리얼리즘'이 자본주의가 유일한 대안이라는 인식을 확산시키며, 그에 대한 비판적 상상력마저 억압하는 이데올로기적 효과를 지속적으로 발휘하고 있다고 본다. 그리하여 자본주의는 이제 '자연의 일부'로, 인간 사회에 있어서 필수적이며 필연적인 요소로 여겨지게 되었다고 지적하고 있다. 그 결과 어떤 종류의 발칙한 상상력도 크게 장려되고 환영받는 오늘날 '자본주의 너머'에 있을 새로운 사회에 대한 갈구와 상상력만큼은 '레드 라인을 넘는 것'으로 사회적 또는 내면적 검열에 의해 억압받는 지극히 비이성적이고 비정상적 상황을 벗어나지 못하고 있다.

이런 현실에서 자본주의 이데올로기에 대한 역사적 검토는 새로운 사회적 상상력과 대안 모색의 출발점이 될 것이다. 자본주의가 '불변의 자연 질서'가 아니라 변화 가능한 역사적 산물에 지나지 않는다는 것을 철저하게 인식할 때, 비로소 우리는 보다 평등하고 지속 가능한 체제에 대한 상상과 논의를 본격화할 수 있기 때문이다.

보론 2

현대 자본주의 체제 분석

제1장

현대 자본주의 체제의 이해

1. 현대 자본주의 체제, 어떻게 바라볼 것인가

현대 자본주의 체제는 2차 세계대전 이후 급격한 변화를 겪으며 발전해왔다. 전후 경제 부흥과 함께 자본주의는 세계화, 정보화, 금융화 등 다양한 형태로 진화했다. 이러한 변화는 생산력의 비약적 발전을 가져왔지만, 동시에 심각한 사회적·경제적 문제를 초래했다.

전후 자본주의는 대량생산과 소비를 기반으로 한 경제 성장을 이루었고, 이는 중산층의 확대와 생활수준의 향상을 가져왔다. 그러나 이러한 성장은 불평등의 심화를 동반했다. 부의 집중은 소수에게만 혜택을 주었고, 다수는 상대적 빈곤에 시달리게 되었다. 이는 사회적 갈등과 정치적 불안을 초래하며, 체제 자체에 대한 신뢰를 약화시켰다.

또한, 현대 자본주의는 금융화 경향을 보이며, 경제 전반에 걸쳐 금융 부문의 영향력이 강화되었다. 금융화는 자본축적의 주요 수단이 되었지만, 이는 실물 경제와의 괴리를 초래하고 주기적인 금융 위기를 야기했다. 이러한 위기는 경제 불안정을 초래하며 대중의 삶을 위협한다.

환경 문제 또한 현대 자본주의의 중요한 과제이다. 지속적인 성장 추구는 자연자원의 무분별한 소비와 환경 파괴를 가속화했다. 이는 기후 변화와 생물 다양성 감소라는 형태로 나타나며 인류의 생존을 위협하고 있다. 따라서 지속 가능한 발전을 위한 새로운 패러다임이 필요하다.

결론적으로, 현대 자본주의 체제는 그동안 많은 발전을 이루었으나, 구조적 한계로 인해 인류와 지구에 심각한 위협을 가하고 있다. 우리는 마침내 현대 자본주의 체제가 추구하는 무한 성장주의를 지양해야 할 시점에 와 있으며, 이는 단순히 경제적 변화를 넘어 사회 전반에 걸친 근본적인 변혁을 요구한다.

2. 신자유주의적 세계화의 전개

2.1 신자유주의의 이념과 정책

2.1.1 신자유주의의 기본 이념

신자유주의는 20세기 후반부터 세계 경제를 주도한 이념으로, 시장의 자율성과 경쟁을 강조하며 정부의 역할을 최소화하려는 경향을 보인다. 이 이념은 자유 시장이 자원의 효율적 배분을 가장 잘 달성할 수 있다는 믿음에서 출발한다. 따라서 신자유주의는 시장의 힘에 대한 신뢰를 바탕으로, 정부 규제를 줄이고 민간 부문의 역할을 확대하는 것을 목표로 한다.

신자유주의의 핵심은 경제적 자유를 통해 개인과 기업이 최대한의 잠재력을 발휘하도록 하는 것이다. 이는 민영화, 규제 완화, 세금 감면 등을 통해 실현되며, 이러한 정책들은 경제 성장을 촉진하고 혁신을 장려하는 것으로 여겨진다. 그러나 이러한 접근은 사회적 불평등을 심화시키고 빈부 격차를 확대할 수 있다.

시장 중심의 경제체제에서는 경쟁이 필수적이며, 이는 효율성을 높이는 동시에 자원을 가장 잘 활용할 수 있는 주체에게 기회를 제공한다. 그러나 이러한 경쟁은 종종 사회적 안전망을 약화시키고, 경제적 약자를 보호하지 못하는 결과를 초래할 수 있다. 특히 노동 시장의 유연화는 고용 불안정을 초래하고, 복지 축소는 사회적 약자에 대한 지원을 줄이는 경향이 있다.

신자유주의는 경제적 자유와 효율성을 강조하지만, 그 이면에는 사회적 책임과 연대의 부재가 존재한다. 이는 사회 구성원 간의 불평등을 심화시키고, 사회적 갈등을 증폭시키는 결과를 초래할 수 있다. 따라서 신자유주의는 경제 성장이라는 효율적인 측면에도 불구하고, 그 과정에서 발생하는 사회적 비용에 대한 고려가 철저히 결여돼 있다는 비판을 면하기 어렵다.

다시 말하자면, 신자유주의는 시장의 자율성과 경쟁을 강조하여 경제 효율성을 추구하지만, 그 과정에서 발생하는 불평등과 사회적 갈등에 대해서는 최소한의 책임도 지지 않는 약육강식의 자본주의 이념에 지나지 않는다.

2.1.2 신자유주의 정책과 그 본질

신자유주의 정책은 주로 정부의 역할 축소와 시장 중심의 경제 운영을 통해 경제 성장을 도모하는 데 중점을 둔다. 이러한 정책은 민영화, 규제 완화, 세금 감면 등을 통해 실현되며, 이는 기업과 개인에게 더 많은 자유와 기회를 제공한다고 주장된다. 그러나 이러한 정책들은 종종 사회적 불평등과 양극화를 심화시키는 결과를 초래한다.

민영화는 공공 서비스와 자원을 민간 부문으로 이전하여 효율성을 높이려는 시도이다. 그러나 이는 종종 서비스 접근성을 감소시키고, 사회적 약자를 소외시키는 결과를 낳는다. 예를 들어, 공공 서비스가 민영화되면 비용이 증가하여 저소득층이 필수적인 서비스를 이용하기 어려워질 수 있다. 이는 사회적 불평등을 심화시키고, 공공 서비스의 본질적인 목적을 훼손할 위험이 있다.

또 규제 완화는 기업 활동을 촉진하고 경제 성장을 도모하기 위한 것이지만, 환경 파괴와 노동 착취 등의 문제를 야기할 수 있다. 규제가 완화되면 기업은 단기적인 이익 극대화를 위해 장기적인 지속 가능성을 희생할 가능성이 커진다. 이는 환경 문제와 노동 조건 악화를 초래하며, 사회 전체에 부정적인 영향을 미칠 수 있다.

세금 감면 역시 신자유주의 정책의 중요한 요소로서, 기업과 고소득층에게 혜택을 주어 투자를 촉진하려 한다. 그러나 이는 정부 재정에 부담을 주고, 공공 서비스와 복지 프로그램의 축소로 이어질 수 있다. 결과적으로 사회 안전망이 약화되고, 빈부 격차가 더욱 심화된다.

결론적으로, 신자유주의 정책은 경제 성장을 목표로 하지만 그 본질은 자본의 이익 극대화에 있으며, 이는 종종 사회적 책임과 형평성을 간과하게 만든다. 이러한 정책들은 단기적으로 경제 성장을 촉진할 수 있지만, 장기적으로는 사회적 갈등과 불평등을 심화시킬 위험이 크다. 따라서 신자유주의 정책은 그 의도와는 달리 현대 자본주의 체제의 발전은커녕 그 종말을 촉진하는 역할을 할 것으로 전망된다.

2.2 세계화와 경제 통합의 심화

2.2.1 신자유주의적 세계화의 개념과 발전

신자유주의적 세계화는 1980년대 이후 자본주의의 새로운 패러다임으로 자리 잡았다. 이 시기는 정부의 시장 개입을 최소화하고, 자유로운 시장 원리를 강조하는 정책이 전 세계적으로 확산된 시점이다. 이러한 변화는 여러 국가에서 경제 구조 조정과 규제 완화를 동반하며, 특히 선진국과 개발도상국 간의 경제적 통합을 가속화했다.

세계은행 보고서(2020)에 따르면, 1980년대 이후 전 세계의 무역량은 급격히 증가했고, 2020년까지 세계 무역 총액은 약 23조 달러에 달했다. 이는 글로벌 경제가 서로 연결되며 각국이 경제적 상호 의존성을 강화하는 결과를 가져왔다. 이러한 통합 과정에서 다국적 기업들은 생산과 공급망을 전 세계로 확대했고, 이는 효율성을 높이는 동시에 생산 비용 절감을 가능하게 했다.

그러나 신자유주의적 세계화는 긍정적인 측면만 있는 것은 아니다. 이 과정에서 발생한 경제적 불평등은 심각한 사회적 문제로 대두되었다. 국제노동기구 보고서(2020)에 따르면, 1990년대 이후 고소득 국가와 저소득 국가 간의 소득 격차는 지속적으로 확대되었으며, 이는 사회적 불안정을 초래하는 요인이 되었다. 또한, 신자유주의 정책은 환경 파괴와 자원 고갈을 가속화하여 지속 가능한 발전에 대한 논의를 촉발했다.

결론적으로, 신자유주의적 세계화는 단순히 경제적 통합을 넘어서는 복잡한 현상이다. 이는 각국의 정치·사회·환경적 맥락 속에서 다양한 영향을 미치며 앞으로의 글로벌 경제 구조를 형성하는 데 중요한 역할을 할 것이다. 따라서 이러한 현대 자본주의 체제의 변화에 대한 비판적 분석과 함께 그것이 지닌 모순에 대한 근본적인 해결책을 모색하는 것이 필요하다.

2.2.2 경제 통합의 심화

경제 통합의 심화는 국가 간의 상호 의존성을 증가시키며, 이는 노동 시장과 사회 구조에 중대한 영향을 미친다. 신자유주의적 세계화 하에서 많은 국가는 외국인 투자 유치를 위해 노동 시장의 유연성을 강조하고 규제를 완화하는 경향을 보였다. 이러한 변화는 단기적으로는 기업의 경쟁력을 높일 수 있지만 장기적으로는 고용 불안정성과 소득 불균형을 초래할 수 있다.

OECD 보고서(2020)에 따르면, 신자유주의 정책이 시행된 이후 노동자의 비정규직 비율이 급증하고 있으며, 2019년 기준으로 미국에서 비정규직 노동자는 전체 고용의 약 10%를 차지하고 있다. 이는 중산층의 소득 정체 및 감소로 이어지며 사회적 불만과 갈등을 유발하는 원인이 되고 있다. 또한, 국제노동기구에 따르면 전 세계적으로 비정규직 노동자의 수가 2010년부터 2020년 사이에 약 30% 증가한 것으로 나타났다.

경제 통합은 지역사회와 전통 산업에도 부정적인 영향을 미친다. 많은 지역에서 대기업이 시장을 지배하게 되면서 중소기업과 전통 산업이 경쟁에서 밀려나는 경우가 많아졌다. 예를 들어, 한-EU FTA 평가 보고서(2021)에 따르면 EU 내에서 농업 보조금 축소와 자유 무역 협정 체결은 많은 농민의 생계를 어렵게 만들었다. 연구에 따르면 EU의 농업 정책 변화는 농촌 지역의 소득 감소를 초래하여 사회적 불안정을 악화시켰다.

이러한 사회적 영향은 단순히 경제적 문제에 그치지 않는다. 신자유주의적 세계화는 문화적 정체성과 사회적 연대감을 약화시키며 이는 사회 전반에 걸쳐 불안과 갈등을 심화시키는 요인이 된다. 따라서 경제 통합 과정에서 발생하는 사회적 문제를 해결하기 위해서는 보다 포괄적인 접근이 필요하다.

결론적으로, 신자유주의적 세계화는 경제 통합을 통해 선진국들과 자본가 계급에게는 더 많은 기회를 제공하지만 후진 저개발국들과 전 세계 민중들에게는 부의 이전과 빈부 격차 심화, 노동 착취와 환경 파괴 등 여러 가지 심각한 문제를 야기하고 있다.

2.3   국제기구와 규범의 역할

　　신자유주의적 세계화의 전개 과정에서 국제기구와 규범의 역할은 매우 중요하다. 이러한 기구들은 국가 간의 경제적·정치적 협력을 촉진하고, 글로벌 차원의 문제 해결을 위한 규범을 설정하는 기능을 수행한다. 그러나 이들 기구는 종종 강대국의 이해관계에 종속되며, 그 결과로 국제 규범은 특정 국가의 이익을 반영하는 경향이 있다. 이는 신자유주의가 지배하는 세계에서 경제적 불평등과 정치적 불균형을 심화시키는 요인으로 작용한다.

　국제기구는 세계무역기구(WTO), 국제통화기금(IMF), 세계은행(WB) 등 다양한 형태로 존재하며, 이들은 글로벌 경제 질서를 형성하는 데 중요한 역할을 한다. 그러나 이러한 기구들이 설정하는 규범은 대개 자본의 자유로운 이동과 시장의 자율성을 강조하며, 이는 개발도상국이나 약소국에 대한 구조적 불이익으로 이어질 수 있다. 예를 들어, WTO의 무역 규범은 대기업과 선진국의 이익을 보호하는 방향으로 작용하여, 저개발 국가들의 산업 발전을 저해하고 있다.

　또한, 국제기구는 비구속적인 규범 설정에 의존하는 경우가 많다. 이러한 접근은 각국의 자율성을 침해하지 않으면서도 규범을 정립할 수 있는 장점이 있지만, 동시에 규범의 실효성을 저해할 수 있는 단점도 존재한다. 예를 들어, 환경 문제나 인권 문제와 같은 글로벌 이슈에 대한 국제기구의 대응은 종종 미온적이며, 이는 각국이 자국의 이해관계에 따라 행동할 수 있는 여지를 제공한다. 결과적으로, 이러한 비구속적 접근은 국제사회가 직면한 복잡한 문제를 해결하기에는 부족하다.

　더욱이, 국제기구 간 협력 부족은 정책의 일관성을 떨어뜨리고 글로벌 문제 해결에 대한 효과성을 감소시킨다. 각 기구가 독자적으로 운영되면서 발생하는 정책 간 충돌은 신자유주의적 세계화가 가져온 경제적 불안정성을 더욱 악화시키고 있다. 이러한 상황에서 국제기구는 단순한 규범 설정 기관을 넘어서는 역할이 필요하다. 즉, 경제적 불평등과 권력 불균형을 해소하기 위한 근본적인 재설계가 요구된다.

결론적으로, 국제기구와 규범은 신자유주의적 세계화에서 중요한 역할을 하지만, 그들이 설정하는 규범이 선진 자본주의 국가들 중심으로 편향되어 있다는 점에서 모든 국가가 동등하게 참여하고 혜택을 누리는 공정한 국제 질서와는 거리가 매우 먼 것으로 비판받아야 한다. 말하자면 그 본질은 현대 자본주의 체제의 작동을 글로벌 차원에서 뒷받침하는 역할을 충실히 수행하는 기구와 규범에 지나지 않는 것이다.

3. 국제 분업 질서와 글로벌 자본주의

3.1 국제 분업의 역사적 발전

3.1.1 초기 국제 분업의 형성

19세기 산업혁명은 국제 분업의 기초를 다지며 자본주의의 새로운 국면을 열었다. 이 시기는 기술 발전과 생산력의 비약적인 향상을 가져왔고, 이는 국가 간 경제적 상호작용의 필요성을 증대시켰다. 초기 국제 분업은 주로 식민지 체제와 연결되어 있었으며, 자원 착취가 핵심적인 요소로 작용했다. 유럽 제국들은 아프리카, 아시아, 라틴아메리카 등지에서 원자재를 수탈하고, 이를 본국에서 가공하여 판매하는 구조를 확립했다.

이러한 과정에서 자본가 계급은 막대한 이익을 누렸고, 노동자들은 저임금과 열악한 노동 조건 속에서 착취당했다. 특히, 식민지에서의 노동력 착취는 인권을 무시한 채 진행되었으며, 이는 자본주의 체제 내에서 노동자의 위치를 더욱 불안정하게 만들었다. 노동자들은 생산 과정에서 소외되었고, 그들의 생존은 자본가의 이윤 추구에 종속되었다.

국제 분업의 발전은 또한 각국 간의 경제적 의존성을 심화시켰다. 자원의 흐름과 상품 교환이 활발해짐에 따라, 특정 국가들은 특정 산업에 특화되기 시작했다. 이러한 특화는 각국의 경제 구조를 단순화시켰고, 결과적으로 글로벌 경제 시스템 내에서 불균형을 초래했다. 강대국은 여전히 자원을 통제하고 이윤을 극대화하는 반면, 약소국은 단순한 원자재 공급처로 전락하게 되었다.

이러한 초기 국제 분업의 형태는 단순히 경제적 관계에 국한되지 않고 정치적·사회적 맥락에서도 큰 영향을 미쳤다. 제국주의적 확장은 국가 간 갈등과 전쟁을 유발했으며, 이는 국제 정치의 복잡성을 증가시켰다. 결국 초기 국제 분업은 자본주의 체제의 지속적인 발전과 함께 노동자 계급의 저항과 사회적 갈등을 불러일으키는 원인이 되었다.

3.1.2 현대 글로벌 공급망의 진화

20세기 후반에 들어서면서 정보통신기술과 교통수단의 발전은 현대 글로벌 공급망을 혁신적으로 변화시켰다. 이러한 변화는 다국적 기업들이 생산 공정을 여러 국가로 분산시키고, 저비용 국가에서 아웃소싱을 통해 생산 비용을 절감하는 방식으로 나타났다. 이 과정은 단순한 비용 절감을 넘어 각국 간의 경제적 의존도를 심화시키며, 글로벌 경제 구조를 재편성했다.

특히 중국의 부상은 현대 글로벌 공급망에 중대한 영향을 미쳤다. 1980년대 개혁 개방 이후 중국은 '세계의 공장'으로 자리 잡으면서 저렴한 노동력을 바탕으로 대규모 생산 체제를 구축했다. 이는 다국적 기업들이 중국으로 생산 기지를 이전하게 만들었고, 결과적으로 글로벌 공급망의 중심이 아시아로 이동하는 계기가 되었다. 그러나 이러한 변화는 단순히 경제적 효율성만을 추구한 것이 아니라, 각국 간 불균형을 심화시키고 사회적 갈등을 초래했다.

글로벌 공급망의 복잡성은 또한 환경 문제와 인권 문제를 야기했다. 저비용 생산을 위해 환경 규제가 느슨한 국가에서 생산이 이루어지면서 환경 파괴가 가속화되었고, 노동자들은 여전히 열악한 조건에서 일해야 했다. 이러한 상황은 소비자들에게도 영향을 미쳤으며, 윤리적 소비에 대한 관심이 높아지게 되었다.

결국 현대 글로벌 공급망은 자본주의 체제 내에서 불균형과 갈등을 심화시키는 주요 요소로 작용하고 있다. 이는 각국 정부와 기업들이 직면한 도전 과제가 되었으며, 지속 가능한 발전과 공정한 노동 조건 보장을 위한 노력이 필요함을 시사한다. 이러한 맥락에서 현대 국제 분업은 단순한 경제적 관계를 넘어 사회적 정의와 환경 지속 가능성 문제로 확대되고 있다.

3.2 글로벌 공급망과 생산 네트워크

3.2.1 글로벌 공급망의 구조와 기능

현대 자본주의 체제에서 글로벌 공급망은 선진 자본주의 국가와 다국적 기업의 이익을 극대화하기 위한 전략적 도구로 기능하고 있다. 이 시스템은 다양한 국가에서 원자재·부품·완제품을 조달하여 최종 소비자에게 전달하는 복잡한 네트워크로 구성되며, 생산 효율성을 극대화하기 위해 설계되었다. 그러나 이런 구조는 종종 저개발 국가의 자원과 노동력을 착취하는 방식으로 운영되며, 결과적으로 경제적 불평등을 심화시키는 역할을 한다.

다국적 기업들은 아시아와 같은 저비용 국가에 생산 기지를 두어 인건비를 절감하고 생산성을 높이는 경향이 있다. 이러한 접근은 단기적인 이익을 추구하는 데 집중하게 만들며, 해당 국가의 노동자들은 열악한 노동 조건과 낮은 임금에 시달리게 된다. 예를 들어, 많은 기업이 중국에서의 생산을 통해 막대한 이익을 얻었지만, 이는 그 지역 노동자들의 권리와 복지를 무시한 결과로 비판받고 있다.

COVID-19 팬데믹은 이러한 글로벌 공급망의 취약성을 드러내며, 많은 기업이 리쇼어링 또는 다변화를 고려하게 만들었다. 그러나 이러한 변화가 진정으로 노동자와 지역사회의 이익을 고려한 것인지 의문이 제기된다. 중국 외에 다른 국가에도 생산 기지를 확보하여 공급망 위험을 분산하는 '차이나+1' 전략이 주목받고 있지만, 이는 단순히 비용 절감과 안정성을 추구하는 것이지, 전 세계 노동자들의 권리를 보호하려는 의도는 아니다. 결국 이러한 공급망 구조는 자본축적과 이윤 극대화에만 초점을 맞추고 있으며, 이는 사회적 불평등을 더욱 심화시키는 결과를 초래한다.

3.2.2 글로벌 공급망 재편의 동향과 영향

글로벌 공급망의 재편은 자국 중심주의와 지속 가능한 발전 목표라는 두 가지 주요 요인에 의해 촉발되고 있다. 각국 정부는 국가 안보와 경제적 자립을 강화하기 위해 전략적 산업에 대한 지원을 확대하고 있으며, 이는 공급망의 지역화를 가속화하고 있다. 그러나 이러한 변화는 선진 자본주의 국가들과 다국적 기업들이 자신의 이익을 극대화하기 위한 수단으로 활용되고 있다는 점에서 비판받아야 한다.

특히 미국은 반도체 및 에너지 분야에서 자국 내 생산을 증대시키기 위한 정책을 추진하고 있으며, 이는 글로벌 공급망에 중대한 영향을 미치고 있다. 하지만 이러한 정책은 종종 다른 국가들에 대한 경제적 압박으로 이어지며, 결과적으로 국제적인 협력보다는 경쟁을 부추기는 경향이 있다. 이는 경제적 불균형을 심화시키고, 세계적으로 불안정한 정치적 환경을 조성하는 원인이 된다.

또한 ESG(환경, 사회, 지배구조) 기준이 기업의 공급망 관리에 필수 요소로 자리 잡으면서 지속 가능성이 강조되고 있지만, 이는 종종 기업의 마케팅 전략으로 전락하는 경우가 많다. 기업들은 환경적 영향을 최소화하고 사회적 책임을 다하는 척하지만, 실제로는 여전히 이윤 극대화를 위한 방식으로 운영되고 있다. 소비자들은 윤리적 소비를 중시하지만, 다국적 기업들은 이를 이용해 브랜드 이미지를 강화하려는 노력을 기울이고 있으며, 이는 진정한 변화가 아닌 표면적인 대응에 그치게 된다.

결론적으로, 글로벌 공급망과 생산 네트워크는 현대 자본주의 체제에서 선진 자본주의 국가들과 다국적 기업들의 이익을 극대화하기 위한 도구로 기능하고 있다. 그것이 가진 이러한 성격과 본질로 말미암아 경제적 효율성뿐만 아니라 정치적 안정성과 지속 가능성까지 확보하겠다는 과제와 목표는 결코 달성되기 어려울 것으로 전망된다.

3.3 다국적 기업의 역할과 영향력

3.3.1 다국적 기업의 구조와 기능

다국적 기업은 현대 자본주의 체제에서 국가적 경계를 초월하여 이윤 극대화를 추구하는 글로벌 자본의 주요한 형태로 자리 잡고 있다. 이들은 여러 국가에 걸쳐 자회사와 생산 시설을 두고, 각 지역의 경제적·정치적 환경에 맞춰 전략을 조정하며, 이러한 구조는 자본의 유동성을 극대화하고, 비용 절감 및 시장 접근성을 높이는 데 기여한다. 예를 들어, 많은 기업이 저임금 국가로 생산 기지를 이전함으로써 인건비를 절감하고 있으며, 이는 글로벌 공급망에서의 경쟁력을 강화하는 전략으로 작용한다.

다국적 기업은 공급망 관리에서 핵심적인 역할을 한다. 이들은 원자재 조달부터 최종 소비자에게 제품을 전달하는 전 과정을 통합하고 조정하여 생산 효율성을 극대화한다. 최근 COVID-19 팬데믹과 같은 외부 충격으로 인해 공급망의 유연성과 회복력이 더욱 중요해졌다. 이에 따라 많은 기업이 공급망을 다변화하고 리쇼어링 전략을 채택하여 안정성을 강화하고 있다.

이러한 다국적 기업의 활동은 경제적 측면뿐만 아니라 사회문화적 측면에서도 중대한 영향을 미친다. 이들은 현지 시장에 진입함으로써 새로운 고용 기회를 창출하지만, 동시에 기존 산업 구조에 위협이 될 수 있다. 특히 저임금 국가에서는 이들 기업의 진출이 노동 시장에 미치는 압박이 커지며, 이는 임금 하락과 노동 조건 악화로 이어질 수 있다.

결론적으로, 다국적 기업 스스로는 이윤 극대화에 가장 적합한 구조를 가지고 있지만 글로벌 경제에서 수행하는 기능과 인류 사회 전반에 끼치는 정치·경제·사회문화적 영향은 매우 부정적이란 비판을 근본적으로 면하기 어려울 것이다.

3.3.2 다국적 기업의 사회경제적 영향

다국적 기업은 현대 자본주의 체제에서 이윤 극대화를 위해 국가적 테두리를 초월하여 운영되는 글로벌 자본의 주요 형태이다. 이러한 기업들은 세계 여러 나라에서 자원을 착취하며, 그 과정에서 발생하는 이윤은 본사의 주주에게 돌아간다. 이는 특정 국가의 경제에 대한 의존도를 높이고, 결과적으로 경제적 종속 관계를 심화시킨다.

다국적 기업의 활동은 저개발국과 개발도상국 경제에 심각한 영향을 미친다. 이들 기업은 종종 저임금 노동력을 활용하여 생산비를 절감하고, 이는 해당 국가의 노동 시장에 부정적인 영향을 미친다. 노동자들은 불안정한 고용 상태와 낮은 임금에 시달리며, 이는 사회적 불평등을 심화시키는 요인이 된다. 또한, 다국적 기업이 진출한 지역에서는 현지 산업이 위축되고, 자본과 기술이 외부로 유출되면서 경제 주권이 약화될 수 있다.

또한, 다국적 기업은 문화적으로도 큰 영향을 미친다. 그들은 현지 문화와 관습을 무시하고 자신의 비즈니스 모델을 강요함으로써 문화 동질화를 촉진한다. 이는 지역사회의 정체성을 약화시키고, 문화 다양성을 해치는 결과를 초래할 수 있다.

결론적으로, 다국적 기업은 현대 자본주의 체제에서 중요한 역할을 하지만, 그들의 활동은 경제적 종속과 사회문화적 파괴를 초래할 수 있다. 따라서 이러한 문제에 대처하기 위해서는 각국 정부와 국제사회의 협력 하에 철저한 감시와 규제 장치가 반드시 마련되어야 한다.

4. 거시적 분석: 글로벌 자본주의 체제의 작동 원리

4.1 자본 이동과 금융 시장의 글로벌화

4.1.1 자본 이동의 원인과 특성

자본 이동은 현대 글로벌 자본주의 체제에서 필수적인 요소로 자리 잡고 있으며, 이는 경제적 효율성을 극대화하고 자원의 최적 배분을 촉진하는 역할을 한다. 자본 이동은 단순한 경제적 현상이 아니라, 자본주의 체제의 구조적 모순과 긴장 관계를 반영한다. 자본 이동의 주요 원인은 이자율 차이, 경제 성장률, 정치적 안정성 등으로 분석할 수 있다.

첫째, 이자율 차이는 자본 이동의 가장 중요한 동기 중 하나이다. 선진국의 낮은 이자율은 신흥국으로의 자본 유입을 유도하며, 이는 신흥국의 경제 성장에 기여할 수 있다. 그러나 이러한 자본 유입은 종종 단기적인 이익 추구에 기반하므로, 신흥국 경제의 대외 의존도를 높이고 불안정을 초래할 수 있다. 예를 들어, 1997년 아시아 금융 위기는 외국인 투자자의 대규모 자본 철수가 신흥국 경제에 미친 영향을 잘 보여준다.

둘째, 경제 성장률은 자본 이동의 또 다른 중요한 요인이다. 경제 성장률이 높은 국가에는 외국인 투자가 집중되는 경향이 있다. 이는 '자본의 집중과 중앙 집중화'라는 원리와 일맥상통한다. 즉, 자본은 더 높은 수익을 추구하며 성장 가능성이 큰 시장으로 이동하게 된다. 그러나 이러한 현상은 결국 부유한 국가와 가난한 국가 간의 불균형을 심화시킨다.

셋째, 정치적 안정성 또한 자본 이동에 중요한 영향을 미친다. 정치적 불안정성이 높은 국가는 외국인 투자자들에게 매력적이지 않으며, 이는 해당 국가의 경제 성장에 부정적인 영향을 미친다. 이러한 정치적 요인은 자본주의 체제 내에서 계급투쟁과 권력 관계가 어떻게 형성되는지를 반영한다.

결국 자본 이동은 단순히 경제적 효율성을 높이는 것이 아니라, 글로벌 자본주의 체제 내에서 구조적 불균형과 사회적 긴장을 심화시키는 요인으로 작용한다. 이러한 맥락에서 자본 이동이 가져오는 결과를 비판적으로 분석하고, 이를 통해 더욱 공정하고 지속 가능한 경제체제를 구축하기 위한 대안을 모색해야 한다.

4.1.2 금융 시장의 글로벌화와 그 영향

금융 시장의 글로벌화는 지난 몇십 년 동안 급격히 진행되었으며, 이는 정보통신기술의 발전과 규제 완화에 크게 기인한다. 이러한 변화는 국제 금융 시장에서의 경쟁을 심화시키고 있으며, 자본 이동을 가속화하는 데 중요한 역할을 하고 있다. 따라서 이 현상은 단순히 경제적 효율성을 추구하는 과정이 아니라, 자본주의 체제 내에서 발생하는 구조적 모순과 불균형을 드러내는 중요한 지표로 해석될 수 있다.

금융 시장의 글로벌화는 다양한 형태로 나타나며, 그중 하나는 파생 상품 거래와 같은 복잡한 금융 상품의 확산이다. 이러한 상품들은 본질적으로 리스크를 분산시키려는 시도로 보일 수 있지만, 실제로는 시스템 전반에 걸쳐 불안정을 초래할 수 있다. 예를 들어, 2008년 글로벌 금융 위기는 파생 상품의 무분별한 거래가 어떻게 금융 시스템을 붕괴시킬 수 있는

지를 보여준다. 이 위기는 '자본의 자기 파괴적 성격'을 여실히 드러내며, 금융 시스템 내에서 발생하는 불균형과 위기의 순환 구조를 명확하게 보여준다.

또한, 금융 시장의 글로벌화는 자산 가격의 변동성을 증가시킨다. 국제적인 자본 흐름이 자유롭게 이루어짐에 따라 특정 지역이나 국가에서 발생하는 사건이 전 세계적으로 즉각적인 영향을 미칠 수 있다. 이는 특히 신흥국에게 치명적인 결과를 초래할 수 있으며, 그들의 경제가 외부 요인에 얼마나 취약한지를 드러낸다. 이러한 현상은 자본주의의 세계화가 가져오는 불평등으로 해석될 수 있으며, 이는 결국 사회적 갈등과 계급투쟁을 심화시킨다.

마지막으로 금융 시장의 글로벌화는 정치적 주권에도 영향을 미친다. 국가들은 외국인 투자자의 요구에 맞추어 정책을 조정해야 할 압박을 받게 되며, 이는 민주적인 결정 과정을 약화시킬 수 있다. 이러한 현상은 자본이 해당 국가를 지배하는 결과로 나타나는 것으로 결국 그 사회 전체에 대한 국가의 통제력을 약화시키고 사회적 불안을 초래할 수 있다.

결론적으로 금융 시장의 글로벌화는 단순히 경제적 현상이 아니라, 사회적 불균형과 갈등 구조를 반영하는 복합적인 문제이다. 따라서 이러한 문제를 해결하기 위해서는 보다 공정하고 지속 가능한 글로벌 금융 시스템의 구축이 절실히 요구된다.

4.2 무역 정책과 경제 불균형

4.2.1 무역 정책의 구조적 모순

현대 자본주의 체제에서 무역 정책은 국가와 정부가 아닌, 글로벌 다국적 기업과 금융 자본에 의해 실질적으로 지배된다. 이러한 정책은 각국 정부가 자국의 경제적 목표를 달성하기 위해 수출과 수입을 조절하는 전략적 조치로 여겨지지만, 그 본질은 다국적 기업과 금융 자본의 세계 지배와 이윤 극대화에 있다. 이들은 자국의 정치적 결정 과정에 깊숙이 개입하여, 자신들의 이익을 극대화하기 위한 정책을 유도한다.

무역 정책은 각국의 경제 구조와 발전 단계에 따라 다르게 나타나지만, 궁극적으로는 글로벌 자본의 흐름을 촉진하고 특정 산업을 보호하는 데 초점을 맞춘다. 예를 들어, 대규모 다국적 기업들은 저렴한 생산 비용을 추구하며, 이를 통해 가격 경쟁력을 확보하고 시장 점유율을 확대한다. 이러한 과정에서 발생하는 경상수지 적자와 흑자는 단순한 통계적 수치가 아니라, 자본의 비대칭적 흐름을 반영한다. 경상수지 적자는 한 국가가 수입한 상품과 서비스의 가치가 수출한 것보다 클 때 발생하며, 이는 해당 국가의 자본 유출을 초래한다. 반대로 경상수지 흑자는 수출이 수입을 초과하는 경우로, 이는 해당 국가들의 외환 보유고를 확대하는 결과를 낳는다.

예를 들어, 미국은 오랜 기간 대중국 무역에서 경상수지 적자를 기록해왔다. 이는 미국 소비자들이 저렴한 중국산 제품을 선호함에 따라 발생한 결과로, 미국 내 제조업체들은 경쟁력을 잃게 된다. 이러한 구조는 결국 미국 경제의 구조적 변화를 초래하며, 일자리 감소와 같은 부정적인 사회적 영향을 미친다. 반면 중국은 대미 무역에서 발생한 흑자를 통해 외환 보유고를 확대하고 이를 통해 글로벌 경제에서의 영향력을 강화하고 있다.

4.2.2 글로벌 불균형의 심화

무역 정책은 글로벌 경제에서 불균형을 더욱 심화시키는 역할을 한다. 미국과 중국 간의 무역 갈등은 이 구조적 불균형을 더욱 부각시키고 있다. 미국이 중국산 제품에 대해 고율 관세를 부과함으로써 단기적으로는 자국 산업 보호에 기여했지만, 장기적으로는 소비자 가격 상승과 함께 공급망의 왜곡을 초래했다.

미국의 보호 무역 조치는 2018년부터 본격화되었으며, 이는 중국으로부터의 수입 감소와 함께 미국 내 제조업체들에게도 영향을 미쳤다. 예를 들어, 미국 내 일부 제조업체들은 관세로 인해 원자재 비용이 증가하면서 경쟁력을 잃게 되었고, 이는 결국 일자리 감소로 이어졌다. 반면 중국 제조업체들은 이러한 변화에 적응하기 위해 생산 공정을 조정하거나 다른 시장으로 눈을 돌리는 등 전략적 대응을 했다.

무역 불균형이 심화될 경우 자본 유출입의 변화가 나타나며 이는 환율 변동성을 증가시킨다. 예를 들어, 미국의 대중국 무역 적자는 중국으로부터 자본이 유입되는 구조를 형성하게 하여 미국 내 제조업 경쟁력을 저하시킬 수 있다. 이러한 상황에서 각국 정부는 무역 정책을 통해 불균형을 조정하려 하지만 정치적 이해관계와 맞물려 복잡한 양상을 보인다.

글로벌 공급망의 변화는 이러한 불균형을 더욱 심화시킨다. 많은 기업이 비용 절감을 위해 생산 기지를 해외로 이전하면서 국내 일자리가 감소하고 사회적 불평등이 심화된다. 이러한 현상은 특히 선진국에서 두드러지며, 중산층 소득 감소와 함께 사회적 긴장을 유발하고 있으며, 이러한 문제는 정치적 불안정성으로 이어질 가능성이 크다. 그럼에도 불구하고 현대 자본주의 체제하에서의 세계 각국의 무역 정책과 그것이 만들어 낸 구조가 글로벌 다국적 기업과 금융 자본의 계급적 이해관계를 본질적으로 반영하고 있는 한 변화의 계기를 찾기 어려울 것으로 전망된다.

4.3 기술 혁신과 경제 성장 패턴

4.3.1 기술 혁신의 자본주의적 동력과 모순

    기술 혁신은 현대 경제에서 생산성 향상과 경제 성장을 이끄는 주요 동력으로 작용한다. 이는 자본축적을 가속화하고 기업의 경쟁력을 강화하는 데 기여한다. 그러나 이러한 기술 혁신은 노동 시장에 복잡한 영향을 미친다. 자동화와 인공지능의 발전은 생산성을 높이는 동시에 노동의 필요성을 감소시켜 실업을 초래할 수 있다. 이는 노동자들의 소득 불안정과 사회적 불평등을 심화시키는 결과를 낳는다.

 기술 혁신은 또한 생산수단의 집중과 중앙화를 초래한다. 대규모 자본을 가진 기업들은 최신 기술을 도입하여 시장에서 경쟁 우위를 점할 수 있지만, 중소기업이나 신생 기업들은 이러한 변화에 적응하기 어려운 경우가 많다. 이는 시장의 독점적 구조를 강화하고 경제적 불평등을 심화시킨다. 이러한 상황은 기술 혁신이 경제 성장의 원동력이 되는 동시에 사회적 모순을 야기하는 이중적인 역할을 한다는 점을 시사한다.

 또한, 기술 발전은 노동의 가치 감소를 초래할 수 있다. 기계화된 생산 과정에서 인간 노동의 역할이 축소되면서 노동자들의 협상력이 약화되고, 이는 임금 정체와 고용 불안정으로 이어진다. 이러한 변화는 사회 전반에 걸쳐 경제적 불안정을 초래할 수 있으며, 지속 가능한 발전을 위해서는 새로운 형태의 사회적 안전망과 정책적 대응이 필요하다.

 결론적으로, 기술 혁신은 경제 성장을 촉진하는 동시에 사회적 불평등과 경제적 불안을 야기하는 모순적인 특성을 지닌다. 이를 해결하기 위해서는 기술 발전이 가져오는 이익이 사회 구성원 모두에게 공정하게 분배될 수 있는 근본적인 구조의 변화가 요구된다.

4.3.2 기술 혁신과 경제 성장의 역사적 패턴

역사적으로 기술 혁신은 산업혁명 이후 여러 경제 주기를 통해 자본주의 경제의 성장을 이끌어 왔다. 19세기 산업혁명 당시 기계화는 대량 생산 체계를 가능하게 했고, 이는 경제 성장을 가속화했다. 그러나 이러한 성장 패턴은 주기적인 경제 위기와 함께 나타났으며, 이는 기술 혁신이 경제 불균형과 구조적 문제를 해결하지 못했음을 시사한다.

20세기 중반 이후 정보통신기술의 발전은 새로운 경제 성장의 동력을 제공했다. 인터넷과 디지털 기술의 발전은 글로벌 경제를 연결하고 새로운 산업을 창출했다. 그러나 이러한 변화는 또한 노동 시장에 큰 변화를 초래했다. 디지털 기술의 확산은 특정 산업에서 일자리 감소를 초래하고, 고용 형태의 변화를 가져왔다.

또한, 기술 혁신은 지역 간 경제 격차를 심화시킬 수 있다. 선진국에서는 첨단 기술 산업이 급성장하며 높은 부가가치를 창출하지만, 개발도상국에서는 이러한 혜택이 제한적으로만 전달된다. 이는 글로벌 차원에서 경제적 불균형을 심화시키는 요인으로 작용한다.

결론적으로, 기술 혁신은 자본가 계급에게는 이익을 극대화하는 도구로 활용되지만, 노동자 계급에게는 불안정한 고용과 소득 불평등을 초래한다. 따라서 기술 혁신이 사회적 발전으로 이어지기 위해서는 생산수단의 사회화와 민주적 통제가 필요하다.

5. 미시적 분석: 기업과 노동의 변화

5.1　기업 지배구조와 경영 전략 변화

5.1.1　계급 이익 극대화를 위한 기업 지배구조

2차 세계대전 이후 현대 자본주의 체제가 확립되면서, 자본가 계급은 기업 지배구조를 통해 자신의 이익을 극대화하는 데 집중해왔다. 이러한 구조는 주주 중심의 경영 모델을 기반으로 하며, 주주의 이익을 최우선으로 하는 경향이 강하다. 이는 기업이 단기적인 이익을 추구하도록 유도하며, 결과적으로 자본가 계급의 권력을 강화하는 역할을 한다.

기업의 이사회는 종종 대주주나 주요 투자자들로 구성되어 있으며, 이들은 경영진에게 강력한 압력을 가한다. 이러한 관계는 경영진이 주주의 요구를 충족시키기 위해 단기적인 성과에 집중하게 만들고, 이는 장기적인 기업의 지속 가능성을 위협하는 요소가 된다. 예를 들어, 기업들이 연구개발이나 인프라 투자보다 배당금 지급을 우선시하는 경우가 많다. 이러한 결정은 자본가 계급의 이익을 극대화하는 동시에, 노동자와 소비자에게는 부정적인 영향을 미친다.

또한, 기업 지배구조는 정치적 권력과 밀접하게 연결되어 있다. 대기업은 정치적 로비를 통해 자신들의 이익을 보호하고, 규제를 완화하려는 노력을 기울인다. 이는 자본가 계급이 국가 정책에 영향을 미칠 수 있는 기회를 제공하며, 결과적으로 그들의 경제적 지배력을 더욱 강화한다. 이러한 구조적 문제는 사회적 불평등을 심화시키고, 노동자와 중소기업의 목소리를 더욱 약화시킨다.

결국 현대 자본주의에서 기업 지배구조는 단순히 경제적 효율성을 추구하는 것이 아니라, 자본가 계급의 권력과 이익을 지속적으로 강화하는 데 기여하고 있다. 이러한 구조는 노동자와 소비자에게 불리한 결과를 초래하며, 사회 전반에 걸쳐 심각한 불평등을 야기한다.

5.1.2 경영 전략과 계급 지배의 효율화

경영 전략은 자본가 계급이 자신의 이익을 극대화하고 계급 지배를 효율화하는 중요한 도구로 작용한다. 현대 기업들은 경쟁력을 유지하기 위해 다양한 전략을 채택하고 있으며, 그중 많은 부분이 비용 절감과 효율성을 강조한다. 이러한 접근은 종종 노동자의 권리와 복지를 희생시키는 방향으로 나아간다.

특히, 유연한 고용 형태의 도입은 자본가 계급이 노동 시장에서의 힘을 강화하는 수단으로 활용된다. 비정규직이나 계약직 노동자의 비율이 증가하면서 노동자들은 고용 안정성을 잃게 되고, 이는 그들이 경영진이나 대주주에 대해 목소리를 내기 어렵게 만든다. 이러한 상황은 노동자들이 자신들의 권리를 주장하기 어려운 환경을 조성하며, 결국 자본가 계급의 지배력이 더욱 강화되는 결과를 초래한다.

또한, ESG(환경, 사회, 거버넌스) 경영과 같은 새로운 경영 전략이 대두되고 있지만, 많은 기업은 이를 형식적으로만 수용하고 있다. 환경 보호나 사회적 책임을 강조하면서도 실제로는 비용 절감과 이윤 극대화를 우선시하는 경우가 많다. 이는 자본가 계급이 사회적 책임을 다하지 않고도 긍정적인 이미지를 유지할 수 있는 기회를 제공하며, 그들의 경제적 지배력을 강화하는 데 기여한다.

결론적으로, 현대 자본주의 체제에서 경영 전략은 자본가 계급의 이익 극대화와 계급 지배의 효율화를 위한 중요한 수단으로 작용하고 있다. 이러한 전략은 노동자와 소비자에게 불리한 결과를 초래하며, 사회적 불평등을 심화시키는 원인이 된다.

5.2 노동 시장의 유연화와 고용 형태 변화

5.2.1 노동 시장의 유연화와 자본의 지배 전략

현대 자본주의 체제에서 노동 시장의 유연화는 자본가 계급이 이윤을 극대화하고 노동력을 보다 효율적으로 통제하기 위한 전략으로 자리 잡고 있다. 이는 비정규직, 임시직, 파견근로 등의 형태로 나타나며, 노동자의 고용 불안정을 심화시키고 있다. 이러한 변화는 단순히 경제적 필요에 의한 것이 아니라, 자본가 계급이 노동 비용을 줄이고 유연하게 대응하기 위한 구조적 변화로 이해할 수 있다.

통계적으로 보면, 많은 국가에서 비정규직 비율이 증가하고 있으며, 이는 노동 시장의 유연화가 전 세계적인 현상임을 보여준다. 예를 들어, 한국에서는 2020년 기준 비정규직 노동자 비율이 약 36%에 달하며, 이는 OECD 평균을 상회한다. 이러한 통계는 자본가 계급이 노동력을 상품화하고, 필요에 따라 쉽게 해고하거나 고용할 수 있는 구조를 강화하고 있음을 시사한다.

노동 시장의 유연화는 노동자에게 안정적인 일자리와 생활을 보장하지 않으며, 이는 결국 노동자 간의 경쟁을 촉진하고 임금 하락과 같은 부정적인 결과를 초래한다. 자본가 계급은 이러한 경쟁을 통해 노동자의 협상력을 약화시키고, 자신들의 지배력을 강화한다. 이는 또한 노동자들이 집단적으로 대응할 수 있는 능력을 저하시켜, 자본가 계급이 더욱 효율적으로 지배할 수 있는 환경을 조성한다.

결국 노동 시장의 유연화는 자본가 계급이 자신의 이익을 극대화하기 위한 전략적 선택이며, 이는 노동자들에게 불리하게 작용하는 구조적 문제로 볼 수 있다. 이러한 변화는 자본주의 체제 내에서 계급 간 갈등을 심화시키고 있으며, 노동자들이 자신의 권리를 보호하기 위해 더욱 강력한 집단적 대응이 필요해졌다.

5.2.2 플랫폼 경제와 새로운 착취 방식

디지털 기술의 발전과 함께 플랫폼 경제가 부상하면서 고용 형태의 변화가 가속화되고 있다. 플랫폼 경제는 전통적인 고용 관계를 해체하고 새로운 형태의 착취를 도입하는 데 기여하고 있으며, 이는 자본가 계급이 기술을 활용하여 이윤을 극대화하는 방식으로 이해할 수 있다. 우버(Uber), 딜리버루(Deliveroo)와 같은 플랫폼 기업들은 독립 계약자라는 명목 하에 노동자를 고용하며, 이들은 전통적인 고용 보호 장치에서 배제된다.

실증 자료에 따르면, 플랫폼 경제에서 일하는 노동자들은 평균적으로 낮은 임금을 받고 있으며, 노동 시간과 조건에 대한 통제권이 거의 없다. 예를 들어, 영국에서는 플랫폼 노동자의 약 70%가 최저임금 이하를 받고 있다는 연구 결과가 있다. 이러한 데이터는 플랫폼 경제가 기존의 착취 구조를 강화하고 있음을 보여준다.

플랫폼 기업들은 기술적 중개를 통해 전통적인 고용 관계에서 발생할 수 있는 법적 책임과 비용을 회피하며, 이는 결국 노동자의 권리를 약화시키고 불안정성을 증가시킨다. 이러한 변화는 자본가 계급이 기술 발전을 활용하여 더욱 효율적으로 착취하는 방식을 보여주는 사례이다.

결론적으로, 고용 형태의 변화는 현대 자본주의 체제하에서 발생하는 구조적 문제들을 이해하는 데 중요한 요소이다. 이는 또한 노동자들이 집단적인 대응을 통해 자신의 권리를 보호해야 할 필요성을 강조한다. 플랫폼 경제는 자본가 계급이 자신의 이익을 극대화하기 위한 또 다른 전략으로 작용하고 있으며, 이는 노동자들에게 더욱 불리한 환경을 조성하고 있다.

5.3 디지털 경제와 노동의 미래

5.3.1 디지털 경제의 발전과 노동 시장 변화

디지털 경제는 정보통신기술의 혁신과 함께 급속히 발전하고 있으며, 이는 노동 시장에 심각한 변화를 가져오고 있다. 자동화와 인공지능의 도입은 기존의 일자리를 대체하고 있으며, 이러한 변화는 고용의 불안정성을 증대시키고 있다. 특히, 제조업과 서비스업에서의 자동화는 단순 반복 작업을 수행하는 노동자들의 일자리를 위협하고 있다. 이러한 경향은 고용구조를 변화시킬 뿐만 아니라, 노동자들의 생계와 사회적 지위에도 부정적인 영향을 미친다.

디지털 기술의 발전은 생산성을 높이는 한편, 노동자의 역할을 축소시키고 있다. 공장 자동화가 이루어지면서 생산라인에서 인간의 개입이 줄어들고 있으며, 이는 고용 감소로 이어진다. 서비스 산업에서도 챗봇과 AI 시스템이 고객 서비스를 대체하고 있어, 고객 응대와 관련된 일자리의 수가 줄어들고 있다. 이러한 변화는 단순히 일자리 감소에 그치지 않고, 노동자들이 기술 발전에 따른 이익을 제대로 누리지 못하게 만드는 구조적 문제를 야기한다.

또한, 디지털 경제는 고용 형태를 변화시키고 있다. 전통적인 정규직 일자리 대신 비정규직과 프리랜서 형태의 고용이 증가하고 있으며, 이는 노동자들에게 안정적인 소득을 보장하지 못한다. 비정규직 노동자들은 종종 낮은 임금과 불안정한 근무 조건에 시달리며, 이러한 상황은 사회적 불평등을 심화시키는 요인이 된다. 디지털 플랫폼 기업들이 제공하는 일자리들은 유연성을 강조하지만, 실질적으로는 노동자의 권리를 약화시키고 있다.

결국 디지털 경제는 노동 시장에 심각한 도전 과제를 제기하고 있다. 기술 발전이 가져오는 이점은 일부 자본가들에게 집중되고 있으며, 대다수 노동자는 그 혜택을 누리지 못하는 상황이다. 오히려 그들은 노동 시장에서 아예 퇴출되거나 더욱더 열악한 노동 조건으로 내몰려 마침내는 현대 자본주의 체제 그 자체의 존립을 위협하게 될 것이다.

5.3.2 플랫폼 경제와 노동자의 권리

플랫폼 경제의 부상은 현대 사회에서 새로운 고용 형태를 만들어 내고 있다. 우버, 에어비앤비 등의 플랫폼 기업은 전통적인 고용 모델을 넘어서는 방식으로 운영되며, 이는 많은 사람에게 새로운 기회를 제공하는 동시에 심각한 문제를 야기하고 있다. 플랫폼 경제에서는 비정규직과 프리랜서 형태의 고용이 일반화되고 있으며, 이는 노동자들의 권리를 약화시키는 결과를 초래하고 있다.

플랫폼 기업들은 종종 노동자를 독립 계약자로 분류하며, 이를 통해 법적 책임을 회피하려 한다. 이러한 구조는 노동자들에게 안정적인 소득을 보장하지 않으며, 각종 복지 혜택에서도 이들을 배제한다. 예를 들어, 플랫폼에서 일하는 운전 종사자나 배달 노동자들은 최소한의 보상을 받으면서도 장시간 근무해야 하는 경우가 많다. 이로 인해 그들은 생계 유지를 위한 압박에 시달리며, 건강 문제나 사고에 대한 보호 장치가 부족하다.

또한, 플랫폼 기업들은 알고리즘을 통해 노동자의 업무량과 보상을 결정하는데, 이는 불투명성과 불공정성을 초래한다. 알고리즘이 어떻게 작동하는지에 대한 정보가 부족할 경우, 노동자는 자신의 노동 조건이나 보상에 대해 제대로 이해하지 못하게 된다. 이러한 상황은 노동자들이 자신의 권리를 주장하기 어렵게 만들며, 결과적으로 그들의 처우가 악화되는 원인이 된다.

결론적으로 플랫폼 경제는 현대 사회에서 새로운 형태의 고용을 창출하고 있지만, 동시에 심각한 문제들을 내포하고 있다. 이러한 문제들은 그것을 만들어낸 현대 자본주의 체제의 근본적인 변화 없이는 결코 해결되기 어려울 것이다.

6. 현대 자본주의 체제의 사회·정치적 영향

6.1 부의 집중과 사회적 불평등

6.1.1 경제적 불평등의 심화

현대 자본주의 체제에서 경제적 불평등은 더욱 심화되고 있다. 이는 주로 상위 소수 계층에게 부가 집중되는 현상에서 기인한다. 세계 불평등 데이터베이스(World Inequality Database)에 따르면, 2023년 기준으로 상위 1%의 부유층이 전 세계 부의 약 38%를 소유하고 있으며, 이는 중산층과 하위 계층의 경제적 기회를 제한하는 주요 요인으로 작용한다. 이러한 수치는 경제 성장의 과실이 대부분 소수에게 집중되고 있음을 보여준다.

자본의 집중은 대기업과 금융 기관에 의해 더욱 가속화되고 있다. 기술 발전과 글로벌화는 생산성 향상을 가져왔지만, 그 이익은 주로 자본가들에게 돌아가고 있다. 이는 노동자들의 임금 정체와 고용 불안정성을 초래하며, 결과적으로 사회적 불평등을 심화시키고 있다. 특히 자동화와 인공지능 기술의 발전은 저숙련 노동자들의 일자리를 위협하고 있으며, 이는 경제적 격차를 더욱 확대하는 요인으로 작용한다.

또한, 금융 시장의 발달과 복잡한 금융 상품의 등장은 자본가들이 부를 더욱 빠르게 축적할 수 있는 환경을 조성하고 있다. 예를 들어, 미국 연방준비제도(Federal Reserve)의 자료에 따르면, 2022년 기준으로 상위 10%가 전체 주식시장 가치의 약 89%를 소유하고 있다. 이러한 구조는 부유층이 더 많은 자산을 확보할 수 있게 하며, 그 결과 사회 전반에 걸쳐 부의 불균형이 심화된다.

경제적 불평등은 단순히 개인 간의 차이를 넘어서 사회 구조 전반에 걸쳐 영향을 미치며, 정치적 안정성과 사회적 통합을 위협하는 요소로 작용한다. 국제통화기금(IMF)은 이러한 불평등이 장기적인 경제 성장에 부정적인 영향을 미칠 수 있다고 경고하고 있으며, 이는 사회적 갈등과 정치적 불안정을 초래할 가능성이 크다.

6.1.2 사회적 이동성의 저하

부의 집중은 현대 자본주의 체제에서 사회적 이동성을 저하시킨다. 이는 교육·건강·주거와 같은 기본적인 사회 서비스에 대한 접근이 제한되면서 계층 간 이동이 어려워지는 현상으로 나타난다. OECD 보고서에 따르면, 교육과 직업 기회의 불균형은 세대 간 불평등을 고착화시키는 주요 요인으로 작용하고 있다.

특히 교육 분야에서의 불평등은 장기적인 경제적 격차를 확대한다. 고소득 가정의 자녀들은 더 나은 교육 기회를 얻을 수 있는 반면, 저소득 가정의 자녀들은 상대적으로 낮은 교육 수준과 취업 기회를 경험하게 된다. 이와 관련하여, 미국 교육부(U.S. Department of Education)의 자료에 따르면, 고소득 가정 출신 학생들은 대학 졸업률이 저소득 가정 출신 학생들보다 두 배 이상 높다.

건강 격차 역시 중요한 문제로 대두되고 있다. 의료 서비스 접근성 차이는 건강 상태와 기대 수명에 직접적인 영향을 미치며, 이는 다시 경제 활동 능력과 소득 수준에 영향을 준다. 세계보건기구(WHO)의 보고서에 따르면, 저소득 국가에서는 기대 수명이 고소득 국가보다 평균 16년 낮다.

주거 문제 역시 사회적 이동성을 저해하는 요소 중 하나이다. 높은 주거 비용은 저소득 가정이 안정적인 거주지를 확보하기 어렵게 만들며, 이는 교육 및 취업 기회에도 부정적인 영향을 미친다. 미국 주택도시개발부(U.S. Department of Housing and Urban Development)의 연구에 따르면, 주거 비용 부담이 높은 가구는 그렇지 않은 가구보다 빈곤 상태에서 벗어날 확률이 훨씬 낮다.

결론적으로, 현대 자본주의 체제에서 부의 집중은 경제적 불평등을 심화시키고 있으며, 이는 사회적 이동성을 저해하고 있다. 이러한 문제가 해결되기 위해서는 사적 소유 자본이 주도하는 현대 자본주의 체제의 근본적 구조 변화가 이루어져야 한다.

6.2 극단적 양극화와 부르주아 민주주의의 붕괴

6.2.1 현대 자본주의와 극단적 양극화

현대 자본주의 체제는 부의 집중과 경제적 불평등을 심화시키며, 이는 극단적 양극화로 이어진다. 자본의 집중은 소수의 부유한 계층이 막대한 자산을 축적하게 하고, 대다수의 노동자 계급은 생활수준이 저하된다. 이러한 상황은 단순한 경제적 문제를 넘어서 사회 전반에 걸쳐 심각한 영향을 미친다. 극단적 양극화는 차별과 혐오를 조장하는 극우적 선동과 포퓰리즘의 기반을 제공하며, 사회 내에서의 갈등을 심화시킨다.

경제적 불평등이 심화됨에 따라 노동자 계급은 고용 불안정과 낮은 임금, 그리고 사회적 안전망의 결여로 인해 삶의 질이 급격히 악화된다. 이들은 정치적 참여에서 소외되며, 자신들의 목소리를 대변할 수 있는 대안 세력을 찾게 된다. 이러한 대안은 종종 극단적인 정치 세력으로 향하게 되며, 이는 민주주의 체제에 대한 신뢰를 더욱 약화시킨다.

또한, 극단적 양극화는 사회 내에서 분열을 초래한다. 부유한 계층과 빈곤층 간의 간극이 커짐에 따라 서로에 대한 이해와 연대가 사라지게 된다. 이러한 사회적 분열은 차별과 혐오를 조장하고, 이는 극우 세력이 대중의 불만을 이용하여 권력을 강화하는 데 기여한다. 이처럼 경제적 불평등은 단순한 수치상의 문제를 넘어, 사회의 통합과 민주주의의 기초를 위협하는 요소로 작용한다.

결국 현대 자본주의 체제에서 나타나는 극단적 양극화는 부르주아 민주주의가 유지되기 위한 기본적인 조건들을 파괴하고 있다. 민주주의는 시민들의 적극적인 참여와 합의를 바탕으로 작동하지만, 노동자 계급의 생활 파탄으로 인해 이들이 정치적 과정에서 소외되면 민주주의의 기능이 마비된다. 이러한 상황은 부르주아 민주주의가 형식적인 외관조차 유지하기 어려운 상태로 이끌며, 민주주의 체제 자체에 대한 위기를 초래한다.

6.2.2 부르주아 민주주의의 위기

부르주아 민주주의는 본래 시민의 권리와 자유를 보장하는 체제로 설계되었지만, 현대 자본주의가 초래한 극단적 양극화는 이 체제를 심각하게 위협하고 있다. 부르주아 민주주의는 일반적으로 다수결 원칙과 법치주의에 기반하여 운영되지만, 극단적인 경제적 불평등은 이러한 원칙들이 실질적으로 작동되지 못하게 만든다. 소수의 부유한 엘리트가 정치와 경제를 지배하게 되면서 일반 시민들은 정치적 결정 과정에서 소외된다. 이들은 자신의 의견이나 요구가 반영되지 않는다고 느끼게 되고, 이는 결국 정치에 대한 불신으로 이어진다.

또한, 이러한 상황에서 극우 세력은 대중의 불만을 이용하여 지지를 얻고 있다. 그들은 경제적 불평등을 해결할 수 있는 대안으로 자신들을 내세우며, 사회적 분열을 더욱 심화시키고 있다. 이러한 경향은 부르주아 민주주의가 기본 원칙으로 표방하는 평등과 연대감을 훼손하며, 이는 민주주의 체제에 대한 신뢰를 더욱더 약화시킨다.

결국 현대 자본주의 체제가 초래한 극단적 양극화는 부르주아 민주주의가 민주주의의 형식적 외관조차 유지하기 어려운 상태로 몰아넣어 민주주의 체제 자체에 대한 신뢰를 무너뜨린다. 이러한 위기는 단순히 정치적인 영역을 넘어 사회 전반에 걸쳐 심각한 영향을 미치며, 결국 부르주아 민주주의 체제의 붕괴로 이어질 조짐이 전 세계적으로 확산되고 있다.

6.3 문화적 변화와 소비자 행동

6.3.1 물질만능주의의 확산

현대 사회에서 물질만능주의는 소비자 행동의 중심으로 자리 잡았다. 이는 개인의 가치와 정체성이 물질적 소유에 의해 결정되는 경향을 반영한다. 소비는 단순한 생필품의 구매를 넘어, 사회적 지위와 개인의 자아를 표현하는 수단으로 변모했다. 이러한 현상은 소비자들이 브랜드와 상품을 통해 자신을 정의하고, 타인과의 관계에서 우위를 점하려는 욕구에서 비롯된다.

물질만능주의는 광고와 마케팅 전략에 의해 더욱 강화된다. 기업들은 소비자들에게 끊임없이 새로운 욕망을 창출하고, 이를 충족시키기 위해 더 많은 소비를 유도한다. 이 과정에서 소비자는 자신의 필요와 욕망을 스스로 인식하기보다는, 외부의 자극에 의해 형성된 기준에 따라 행동하게 된다. 결과적으로, 소비는 개인의 자율적인 선택이 아닌, 사회적 압력에 의해 결정되는 경향이 강해진다.

또한, 물질만능주의는 환경과 사회에 대한 무관심을 초래한다. 지속 가능한 발전이나 윤리적 소비가 강조되는 시대에도 불구하고, 많은 소비자는 단기적인 만족과 물질적 혜택을 우선시한다. 이는 지구 환경 파괴와 사회적 불평등을 심화시키는 결과를 초래하며, 결국 모든 생명체의 지속 가능성을 위협하는 요인이 된다.

결국 물질만능주의는 개인의 삶을 얕고 피상적으로 만들며, 진정한 행복이나 만족감을 추구하는 데 방해가 된다. 사람들은 물질적 소유를 통해 자신이 원하는 삶을 살고 있다고 착각하지만, 이는 실상 빈곤한 정서적 경험으로 이어진다. 이러한 문화적 변화는 단순히 개인의 선택이 아니라, 사회 구조와 경제 시스템의 결과로 이해해야 한다.

6.3.2 극단적 소비주의 문화

극단적 소비주의 문화는 현대 사회의 특징으로 자리 잡으며, 개인과 집단의 가치관을 근본적으로 변화시켰다. 이 문화는 소비를 통해 자아를 실현하고 사회적 관계를 맺으려는 경향을 반영하지만, 그 이면에는 심각한 문제들이 도사리고 있다. 극단적인 소비는 단순히 물건을 구매하는 행위를 넘어, 개인의 정체성과 삶의 의미를 상품화하는 과정으로 볼 수 있다.

소비주의가 만연하면서 사람들은 자신의 존재 가치를 상품과 서비스에 의존하게 된다. 이는 인간관계에서도 영향을 미쳐, 사람들 사이의 진정한 유대감이 약화되고 피상적인 관계가 형성된다. 친구나 가족과의 관계가 물질적 교환에 기반하게 되면서, 진정한 소통이나 이해가 결여된 상태로 이어진다. 이러한 현상은 결국 사회 전체의 연대감을 약화시키고, 고립감을 증가시키는 결과를 초래한다.

또한, 극단적 소비주의는 환경 파괴와 자원 고갈이라는 심각한 문제를 야기한다. 대량생산과 대량 소비가 결합되어 자연자원이 고갈되고, 환경 오염이 심화되며 기후 변화가 가속화된다. 기업들은 이윤 추구를 위해 지속 가능한 방법보다는 단기적인 이익을 우선시하며, 이는 지구 생태계에 치명적인 영향을 미친다.

결국 극단적 소비주의 문화는 인간 존재의 본질을 왜곡하고, 삶의 질을 저하시킨다. 사람들은 더 많은 것을 소유함으로써 행복해질 것이라는 환상에 사로잡혀 있지만, 실제로는 소외감과 불행이 증가하는 아이러니한 상황에 처해 있다. 이러한 문제들을 해결하기 위해서는 자본가 계급의 이윤 극대화를 위해 이와 같은 소비 패턴과 가치관을 끊임없이 조장하고 재생산해내고 있는 현대 자본주의 체제에 대한 비판적 인식을 기초로 그것을 극복하려는 노력이 필요하다.

7. 환경 문제와 지속 가능성 도전

7.1 자원 사용과 환경 파괴

7.1.1 지구 자원의 약탈적 사용과 고갈

현대 자본주의 체제는 대량생산과 소비를 통해 경제 성장을 추구하며, 이는 지구 자원의 약탈적 사용과 고갈을 초래하고 있다. 국제자원 패널의 보고서에 따르면, 1970년부터 2017년까지 전 세계 자원 추출량은 세 배 이상 증가했다. 이는 인구 증가와 경제 발전에 따른 결과이지만, 그 속도는 자연의 재생 능력을 훨씬 초과하고 있다.

특히, 화석 연료와 광물 자원의 채굴은 환경에 심각한 영향을 미치고 있다. 예를 들어, 세계은행의 데이터에 따르면, 매년 약 500억 톤의 자원이 채굴되며, 이는 토양 침식, 수질 오염, 생물 다양성 감소를 초래한다. 이러한 자원 고갈은 장기적으로 지속 가능한 발전을 저해하고 있으며, 특히 개발도상국에서 그 영향이 더욱 심각하게 나타난다.

또한, 물 사용의 경우 유엔의 보고서에 따르면, 현재 전 세계 인구의 약 40%가 물 부족 지역에 살고 있으며, 이는 2050년까지 더욱 악화될 것으로 예상된다. 이러한 상황은 농업 생산성 감소와 식량 안보 위기를 초래할 수 있다.

결론적으로, 현대 자본주의 체제는 지속 가능한 자원 관리보다는 단기적인 경제 성장에 초점을 맞추고 있으며, 이는 지구 자원의 고갈을 가속화하고 있다. 이러한 문제를 해결하기 위해서는 자원의 효율적인 사용과 재생 가능 에너지로의 전환이 필수적이다. 그러나 근본적으로는 현대 자본주의 체제의 구조적 전환이 필요하다. 지속 가능한 발전을 위해서는 경제 성장을 넘어선 새로운 패러다임이 요구된다.

7.1.2 지구 환경의 재앙적 파괴

현대 사회의 산업화와 도시화는 지구 환경에 재앙적 파괴를 초래하고 있다. 특히 온실가스 배출의 증가는 기후 변화를 가속화하여 전 세계적으로 극단적인 기상 현상을 일으키고 있다. 세계기상기구(WMO)에 따르면, 산업화 이전 대비 2024년 지구 평균 기온이 이미 1.55°C 상승했으며, 이러한 추세가 지속된다면 2100년까지 3°C 이상 상승할 가능성이 매우 크다.

이러한 온도 상승은 해수면 상승과 극단적인 날씨 패턴을 유발하여 수천만 명의 생명을 위협하고 있다. 예를 들어, 세계자연기금은 매년 약 2000만 명이 기후 변화로 인한 자연재해로 피해를 입고 있다고 보고하고 있다. 또한, 생물 다양성 손실은 생태계를 파괴하여 인류의 생존 기반을 근본적으로 위협하고 있다.

환경오염도 심각한 문제이다. 유엔환경계획에 따르면, 매년 800만 톤 이상의 플라스틱이 바다로 유입되며, 이는 해양 생태계를 파괴하고 있다. 대기 오염으로 인해 매년 약 700만 명이 조기 사망하는 것으로 추정된다.

결론적으로, 현대 자본주의 체제는 환경 보호보다는 경제적 이익을 우선시하며, 이는 지구 환경의 재앙적 파괴를 초래하고 있다. 이러한 문제를 해결하기 위해서는 국제사회의 협력과 강력한 환경 정책이 시급하다.

그러나 더 나아가서는 현대 자본주의 체제 자체를 근본적으로 재검토하고 전환해야 한다. 지속 가능한 미래를 위해서는 현대 자본주의 체제의 과잉 생산과 무한 성장주의를 멈춰 세우고, 지구 환경과 생태계를 건강하게 회복할 수 있는 새로운 시스템을 반드시 구축해야 한다.

7.2 기후 변화 대응과 체제적 한계

7.2.1 국제적 기후 변화 대응의 현황

기후 변화는 전 세계적으로 심각한 문제로 인식되며, 이를 해결하기 위한 국제적 노력은 교토의정서와 파리협정 등 다양한 형태로 나타났다. 교토의정서는 1997년에 채택되어 선진국에 법적 구속력이 있는 온실가스 감축 목표를 부여했다. 그러나 이 협정은 미국의 탈퇴와 같은 여러 정치적 요인으로 인해 그 효과가 제한적이었다. 선진국과 개발도상국 간의 책임 분담 문제는 협약의 실행을 더욱 복잡하게 만들었고, 결과적으로 기후 변화 대응이 지연되는 상황을 초래했다.

파리협정은 이러한 한계를 극복하기 위해 2015년에 채택된 새로운 국제 협약으로, 모든 국가가 자발적으로 기여하는 상향식 접근 방식을 채택했다. 각국은 국가별 기여(NDC)를 통해 온실가스 감축 목표를 설정하고, 이를 주기적으로 갱신해야 한다. 하지만 이 시스템은 각국의 정치적 의지와 경제적 상황에 따라 다르게 이행되고 있으며, 실제로 많은 국가가 약속한 목표를 달성하지 못하고 있다. 예를 들어, 일부 개발도상국은 경제 성장과 빈곤 퇴치를 우선시하면서 기후 변화 대응에 소극적인 태도를 보이고 있다.

국제적 노력에도 불구하고, 기후 변화 대응의 효과는 미미하다. 이는 현대 자본주의 체제에서 경제 성장과 환경 보호 간의 갈등이 심화되고 있기 때문이다. 자본주의는 본질적으로 지속적인 성장을 추구하며, 이는 자연자원의 과도한 소비와 환경 파괴를 초래하는 경향이 있다. 따라서 국제 사회가 기후 변화를 해결하기 위해 설정한 목표들이 실제로 이행되지 않는 이유는 각국 정부가 자국의 경제적 이익을 우선시하기 때문이다.

결론적으로, 국제적인 기후 변화 대응 노력은 존재하지만, 그 효과는 자본주의 체제 내에서 구조적 한계에 부딪히고 있다. 기후 변화 문제는 단순한 환경 문제가 아니라 인류 전체의 생존과 직결된 중대한 사안임에도 불구하고, 현재의 국제 협약 체계는 이러한 문제를 해결하기 위한 근본적인 변화를 이끌어내지 못하고 있다. 따라서 기후 변화 대응을 위한 보다 실질적이고 포괄적인 접근이 필요하다.

7.2.2 현대 자본주의 체제의 한계

현대 자본주의 체제는 기후 변화 대응에서 구조적 한계를 지니고 있으며, 이는 국제 협약이나 정책이 효과적으로 작동하지 못하는 주요 원인 중 하나이다. 자본주의는 본질적으로 지속적인 성장과 이윤 극대화를 추구하는 시스템으로 설계되어 있으며, 이러한 특성은 환경 보호와 상충하는 경우가 많다. 기업들은 이윤을 극대화하기 위해 생산 비용을 최소화하려 하며, 이는 종종 환경 규제를 회피하거나 최소한의 기준만을 준수하는 방향으로 이어진다.

또한, 기업들은 단기적인 이윤을 추구하는 경향이 강해 장기적인 환경 보호를 위한 투자를 소홀히 하게 된다. 예를 들어, 많은 기업이 친환경 기술 개발에 대한 초기 투자 비용을 회피하며, 대신 기존의 화석 연료 기반 시스템을 유지하려는 경향이 있다. 이러한 태도는 기후 변화 문제 해결을 위한 지속적인 노력과 투자를 저해하며, 결국 지구 온난화를 가속화하는 결과를 초래한다.

정부 역시 이러한 구조적 한계를 벗어나기 어렵다. 정치인들은 선거에서 재선되기 위해 단기적인 경제성과를 중시하며, 이는 기후 변화 대응 정책이 후순위로 밀리는 원인이 된다. 예를 들어, 많은 국가에서 화석 연료 산업에 대한 보조금이 여전히 지급되고 있으며, 이는 친환경 에너지로의 전환을 저해하는 요소로 작용하고 있다. 이러한 상황은 결국 국제 협약에서 설정된 목표들이 실질적으로 이행되지 않게 만드는 원인이 된다.

결론적으로, 현대 자본주의 체제는 기후 변화 문제 해결을 위한 근본적인 접근 방식을 제공하지 못하고 있다. 기후 위기는 단순한 환경 문제가 아니라 사회·경제 시스템 전반에 걸친 구조적 변화를 요구하는 사안이다. 이를 해결하기 위해서는 기존 체제의 한계를 인식하고 새로운 패러다임으로 나아가는 노력이 필요하다. 즉, 지속 가능한 발전을 위한 새로운 경제 모델과 정책이 필요하며, 이는 모든 이해관계자가 협력하여 지속 가능한 미래를 만들어 나가는 방향으로 나아가야 한다.

8. 현대 자본주의 체제의 미래 전망

현대 자본주의 체제는 그 자체의 특성으로 인해 인류가 직면한 여러 문제를 해결하기에는 근본적인 한계를 지니고 있다. 이 체제는 지속적인 경제 성장을 추구하며, 이 과정에서 자연자원의 남용과 환경 파괴를 불가피하게 동반한다. 기후 변화와 지속 가능성의 위기는 이러한 성장 모델의 필연적 결과물이다. 자본주의는 이윤 극대화를 목표로 하기에, 환경 보호와 같은 장기적이고 공익적인 목표는 우선순위에서 밀려나기 쉽다. 이는 결국 기후 재앙을 초래하며, 인류의 생존 기반을 위협하는 상황으로 이어진다.

또한, 현대 자본주의는 구조적으로 극단적인 빈부 격차와 사회적 불평등을 심화시킨다. 부의 집중은 소수에게만 혜택을 주며, 다수의 사람은 상대적 빈곤 속에서 고통받는다. 이러한 불평등은 사회적 갈등을 증폭시키고, 민주주의의 근간을 위협한다. 부르주아 민주주의는 형식적으로는 존재하나, 실질적으로는 경제 권력에 의해 좌우되는 경우가 많다. 이는 사회 구성원들의 정치적 무관심과 불신을 초래하며, 궁극적으로 민주주의의 붕괴를 가속화한다.

현대 자본주의 체제는 이러한 문제들을 해결할 능력을 갖추지 못한 채, 오히려 악화시키고 있다. 체제 내에서 제기되는 개혁 시도들은 대개 근본적인 변화를 이루지 못하고 표면적인 개선에 그치는 경우가 많다. 이는 자본주의가 지닌 내재적 모순 때문이며, 이러한 모순은 시간이 지남에 따라 더욱 심화될 것이다.

결국 현대 자본주의 체제의 미래는 비관적일 수밖에 없다. 이 체제는 스스로의 모순을 극복하지 못하고 파국으로 치달을 가능성이 크다. 기후재앙과 사회적 불평등이 지속된다면, 현대 자본주의 체제는 결국 파국적 양상의 붕괴를 초래할 것이다. 따라서 우리는 현재의 시스템에 대한 근본적인 재검토와 새로운 대안을 모색해야 할 시점에 와 있다. 낙관적인 전망은 허용되지 않는다. 지금 우리가 직면한 현실은 더 이상 미룰 수 없는 문제들을 해결하기 위한 과감한 실천을 요구하고 있다.

제 2 장

기축통화 체제의 역할과 한계

1. 기축통화 체제 분석의 필요성과 의의

1.1 현대 세계 자본주의 체제의 작동 방식

현대 세계 자본주의 체제는 기축통화의 기능을 중심으로 작동하며, 경제적·정치적 권력이 특정 국가에 집중되는 양상을 보인다. 특히 미국 달러를 중심으로 한 국제 금융 시스템은 특정 국가가 세계 경제에서 특권적 지위를 누리게 하는 구조를 형성하고 있다. 이 과정에서 기축통화국은 자본주의적 축적의 핵심적인 역할을 수행하며, 초과 이익을 창출하고 불평등을 심화시키는 중심적 위치를 차지한다. 이러한 세계 경제 질서의 이면을 이해하는 것은 국제적 계급 관계와 착취 구조를 분석하는 데 중요한 출발점이 된다.

기축통화국은 단순히 경제적 이익만을 누리는 것이 아니라, 세계적 자본축적 과정에서 독점적 지위와 불균형적인 권력 관계를 유지·강화한다. 이러한 상황에서 기축통화 체제는 자본주의의 본질인 착취와 불평등의 확대를 반영하며, 주변부 국가들에 지속적인 경제적 종속을 강요한다. 따라서 기축통화국의 위치와 특권을 분석하는 것은 현대 세계 자본주의 체제의 작동 방식을 이해하는 데 필수적이며, 이를 통해 자본주의적 축적과 불평등의 구조를 더욱더 명확하게 파악할 수 있다.

1.2 기축통화와 자본주의의 관계 개요

기축통화는 단순한 화폐 기능을 넘어 글로벌 경제 구조에서 핵심적인 역할을 수행한다. 기축통화를 보유한 국가는 무역 거래, 투자, 금융 시장에서 독점적 지위를 가지며, 이를 통해 경제적·정치적 헤게모니를 유지한다. 기축통화국은 기축통화 발행권을 통해 세계 경제의 유동성을 조절하고, 이를 기반으로 초과 축적을 실현한다. 이러한 기축통화 체제는 자본주의적 생산관계와 금융 자본주의의 본질을 반영하며, 글로벌 자본주의 시스템의 불평등한 구조를 강화하는 데 중요한 역할을 한다.

기축통화 체제는 자본주의적 축적 과정에서 필연적으로 발생하는 계급적 착취와 불평등을 세계적으로 확장하는 수단으로 작동한다. 기축통화국은 자신의 화폐를 세계 경제의 표준으로 설정함으로써, 생산과 유통의 초국적 네트워크를 통제하며 잉여가치를 흡수한다. 이 과정은 자본주의의 핵심 모순인 착취와 불평등의 재생산을 보여주는 사례이며, 이를 통해 기축통화 체제가 자본주의 상부 구조에서 어떤 역할을 하는지가 드러난다.

1.3 세계적 계급 질서의 재생산 기제

우리는 자본주의 경제를 노동과 자본의 착취 관계를 중심으로 분석한다. 이러한 분석 틀은 기축통화 체제가 단순히 국가 간 경제 격차를 초래하는 구조적 장치가 아니라, 세계적 계급 관계의 심화와 재생산을 촉진하는 기제로 작동한다는 것을 보여준다. 생산수단의 소유와 통제로 인해 발생하는 계급적 갈등이 자본주의 체제의 본질이며, 기축통화국의 경제적 특권은 결국 이러한 갈등의 표현인 것이다.

기축통화 체제는 노동과 자본, 중심부와 주변부 간의 착취 관계를 세계적으로 확장시킨다. 중심부 국가인 기축통화국은 이러한 관계를 통해 잉여가치를 주변부 국가로부터 빨아들이며, 자신들의 경제적·정치적 지배력을 강화한다. 이런 관점에서 기축통화국은 단순한 경제적 특권을 넘어, 자본주의 세계 질서의 계급적 모순을 유지하고 심화시키는 역할을 한다. 이러한 분석은 단순히 기축통화국의 이익을 규명하는 것을 넘어, 현대 자본주의 체제의 불평등 구조를 비판적으로 이해할 수 있게 한다.

2. 기축통화 체제의 형성과 발전

2.1 브레튼우즈 체제와 기축통화의 등장

2.1.1 브레튼우즈 체제의 탄생 배경

브레튼우즈 체제는 제2차 세계대전 이후 국제 경제 질서를 재건하기 위해 1944년 미국 뉴햄프셔주의 브레튼우즈에서 개최된 국제회의에서 구축된 글로벌 금융 시스템이다. 이 체제는 국제 무역과 금융 안정을 보장하고, 대공황과 같은 경제적 혼란을 방지하며, 장기적인 세계 경제 성장을 도모하기 위해 설계되었다. 전쟁 이후 막대한 경제적 피해를 입었던 유럽과 아시아 국가들은 경제 재건이 절실했으며, 이를 지원할 수 있는 안정적 금융 체제가 필요했다. 이러한 배경에서 미국의 경제적·군사적 우위는 브레튼우즈 체제를 설계하는 데 결정적 역할을 했다.

브레튼우즈 체제는 금본위제를 기반으로 하되, 미국 달러를 중심으로 한 새로운 국제 통화 질서를 확립했다. 미국은 당시 전 세계 금 보유량의 70% 이상을 점유하고 있었으며, 패권적 경제 지위를 통해 달러를 국제적 기준 통화로 만들었다. 이로 인해 달러는 다른 국가의 화폐들이 고정 환율로 연동된 '사실상의 기축통화' 역할을 하게 되었으며, 달러는 금 1온스당 35달러의 고정 가격으로 전환 가능하도록 약속되었다. 이를 통해 미국 달러는 전후 세계 경제 회복의 중심축으로 자리 잡았다.

2.1.2 브레튼우즈 체제에서 미국 달러의 지배적 역할

브레튼우즈 체제는 미국 달러를 세계적 통화 기준으로 삼으면서 미국에 막대한 경제적 이점을 제공했다. 주요 국가들은 자국 화폐의 가치를 달러에 고정시키고, 달러는 금으로 전환 가능하다는 신뢰를 바탕으로 국제 무역과 금융 거래에서 기본 수단으로 사용되었다. 이는 미국이 달러를 발행하는 것만으로도 전 세계로부터 자원을 조달할 수 있는 구조를 형성했다. 특히 미국은 무역 적자를 감수하고도 달러를 무제한으로 공급할 수 있었으며, 이를 통해 달러화의 세계적 유통이 촉진되었다.

이 시기에 미국은 기축통화국으로서 경제적 이점뿐만 아니라 정치적 우위를 확보하게 되었다. 미국은 달러의 국제적 지위를 토대로 글로벌 무역과 금융 시스템에서 우위를 점하며, 경제 위기 시에도 다른 국가들보다 유리한 위치에서 대응할 수 있었다. 더 나아가, 달러의 국제적 위상은 미국의 군사적·정치적 영향력을 뒷받침하는 중요한 기제가 되었다. 예컨대 마셜 플랜과 같은 대규모 경제 원조 프로그램은 달러의 유통을 확대하며 미국의 헤게모니를 강화했다.

2.1.3 브레튼우즈 체제의 모순과 기축통화국의 딜레마

브레튼우즈 체제는 기축통화국인 미국이 세계 경제의 중심에 설 수 있도록 설계되었지만, 초기부터 구조적 모순을 내포하고 있었다. 가장 대표적인 문제는 이른바 '트리핀 딜레마'로 불리는 구조적 딜레마이다. 벨기에 경제학사 로버트 트리핀이 제시한 이 딜레마는 기축통화국이 세계에 충분한 유동성을 공급하기 위해 무역 적자를 지속해야 한다는 사실과 이러한 적자가 장기적으로 기축통화에 대한 신뢰를 약화시킨다는 모순적 상황을 의미한다.

미국이 계속해서 경상수지 적자를 기록하며 달러를 공급하는 경우, 이는 글로벌 경제에서 유동성을 제공해 무역과 투자의 활성화를 도모할 수 있다. 하지만 미국의 무역 적자가 지속되면서 달러 가치가 하락하거나 금 태환 능력에 대한 신뢰가 흔들릴 경우, 브레튼우즈 체제는 근본적으로 위기를 맞게 된다. 이러한 구조적 모순은 이후 브레튼우즈 체제의 붕괴로 이어지는 주요 원인 중 하나가 되었다.

2.1.4 브레튼우즈 체제와 기축통화의 역사적 의의

브레튼우즈 체제는 세계 경제 질서에서 기축통화의 중요성을 부각시키고, 이를 통해 특정 국가에 경제적 특권을 부여하는 구조를 형성했다는 점에서 중요한 의미를 가진다. 특히 미국은 이 체제를 통해 자본주의 세계 경제에서 중심적 위치를 유지하며, 무제한적인 유동성 공급과 전 세계 자본축적의 혜택을 독점했다. 이는 단순한 경제적 지위 향상을 넘어, 정치적·군사적 패권의 기반을 공고히 하는 데 기여했다.

브레튼우즈 체제가 현대 자본주의 체제에 남긴 유산은 두 가지로 나눌 수 있다. 첫째, 이는 세계 경제에서 특정 기축통화국이 얼마나 막대한 특권을 누릴 수 있는지를 보여주었다. 둘째, 기축통화 체제의 지속 가능성은 특정 국가의 경제적 안정성 및 국제적 신뢰에 과도하게 의존한다는 점에서 구조적 취약성을 내포한다는 것을 증명했다. 브레튼우즈 체제는 비록 1971년 닉슨 대통령의 금 태환 정지 선언으로 공식적으로 종료되었지만, 그 유산은 여전히 현대 글로벌 금융 시스템에 영향을 미치고 있다.

결론적으로 브레튼우즈 체제는 기축통화를 중심으로 한 국제 경제 질서의 원형을 제공하며, 세계 자본주의 체제에서 중심부 국가가 어떻게 경제적 지배력을 유지하는지를 보여주는 사례이다. 이 체제를 통해 형성된 미국 달러의 지배적 위치는 오늘날까지 지속되고 있으며, 기축통화국의 경제적 특권과 그로 인한 세계적 불평등을 이해하는 데 중요한 토대를 제공한다.

2.2 1971년 이후 달러의 탈 금본위와 현대 기축통화 체제

2.2.1 금 태환 중단과 브레튼우즈 체제의 붕괴

1971년 8월 15일, 미국의 닉슨 대통령은 더 이상 달러를 금으로 태환하지 않겠다는 결정을 발표했다. 이는 금 1온스당 35달러로 고정 태환하던 브레튼우즈 체제의 종말을 의미하며, 이른바 '닉슨 쇼크'로 불린다. 이 결정의 배경에는 1960년대부터 심화된 미국의 경상수지 적자와 베트남 전쟁으로 인한 막대한 재정 지출이 있었다. 미국의 금 보유량은 감소한 반면, 국외로 유통된 달러는 기하급수적으로 증가하여 달러의 금 태환 능력에 대한 신뢰가 약화되었다. 외국 중앙은행들은 보유하고 있던 달러를 금으로 교환하려는 움직임을 보였고, 이는 미국의 금 보유고에 심각한 부담을 지웠다.

닉슨 대통령의 금 태환 중단 선언은 국제 통화 체제에서 중대한 변화를 초래했다. 달러의 가치는 더 이상 금으로 보장되지 않으며, 시장의 수요와 공급에 따라 환율이 변동하는 변동환율제가 도입되었다. 이는 기축통화인 달러의 근본적인 특성을 변화시켰지만, 그럼에도 국제 무역과 금융 시스템에서 달러의 지배적 역할은 여전히 유지되었다. 오히려 금본위제의 종료 이후 미국은 달러를 기축통화로 활용한 유동성 공급을 더욱 자유롭게 조정할 수 있는 유리한 위치에 서게 되었다.

2.2.2 달러화의 과잉 공급과 유동성의 세계화

탈 금본위 이후, 달러는 실물 자산인 금이 아닌 미국 경제의 신용과 신뢰를 기반으로 가치를 유지하게 되었다. 이 체제하에서 미국은 무역 적자를 감수하면서도 자국 화폐를 무제한으로 발행할 수 있는 특권을 누렸다. 이는 미국이 달러를 세계적으로 유통시키며 국제 경제의 유동성을 공급하는 데 핵심적 역할을 했다. 특히 오일달러 체제가 등장하며 달러의 기축통화 지위는 더욱 공고해졌다. 1970년대 초반 오일쇼크 이후, 주요 산유국과 미국은 석유 거래를 달러로 결제하는 시스템을 구축했다. 이는 달러에 대한 전 세계적 수요를 더욱 강화했고, 유럽·중동·아시아 국가들은 석유 구매를 위해 달러를 필수적으로 확보해야 했다.

이와 동시에 미국은 과잉 공급된 달러를 통해 국제 금융 시장에서 중심국으로 자리 잡았다. 유럽과 일본 등의 은행들은 '유로달러 시장'에서 달러를 활용해 대출과 투자를 확대했으며, 이는 세계 경제의 금융화를 가속화했다. 금융화는 자본축적이 생산 영역이 아닌 금융 영역에서 이루어지는 경향을 의미하며, 미국은 이 과정에서 국제 금융 시장의 중심지로서 막대한 수익을 창출할 수 있었다.

2.2.3 현대 기축통화 체제에서 미국의 경제적 특권

탈 금본위로 인해 달러는 더 이상 실물 자산에 의해 뒷받침되지 않았지만, 미국은 여전히 기축통화국으로서 막대한 경제적 특권을 누리고 있다. 우선, 미국은 무역 적자에도 불구하고 자국 통화를 발행해 국제 거래를 지속할 수 있다는 점에서 독보적인 유리함을 가진다. 이는 '세뇨리지(seigniorage)'로 알려진 화폐 발행의 초과 이익을 통해 실현된다. 미국은 자국의 경제 상황과 무관하게 달러를 발행하여 전 세계에서 제품과 서비스를 교환할 수 있는 구조를 유지하고 있다.

또한, 달러는 세계 금융 시장의 중심축으로 작동하며, 미국 국채는 안정성과 수익성을 동시에 제공하는 주요 투자 자산으로 간주된다. 이는 미국 정부가 막대한 규모의 재정 적자와 부채를 지고 있음에도 불구하고, 다른 국가들로부터 지속적으로 자본을 조달할 수 있게 한다. 미국의 이러한 특권은 다른 국가와의 비대칭적 경제 관계를 심화시키며, 세계 경제체제에서 불평등을 확대하는 데 기여하고 있다.

2.2.4 탈 금본위 이후 기축통화 체제의 모순과 한계

현대 기축통화 체제는 유동성 공급과 경제 안정이라는 측면에서 효율성을 제공했지만, 동시에 몇 가지 구조적 모순을 내포하고 있다.

첫째, 달러의 과잉 공급은 글로벌 금융 시장에서 투기적 자본의 확산을 초래하여 경제적 불안정을 유발할 수 있다. 예컨대, 2008년 글로벌 금융 위기는 미국 금융 시스템에서 출발했지만, 전 세계적으로 심각한 경제적 타격을 미쳤다. 이는 달러 중심의 금융화가 초래한 구조적 취약성을 보여준다.

둘째, 미국 달러에 대한 과도한 의존은 다른 국가들로 하여금 경제 정책의 독립성을 제한받게 한다. 특히 신흥국들은 달러 부족 문제로 인해 외환 위기를 겪거나, 미국의 금리 정책에 의존하게 되는 상황에 직면하기도 한다. 이러한 문제는 기축통화 체제가 미국의 경제적·정치적 이익을 중심으로 설계되었다는 점을 보여준다.

셋째, 중국과 같은 대안적 경제 주체의 부상으로 기존의 기축통화 체제가 도전에 직면하고 있다. 중국은 위안화를 국제화하고 디지털 화폐 개발을 추진함으로써 달러 중심의 금융 시스템을 약화시키려 하고 있다. 이는 현대 기축통화 체제에 드리워진 새로운 불확실성을 반영하고 있다.

2.2.5 현대 기축통화 체제의 역사적 의의

탈 금본위 이후의 달러 중심 체제는 금본위제의 한계를 극복했지만, 동시에 자본주의적 축적 과정에서 새로운 형태의 착취와 불평등을 초래했다. 미국은 달러의 기축통화 지위를 통해 초과 축적을 실현하며, 세계 자본주의 체제의 중심적 위치를 차지하고 있다. 그러나 이 체제는 트리핀 딜레마와 금융화로 인한 경제 불안정, 신흥 경제국의 도전과 같은 구조적 한계를 안고 있다. 이러한 상황은 현대 세계 경제 질서가 자본주의의 본질적 모순을 어떻게 반영하고 있는지 보여준다.

결론적으로, 금본위제의 폐지 이후에도 달러는 여전히 세계 경제의 중심축으로서 기능하며, 미국에게 경제적 특권을 제공하고 있다. 그러나 현대 기축통화 체제는 내재적 모순과 도전 요인에도 직면하고 있으며, 이는 자본주의 세계 체제의 지속 가능성과 관련하여 심각한 의문을 불러일으키고 있다.

3. 기축통화국이 갖는 이익: 자본주의적 분석

3.1 기축통화의 발행권과 '세뇨리지 효과'

3.1.1 기축통화 발행권의 본질과 경제적 의의

기축통화국은 세계 경제에서 통용되는 공인된 통화를 발행할 수 있는 특권을 가진다. 이 특권은 단순히 화폐를 발행하는 능력을 넘어서, 국제 무역과 금융 활동에서 해당 화폐가 중심적 역할을 한다는 점에서 경제적으로 중요한 의미를 지닌다. 기축통화는 다른 국가들이 자국의 외환보유고로 축적하고, 무역·투자·금융 거래에서 기본 단위로 사용되므로, 기축통화 발행국은 세계 경제의 유동성을 조절하는 독점적 지위를 누릴 수 있다.

이와 같은 발행권의 핵심적인 경제적 효과 중 하나는 '세뇨리지(seigniorage) 효과'이다. 세뇨리지란 화폐 발행 비용과 화폐의 명목 가치 사이의 차익을 의미하며, 기축통화국은 세계적으로 통용되는 화폐의 발행을 통해 이러한 차익을 국제적으로 실현할 수 있다. 예를 들어, 미국은 자국 내에서 소비하거나 투자할 필요 없이 달러를 발행해 해외로 유통시키는 것만으로도 실물 자산과 재화를 얻을 수 있다. 이러한 기축통화 발행 특권은 자국 경제의 내부적 한계를 넘어 세계적 자본축적과 수익 창출을 가능하게 한다.

3.1.2 무역 적자와 기축통화국의 유동성 공급

기축통화국은 무역 적자를 지속하더라도 경제적으로 불리한 위치에 놓이지 않을 수 있다. 일반적으로 무역 적자는 한 국가가 해외로 나가는 자본보다 국내로 들어오는 자본이 적다는 것을 의미하며, 이는 경상수지 악화로 이어질 가능성이 있다. 하지만 기축통화국의 경우 무역 적자가 발생하면, 그 자체가 결과적으로 달러화와 같은 기축통화의 유통을 전 세계적으로 확대하는 효과를 낳는다. 다른 국가들은 기축통화인 달러를 확보하기 위해 수출을 통해 미국으로 물품을 판매하거나 자본을 투입하게 된다.

이로 인해 미국은 세계 경제에 유동성을 공급하면서도 경제적 부담을 최소화한다. 미국이 무역 적자를 기록하더라도, 다른 국가들은 달러를 확보하기 위해 미국의 경제적 중심성을 유지하게 된다. 특히, 해외 국가들은 수출 대금을 달러로 받거나 달러 표시 자산에 투자함으로써 자신들의 외환 보유고를 유지하려 한다. 이는 기축통화국이 무역 불균형을 감수하면서도 세계 경제에서 주도권을 잃지 않는 구조적 이점을 보여준다.

예를 들어, 미국은 20세기 후반 이후 지속적으로 경상수지 적자를 기록하면서도 달러를 국제적으로 발행하여 유동성 공급자로서의 역할을 수행해왔다. 이 과정에서 달러는 다른 국가들이 금융 및 무역 거래를 용이하게 하는 동시에, 미국은 이러한 상황을 통해 외국 자본과 자원을 지속적으로 유치할 수 있는 특권을 누렸다.

3.1.3 세뇨리지 효과가 가져오는 경제적 특권

세뇨리지 효과는 기축통화국이 초과 이익을 창출할 수 있는 독점적 구조를 형성한다. 기축통화국은 화폐 발행 비용이 매우 낮음에도 불구하고, 해당 화폐를 세계 경제에서 사용하게 함으로써 명목 가치와 실질 가치를 교환할 수 있는 구조를 가지게 된다. 이는 자국 내 인플레이션 리스크를 최소화하면서 실물 경제의 부를 흡수하는 형태로 작동한다.

구체적으로, 미국 정부는 달러를 발행한 후 이를 대외적으로 유통시키며, 외국 중앙은행이나 민간 투자자들이 이를 보유하게 만든다. 이 과정에서 미국은 달러 표시 국제 자산, 특히 미국 국채를 판매하고, 이를 통해 자금을 조달한다. 이때 미국은 시장에서 낮은 금리로 자금을 빌릴 수 있으며, 그에 따른 이자 비용도 상대적으로 낮아진다. 동시에 외국 투자자들은 안전 자산으로 간주되는 미국 국채를 지속적으로 매입함으로써 미국에 자본을 더욱 집중적으로 유입시키게 된다.

이와 같은 세뇨리지 효과는 단순히 경제적 이익에 그치지 않고, 기축통화국의 정치적·외교적 영향력을 강화하는 데 실질적인 힘을 부여한다. 기축통화국은 자국 화폐를 세계적으로 유통시키면서 글로벌 금융 시스템의 중심축으로 기능하며, 다른 국가들의 경제적 결정을 사실상 조율할 수 있는 역량을 보유하게 된다.

3.1.4 기축통화 발행권의 한계와 모순

기축통화 발행권과 세뇨리지 효과는 기축통화국에게 막대한 이점을 제공하지만, 동시에 몇 가지 구조적 모순을 내포하고 있다. 우선, 지속적 화폐 공급은 무질서한 유동성 과잉을 초래할 수 있고, 이는 거시 경제적 불안정성을 야기한다. 특히, 금융화가 심화된 현대 자본주의에서는 기축통화국이 초래한 유동성 과잉이 전 세계적으로 투기적 자본의 흐름을 부추길 수 있는 구조적 위험을 내포하고 있다.

또한, 기축통화국의 경제적 신용이 약화될 경우, 해당 화폐에 대한 신뢰가 하락하면서 글로벌 경제체제가 혼란에 빠질 가능성이 있다. 예를 들어, 2008년 글로벌 금융 위기 당시 미국의 금융 시스템이 동요하면서, 세계 경제가 동반 위기를 겪었던 사례는 기축통화국의 불안정성이 어떻게 전 지구적 위기로 확산될 수 있는가를 보여준다. 이는 기축통화 체제가 경제적 안정성을 제공하는 동시에, 중심부 국가의 위기로 인해 주변부 국가들이 심각한 위기를 겪게 되는 구조적 취약성을 드러낸다.

3.1.5 세뇨리지 효과의 계급적 착취와 국제적 불평등

세뇨리지 효과는 단순히 기축통화국의 경제적 특권을 설명하는 개념에 그치지 않고, 세계 자본주의 체제에서 나타나는 계급적 착취와 불평등의 기제로 작동한다. 기축통화국은 자국 화폐를 발행하고 이를 통해 실물 자산과 잉여가치를 흡수함으로써 다른 국가들의 노동과 자원을 착취하는 구조를 가지게 된다. 예를 들어, 기축통화국의 유동성 과잉 공급은 세계 경제의 불평등한 자본축적을 심화시키며, 주변부 국가들의 경제적 종속성을 고착화하는 데 기여한다.

특히, 기축통화 체제는 자본주의 중심부 국가가 주변부 국가로부터 잉여가치를 추출하고, 이를 통해 초과 축적을 실현할 수 있는 구조를 형성한다. 이는 기축통화국의 경제적 특권이 단순한 국가 간 불균형에 그치지 않고, 전 지구적 차원에서 계급적 불평등을 재생산하는 수단으로 작동한다는 점에서 주목할 만하다.

결론적으로, 기축통화 발행권과 세뇨리지 효과는 기축통화국에게 막대한 경제적 혜택을 제공하며, 이를 통해 세계 자본주의 체제의 중심 역할을 수행하게 한다. 하지만 이 과정은 불가피하게 세계적 불평등과 착취를 심화시키며, 자본주의 체제의 구조적 모순을 드러내는 핵심적인 사례로 작용한다.

3.2 금융 자본주의와 기축통화국의 초과 축적

3.2.1 금융 자본주의의 등장과 기축통화국의 지배적 역할

20세기 후반부터 세계 경제는 생산 중심의 산업 자본주의에서 금융 중심의 자본주의로 이행했다. 이른바 금융 자본주의는 자본축적이 제조업과 같은 실물 경제에서 이루어지기보다 금융 시스템을 중심으로 이루어지는 구조를 의미한다. 이 과정에서 기축통화국은 세계 금융 시장의 중심지로 자리 잡으며 초과 축적을 실현할 수 있는 독보적인 지위를 확보했다.

기축통화국은 자국 화폐로 국제적 금융 거래가 이루어지도록 만들면서, 금융 자본의 흐름을 효과적으로 통제하고 조율한다. 특히 미국은 기축통화인 달러를 통해 세계적으로 유통되는 금융 자본의 상당 부분을 관리하며, 이를 바탕으로 글로벌 경제에서 경제적 지배력을 강화했다. 자국의 금융 기관, 투자 은행, 헤지펀드 등이 국제 금융 시장에서 지배적 위치를 차지하며 막대한 이익을 창출하는 구조를 형성했다.

금융 자본주의는 기축통화국의 자본축적에 있어 중요한 변화를 가져왔다. 과거 산업 자본주의에서는 생산 요소의 활용과 노동을 통한 잉여가치 창출이 중심이었다면, 금융 자본주의에서는 금융 상품 거래와 금융 시스템의 확장을 통해 초과 축적이 이루어진다. 기축통화국은 이러한 금융 자본주의의 핵심 플레이어로서 금융 거래의 중심지가 되고, 이러한 거래를 통해 잉여가치를 국제적으로 흡수하며 세계 경제에서 패권적 위치를 유지한다.

3.2.2 국제 금융 시장에서의 기축통화국 지배력

기축통화국은 국제 금융 시스템에서 핵심적 역할을 수행하며, 다른 국가들에 비해 월등한 경제적 이점을 누린다. 우선, 기축통화국은 국제 금융 거래에서 자국 화폐를 사용하도록 강제함으로써 금융 자본의 흐름을 독점적으로 통제한다. 예를 들어, 미국 달러는 외환 거래량의 85% 이상을 차지하며, 전 세계 중앙은행의 외환 보유고 중 약 60%를 구성한다. 이러한 상황은 달러가 글로벌 금융 시장에서 압도적으로 지배적 위치를 차지하고 있음을 보여준다.

기축통화국은 이러한 지배력을 바탕으로 금융 위기 시에도 상대적으로 안정적인 경제적 지위를 유지할 수 있다. 예를 들어, 2008년 글로벌 금융 위기 당시 미국의 금융 시스템이 위기의 진원지였음에도 불구하고, 전 세계적으로 '안전 자산'인 미국 국채에 대한 수요는 오히려 증가했다. 이는 기축통화국이 경제적 불안정 상황에서도 자국 금융 시스템을 중심으로 국제 자본을 흡수할 수 있는 구조적 이점을 보여준다.

또한, 기축통화국은 국제 금융 규제와 정책의 결정 과정에서도 강력한 목소리를 낸다. 미국은 IMF, 세계은행과 같은 국제 금융 기구에서 지배적 영향력을 행사하며, 이를 통해 글로벌 금융 규칙을 자국 중심으로 설정할 수 있다. 이러한 제도적 지배력은 미국이 달러 중심의 금융 시스템을 유지하면서 경제적 특권을 영구적으로 확보하도록 만드는 데 기여한다.

3.2.3 금융화와 신용 창출을 통한 초과 축적

기축통화국은 금융화를 통해 실물 경제에서 창출할 수 있는 잉여 가치의 한계를 뛰어넘는 초과 축적을 실현할 수 있다. 금융화는 자본주의가 실물 생산 중심에서 벗어나 금융 시장과 금융 상품을 중심으로 구조화되는 경향을 의미한다. 이 과정에서 기축통화국은 자국의 금융 시스템을 기반으로 세계적으로 거대한 신용 창출 과정을 주도한다.

기축통화국의 금융화는 자국 화폐를 기반으로 다양한 금융 상품을 발행하고, 이를 세계 금융 시장에서 거래하도록 만들면서 이루어진다. 미국의 경우, 달러 표시 자산(예: 미국 국채, 주식, 파생 상품 등)이 전 세계적으로 거래되며, 이를 통해 글로벌 금융 시장의 수익을 독점적으로 흡수한다. 또한, 미국은 자국 금융 기관과 투자 은행을 통해 초국적 신용 창출을 주도하며, 이를 통해 다른 국가들로부터 자본을 끌어들인다.

금융화의 핵심은 금융 상품 거래와 투기를 통해 축적된 자본이 실물 경제와 무관하게 금융 시장 내에서 작동하는 구조를 형성한다는 점이다. 이는 금융 자본주의의 위험성을 내포하는 동시에, 기축통화국에게는 막대한 경제적 이익을 안겨준다. 기축통화국이 금융 시장 내에서 발생하는 거래 수익, 금융 상품의 가격 변동 수익 등을 통해 과잉 축적을 누리는 것이다. 이는 실물 경제에서 불가능한 수준의 이익을 실현할 기회를 제공하며, 기축통화국의 지위가 더욱 공고해지는 결과를 초래한다.

3.2.4 금융 자본주의와 세계적 불평등의 심화

기축통화국의 금융 자본주의는 세계적 불평등을 심화시키는 구조적 기제로 작동한다. 기축통화국은 자국 금융 시스템을 중심으로 초과 축적을 실현하면서, 주변부 국가들을 금융 시스템에 종속시키는 구조를 형성한다. 주변부 국가들은 기축통화에 대한 의존도가 높아지며, 자본 유출과 외환 부족 등으로 경제적 취약성이 심화된다.

특히, 금융화된 세계 경제에서는 주변부 국가들이 금융 상품에 투자하거나 외채를 통해 자본을 조달해야 하는 상황에 직면한다. 이러한 과정은 기축통화국 중심의 금융 시스템을 강화하며, 주변부 국가들이 기축통화국의 금융 규칙에 종속되는 결과를 낳는다. 이는 세계적 경제 불평등을 증폭시키며, 기축통화 체제가 자본주의의 계급적 모순을 확대하는 데 기여하도록 만든다.

또한, 기축통화국은 금융 위기를 주변부 국가로 전가하는 구조를 가진다. 예를 들어, 미국이 자국의 금융 위기에서 벗어나기 위해 금리를 인상하거나 통화 정책을 변경하면, 이는 신흥국들에게 직간접적으로 심각한 경제 위기를 초래할 수 있다. 이러한 과정에서 기축통화국은 금융 시장에서 중심적 지위를 유지하면서도, 경제 위기의 부담을 주변부로 떠넘기는 방식으로 초과 축적을 실현한다.

3.2.5 기축통화국의 초과 축적과 자본주의의 모순

이런 관점에서 기축통화국의 초과 축적은 자본주의 체제의 근본적 모순을 잘 보여준다. 금융 자본주의는 잉여가치를 창출하기보다 금융 상품 거래와 투기를 통해 자본축적을 이루며, 이를 통해 착취와 불평등을 세계적으로 심화시킨다. 기축통화국은 이러한 금융 자본주의의 중심에서, 자국 화폐를 통한 금융화와 신용 창출을 활용해 세계 경제에서 막대한 특권을 누리고 초과 축적을 실현한다.

그러나 이러한 과정은 필연적으로 세계적 경제 불균형을 초래하며, 자본주의 체제의 불안정성을 심화시키는 요인으로 작동한다. 금융화된 자본주의는 실물 경제에서의 가치 창출의 한계를 넘어 금융 시스템의 취약성을 확대하며, 위기의 주기를 가속화한다. 이러한 구조적 모순은 기축통화 체제가 자본주의의 계급적 불평등을 유지하고 재생산하는 데 핵심적 역할을 하고 있음을 보여준다.

결론적으로, 기축통화국은 금융 자본주의를 통해 세계적으로 초과 축적을 실현하며, 이를 기반으로 경제적, 정치적 지배력을 유지한다. 그러나 이 과정은 세계 경제의 불안정성과 불평등을 심화시키며, 자본주의 체제의 구조적 모순을 드러낸다.

3.3 무역과 경제 정책의 유연성

3.3.1 기축통화국의 무역 적자 지속 가능성

기축통화국은 국제 경제에서 무역과 금융 활동에서 독특한 유리한 위치를 차지하며, 다른 국가들과 달리 무역 적자를 지속할 수 있는 경제 구조를 가지고 있다. 일반적으로 무역 적자는 한 국가가 수출보다 수입이 많아 국가 외환 보유고가 감소하고 채무가 증가하게 되는 경제적 부담으로 작용한다. 하지만 기축통화국은 자체 화폐가 국제 거래에서 표준으로 사용되기 때문에 무역 적자가 경제적 어려움으로 연결되지 않는다.

예를 들어, 미국은 수십 년간 경상수지 적자를 지속하고 있지만, 이는 달러를 국제적으로 공급하고, 이를 통해 자본 유입을 촉진하는 역할을 한다. 미국은 달러를 발행해서 수입 대금을 지급하고, 다른 국가들은 이 달러를 외환 보유고에 축적하거나 달러 표시 자산(미국 국채 등)을 구매한다. 이 구조는 기축통화국이 무역 적자 상태에서도 경제적 안정성을 유지하면서 세계 경제의 중심 역할을 지속할 수 있게 만든다.

이와 같은 무역 적자의 지속 가능성은 기축통화국의 고유한 특권 중 하나로, 다른 국가들이 달성할 수 없는 형태의 경제적 유연성을 제공한다. 그러므로 기축통화국은 무역 적자로 인해 발생하는 외환 부족 문제에 대한 걱정 없이 자유롭게 수입을 확대하거나 소비를 증대시킬 수 있다. 이는 다른 국가들에게는 부채나 외환 위기로 이어질 수 있는 무역 불균형을 기축통화국이 비교적 평온하게 관리할 수 있음을 보여준다.

3.3.2 경제 정책 운용의 독립성과 유연성

기축통화국은 경제 정책을 운용하는 데 있어 다른 국가들보다 훨씬 더 많은 유연성을 가진다. 특히, 화폐 발행 권한을 기반으로 한 유동성 공급 능력은 기축통화국이 통화 정책과 재정 정책을 자유롭게 조정할 수 있게 한다. 이는 국내외 경제 환경 변화에 빠르게 대응할 수 있는 능력을 제공하며, 이를 통해 글로벌 경제체제에서 불리한 상황에 놓이지 않도록 하는 중요한 장치로 작용한다.

먼저, 기축통화국은 통화 정책을 통해 글로벌 금융 시장을 좌우할 수 있다. 예를 들어, 미국의 연방준비제도(Fed)는 금리 조정과 양적 완화(QE) 정책 등을 통해 미국 경제뿐만 아니라 전 세계 금융 시스템에 영향을 미친다. 2008년 글로벌 금융 위기 이후 연준이 시행한 양적 완화 정책은 달러의 대규모 공급을 통해 경제를 안정시키는 데 기여했으며, 이 과정에서 미국은 자신에게 유리한 조건을 조성하면서도 세계 경제에 유동성을 공급하는 역할을 수행했다.

또한, 기축통화국의 재정 정책은 다른 국가들보다 훨씬 적극적으로 시행될 수 있다. 미국은 대규모 재정 적자를 기록하면서도, 이를 달러 발행과 자국 국채 발행을 통해 충당할 수 있다. 이는 비기축통화국들이 외환 부족이나 신용 악화 위험을 우려하여 재정 정책을 제한적으로 사용하는 것과는 대조적이다. 기축통화국은 이러한 경제 정책의 독립성과 유연성을 통해 경제적 충격을 흡수하고 글로벌 경제의 중심 역할을 계속 유지할 수 있다.

3.3.3 '트리핀 딜레마'와 기축통화국의 구조적 모순

기축통화국의 무역 및 경제 정책의 유연성은 분명한 이점을 제공하지만, 동시에 구조적 모순을 내포하고 있다. 이 모순은 '트리핀 딜레마'로 불리는 상황에서 잘 드러난다. 트리핀 딜레마는 기축통화국이 국제 경제에 충분한 유동성을 공급하기 위해 무역 적자를 지속해야 하지만, 이로 인해 기축통화에 대한 신뢰가 약화될 위험에 직면한다는 딜레마를 의미한다.

    기축통화국은 세계 경제에서 유동성을 공급하는 역할을 맡고 있으므로, 무역 적자를 통해 달러와 같은 기축통화를 세계로 유통시키는 것이 필수적이다. 하지만 이러한 유동성 공급이 지나치게 확대되면, 결국 달러 등 기축통화의 가치와 안정성에 대한 신뢰가 약화될 가능성이 있다. 예를 들어, 미국이 지속적으로 무역 적자와 경상수지 적자를 기록하며 달러를 유통시키는 경우, 이는 달러 가치의 하락 압력을 초래할 수 있다.

    1971년 브레튼우즈 체제가 붕괴한 이유 역시 트리핀 딜레마의 연장선에서 이해할 수 있다. 금본위제를 유지하면서 달러의 과잉 공급이 이루어지자, 결국 미국은 금 태환을 중단했고, 이는 기축통화 체제의 변화를 가져왔다. 오늘날에도 트리핀 딜레마는 여전히 기축통화국에 내재된 모순으로 작동하고 있으며, 이는 현대 글로벌 경제 구조에서 기축통화국의 경제적 특권과 한계를 동시에 보여준다.

3.3.4 불균형한 세계 경제 구조와 기축통화국의 책임

    기축통화국의 무역 적자와 경제 정책 유연성은 전 세계적인 경제적 불균형을 유지하는 데 기여한다. 기축통화국은 자신의 경제적 이익을 위해 무역 및 유동성 정책을 설계하면서, 주변부 국가들에 경제적 비용을 전가하는 구조를 형성한다. 이러한 구조는 세계 경제에서 중심부(기축통화국)와 주변부(비기축통화국) 간의 불평등을 더욱 심화시킨다.

    특히, 기축통화국의 통화 정책은 세계 경제의 다른 참여자들에게 직접적 영향을 미친다. 미국이 금리를 인상하거나 달러 공급을 줄이면, 이는 신흥국과 개발도상국들의 자본 유출과 외환 부족을 초래할 수 있다. 이러한 상황은 기축통화국이 자신의 경제 안정성을 유지하는 반면 주변부 국가들이 경제 위기에 노출되게 만드는 구조적 불균형을 보여준다.

또한, 기축통화국은 이러한 불평등 구조의 책임을 회피하는 경향이 있다. 기축통화국의 초과 축적은 주변부 국가들로부터 자원을 흡수하고 잉여가치를 전유하는 과정을 포함하지만, 주변부 국가들이 겪는 경제적 위기나 불균형에 대한 책임은 지지 않는다. 이는 기축통화국의 특권이 달성되는 과정이 세계 경제의 불평등한 구조와 착취 관계를 강화하고 있음을 시사한다.

3.3.5 기축통화국 정책 유연성의 계급적 의의

비판적 관점에서 보면, 기축통화국의 무역 및 경제 정책 유연성은 단순히 국가 간의 불균형을 넘어 계급적 착취의 한 형태로 이해될 수 있다. 기축통화 체제는 중심부 국가가 자신들의 경제적 특권을 유지하기 위해 주변부 국가의 노동력과 자원을 착취하는 메커니즘을 구축한다. 이는 세계적 차원에서 착취 구조가 재생산되는 과정을 보여준다.

기축통화국의 무역 적자는 단순히 국가 간의 무역 불균형뿐 아니라, 중심부 국가가 자국 화폐를 통해 주변부 국가로부터 잉여가치를 전유하는 통로로 작동한다. 달러와 같은 기축통화의 유통은 자본주의 세계 체제의 불평등과 계급적 모순을 유지하는 핵심적 매개체로 기능하며, 이는 현대 세계 자본주의의 불평등 구조를 심화시킨다.

결론적으로, 기축통화국의 무역과 경제 정책의 유연성은 단순한 경제적 특권을 넘어, 세계 경제의 불평등한 구조를 유지·강화하는 핵심적 기제로 작동한다. 이러한 유연성은 기축통화국의 경제적 안정성을 보장하지만, 동시에 세계적 착취와 불평등을 심화시키는 구조적 모순을 내포하고 있다.

4. 기축통화국과 계급적 착취

4.1 노동 착취와 글로벌 가치 이동

4.1.1 기축통화국과 잉여가치 흡수의 구조

　기축통화 체제는 세계적 차원의 잉여가치 흡수 메커니즘을 중심으로 작동한다. 기축통화국은 자신의 화폐를 국제 거래의 표준으로 설정함으로써 글로벌 자본주의 생산 과정에서 창출된 잉여가치를 다른 국가들로부터 흡수하는 중심 역할을 한다. 특히, 기축통화국은 자국 화폐를 통해 상품 교환과 금융 거래를 독점적으로 지배하며, 잉여가치의 이동 경로를 관리하고 통제한다.

　예를 들어, 미국은 달러를 발행한 뒤 이를 국제 시장에 공급하며, 이를 통해 실물 자산과 노동력이 창출한 잉여가치를 확보한다. 주변부 국가들은 기축통화인 달러를 보유하기 위해 상품을 생산하고 수출하며, 이 과정에서 노동력이 창출한 잉여가치는 기축통화국으로 흡수된다. 이러한 구조는 중심부 국가가 자본주의적 축적의 혜택을 독점적으로 누리면서 다른 국가들에 경제적 종속성을 강요하는 착취 관계를 형성한다.

4.1.2 주변부 국가 노동력과 착취 메커니즘

기축통화 체제는 주변부 국가 노동력을 글로벌 경제에서 착취하는 구조를 강화한다. 주변부 국가들은 대개 저임금 노동력을 바탕으로 상품을 생산하는 역할을 맡으며, 기축통화국은 이를 구매하는 소비국으로 자리 잡는다. 이 과정에서 주변부 국가의 노동력이 창출한 잉여가치는 상품 가격에 포함되어 기축통화국으로 이동하며, 기축통화국은 상대적으로 낮은 비용으로 상품을 소비하거나 재판매함으로써 이익을 얻는다.

또한, 주변부 국가들은 생산 과정에서 발생하는 환경적·사회적 비용을 감당하는 반면, 기축통화국은 이러한 비용을 부담하지 않고 소비 중심 경제를 유지할 수 있다. 이는 기축통화국의 경제적 특권이 주변부 국가의 노동 착취와 자원 고갈을 기반으로 유지된다는 점을 보여준다. 예를 들어, 기축통화국의 다국적 기업들은 주변부 국가에서 저렴한 노동력을 이용해 생산을 확장하며, 이를 통해 글로벌 가치 사슬에서 자신들의 이익을 극대화한다.

4.1.3 잉여가치 이동과 금융 착취

기축통화 체제에서 잉여가치의 이동은 단순히 상품 교환을 통해 이루어지는 것이 아니라, 금융 시스템을 통해 더욱 심화된다. 기축통화국은 글로벌 금융 시장에서 자신들의 화폐를 기반으로 다양한 금융 상품을 거래하며, 이를 통해 잉여가치를 추가로 흡수한다. 예를 들어, 외환 보유고를 유지하기 위해 주변부 국가들은 달러 표시 자산, 미국 국채 등을 구매하며, 이를 위한 달러 지급은 기축통화국으로 향한다.

금융화된 잉여가치 이동은 주변부 국가들에게 경제적 부담을 강화하는 역할을 한다. 주변부 국가들은 외환 보유 필요성으로 인해 기축통화를 확보해야 하며, 이를 위해 국채 발행 등으로 외채를 늘리거나 금융 시장의 투기적 자본을 받아들여야 한다. 이러한 과정은 기축통화국이 자신들의 금융 시스템을 통해 주변부 국가로부터 간접적으로 잉여가치를 전유하도록 만드는 구조를 형성한다.

4.1.4 기축통화국 중심의 가치 사슬과 계급 착취

기축통화 체제는 세계적 가치 사슬을 중심부와 주변부로 나누며, 이를 통해 계급적 착취를 심화시킨다. 중심부의 기축통화국은 고부가가치 산업과 금융 시스템을 통해 초과 이익을 실현하며, 주변부는 저부가가치 산업과 저임금 노동력 중심의 생산 구조에 종속된다. 이는 자본주의적 계급 착취 관계를 국제적 규모로 확장시키는 역할을 한다.

특히, 기축통화국은 글로벌 가치 사슬에서 가치의 이동을 통제하며, 주변부 국가들이 창출한 노동의 산출물이 중심부로 이동하는 구조를 유지한다. 이러한 가치 이동은 주변부 국가들이 자신들의 발전 가능성을 희생하면서 중심부 기축통화국의 경제력을 강화하는 결과를 낳는다. 주변부 국가들은 기술·자본·금융 시장에서 중심부에 종속되며, 이는 세계적 계급 착취 구조를 더욱 고착화한다.

4.1.5 기축통화국 착취 구조의 환경적·사회적 비용

기축통화 체제에서 중심부 기축통화국은 경제적 특권을 누리는 동시에, 생산 과정에서 발생하는 환경적·사회적 비용을 주변부 국가에 떠넘긴다. 예를 들어, 주변부 국가들은 기축통화국의 소비를 충족시키기 위해 원자재를 채굴하거나 제조업을 확장하며, 이 과정에서 환경 파괴와 노동 착취가 심화된다. 반면, 기축통화국은 이러한 비용을 부담하지 않고 자신들의 경제적 안정성을 유지한다.

또한, 기축통화국의 경제 정책과 금융 시스템은 주변부 국가들에게 사회적 비용을 초래한다. 기축통화국이 금리를 인상하거나 통화 공급을 조정하면, 주변부 국가들은 외환 부족과 채무 위기에 직면할 가능성이 커진다. 이러한 구조는 기축통화국이 자신의 경제적 지위를 유지하기 위해 다른 국가들에게 사회적 비용을 부과하는 착취 관계를 반영한다.

4.1.6 기축통화 체제와 노동 착취

기축통화 체제는 자본주의의 계급적 착취 구조를 세계적 규모로 확대하는 메커니즘이다. 노동력의 잉여가치는 중심부 기축통화국으로 이동하며, 이 과정은 주변부 국가에서 저임금 노동 착취와 자원의 고갈을 초래한다. 기축통화국은 이러한 착취 구조를 통해 초과 축적을 실현하며, 자본주의 세계 체제의 계급적 모순을 유지하는 데 핵심적인 역할을 한다.

기축통화 체제는 단순히 국가 간 불평등의 문제를 넘어, 자본주의 체제 내부의 계급 착취 관계를 국제적으로 확장한 구조로 이해될 수 있다. 이는 중심부와 주변부 간의 경제적 종속성을 강화하며, 세계적 계급 대립을 심화시키는 결과를 낳는다. 노동 착취와 잉여가치 이동은 현대 기축통화 체제의 본질적 특징이며, 이를 통해 자본주의의 구조적 모순을 드러낸다.

결론적으로, 기축통화 체제는 노동력과 자원의 착취를 통해 중심부 국가의 경제적 특권을 유지한다. 이 구조는 세계적 잉여가치 이동과 불평등을 심화시키며, 자본주의의 계급적 모순을 국제적으로 재생산한다.

4.2 금융 자본의 헤게모니와 세계적 불평등

4.2.1 금융 자본의 초국적 성격과 기축통화국의 지배력

기축통화 체제의 핵심은 금융 자본이 세계 경제에서 지배적인 위치를 차지하며, 기축통화국은 이러한 금융 자본의 흐름을 통제하고 관리하는 역할을 한다는 점이다. 금융 자본은 단순히 국가 내에서 축적되는 것이 아니라, 초국적 성격을 띠며 국경을 초월해 세계적으로 이동한다. 이러한 흐름을 기축통화국이 주도함으로써, 국제 금융 시스템에서 중심적 위치를 확고히 하고, 세계 경제에서 지배적 헤게모니를 확보하게 된다.

기축통화국은 자국 통화로 표시된 금융 상품, 국채, 주식, 파생 상품 등을 전 세계적으로 유통시켜 금융 자본의 축적을 본질적으로 통제한다. 특히 미국은 달러화를 기반으로 한 금융 시스템을 통해 글로벌 금융 시장에서 지배적 위치를 차지하고 있다. 미국 금융 기관들은 글로벌 금융 네트워크의 중심에 놓여 있으며, 이를 바탕으로 국제 자본의 흐름을 지배하고 이익을 극대화한다. 이러한 금융 자본의 초국적 성격은 기축통화국이 세계 경제 무대에서 막대한 영향력을 행사하도록 만든다.

4.2.2 기축통화국의 금융 자본 헤게모니와 불평등 구조

기축통화국은 금융 자본의 헤게모니를 활용해 세계적 불평등을 구조화한다. 기축통화국은 국제 자본의 이동 방향과 속도를 결정하는 위치에 있으며, 이를 통해 자본의 수익성과 안정성을 독점적으로 확보한다. 특히 기축통화국은 자신의 통화를 안전한 자산으로 설계함으로써 대규모 국제 자본을 끌어들일 수 있다. 다른 국가들은 자국 통화보다 기축통화 표시 자산(미국 국채, 달러 기반 금융 상품 등)을 선호하게 되며, 이는 기축통화국으로 자본이 집중되는 결과를 초래한다.

이 과정에서 기축통화국은 자국의 금융 시스템과 통화 중심의 국제 질서를 유지하며, 세계적 차원의 불평등 관계를 심화시킨다. 주로 주변부 국가들은 기축통화를 보유하기 위해 무역 흑자를 만들어야 하거나, 외환 보유고 확충을 위해 고금리 정책을 운영할 수밖에 없다. 이로 인해 주변부 국가의 경제는 기축통화국에 종속되는 형태로 운영되며, 그 결과 기축통화국은 주변부 국가에서 창출된 잉여가치를 지속적으로 흡수한다. 이는 세계 경제가 기축통화국 중심으로 작동하도록 유지하는 구조를 형성한다.

4.2.3 금융 위기와 기축통화국의 위기 전가

금융 자본 중심의 세계 경제는 때때로 금융 위기를 초래하며, 기축통화국은 이러한 위기의 영향을 주변부 국가로 전가하는 구조적 특권을 가진다. 기축통화국은 자신의 통화를 국제적으로 유통시키고, 그 결과 금융 시장에서 발생하는 변동성을 억제하거나 다른 국가들에게 전가할 수 있다. 이는 기축통화국이 금융 위기 상황에서도 상대적으로 안정성을 유지할 수 있는 이유 중 하나다.

예를 들어, 2008년 글로벌 금융 위기는 미국의 금융 시스템 내 부실 자산에서 출발했지만, 그 영향은 전 세계로 확산되었다. 위기 상황에서 달러화의 수요는 오히려 증가했으며, 미국은 달러 발행을 통해 금융 시스템을 안정화했다. 반면, 주변부 국가들은 급격한 자본 유출, 통화 가치 하락, 외환 부족 등으로 심각한 경제 위기에 직면하게 되었다. 이는 기축통화국이 금융 시스템에서 특권적 지위를 이용해 자신의 불안정을 세계적 차원으로 분산시키면서도, 경제적 지배력을 유지할 수 있음을 보여준다.

기축통화국의 이러한 역할은 세계 경제의 불평등 구조를 더욱 고착화한다. 주변부 국가들은 기축통화국의 금융 정책 변화에 민감하게 반응할 수밖에 없으며, 이는 주변부 국가들의 경제적 자율성을 제한하는 결과를 낳는다. 기축통화국은 위기 상황에서도 자본과 자원을 수집하며 세계적 경제 불평등을 심화시키는 반면, 주변부 국가들은 위기의 부담을 전적으로 떠안는다.

4.2.4 금융 자본과 세계적 착취 구조

금융 자본의 헤게모니는 계급적 착취 구조를 국제적으로 재생산하는 주요 메커니즘이다. 기축통화국의 금융 자본은 잉여가치를 창출하지 않으면서도, 주변부 노동자들과 경제 시스템의 생산적 노력을 착취하는 구조를 형성한다. 이는 단순히 국가 간 불평등을 넘어, 글로벌 자본주의 체제에서 금융 부문이 생산 부문을 지배하는 계급적 구조를 보여준다.

기축통화국의 금융 자본은 주변부 국가의 노동력과 자원을 저렴하게 활용해 잉여가치를 흡수하며, 이를 금융 상품화하여 자본축적을 지속한다. 예를 들어, 주변부 국가들은 기축통화를 확보하기 위해 고금리로 외채를 조달하고 이를 갚기 위해 노동력 착취를 강화해야 하며, 이는 노동자 계급의 생활수준을 저하하고 사회적 불평등을 심화시킨다.

금융 자본은 이러한 착취 구조를 보이지 않게 만들며, 이를 통해 자본주의적 축적 과정을 정당화한다. 기축통화국의 금융 상품과 국제 금융 시스템은 실제 노동 없이 이익을 창출하는 방식으로 작동하며, 이는 생산적 노동을 경시하는 동시에 금융 부문을 통한 착취를 강화한다.

4.2.5 금융 헤게모니와 자본주의의 모순

기축통화국의 금융 헤게모니는 자본주의 체제의 모순을 더욱 심화시키는 역할을 한다. 금융 자본은 실물 경제에서 이루어지는 생산과 분리되면서도 세계 경제에서 중심적 역할을 차지한다. 이는 금융 위기의 빈도를 높이고, 금융 시스템의 취약성을 증대시키는 결과를 낳는다. 기축통화 체제는 이러한 취약성을 중심부 국가가 아닌 주변부 국가들에게 전가하며, 세계적 경제 불평등을 심화시킨다.

결국 기축통화국의 금융 헤게모니는 초과 축적을 가능하게 하지만, 이는 자본주의 체제의 한계를 드러내는 동시에 계급적 모순을 심화시킨다. 금융 자본의 지배는 주변부 국가들의 경제적 종속을 심화시키며, 이는 자본주의적 착취 구조를 유지하기 위한 필수적 메커니즘으로 기능한다. 그러나 동시에 이러한 구조적 불평등은 자본주의 체제의 지속 가능성에 대한 의문을 제기하며, 세계 경제의 위기를 반복적으로 초래하는 원인이 된다.

결론적으로, 기축통화 체제는 금융 자본의 헤게모니를 기반으로 작동하며, 이를 통해 중심부 국가인 기축통화국은 세계적 경제 불평등을 고착화하고 주변부 국가를 착취한다. 이는 세계 자본주의 체제의 계급적 모순을 드러내는 중요한 사례이며, 금융 자본 지배가 자본주의의 구조적 한계를 어떻게 심화시키는지 잘 보여준다.

4.3 국가 독점 자본주의와 기축통화의 역할

4.3.1 국가 독점 자본주의란 무엇인가?

국가 독점 자본주의는 자본주의의 발전 단계 중 하나로, 국가가 자본주의적 생산과 축적 과정에 적극적으로 개입하여 독점 자본의 이익을 보호하고 증진하는 체제를 의미한다. 국가 독점 자본주의는 자본의 독점화가 고도로 진행된 상태에서 시장 메커니즘만으로는 자본주의의 위기를 해결할 수 없게 되자, 국가가 적극적으로 경제에 관여하게 되는 현상을 가리킨다. 국가 독점 자본주의는 국가가 자본축적의 중심 역할을 하면서 독점 자본의 이익을 대변하고, 이를 위해 대외 경제적 지배력과 내적인 경제적 안정성을 유지하려는 모습을 보여준다.

기축통화 체제는 국가 독점 자본주의의 작동에서 중요한 역할을 수행한다. 기축통화를 보유한 국가는 글로벌 경제에서의 독점적 지위를 통해 자본축적의 효율성을 극대화하고, 세계적 차원에서 경제적·정치적 패권을 유지한다. 특히, 기축통화국은 국제 무역·금융·투자를 조정하며, 독점 자본의 초과 축적을 지원하는 구조적 역할을 한다. 이러한 모습은 국가 독점 자본주의가 자본주의 세계 체제의 불평등한 구조를 형성하는 데 기축통화를 어떻게 활용하는지를 보여준다.

4.3.2 기축통화국의 국가적 역할: 자본축적의 보증인

기축통화국은 국가의 경제적·정치적 역할을 통해 독점 자본의 축적 과정을 안정적으로 유지한다. 국가 독점 자본주의하에서 국가는 단순히 경제의 규제자로 기능하는 것이 아니라, 자본축적의 보증인으로서 적극적으로 개입하여 독점 자본의 이익을 보장한다. 기축통화국은 이러한 역할을 수행하기 위해 통화 정책, 재정 정책, 국제 협력을 통해 글로벌 경제 시스템을 설계하고 이를 유지한다.

예를 들어, 미국은 달러화의 기축통화 지위를 활용해 대규모 금융 시스템을 구축하고, 이를 통해 독점 자본의 이윤 창출을 촉진한다. 연방준비제도(Fed)가 통화 정책을 조정하고, 국제 금융기구(IMF, 세계은행 등)가 미국 중심의 경제 구조를 유지하는 데 기여하는 메커니즘은 자본축적의 보증인으로서 국가의 역할을 분명히 보여준다. 기축통화국은 이러한 국가적 개입을 통해 자본주의적 축적 과정의 불안정성을 완화하고, 자본의 독점화를 더욱 강화한다.

4.3.3 대외적 지배력과 기축통화의 역할

국가 독점 자본주의는 대외 경제적 지배력을 통해 독점 자본의 이익을 세계적으로 확대한다. 기축통화국은 자국의 통화를 국제 거래에서 표준으로 설정함으로써 자본축적 과정에서 대외적 지배력을 행사할 수 있다. 이는 기축통화국이 단순히 국내 경제 정책에 국한되지 않고, 국제 경제 구조를 설계하고 운영하는 중심적 위치를 차지한다는 것을 의미한다.

달러화는 글로벌 경제에서 대외적 지배력을 행사하는 기축통화의 대표적인 사례다. 미국은 달러화를 통해 국제 무역과 금융 제도를 지배하면서, 독점 자본의 이익을 극대화하고, 다른 국가들의 경제적 의존도를 강화한다. 예를 들어, 석유 거래의 달러화 결제 시스템(오일달러 체제)은 미국의 대외 경제적 지배력을 보여주는 대표적인 사례다. 이를 통해 미국은 국제 자본의 흐름을 통제하며 독점 자본의 초과 축적을 지속하도록 만든다.

기축통화 체제는 이러한 대외적 지배력을 통해 자본주의의 계급적 불평등을 심화시키며, 국가 독점 자본주의의 특징을 강화한다. 기축통화국은 대외적 금융 시스템에서 중심적 역할을 하며, 이를 통해 주변부 국가들이 자본축적 과정에서 종속적 위치를 유지하도록 만든다.

4.3.4 기축통화와 군사적, 정치적 패권

국가 독점 자본주의에서는 자본축적 과정과 군사적·정치적 패권이 밀접하게 연관되어 있다. 기축통화국은 자국 화폐의 국제적 지위를 유지하며 동시에 군사적·정치적 패권을 통해 이를 뒷받침한다. 이는 기축통화국이 단순히 경제적 특권에만 국한되지 않고 군사적·정치적 영향력을 활용해 경제적 불평등 구조를 유지하는 데 기여한다는 점을 보여준다.

미국은 달러화를 기반으로 한 기축통화 체제를 유지하기 위해 군사적·정치적 패권을 적극적으로 사용했다. 미국의 군사력은 달러 결제를 강제하는 역할을 하며, 정치적 영향력은 국제기구를 통해 달러 중심의 금융 체제를 정당화하는 역할을 한다. 예를 들어, 미국은 중동 산유국들과 군사적·정치적 동맹을 형성하여 석유 거래에서 달러 결제가 지속될 수 있도록 보장했고, 이는 미국 경제의 안정성을 유지하면서 기축통화의 역할을 강화했다.

4.3.5 기축통화의 역할과 자본주의 위기의 전가

국가 독점 자본주의하에서 기축통화는 자본주의 체제가 직면한 위기를 주변부 국가로 전가하는 데 핵심적인 역할을 한다. 기축통화국은 자신의 경제적 불안정을 국제적으로 분산함으로써 자국 경제를 보호하고, 이를 통해 독점 자본의 축적을 지속할 수 있다. 이 과정은 중심부 국가와 주변부 국가 간의 불평등을 심화시키며, 자본주의 세계 체제의 계급적 모순을 더욱 강화한다.

예를 들어, 미국이 금융 위기를 겪을 때, 이를 해결하기 위해 대규모 금융 완화 정책(달러 공급 확대)을 시행하면 이후 필연적으로 뒤따르는 달러 회수와 고금리 국면에서 주변부 국가들은 급격한 자본 유출과 통화 불안을 겪게 된다. 또한, 기축통화국의 금리 정책 변화는 주변부 국가들에게 외채 부담을 증가시키고, 경제 위기를 초래할 수 있다. 이러한 과정은 기축통화국이 자신의 경제적 위기를 다른 국가로 전가하면서도, 독점 자본의 초과 축적을 지속하는 구조적 메커니즘을 보여준다.

4.3.6 기축통화국과 국가 독점 자본주의의 모순

기축통화 체제는 국가 독점 자본주의의 핵심적 특징을 드러내며, 자본주의의 계급적 모순을 강화한다. 기축통화는 세계적 차원의 착취 메커니즘으로 작동하며, 이를 통해 자본주의 체제가 중심부 국가의 특권을 유지하는데 기여한다. 그러나 이러한 구조적 불평등과 모순은 자본주의 체제의 지속 가능성을 위협하는 동시에, 계급적 갈등을 심화시키는 원인으로 작용한다.

국가 독점 자본주의와 기축통화 체제는 자본주의의 위기를 일시적으로 완화하는 데 기여하지만, 장기적으로는 세계 경제의 불평등과 구조적 취약성을 심화시킨다. 이 과정에서 노동자 계급의 착취는 더욱 강화되며, 세계적 계급 갈등이 고조된다. 기축통화국의 역할은 이러한 자본주의 모순을 유지하고 재생산하는 데 핵심적인 역할을 한다.

결론적으로, 기축통화 체제는 국가 독점 자본주의의 핵심 메커니즘으로 작동하며, 이를 통해 세계 자본주의 체제의 계급적 불평등을 심화시키는 데 기여한다. 그러나 이는 동시에 자본주의 체제 내 구조적 모순을 드러내며, 자본주의의 지속 가능성에 대한 중요한 의문을 제기한다.

5. 기축통화국의 딜레마와 한계

5.1 트리핀 딜레마와 구조적 모순

5.1.1 기축통화국의 무역 적자와 유동성 공급

기축통화국은 세계 경제에서 필수적인 유동성을 공급하는 중심 역할을 한다. 이를 위해 기축통화국은 무역 적자와 경상수지 적자를 감수하면서 자국 화폐를 국제적으로 유통시킨다. 이는 국제 무역, 금융 거래, 외환 보유 등을 가능하게 하는 필수적 요구사항이다. 만약 기축통화국이 무역 수지 균형을 이루기 위해 화폐 공급을 제한한다면, 이는 세계 경제의 유동성 부족을 초래해 국제 무역과 금융 시스템에 부정적인 영향을 미칠 수 있다.

예를 들어, 미국은 달러화를 국제 유통 화폐로 공급하기 위해 지속적으로 무역 적자를 기록해왔다. 이 과정에서 다른 국가들은 미국에 상품과 서비스를 수출해 달러를 확보하고, 이를 외환 보유고로 사용하거나 달러 표시 자산(미국 국채 등)을 구매한다. 이러한 구조는 달러가 글로벌 경제에서 필수적인 역할을 유지하도록 만든다.

그러나 기축통화국의 무역 적자가 과도하게 누적되면, 결국 기축통화의 안정성에 대한 의문이 제기될 수 있다. 기축통화에 대한 신뢰는 해당

통화가 가치를 안정적으로 유지할 수 있다는 믿음에 기반을 두고 있기 때문에, 지속적인 적자는 기축통화의 신뢰를 약화시킨다. 이는 기축통화국이 유동성을 공급하면서 직면하는 구조적 모순을 보여준다.

5.1.2 기축통화에 대한 신뢰와 취약성

트리핀 딜레마에서 가장 중요한 요인은 기축통화에 대한 신뢰이다. 기축통화는 단순한 화폐가 아닌, 세계 경제에서 신뢰와 안정성의 상징으로 기능한다. 다른 국가들은 기축통화를 외환 보유로 축적하거나 국제 거래의 결제 수단으로 사용하기 때문에, 해당 통화의 신뢰가 약화되면 국제 금융 시스템 전체가 위기에 처할 수 있다.

기축통화국이 무역 적자를 통해 과도한 유동성을 공급하게 되면, 세계 경제는 단기적으로는 원활하게 작동할 수 있다. 그러나 장기적으로는 기축통화의 가치 하락, 인플레이션 위험, 환율 변동성 증가 등이 발생할 수 있다. 예를 들어, 미국이 지속적으로 경상수지 적자를 기록하면 달러에 대한 신뢰는 약화될 수 있으며, 이는 달러화의 국제적 지위에 부정적인 영향을 미칠 수 있다.

역사적으로 브레튼우즈 체제 붕괴는 이러한 신뢰의 취약성을 잘 보여준다. 1971년까지 미국은 금본위제를 유지하며 달러에 대한 신뢰를 보장했지만, 금 태환 중단 이후 신뢰의 기반이 사라지면서 국제 금융 시스템은 변동환율제로 전환되었다. 현대 기축통화 체제에서도 이러한 신뢰의 취약성은 기축통화국이 직면하는 중요한 도전 과제로 남아 있다.

5.1.3 현대 기축통화 체제와 트리핀 딜레마의 지속

현대 기축통화 체제에서는 금본위제가 없기 때문에 기축통화국의 유동성 공급은 전적으로 해당 국가의 경제적 신뢰와 금융 시스템의 안정성에 의존한다. 특히 미국 달러는 금본위제에서 벗어난 이후에도 기축통화로서의 지위를 유지하고 있지만, 트리핀 딜레마의 구조적 모순은 여전히 해결되지 않은 채 존재한다.

미국은 계속해서 무역 적자와 경상수지 적자를 기록하며 달러를 세계 경제에 공급하고 있다. 이러한 상황은 국제 경제에서 달러의 중심적 위치를 공고히 하지만, 동시에 달러화에 대한 신뢰를 약화시킬 가능성도 존재한다. 특히, 미국의 재정 정책이나 통화 정책이 글로벌 경제에 미치는 영향은 더욱 커졌으며, 이는 트리핀 딜레마가 현대 기축통화 체제에서 여전히 핵심적 문제로 작용하고 있음을 보여준다.

또한, 달러에 대한 대안으로 위안화, 유로화, 디지털 통화 등의 부상이 논의되고 있는 상황은 트리핀 딜레마로 인한 현대 기축통화 체제의 취약성을 잘 반영한다. 미국의 경제적 지위와 글로벌 금융 시스템의 중심성이 약화될 경우, 새로운 대체 통화의 부상으로 인해 기축통화 체제가 재편될 가능성이 있다.

5.1.4 트리핀 딜레마와 자본주의적 모순

트리핀 딜레마는 단순한 경제적 문제가 아니라 자본주의 체제의 본질적 모순의 표현이다. 자본주의는 끊임없는 축적과 확장을 필요로 하지만, 이러한 축적 과정은 내부적으로 불평등과 불안정을 동반한다. 기축통화 체제는 세계적 착취 구조를 유지하기 위한 자본주의의 핵심 기제로 작동하면서, 동시에 자본주의 체제의 구조적 모순을 드러낸다.

트리핀 딜레마는 기축통화국이 불균형하고 불안정한 상태에서 세계 경제를 운영하며, 자신의 이익을 극대화하는 동시에 전체 체제의 불안정을 초래하는 과정을 보여준다. 이는 기축통화국이 세계적 불평등을 심화시키고, 주변부 국가를 종속시키는 가운데 자본주의적 축적 과정을 지속하는 메커니즘으로 작용한다.

결론적으로, 트리핀 딜레마는 기축통화국이 직면하는 구조적 모순과 이를 통해 드러나는 자본주의 체제의 한계를 잘 보여준다. 기축통화 체제는 국제적 유동성을 보장하는 동시에, 기축통화국의 불안정성과 신뢰 약화를 내포하며, 이러한 딜레마는 현대 경제에서 자본주의의 근본적 문제를 이해하는 데 중요한 실마리를 제공한다.

5.2 새로운 다극 체제와 도전

5.2.1 세계 경제의 다극화와 기축통화 체제의 변화

20세기 후반과 21세기 초반에 들어서면서, 세계 경제는 과거의 일극 중심 구조(즉, 미국 달러 중심의 기축통화 체제)에서 점차 다극화된 경제체제로 변화하고 있다. 국제 무역과 금융 시장에서 중심적인 역할을 수행하던 미국 달러는 여전히 지배적 위치를 유지하고 있지만, 중국, 유럽 연합 등 새로운 경제 강국들이 부상하면서 기축통화 체제에 도전하는 흐름이 나타나고 있다.

다극화 경제체제는 기축통화 체제를 재편할 가능성을 제기하며, 이는 달러 중심의 경제적 특권에 대한 도전을 포함한다. 특히, 중국의 경제적 부상은 위안화의 국제화를 통해 다극적 기축통화 체제를 형성하려는 노력을 보여준다. 또한, 유럽의 유로화, 일본의 엔화, 심지어 디지털 화폐와 같은 새로운 통화들이 기축통화로서의 가능성을 제시하며 현대 기축통화 체제에 대한 도전을 강화하고 있다. 이러한 변화는 단순히 국가 간 경쟁의 문제를 넘어, 세계 경제 질서에 영향을 미치는 구조적 변화로 이어지고 있다.

5.2.2 중국 위안화와 대안적 기축통화

중국은 세계 경제에서 차지하는 비중이 급격히 증가함에 따라 위안화의 국제화를 적극적으로 추진하고 있다. 특히, 중국은 2016년 국제통화기금(IMF)의 특별인출권(SDR)에 위안화를 포함시킴으로써 위안화가 국제 통화로서의 위상을 일부 확보했다. 중국은 위안화를 국제 무역과 금융 거래에서 더 널리 사용하기 위해, 양자 및 다자간 무역 합의에서 위안화를 결제 통화로 활용하며 기축통화로서의 역할을 확대하고 있다.

중국은 또한 '일대일로' 정책을 통해 위안화의 국제적 수요를 증가시키고 있다. 일대일로 프로젝트는 글로벌 인프라 개발과 투자 계획을 포함하며, 이를 통해 중국은 주변 국가들과 경제적 연계를 강화하는 가운데 위안화 결제를 확대하는 구조를 구축하고 있다. 이러한 움직임은 달러 중심의 기존 기축통화 체제에 대한 대안을 제시하며, 새로운 다극적 세계 경제체제를 형성하려는 중국의 전략적 목표를 보여준다.

그러나 위안화가 기축통화로서 완전히 자리 잡는 데에는 몇 가지 제약이 있다. 첫째, 중국의 금융 시장 개방과 자본 통제 문제는 위안화의 국제적 신뢰를 제한하는 요인으로 작용한다. 둘째, 중국의 경제 정책은 때때로 예측 가능성이 낮아 국제 금융 참가자들에게 신뢰를 주기 어렵다. 따라서 중국이 위안화를 기축통화로 부상시키기 위해서는 더욱 안정적이고 투명한 경제 시스템을 구축해야 하는 과제를 해결해야 한다.

5.2.3 디지털 화폐의 부상과 기축통화 체제의 잠재적 변화

디지털 화폐, 특히 중앙은행 디지털 화폐(CBDC)의 발전은 기존 기축통화 체제의 변화를 초래할 수 있는 중요한 도전 요소로 여겨진다. 디지털 화폐는 기존의 물리적 화폐 시스템을 대체하거나 보완하며, 거래 효율성을 높이고 금융 시장의 투명성과 안정성을 강화하는 잠재력을 지니고 있다.

중국은 디지털 위안화를 개발하고 국제적으로 유통하려는 노력을 보여주며, 이를 통해 달러 중심의 기축통화 체제를 약화시키려는 전략을 구사하고 있다. 디지털 위안화는 국가 간 거래를 더욱 편리하게 만들고, 전통적인 결제 시스템의 의존도를 낮추며, 중국의 금융 독립성을 강화할 수 있는 도구로 이용되고 있다.

한편, 국제적으로 디지털 화폐가 기축통화로 자리 잡기 위해서는 몇 가지 주요 과제가 해결되어야 한다. 첫째, 디지털 화폐의 안정성과 신뢰성 확보가 필수적이다. 디지털 화폐는 기술적 안전성과 해킹 위험을 극복해야 하며, 국제 금융 시스템의 참여자들에게 신뢰를 제공할 수 있어야 한다. 둘째, 디지털 화폐가 국제 무역과 금융 거래에서 기존의 결제 통화를 대체할 만큼 널리 사용되려면 각국 정부와 민간 금융계의 협력이 필요하다.

디지털 화폐는 기존 기축통화 체제에 대안을 제공할 수 있는 도구로 여겨지지만, 그 부상은 여전히 불확실하며 초기 단계에 머무르고 있다.

5.2.4 다극 체제가 초래하는 기축통화국의 도전과 딜레마

새로운 다극 체제는 기존 기축통화국에게 여러 도전 과제를 제시한다. 전통적으로 기축통화국은 단일 중심적 경제 구조를 통해 경제적·정치적 이익을 극대화해 왔다. 그러나 다극화된 세계 경제에서는 기축통화국의 지배적 위치가 약화될 가능성이 있으며, 이는 기축통화국의 구조적 특권을 위협한다.

특히, 미국은 달러화의 지배력을 유지하기 위해 금융 시장의 안정성과 신뢰성을 지속적으로 강화해야 하지만, 다극화된 경제에서 그러한 과정은 더욱 어려워지고 있다. 중국 위안화와 디지털 화폐의 부상은 달러 중심 체제에 대한 동시다발적 도전을 제시하며, 미국은 이러한 변화에 대응하기 위해 더 많은 자원과 전략을 투입해야 한다.

또한, 다극 체제는 기축통화국이 세계 경제에서 특권을 유지하기 위해 더욱 정교하고 유연한 정책을 요구한다. 기존의 일극적 구조에서는 기축통화국의 대외 경제 정책이 다른 국가들에게 쉽게 강요될 수 있었지만, 다극화된 체제에서는 여러 강대국 간의 합의와 협력 없이는 경제적 안정성과 유동성이 보장되기 어렵다.

5.2.5 새로운 다극 체제와 자본주의의 구조적 한계

새로운 다극 체제는 자본주의의 구조적 모순을 보여주는 현상으로 이해된다. 자본주의는 자본축적과 경쟁에서 비롯된 불안정성을 내포하며, 기축통화 체제는 이러한 불안정을 일시적으로 완화하는 수단으로 작동해 왔다. 그러나 다극화된 세계 경제는 자본주의의 모순을 더욱 복잡하게 만들면서, 기존 기축통화 체제를 유지하기 위한 점점 더 어려운 도전을 제시한다.

다극 체제의 부상은 기축통화 체제가 자본주의 내 착취와 불평등을 어떻게 유지하는지를 보여주는 동시에, 새로운 경쟁 환경에서 기축통화국의 독점적 지위가 얼마나 취약한지를 드러낸다. 이는 기축통화국이 자신의 특권을 지속하기 위해 더욱 극단적 경제 정책과 국제적 협력을 필요로 한다는 점을 시사하며, 자본주의 체제의 장기적 지속 가능성에 의문을 제기한다.

결론적으로, 새로운 다극 체제는 기존 기축통화 체제에 대한 도전을 강화하며, 이는 세계 경제 구조에 근본적인 변화를 초래할 잠재력을 지니고 있다. 이러한 변화는 기축통화국의 독점적 지위를 약화시키면서, 자본주의 세계 체제의 구조적 한계를 드러낸다.

6. 새로운 탈출구, 스테이블 코인 전략의 의의와 한계

6.1 스테이블 코인 정책의 개요와 핵심 목표

6.1.1 스테이블 코인 정책의 개요

트럼프 정부는 2025년 상반기 미국 상원을 통과한 스테이블 코인 규제 법안(GENIUS Act)을 적극적으로 지지하며, 암호 화폐와 스테이블 코인을 공식 금융 시스템 내로 편입하는 정책을 추진하고 있다. 이 법안은 달러에 연동된 스테이블 코인(USDT, USDC 등)에 명확한 법적 기준을 제시하고, 발행사가 1:1 비율로 준비금을 보유하도록 의무화했다. 준비금은 현금, 예금, 만기 93일 이하의 미국 국채 등으로 구성된다. 트럼프 대통령은 이 정책이 수조 달러의 자금 유입과 암호 화폐 시장의 폭발적 성장을 가져올 것이라고 강조한다.

6.1.2 스테이블 코인 정책의 핵심 목표

트럼프 정부가 추진하고 있는 스테이블 코인 정책의 핵심 목표는 첫째, 미국 달러의 글로벌 패권 유지 및 강화, 둘째, 미 국채 수요 증대와 연방정부 재정 안정화, 셋째, 기존 은행 시스템을 우회한 새로운 글로벌 자본 유입 경로 확보, 넷째, 암호 화폐 산업의 제도권 편입 및 투자 유치로 요약될 수 있다.

6.2 스테이블 코인 전략의 의의

6.2.1 신제국주의적 달러 패권 강화

미국의 스테이블 코인 전략은 현대 자본주의 세계 체제에서 미국이 구축한 달러 패권을 디지털 영역으로까지 확장하려는 신제국주의적 시도라 할 수 있다. 테더(USDT)나 USD코인(USDC)과 같은 스테이블 코인은 블록체인 기술을 통해 전 세계적으로 빠르고 저렴하게 달러를 이전할 수 있게 하며, 실물 화폐가 아닌 디지털 토큰의 형태로도 달러의 지배력을 공고히 한다. 이는 단순히 기술 혁신이 아니라, 미국 금융 자본이 국제 질서에서의 지배적 위치를 유지하기 위한 자본축적의 새로운 방식이다. 이 과정에서 스테이블 코인은 '가상 자본'의 한 형태로, 실물 가치와는 유리된 채 금융 자본의 이윤 추구를 위한 수단으로 기능한다.

6.2.2 착취적 재정 메커니즘

스테이블 코인 발행 구조는 미국 재정에도 착취적 메커니즘을 제공한다. 발행사는 이용자들의 예치금을 바탕으로 미 국채나 현금 등 안전 자산을 준비 자산으로 보유하는데, 이 과정에서 미국 정부는 무이자에 가까운 방식으로 대규모 자금을 조달할 수 있다. 이는 노동자 계급의 세금으로 조성된 국가 재정이 민간 금융 자본의 이윤 추구에 이용되는 구조로, 자본주의적 착취의 새로운 형태라 할 수 있다. 더 나아가, 스테이블 코인은 개도국의 통화 불안정과 자본 유출입을 이용해 미국 중심의 국제 금융 질서, 즉 신제국주의적 종속 구조를 더욱 강화한다.

6.2.3 국가와 자본의 유착

미국 정부가 추진한 스테이블 코인 규제, 예컨대 2025년 제정된 'GENIUS Act'는 표면적으로는 투명성과 안정성을 위한 입법처럼 보이지만, 실제로는 금융 자본의 이익을 보호하고 독점 자본의 권력을 강화하는 계급적 입법이다. 은행, 정부, 스테이블 코인 발행사가 긴밀하게 결합된 이 구조는 국가와 자본의 유착, 즉 국가기구가 자본의 이윤 극대화에 봉사하는 전형적인 모습이다.

6.3 스테이블 코인 전략의 모순과 한계

6.3.1 자본주의적 불안정성의 심화

이러한 스테이블 코인 전략은 자본주의의 내재적 불안정성을 오히려 심화시킨다. 스테이블 코인 발행사가 대규모로 미 국채를 준비 자산으로 보유하는 행위는, '국채에 기반한 가상 자본의 팽창'이라는 자본주의적 모순을 재현한다. 실물 경제와 유리된 금융 자본의 팽창은 경제적 불안정성을 키우며, 위기 상황에서는 준비 자산의 급격한 투매와 유동성 위기가 사회 전체로 전가된다. 실제로 2023년 USDC의 실리콘밸리은행 사태에서 보듯, 위기 시 손실은 사회화되고 이익은 사적 자본에 집중되는 구조적 모순이 반복된다.

6.3.2 계급적 갈등의 격화

스테이블 코인 확대는 통화 발행권이라는 공공재를 민간 금융 자본에 넘기는 결과를 낳으며, 이는 곧 자본의 국가 장악 심화와 노동 계급의 금융 예속 강화로 이어진다. 특히 개도국에서는 스테이블 코인을 통한 달러화가 자본 유출입을 촉진하고, 자국 통화와 금융 시장의 불안정을 심화시킨다. 이는 신식민지적 종속과 착취의 현대적 재현이라 할 수 있다.

6.3.3 체제 유지의 모순

미국이 추진하는 규제 프레임워크는 자본주의의 본질적 무정부성과 충돌한다. 이윤 추구가 최우선인 자본주의 체제에서, 준비 자산의 위험 투자와 투명성 문제는 필연적으로 반복될 수밖에 없다. 또한, 테더의 비미국 지분 구조 등은 제국주의 국가 간의 이해관계 대립과 국제적 규제 협력의 한계를 드러낸다. 이는 자본주의 체제하에서 진정한 국제적 규제 협력이 불가능함을 보여준다.

6.4 계급투쟁적 전망

결국 미국의 스테이블 코인 전략은 자본주의의 근본적 모순을 드러내는 동시에, 금융 자본이 체제 위기를 연명하기 위한 고육지책에 불과하다. 통화 발행권의 사유화와 금융 불안정성의 세계화는 계급적 갈등을 더욱 격화시킬 것이며, 이에 맞선 노동 계급과 글로벌 남부 국가들의 연대와 저항이 새로운 계급투쟁의 전선이 될 수 있다.

7. 기축통화 체제 문제의 대안과 근본적 해법

7.1 대안적 국제 통화 질서의 필요성

현대 기축통화 체제는 중심부 국가의 경제적 특권을 유지하는 동시에 세계 자본주의 체제 내 불평등과 착취를 지속한다. 그러나 다극화된 세계 경제의 부상과 위안화·디지털 화폐와 같은 대안적 통화의 도전은 기축통화 체제가 미래에도 지속 가능할지에 대한 의문을 제기한다. 특히, 기존 기축통화 체제가 불평등을 심화시키는 동시에 금융 위기와 같은 불안정을 초래한다는 점에서, 대안적 국제 통화 질서를 모색할 필요성이 점점 더 강조되고 있다.

대안적 국제 통화 질서는 단순히 기축통화국의 대체를 넘어, 전 세계적 차원에서 불평등과 종속 관계를 완화하고 경제적 민주주의를 촉진하는 방향으로 설계되어야 한다. 이는 새로운 형태의 국제 협력을 기반으로 한 다자주의적 통화 체제 구축 및 디지털 기술을 활용한 투명하고 공정한 글로벌 통화 시스템 개발을 포함할 수 있다. 이러한 대안은 현재 기축통화 체제가 가진 구조적 문제를 극복하며, 세계 경제의 지속 가능성을 제고하는 데 일정하게 기여할 수 있다.

7.2 근본적 해법

기축통화 체제는 자본주의 세계 경제의 발전 과정에서 필연적으로 나타난 구조적 산물이다. 이는 자본주의가 국제적 차원으로 확장되며, 자본축적과 유동성 공급을 위한 매개체로 기축통화를 활용했기 때문이다. 그러나 기축통화 체제는 자본주의적 축적의 한계를 드러내는 동시에, 자본주의 세계 체제에서 계급적 긴장과 불평등을 확대하는 데 기여했다.

따라서 기축통화 체제의 문제를 근본적으로 극복하려면, 자본주의적 축적 논리를 탈피하고 세계 경제의 구조적 불평등을 해결할 방안을 모색해야 한다. 이는 단순히 기축통화의 변화를 넘어서, 경제적 착취와 종속 관계를 강제하는 현대 세계 자본주의 체제에서 협력과 공생의 인류 공동체 논리에 기반한 새로운 체제로의 전환을 통해서만 실현될 수 있다.

보론 3

자본주의 사회의
여러 측면

제1장

자본주의 사회의 불로소득: 지대 분석

자본주의는 생산수단의 사적 소유와 시장경제를 기반으로 하는 경제체제이다. 이 체제에서 개인이나 기업은 자본을 투자하고 노동력을 활용하여 이윤을 창출한다. 그러나 자본주의 사회에서는 노동이나 생산 활동 없이도 소득을 얻는 형태가 존재하는데, 이를 '불로소득'이라고 한다. 불로소득은 노동이나 생산적 기여 없이 얻는 소득으로, 주로 자산 소유에서 발생한다. 예를 들어, 토지 임대료, 주식 배당금, 부동산 가치 상승 등은 대표적인 불로소득의 형태이다. 이러한 소득은 생산 활동과 직접 연결되지 않기 때문에 현대 자본주의 사회의 경제적 불평등을 심화시키는 주요 요인으로 지적된다.

현대 자본주의 사회 불로소득은 그 원천으로서의 '지대' 수취라고 할 수 있기에, 불로소득의 분석은 곧 지대에 대한 분석이며, 따라서 지대를 이해하는 것은 현대 자본주의 사회의 불평등과 시스템 작동 방식을 이해하는 데 필수적이다.

1. 지대의 본질

1.1 지대의 정의와 경제적 역할

지대는 경제학에서 특정 자산, 특히 토지와 같은 고정된 자원의 소유자가 그 자산을 이용하거나 사용하도록 허락하는 대가로 받는 소득을 의미한다. 고전파 경제학자들은 지대를 생산 활동과 직접 연결되지 않는 초과 이윤으로 정의하며, 이를 불로소득의 대표적인 형태로 간주했다. 데이비드 리카도는 지대를 토지의 비옥함이나 위치와 같은 자연적 특성에서 비롯된 초과 이익으로 설명했으며, 이는 생산성 차이에 따라 발생한다고 주장했다. 예를 들어, 도시 중심부의 토지가 주변 지역보다 높은 임대료를 받는 이유는 그 위치가 더 많은 경제적 가치를 창출하기 때문이다.

현대 경제학에서는 지대의 개념이 확장되어, 토지뿐만 아니라 독점적 권리, 금융 자산, 특허권 등에서 발생하는 소득도 포함한다. 이러한 지대는 자본주의 사회에서 자원의 배분과 소득 분배에 중요한 영향을 미친다. 특히 지대는 생산 활동 없이도 소득을 창출할 수 있기 때문에 경제적 불평등을 심화시키는 요인으로 작용하고 있다.

1.2 불로소득과 지대의 관계

불로소득은 노동이나 생산적 기여 없이 얻는 소득을 의미하며, 지대는 이러한 불로소득의 대표적인 형태 중 하나이다. 지대는 자산 소유자가 자신의 자산을 활용하거나 타인이 사용하도록 허락함으로써 얻는 소득으로, 이는 생산 과정에서 직접적인 기여를 하지 않아도 발생한다. 예를 들어, 부동산 소유자는 건물이나 토지를 임대함으로써 임대료라는 형태의 지대를 얻는다. 이 과정에서 부동산 소유자는 추가적인 노동이나 생산 활동 없이도 지속적으로 소득을 창출할 수 있다.

지대와 불로소득의 관계는 현대 자본주의에서 더욱 복잡해지고 있다. 금융화된 경제에서는 금융 자산에서 발생하는 이자나 배당금도 일종의 지대로 간주될 수 있으며, 디지털 플랫폼에서는 사용자 데이터를 활용한 광고 수익이 새로운 형태의 지대로 작용하기도 한다. 이러한 다양한 형태의 지대는 노동 소득과 대비되며, 경제적 불평등을 심화시키고 사회적 갈등을 유발할 가능성이 있다.

1.3 지대의 역할에 대한 비판적 시각

지대는 자본주의 사회의 발전에 중요한 역할을 하지만, 동시에 자본주의 사회의 모순을 심화시키는 역할도 한다. 마르크스는 지대를 착취의 한 형태로 간주하며, 자본주의가 노동력을 통해 가치를 창출하는 과정에서 토지 소유자와 같은 비생산적 계층이 이익을 가져가는 구조를 비판했다. 헨리 조지는 토지 소유권이 경제적 불평등의 근본 원인이라고 주장하며, 토지에 대한 단일세(single tax)를 통해 지대를 환수해야 한다고 제안했다.

    현대 경제학자들은 '지대 추구(rent-seeking)'라는 개념을 통해 지대가 초래하는 문제를 분석한다. 지대 추구란 개인이나 기업이 생산성을 높이는 대신 정치적 로비나 독점적 권리를 통해 초과 이익을 얻으려는 행위를 말한다. 이러한 행위는 자원의 효율적인 배분을 저해하고 사회 전체의 경제적 복지 축소와 사회적 불평등 심화를 초래할 수 있다.

2. 지대의 종류

2.1 전통적 지대: 토지와 부동산

지대의 가장 전통적인 형태는 토지와 부동산에서 발생하는 소득이다. 토지 지대는 고전파 경제학자들에 의해 가장 먼저 정의된 개념으로, 토지 소유자가 그 자산을 임대하거나 사용하도록 허락함으로써 얻는 소득을 의미한다. 데이비드 리카도는 토지 지대를 토지의 비옥함, 위치, 희소성 등 자연적 특성에서 비롯된 초과 이익으로 설명했다. 예를 들어, 도시 중심부의 토지는 접근성과 편리함 때문에 주변 지역보다 높은 임대료를 받을 수 있다. 이는 해당 토지가 생산 활동과 직접적으로 연결되지 않더라도 높은 경제적 가치를 창출한다는 점에서 불로소득으로 간주된다.

부동산 지대는 건물이나 주택을 임대함으로써 발생하는 소득을 포함한다. 부동산 시장에서는 자산의 가치 상승과 임대료를 통해 지속적으로 지대를 창출할 수 있다. 특히 현대 자본주의 사회에서는 부동산 투기가 지대 추구의 대표적 사례로 나타나며, 이는 주거 불평등과 같은 사회적 문제를 심화시킨다.

2.2 현대적 지대:
금융 자산, 지식재산권, 디지털 플랫폼

현대 자본주의에서는 지대의 개념이 단순히 토지와 부동산에 국한되지 않고 다양한 형태로 확장되었다. 금융 자산에서 발생하는 이자와 배당금은 현대적 지대의 대표적인 사례이다. 금융 자본은 노동력 없이도 지속적으로 소득을 창출할 수 있는 구조를 가지고 있으며, 이는 불로소득의 한 형태로 간주된다. 예를 들어, 주식 배당금은 기업의 이익이 주주에게 분배되는 방식으로 이루어지며, 이는 자본 소유자가 노동이나 생산 활동 없이 얻는 소득이다.

지식재산권 또한 현대적 지대의 중요한 원천이다. 특허권, 저작권, 상표권 등은 창작물이나 기술에 대한 독점적 권리를 제공하며, 이를 통해 지속적인 수익을 창출할 수 있다. 예를 들어, 제약 회사가 특정 약물에 대한 특허를 보유하면 시장에서 독점적인 판매 권리를 가지게 되어 높은 이윤을 얻을 수 있다. 이러한 독점적 권리는 생산성을 높이는 혁신을 촉진하기도 하지만, 동시에 독점 가격 책정과 접근성 제한 등의 문제를 초래할 수 있다.

디지털 플랫폼에서 발생하는 지대는 현대 경제에서 점점 더 중요한 역할을 하고 있다. 구글, 페이스북과 같은 플랫폼 기업은 사용자 데이터를 활용하여 광고 수익을 창출하거나 서비스를 독점적으로 제공함으로써 지대를 얻는다. 이러한 디지털 지대는 물리적 자원 대신 데이터와 네트워크 효과를 기반으로 하며, 플랫폼 경제에서 새로운 형태의 불로소득으로 자리 잡고 있다.

2.3 기타 형태: 독점 계약 및 국가 보조금

독점 계약이나 정부가 제공하는 보조금도 일종의 지대로 간주될 수 있다. 독점 계약은 특정 기업이나 개인이 시장에서 경쟁 없이 초과 이익을 얻을 수 있는 구조를 제공한다. 예를 들어, 정부가 특정 기업에게 공공 서비스 제공 권한을 독점적으로 부여하면 해당 기업은 경쟁 없이 높은 가격을 책정하여 초과 이윤을 얻을 수 있다.

국가 보조금은 특정 산업이나 기업에 대한 재정 지원으로 나타나며, 이는 생산성을 높이는 데 기여하기도 하지만 때로는 비효율적인 자원 배분과 불공정한 경쟁 환경을 초래할 수 있다. 보조금을 통해 얻는 소득은 노동이나 생산 활동 없이 발생하기 때문에 불로소득의 한 형태로 볼 수 있다.

2.4 다양한 형태의 지대 이해하기

지대는 전통적인 토지와 부동산뿐만 아니라 현대 사회에서 금융 자산, 지식재산권, 디지털 플랫폼 등 다양한 형태로 나타난다. 이러한 다양한 형태의 지대는 현대 자본주의 체제의 작동에서 중요한 역할을 하지만 동시에 경제적 불평등과 사회적 갈등을 심화시킬 가능성이 있다. 따라서 이와 같이 각기 다른 형태의 지대를 이해하고 이에 대해 분석하는 것이 필요하다.

3. 불로소득 자본주의의 특징

3.1 신자유주의와 금융화된 자본주의

　　현대 자본주의는 신자유주의 경제 정책과 금융화의 영향을 크게 받으며, 이 과정에서 불로소득의 비중이 점점 더 커지고 있다. 신자유주의는 시장 중심의 경제 구조를 강조하며, 정부의 개입을 최소화하고 민영화와 자유 무역을 촉진하는 것을 목표로 한다. 이러한 정책은 자산 소유자에게 유리한 환경을 조성하며, 불로소득을 확대시키는 데 기여했다. 예를 들어, 금융 시장의 자유화와 부동산 규제 완화는 자산 소유자들이 토지·부동산·금융 자산에서 더 많은 지대를 추구할 기회를 제공했다.

　　금융화는 경제 활동이 점점 더 금융 부문에 의존하게 되는 현상을 의미한다. 기업들은 전통적인 생산 활동보다는 금융 자산을 통해 이윤을 창출하려는 경향을 보이며, 개인들도 노동 소득보다는 투자 소득에 의존하는 경우가 늘어나고 있다. 이러한 변화는 불로소득이 현대 경제에서 차지하는 비중을 더욱 확대시키며, 마침내 지대 추구가 경제 활동의 중심이 되는 결과를 초래했다.

3.2 글로벌 불균등 발전과 새로운 계급 구조

불로소득 자본주의는 전 세계적으로 불균등한 경제 발전과 새로운 계급 구조를 만들어내고 있다. 자산 소유 여부에 따라 계층 간 소득 격차가 심화되고 있으며, 이는 노동 계층과 자산 계층 간의 갈등을 부추기고 있다. 특히 글로벌화 된 경제에서는 국가 간의 경제적 격차도 확대되고 있다. 선진국은 기술, 금융, 지식재산권 등을 통해 지대를 창출하며 초과 이익을 얻는 반면, 개발도상국은 이러한 구조에서 소외되거나 착취당하는 경우가 많다.

현대 자본주의 사회에서는 새로운 계급 구조가 등장하고 있다. 전통적인 노동자 계급과 자본가 계급 외에도 '지대 수취 계급'이 부상하고 있다. 이들은 노동이나 생산 활동 없이도 토지, 부동산, 금융 자산 등에서 발생하는 지대를 통해 소득을 얻는다. 이러한 계층이 점점 더 많은 부를 축적하며 경제적 불평등을 심화시키고 있다.

3.3 디지털 경제와 데이터 기반 지대

디지털 경제의 성장도 불로소득 자본주의의 특징 중 하나로 꼽힌다. 디지털 플랫폼 기업들은 사용자 데이터를 활용하여 독점적 시장 지위를 확보하고 막대한 지대를 창출하고 있다. 예를 들어, 구글과 페이스북은 광고 수익의 대부분을 사용자 데이터에서 얻으며, 이는 전통적인 노동이나 생산 활동과는 무관한 형태의 소득이다. 이러한 디지털 지대는 플랫폼 기업들이 네트워크 효과를 통해 시장을 독점함으로써 가능해진다.

디지털 경제에서는 데이터가 새로운 '토지'로 간주될 수 있다. 데이터는 무형의 자원이지만, 이를 독점적으로 통제하는 기업들은 막대한 이익을 얻는다. 이는 전통적인 토지 지대와 유사한 방식으로 작동하며, 현대 자본주의 사회에서 불로소득의 중요한 원천으로 자리 잡고 있다.

3.4 불로소득 자본주의의 사회적 영향

불로소득 자본주의는 경제적 불평등뿐만 아니라 사회적 갈등과 정치적 문제도 초래한다. 자산 소유자와 노동자 간의 격차가 커질수록 사회적 긴장은 심화되며, 이는 정치적 극단주의와 대중적 불만으로 이어질 수 있다. 또한, 지대 추구가 경제 활동의 중심이 되면 생산성과 혁신이 저하되고, 장기적으로 자본주의 지속성에도 부정적 영향을 미칠 수 있다.

환경 문제 역시 불로소득 자본주의와 밀접하게 연결되어 있다. 예를 들어, 토지 투기나 천연자원의 과잉 개발은 환경 파괴를 초래하며 지속 가능한 발전을 저해한다. 따라서 불로소득 중심의 경제 구조는 단순히 경제적 문제에 그치지 않고 사회 전반에 걸쳐 광범위한 영향을 미친다.

4. 지대 추구가 초래하는 문제

4.1 경제적 불평등 심화와 부의 세습

지대 추구는 경제적 불평등을 심화시키는 주요 요인으로 작용한다. 지대는 노동이나 생산적 기여 없이 자산 소유자에게 소득을 제공하기 때문에, 자산을 보유한 계층과 그렇지 못한 계층 간의 소득 격차를 확대시킨다. 특히 부동산, 금융 자산, 지식재산권 등에서 발생하는 지대는 자산 소유자에게 지속적으로 부를 축적할 기회를 제공하며, 이는 세대를 넘어 축적되는 경향이 있다. 결과적으로 자산을 보유하지 못한 노동 계층은 상대적으로 더 큰 경제적 고통을 겪게 된다.

예를 들어, 부동산 시장에서의 지대 추구는 주거비 상승과 주택 소유의 어려움을 초래한다. 이는 중산층과 저소득층의 경제적 부담을 가중시키며, 사회적 이동성을 제한한다. 또한, 금융화된 경제에서는 금융 자산에서 발생하는 이자와 배당금이 상위 계층으로 집중되면서 부의 불평등이 더욱 심화된다. 이러한 구조는 경제적 불평등을 고착화시키며, 사회 전반에 걸쳐 불만과 갈등을 증폭시킨다.

4.2 사회적 재생산 위기와 부채: 디플레이션 문제

지대 추구는 사회적 재생산 위기를 초래할 수 있다. 사회적 재생산은 노동력의 유지와 재생산을 포함하며, 이는 주거, 교육, 의료 등 기본적인 삶의 조건에 의해 뒷받침된다. 그러나 지대 추구가 강화되면서 이러한 기본 조건들이 시장화되고, 비용이 증가하게 된다. 예를 들어, 주거비 상승은 가계의 생활비 부담을 증가시키며, 이는 소비 여력을 감소시켜 경제 전반에 부정적인 영향을 미친다.

또한, 지대 추구는 부채-디플레이션 문제를 야기할 수 있다. 많은 사람이 부동산이나 교육 등 필수적인 자원을 확보하기 위해 부채를 감수하게 되고, 이는 가계와 기업의 재정 건전성을 약화시킨다. 만약 경기 침체가 발생하면, 높은 부채 수준은 디플레이션 압력을 가중시키며 경제 회복을 더 어렵게 만든다. 이러한 구조는 장기적으로 자본주의 체제의 존속까지 위협하는 요인으로 작용한다.

4.3 기후 변화와 자원 낭비

지대 추구는 환경 문제와도 밀접하게 연결되어 있다. 토지와 천연자원에서 발생하는 지대를 극대화하려는 행위는 환경 파괴와 자원 낭비를 초래할 수 있다. 예를 들어, 토지 투기로 인해 도시 외곽 지역이 무분별하게 개발되거나 농업용 토지가 상업용으로 전환되는 경우가 많다. 이는 생태계를 훼손하고 지속 가능한 토지 이용을 저해한다.

또한, 천연자원의 과잉 개발은 기후 변화와 환경 악화를 가속화시킨다. 석유·석탄과 같은 화석 연료 자원에서 발생하는 지대를 극대화하려는 기업들은 지속 가능한 에너지 전환에 소극적일 가능성이 크다. 이는 탄소 배출량 증가로 이어지며, 전 세계적으로 기후 위기를 심화시킨다.

4.4 정치적 부패와 비효율성

지대 추구는 정치적 부패와 비효율성을 초래할 위험이 크다. 기업이나 개인이 초과 이익을 얻기 위해 정부 정책이나 규제를 조작하려는 시도는 공공 정책의 왜곡으로 이어질 수 있다. 예를 들어, 특정 기업이 독점권을 확보하거나 보조금을 받기 위해 로비 활동을 벌이는 경우가 많으며, 이는 공공 자원의 비효율적인 배분으로 이어진다.

정치적 부패는 민주주의 체제를 약화시키고 시민들의 신뢰를 저하시킨다. 또한, 지대 추구 행위가 만연하면 생산성 향상이나 혁신보다는 정치적 영향력을 통해 이익을 얻으려는 경향이 강화된다.

5. 자본주의 체제 내적 지대 억제 정책과 근본적 대안

불로소득의 원천인 지대가 현대 자본주의 사회의 경제적 불평등과 양극화를 촉진할 뿐 아니라 사회·정치적으로도 다양한 문제를 일으키고 있다면 지대를 억제하는 다양한 정책이 필요하다. 그러나 정책 당국, 즉 자본주의 국가가 지닌 계급적 본질로 인해 그러한 정책이 철저하게 이루어질 것이라고 기대하는 것은 순진한 생각이다. 따라서 사회의 경제적 불평등과 양극화 완화를 위해 체제 내적 정책의 시행을 촉구하면서도 그것을 극복하기 위한 근본적 대안이 필요하다.

5.1 불로소득 환수 정책

지대를 억제하고 불로소득으로 인한 경제적 불평등을 완화하기 위해 가장 효과적인 방법 중 하나는 불로소득 환수 정책이다. 이는 토지, 부동산, 금융 자산 등에서 발생하는 초과 이익을 세금 형태로 환수하여 공공재로 재분배하는 것을 목표로 한다. 대표적인 사례는 헨리 조지가 제안한 '토지 단일세(single tax)'이다. 조지는 토지에서 발생하는 모든 지대를 세금으로 환수하여 이를 사회 전체의 이익을 위해 사용할 것을 주장했다.

이러한 접근은 토지 소유자가 초과 이익을 독점하지 못하도록 하고, 토지 사용의 효율성을 높이는 데 기여할 수 있다.

현대적으로는 부동산 보유세, 양도소득세, 금융 거래세 등이 불로소득 환수 정책의 일환으로 시행될 수 있다. 예를 들어, 부동산 시장에서 투기를 억제하기 위해 높은 보유세를 부과하거나, 금융 시장에서 초단타 거래와 같은 비생산적 활동에 거래세를 적용하는 방식이 있다. 이러한 정책은 지대 추구를 억제하고 자원의 효율적 배분을 촉진하며, 경제적 불평등을 일정하게 완화하는 데 기여할 수 있다.

5.2 독점 규제와 경쟁 촉진 정책

불로소득의 주요 원천 중 하나는 독점적 권리에서 발생하는 지대이다. 따라서 독점을 규제하고 경쟁을 촉진하는 정책은 지대를 억제하는 데 중요한 역할을 한다. 예를 들어, 디지털 플랫폼 기업들이 사용자 데이터를 독점적으로 활용하여 초과 이익을 얻는 경우, 데이터 접근권을 공정하게 배분하거나 독점적 시장 지위를 제한하는 규제가 필요하다. 이는 플랫폼 경제에서 발생하는 디지털 지대를 줄이고 소비자와 사용자에게 더 많은 혜택을 제공할 수 있다.

특허권과 같은 지식재산권에서도 독점 기간을 줄이거나 공공의 이익을 위해 특정 조건에서 강제 라이선스를 도입할 수 있다. 이러한 접근은 혁신을 촉진하면서도 독점적 권리가 초래하는 비효율성과 불평등을 최소화하는 데 기여할 수 있다.

5.3   지속 가능한 개발과 환경 보호 정책

지대 추구가 환경 파괴와 자원 낭비를 초래한다는 점에서 지속 가능한 개발과 환경 보호를 위한 정책도 지대를 억제하는 중요한 대안이 된다. 예를 들어, 탄소세와 같은 환경 세금은 화석 연료 사용에서 발생하는 지대를 줄이고 친환경 에너지 전환을 촉진할 수 있다. 이는 기업들이 환경 비용을 내부화하도록 유도하며, 장기적으로 지속 가능한 경제 구조를 형성하는 데 기여한다.

또한, 토지 사용 계획과 도시 개발 정책에서 공공의 이익을 우선시함으로써 토지 투기를 방지하고 생태계를 보호할 수 있다. 예를 들어, 도시 외곽 지역의 무분별한 개발을 제한하고 녹지를 보존하는 정책은 토지 지대를 억제하면서도 환경적 지속 가능성을 강화한다.

5.4   사회적 안전망 강화 정책

경제적 불평등과 사회적 갈등을 완화하기 위해서는 사회적 안전망 강화를 통한 재분배 정책이 필요하다. 기본소득이나 공공 주택 제공과 같은 정책은 노동 소득 외에도 안정적인 생활 기반을 제공하며, 불로소득 중심의 경제 구조에서 소외된 계층에게 도움을 줄 수 있다.

특히 주거 문제 해결은 지대 추구를 억제하는 데 중요한 역할을 한다. 공공 주택 공급 확대와 임대료 상한제를 통해 부동산 시장에서 발생하는 초과 이익을 줄이고 주거 안정성을 높일 수 있다.

5.5 생산주의적 자본주의로의 전환 가능성

불로소득 중심의 자본주의 구조를 바꾸기 위해서는 생산주의적 자본주의(Productivist Capitalism)로의 전환이 필요하다. 이는 자산 소유에 기반한 지대 추구보다는 생산성과 혁신에 기반한 경제 구조를 추구한다. 예를 들어, 기업들이 금융 투기보다는 연구개발(R&D)과 기술 혁신에 투자하도록 유도하는 정책이 포함될 수 있다.

이를 위해 정부는 생산성을 높이는 산업에 대한 지원을 확대하고, 비생산적인 활동에 대한 규제를 강화해야 한다. 또한, 교육과 훈련 프로그램을 통해 노동력의 질을 향상시키고 새로운 산업에 적응할 수 있는 환경을 조성해야 한다.

5.6 근본적 대안

지대 추구가 초래하는 문제를 해결하기 위해서는 다양한 정책적 접근이 필요하다. 불로소득 환수 정책, 독점 규제, 지속 가능한 개발, 사회적 안전망 강화 등은 모두 지대를 효과적으로 억제하고 경제적 불평등과 환경 문제를 완화하는 방안이다. 또한, 생산주의적 자본주의로의 전환은 장기적으로 더 공정하고 지속 가능한 자본주의 경제체제를 구축하기 위한 중요한 방향성을 제공한다.

이와 같은 정책들로 불로소득 자본주의가 초래한 극심한 경제적 불평등을 일정 수준 완화할 수 있다고 하더라도 자본가 계급의 이익을 우선하는 자본주의 국가의 계급적 본질과 성격으로 인해 실효성 있는 정책의 추진을 사실상 기대하긴 어렵다. 그 결과 불로소득 자본주의가 단순한 경제적 불평등과 양극화를 넘어 자본주의 체제 그 자체의 존립까지 위협하기에 이르렀다.

각종 지대를 원천으로 하는 불로소득이 현대 자본주의 체제에 깊숙이 내재화되어 체제 내적 정책으로는 치유될 수 없는 이상 근본적 대안은 결국 현대 자본주의 체제 그 자체의 극복을 통해서만 나올 수 있다.

제 2 장

자본주의 사회 과학기술 발전의 계급적 본질

1. 문제의식:
과학기술 발전과 계급 문제의 상관성

자본주의 사회에서 과학기술의 발전은 단순한 기술적 진보를 넘어 사회 구조와 계급 관계에 깊은 영향을 미친다. 과학기술은 생산력의 핵심 요소로 자본주의 생산양식에서 그 발전은 이윤 추구와 자본축적의 논리에 의해 주도된다. 이러한 발전이 사회 전체의 복지로 이어지는가, 아니면 특정 계급의 이익에 집중되는가 하는 것이 중요한데, 안타깝게도 자본주의 사회 과학기술은 자본가 계급의 이윤 극대화 수단으로 기능하며 노동 계급의 소외와 불평등을 심화시키는 역할을 해왔다.

■ 과학기술의 계급적 본질 분석의 필요성

과학기술 발전과 계급 문제의 상관성을 분석하려면 사회의 경제 구조, 즉 생산양식에 주목해야 한다. 생산양식은 생산력(과학기술, 노동력 등)과 생산관계(소유와 통제 방식)로 구성되며, 이 두 요소의 상호작용과 모순이 사회 발전의 동력이자 변동의 원인으로 작용한다. 다시 말해 생산력과 생산관계의 모순이 심화될 때 새로운 생산양식으로의 이행, 즉 사회적 변혁이 일어난다. 자본주의 사회에서 과학기술 발전의 계급적 본질을 밝히기 위해서는 이런 관점에서 생산력과 생산관계, 그리고 계급 구조의 변화를 분석할 필요가 있다.

과학기술은 자본주의적 생산관계 속에서 특정 계급의 이해관계에 따라 발전 방향과 속도가 결정된다. 자본가 계급은 생산수단과 기술의 소유를 통해 노동 계급을 통제하고, 이윤 극대화를 위해 과학기술을 적극적으로 활용한다. 반면 노동 계급은 기술 발전이 노동의 소외, 고용 불안, 소득 격차 심화로 이어지는 현실에 직면한다. 따라서 자본주의 사회 과학기술 발전의 계급적 본질을 규명하는 것은 사회 구조의 모순과 변혁 가능성을 이해하는 데 핵심적이다.

이와 같은 관점에서 자본주의 사회의 과학기술 발전이 갖는 계급적 본질을 체계적으로 분석할 때 비로소 그 사회적 함의와 한계를 파악할 수 있고, 더 나아가 대안적 전망까지 모색할 수 있다.

2. 분석을 위한 기본 관점

2.1 생산력과 생산관계의 변증법적 관계

분석을 위한 기본 관점은 생산력과 생산관계의 변증법적 관계에 주목하는 것이다. 생산력이란 인간이 자연을 변화시키고 통제하는 능력, 즉 노동력과 과학기술, 생산수단 등을 포괄하여 가리키는 개념이다. 생산관계는 그 생산력을 활용하고 분배하는 사회적 관계, 즉 소유 구조와 계급 관계를 의미한다. 기본적 분석 관점은 사회 발전의 근본 동력을 이 두 요소의 상호작용에서 찾는 것이다. 생산력이 발전하면 기존의 생산관계와 충돌하는 모순이 발생하고, 이 모순이 심화되면 사회적 변혁이 촉진된다고 본다. 예를 들어, 자본주의 사회에서 과학기술의 비약적 발전은 생산력을 크게 향상시키지만, 생산수단의 사적 소유라는 생산관계와 충돌하면서 새로운 사회적 갈등과 모순을 야기한다.

2.2 계급 구조와 계급투쟁의 역사적 역할

자본주의 사회의 계급은 생산수단을 소유한 자본가 계급과 자신의 노동력을 팔아 생계를 유지하는 노동자 계급으로 크게 나뉜다. 이 두 계급은 생산수단의 소유와 통제, 잉여가치의 분배를 둘러싸고 근본적 이해관계의 대립을 가진다. 이러한 계급 간의 모순과 갈등이 사회 발전의 원동력이자 역사의 주요 동인이다. 계급투쟁은 생산관계의 변화를 이끌고, 궁극적으로 새로운 생산양식의 탄생으로 이어진다.

이런 관점에서 과학기술의 발전 역시 단순한 기술적 진보가 아니라 계급 구조와 계급투쟁의 산물로 이해된다. 과학기술이 발전할수록 자본가 계급은 생산 과정의 효율성을 높이고 이윤을 극대화할 수 있는 반면, 노동자 계급은 노동의 소외, 실업, 노동 조건 악화 등 새로운 형태의 착취와 억압에 직면한다. 따라서 과학기술 발전은 계급 간 모순을 심화시키는 동시에 이 모순이 일정 수준에 이르면 사회적 변혁의 가능성을 높이는 역할도 한다.

이와 같은 관점은 자본주의 사회에서 과학기술 발전의 계급적 본질을 이해하는 데 필수적이다. 생산력과 생산관계의 모순, 계급 구조와 계급투쟁의 역동성을 통해 우리는 과학기술이 단순히 중립적이거나 모두에게 이로운 것이 아니라, 특정 계급의 이해관계에 따라 발전하고 활용된다는 점을 분명히 알 수 있다. 이러한 분석 틀은 자본주의적 과학기술 발전의 한계와 모순, 그리고 새로운 사회를 향한 대안적 모색의 기초가 된다.

3. 자본주의 사회에서 과학기술 발전의 동인

3.1 자본축적과 이윤 추구로서의 과학기술 발전

　　자본주의 사회에서 과학기술 발전의 가장 중요한 동인은 자본축적과 이윤 추구이다. 자본주의 경제는 이윤을 극대화하려는 자본가 계급의 동기에 의해 움직인다. 과학기술은 생산성을 높이고, 생산비를 절감하며, 새로운 상품과 시장을 창출하는 수단으로 활용된다. 자본가는 경쟁에서 우위를 점하고 더 많은 이윤을 얻기 위해 지속적으로 기술 혁신에 투자한다. 이 과정에서 과학기술은 단순한 생산 도구를 넘어 자본축적의 핵심 수단이 된다. 예를 들어, 자동화와 정보기술의 발전은 노동력을 대체하거나 노동자의 생산성을 극대화함으로써 자본가에게 더 많은 잉여가치를 제공한다. 이처럼 자본주의적 과학기술 발전은 이윤 동기와 불가분의 관계에 있다.

3.2 생산력 발전의 긍정적·부정적 측면

　　과학기술 발전은 생산력의 비약적 향상을 가져온다. 이는 사회 전체적으로 볼 때 상품의 다양화, 생산량 증가, 생활수준 향상 등 긍정적인 효과를 낳기도 한다. 새로운 기술은 노동자의 노동 강도를 줄이고, 더 안전하고 위생적인 작업 환경을 제공할 수 있으며, 소비자에게는 더 나은 상품과 서비스를 제공한다. 그러나 이러한 긍정적 효과는 자본주의적 생산관계 안에서 제한적으로 실현된다. 생산력의 발전이 곧 사회 전체의 복지로 이어지는 것이 아니라 오히려 노동자 계급의 소외와 착취, 불평등 심화로 귀결되는 경우가 많다.

　과학기술의 발전은 노동의 자동화와 탈숙련화, 구조 조정, 실업 증가 등 부정적 결과를 동반한다. 자본가는 기술 혁신을 통해 노동 비용을 줄이고 생산성을 높이지만, 그 결과로 노동자들은 일자리 상실과 임금 하락, 노동 조건 악화 등 새로운 위기에 직면한다. 또한, 기술 발전에 따른 이익은 주로 자본가 계급에 집중되고, 노동자 계급은 그 혜택을 제한적으로만 누린다. 이처럼 자본주의 사회에서 과학기술 발전은 생산력의 발전이라는 긍정적 측면과 계급 간 불평등과 모순 심화라는 부정적 측면을 동시에 지닌다.

　결국 자본주의 사회에서 과학기술 발전의 동인은 이윤 추구와 자본축적이라는 체제의 근본 논리에서 비롯되며, 그 결과는 계급 구조와 사회적 모순의 심화로 연결된다. 과학기술이 사회 전체의 진보와 복지로 이어지기 위해서는 생산력 발전이 생산관계의 근본적 변화를 동반해야 한다는 점에서, 그 본질에 대한 분석의 중요성이 강조되어야 한다.

4. 과학기술 발전의 계급적 본질

4.1 생산수단의 사적 소유와 기술 통제권

자본주의 사회에서 과학기술 발전의 계급적 본질은 생산수단의 사적 소유와 밀접하게 연결되어 있다. 과학기술은 생산수단의 일부로서, 누가 기술을 소유하고 통제하는가에 따라 그 발전의 방향과 사회적 효과가 결정된다. 자본가 계급은 기술 개발과 도입에 필요한 자본과 인프라를 독점하며, 이를 통해 생산 과정 전반을 통제한다. 이 과정에서 과학기술은 자본가의 이윤 극대화와 시장 지배력 강화를 위한 수단이 된다. 기술 혁신의 결과물인 새로운 생산설비, 자동화 시스템, 정보기술 등은 자본가 계급이 독점적으로 소유하고, 노동자 계급은 그 기술을 활용하는 노동력으로만 참여하게 된다. 이러한 구조는 과학기술의 발전이 곧 자본가 계급의 권력과 지배력 강화로 이어지게 만든다.

4.2 기술 발전이 자본가 계급과 노동 계급에 미치는 영향

과학기술의 발전은 계급 간의 불평등을 심화시키는 방향으로 작동한다. 자본가 계급은 기술 혁신을 통해 생산성을 높이고 비용을 절감함으로써 더 많은 잉여가치를 획득한다. 이는 곧 자본축적의 가속화와 시장 지배력 확대, 그리고 경쟁 우위의 확보로 이어진다. 반면 노동 계급은 기술 발전의 부정적 효과에 직면한다. 자동화와 기계화는 노동자의 숙련도를 낮추고, 단순 반복 노동으로 대체하거나 노동자 수를 줄여 실업을 증가시킨다. 또한, 기술 발전에 따라 노동 강도가 높아지고, 노동 과정에서의 인간적 소외가 심화된다.

■ 노동의 탈숙련화와 노동자의 소외

새로운 기술의 도입은 노동자의 숙련을 필요로 하지 않는 방향으로 생산 과정을 단순화한다. 이는 노동자의 전문성 약화와 노동의 가치 하락으로 이어지며, 노동자는 자신의 노동 결과와 생산 과정에서 점점 더 멀어지게 된다. 이러한 소외는 노동의 의미를 상실하게 만들고, 인간적 자아실현의 기회를 박탈한다.

■ 노동 시간, 임금, 산업예비군의 확대

기술 발전은 생산성을 높여 노동 시간 단축의 가능성을 열지만, 실제로는 자본가 계급이 이윤 극대화를 위해 노동 강도를 높이거나 임금을 억제하는 방식으로 활용한다. 또한, 자동화와 구조 조정으로 인해 실업자(산업예비군)가 증가함에 따라 노동 시장에서의 경쟁이 심화되고, 이는 임금 하락과 노동 조건 악화로 이어진다.

결국 자본주의 사회에서 과학기술 발전의 계급적 본질은 생산수단의 사적 소유와 기술 통제권의 독점, 그리고 그 결과로 나타나는 계급 간 불평등과 노동자의 소외, 착취 심화에 있다. 이러한 구조적 모순은 과학기술이 사회 전체의 복지가 아니라 특정 계급의 이익을 위해 발전하고 활용된다는 점을 명확히 보여준다.

5. 과학기술과 계급 지배의 재생산

5.1 과학기술의 정치적·사회적 성격

과학기술은 결코 중립적이거나 순수하게 진보적이지 않다. 과학기술은 특정 계급의 이해관계에 따라 발전 방향과 적용 범위가 결정되는 정치적·사회적 산물이다. 자본주의 사회에서 과학기술은 자본가 계급의 권력 유지와 지배 질서의 재생산에 봉사한다. 예를 들어, 대규모 자동화 시스템이나 감시 기술은 생산 효율성 증대와 동시에 노동자 통제, 저항 억제, 노동력 유연화 등 자본가 계급의 지배 전략과 결합된다. 또한, 과학기술의 발전은 사회적 가치관·교육·연구의 방향까지도 자본의 논리에 종속시키며, 이는 계급 지배의 이데올로기적 정당화에 기여한다.

5.2 국가, 기업, 연구기관의 역할과 계급적 이해관계

과학기술의 발전과 적용에는 국가, 대기업, 연구기관 등 다양한 사회적 주체가 관여한다. 이들은 표면적으로는 공공의 이익과 사회 발전을 내세우지만, 실제로는 자본가 계급의 이해관계를 대변하는 역할을 한다.

국가는 과학기술 연구개발에 대한 투자, 특허 제도, 규제 정책 등을 통해 자본의 이익이 극대화되도록 제도적 환경을 조성한다. 대기업은 연구개발의 주체로서 기술 혁신의 방향을 결정하고, 연구기관은 자본과 국가의 지원 아래 상업적 가치가 높은 연구에 집중한다. 이 과정에서 과학기술은 자본가 계급의 이윤 창출과 계급 지배 재생산의 도구로 기능한다. 반면, 노동 계급이나 사회적 약자를 위한 기술 개발은 상대적으로 소외되거나 제한적으로만 이루어진다.

5.3 기술 혁신과 계급 구조의 재편

과학기술의 혁신은 계급 구조 자체를 변화시키는 힘을 갖고 있다. 자동화, 인공지능, 정보기술 등은 생산 과정의 구조를 바꾸고, 노동 시장에서의 고용 형태와 계급 구성을 재편한다. 기술 혁신은 일부 고숙련 노동자에게 새로운 기회를 제공하지만, 대다수 노동자에게는 일자리 상실, 임금 감소, 불안정 고용 등 부정적 영향을 미친다. 또한, 기술을 소유하고 통제하는 자본가 계급과 그렇지 못한 노동 계급 간의 격차는 더욱 벌어진다. 이 과정에서 새로운 중간 계급이나 기술 전문가 집단이 등장할 수 있지만, 이들 역시 자본의 이해관계에 종속되는 경우가 많다.

결국 자본주의 사회에서 과학기술은 계급 지배의 재생산을 위한 핵심 도구로 작동한다. 기술의 발전과 혁신이 계급 구조를 더욱 고착화하거나 새로운 형태의 계급 분화를 촉진하는 현실은 과학기술이 결코 중립적이지 않음을 보여준다. 이런 관점에서 볼 때, 과학기술의 사회적 성격과 계급적 효과를 분석하는 것은 계급 지배의 본질과 그 재생산 메커니즘을 이해하는 데 필수적이다.

6. 자본주의적 과학기술 발전의 한계와 모순

6.1 생산력 발전과 생산관계의 모순 심화

자본주의 사회에서 과학기술의 발전은 생산력의 비약적 향상을 이끌어내지만, 이는 곧 생산관계와의 모순을 심화시키는 결과를 낳는다. 과학기술의 발전으로 생산성이 크게 증가하면, 이론적으로는 사회 전체의 풍요와 노동 시간 단축, 인간의 자유 증대가 가능해진다. 그러나 현실에서는 생산수단의 사적 소유와 자본가 계급의 이윤 추구 논리가 이러한 잠재력을 가로막는다. 생산력은 사회 전체의 이익을 위해 활용되지 못하고, 오히려 자본가 계급의 이익 극대화와 시장 지배력 강화에 집중된다. 이 과정에서 노동자 계급은 기술 발전의 혜택을 온전히 누리지 못하고, 오히려 실업, 소외, 노동 조건 악화 등 새로운 형태의 모순에 직면한다. 생산력과 생산관계의 이 불일치는 자본주의 체제의 구조적 위기로 이어지며, 사회적 불평등과 갈등을 심화시킨다.

6.2 과잉 생산, 공황, 기술 실업 등 구조적 문제

과학기술의 발전은 생산성을 극대화하지만, 자본주의적 생산관계 하에서는 이로 인한 과잉 생산과 공황이 반복적으로 발생한다. 자본가 계급은 이윤 극대화를 위해 생산을 확대하지만, 노동자 계급의 임금 억제와 실업 증가로 인해 소비력이 뒷받침되지 않는다. 이로 인해 시장에는 팔리지 않는 상품이 넘쳐나고, 이는 곧 경제 공황으로 이어진다. 과학기술의 발전이 오히려 실업을 증가시키는 '기술 실업' 현상도 심각하다. 자동화와 기계화로 인해 노동자의 필요성이 줄어들고, 이는 노동 시장에서의 경쟁 심화, 임금 하락, 불안정 고용 등 사회적 문제를 야기한다. 이러한 구조적 문제는 자본주의 체제 내에서 해결되기 어렵고, 반복적으로 재생산된다.

또한, 기술 발전의 속도가 빨라질수록 자본의 집중과 독점 현상도 심화된다. 대기업과 다국적 자본이 기술과 시장을 독점하면서 중소기업과 노동자 계급은 더욱 불리한 위치에 놓이게 된다. 이는 계급 간 격차와 사회적 불평등을 더욱 확대시키는 요인으로 작용한다. 기술 발전이 환경 파괴, 자원 고갈, 사회적 소외 등 새로운 문제를 야기하는 점도 자본주의적 과학기술 발전의 한계 중 하나이다.

결국 자본주의 체제에서 과학기술의 발전은 생산력의 잠재력을 온전히 실현하지 못하고, 오히려 생산관계와의 구조적 모순, 과잉 생산과 공황, 기술 실업, 사회적 불평등 등 다양한 한계와 모순을 낳는다. 이러한 문제들은 과학기술이 사회 전체의 진보와 복지로 이어지기 위해서는 생산관계의 근본적 변화가 필요함을 시사한다. 이와 같은 자본주의적 과학기술 발전의 한계와 모순은 체제 전환의 필요성과 새로운 대안 모색의 근거가 된다.

7. 새로운 대안과 과학기술의 해방적 가능성

7.1 생산수단의 사회화와 기술의 사회적 통제

　　비판적 관점은 자본주의적 과학기술 발전의 한계와 모순을 극복하기 위한 대안으로 생산수단의 사회화를 제시한다. 생산수단의 사회화란 생산수단과 과학기술을 소수 자본가가 아닌 사회가 공동으로 소유하고 통제하는 것을 의미한다. 이는 과학기술의 발전 방향과 결과가 특정 계급의 이윤이 아니라 사회 전체의 복지와 발전에 기여하도록 만드는 근본적 전환이다. 사회화된 생산수단과 기술은 민주적이고 계획적인 방식으로 운영되어, 기술 혁신의 성과가 모두에게 공평하게 분배될 수 있다. 이를 통해 과학기술은 인간의 소외와 착취를 심화시키는 도구가 아니라, 인간 해방과 사회적 진보의 수단으로 전환되어야 한다.

7.2 과학기술의 인류 복지 및 인간 해방을 위한 활용

　　새로운 체제에서는 과학기술이 이윤이 아닌 인류 복지와 인간의 전면적 발전을 목표로 발전한다. 기술 혁신은 노동 시간 단축, 노동 강도 완화, 안전하고 쾌적한 노동 환경 조성, 보건·교육·복지 등 공공 서비스의 질적 향상에 집중된다. 기술 발전으로 창출된 부가가치는 사회 전체의 필요에 따라 분배되고, 누구나 기술의 혜택을 누릴 수 있다. 또한, 사회적 필요와 공공의 이익에 기초한 연구개발이 촉진되어, 환경 보호, 빈곤 해소, 질병 퇴치 등 인류 공동의 과제를 해결하는 데 과학기술이 적극적으로 활용된다. 이 과정에서 노동자는 단순한 생산수단이 아니라, 창조적이고 주체적인 존재로서 기술 발전에 능동적으로 참여할 수 있다.

7.3 계급 착취 없는 사회에서의 과학기술 발전 전망

계급 착취가 없는 사회의 생산관계에서는 과학기술의 발전이 계급 간 불평등과 소외를 심화시키는 것이 아니라, 오히려 인간의 자유와 창의성을 실현하는 방향으로 나아간다. 모든 사회 구성원이 생산 과정과 기술 혁신에 참여하고, 그 결과물을 공동으로 향유함으로써 과학기술은 사회적 연대와 협력, 인간성의 회복을 촉진한다. 기술 발전의 속도와 방향도 사회적 합의와 민주적 계획에 따라 결정되어, 환경 파괴나 인간 소외와 같은 부정적 효과를 최소화할 수 있다. 이는 새로운 사회가 지향하는 '인간 해방'의 구체적 실현이자, 과학기술이 진정한 사회적 진보의 동력으로 기능할 수 있는 조건이다.

결국 새로운 대안은 과학기술의 소유와 통제 구조를 근본적으로 변화시키고, 그 발전의 목적을 이윤이 아닌 인간과 사회 전체의 복지로 전환함으로써 자본주의적 한계를 극복할 수 있음을 보여준다. 이는 과학기술의 해방적 가능성을 실현하는 길이며, 과학기술의 미래를 희망적으로 전망할 수 있게 만드는 핵심 논리이다.

8. 대안적 시각에서 본
자본주의 사회 과학기술 발전의 계급적 본질

자본주의 사회에서 과학기술 발전은 생산력의 비약적 향상을 이끌어내는 동시에, 생산수단의 사적 소유와 계급 구조의 심화를 동반한다. 비판적 관점에서 볼 때, 과학기술은 결코 중립적이거나 모두에게 이로운 진보의 수단이 아니다. 자본가 계급은 과학기술을 이윤 극대화와 시장 지배력 강화, 노동자 통제의 도구로 활용하며, 그 결과 노동 계급은 실업, 소외, 노동 조건 악화 등 새로운 형태의 착취와 불평등에 직면한다. 과학기술 발전의 성과와 혜택은 자본가 계급에 집중되고, 노동 계급은 그 과정에서 소외되고 배제된다. 이는 생산력 발전이 생산관계의 근본적 변화를 동반하지 않는 한, 과학기술이 사회 전체의 복지와 진보로 이어질 수 없음을 시사한다.

■ 시사점과 향후 과제

오늘날 디지털 전환, 인공지능, 자동화 등 첨단 과학기술의 발전은 자본주의적 계급 구조를 더욱 고착화하거나 새로운 형태의 계급 분화를 촉진하고 있다. 기술 발전이 노동의 탈숙련화, 비정규직 확대, 기술 실업, 사회적 소외 등 기존의 모순을 심화시키는 현실은 비판적 분석의 타당성을 재확인시킨다. 동시에, 과학기술이 사회 전체의 복지와 인간 해방을 위한 도구로 전환되기 위해서는 생산수단의 사회화와 기술의 민주적 통제, 사회적 필요에 기반한 연구개발 체계 구축 등 근본적 변화가 필요하다.

앞으로의 과제는 과학기술 발전의 계급적 본질을 비판적으로 인식하고, 그 한계와 모순을 극복할 수 있는 사회적 대안을 모색하는 것이다. 이는 단순히 기술의 발전 속도를 높이거나 새로운 혁신을 도입하는 차원을 넘어, 기술의 소유와 통제 구조, 발전의 목적과 방향 자체를 사회 전체의 이익과 인간 해방을 위해 재구성하는 문제이다. 대안적 시각은 과학기술의 발전이 계급 착취와 불평등의 심화가 아니라, 인간성 회복과 사회적 연대, 진정한 진보로 이어질 수 있는 길을 제시한다.

결론적으로, 자본주의 사회에서 과학기술 발전의 계급적 본질을 올바르게 인식하는 것은 오늘날의 사회적 모순을 이해하고, 미래의 대안적 발전 경로를 모색하는 데 필수적이다. 과학기술이 인간 해방과 사회 전체의 복지로 이어지기 위해서는 생산관계의 근본적 변화와 더불어, 사회적 통제와 민주적 계획에 기반한 새로운 발전 전략이 필요하다. 이러한 관점에서 비판적 분석은 오늘날에도 여전히 유의미한 비판과 대안의 이론적 토대를 제공한다.

제 3 장

자본주의 사회 예술 발전의 계급적 본질

1. 기본 관점:
예술과 사회 구조의 관계적 접근

자본주의 사회에서의 예술 발전의 계급적 본질을 분석하는 데 있어서 기본 관점은 예술을 사회적 산물로 바라보는 것이다. 예술은 단순히 개인의 창의성이나 천재성의 결과물이 아니라 특정한 사회적·경제적 조건 속에서 생산되고 소비되는 실천의 한 형태다. 사회적 존재가 의식을 규정하듯 예술 역시 사회의 물질적 토대, 즉 생산양식과 계급 구조에 의해 규정된다. 자본주의 사회에서 예술은 생산수단의 소유와 통제, 그리고 계급 간의 이해관계와 밀접하게 연관되어 있다. 예술 작품의 내용과 형식, 유통 경로, 소비 방식까지도 사회 구조의 영향을 받으며, 이는 예술이 단순히 '자유로운' 창조 행위가 아니라 사회적 관계 속에서 형성된다는 점을 시사한다.

예술의 기원은 사회의 노동과 생산 과정에서 찾을 수 있다. 예술은 인간이 자연을 변화시키는 노동의 한 형태로, 노동 과정에서 발생하는 집단적 경험과 감정, 사유가 예술로 표출된다. 따라서 예술은 사회적 실천의 산물이며, 예술가 역시 사회적 존재로서 특정 계급의 이해관계를 반영하거나 저항하는 위치에 놓이게 된다. 이처럼 예술과 사회 구조의 관계적 접근은 예술을 사회 변동과 계급투쟁의 맥락에서 분석하는 데 핵심적인 이론적 토대를 제공한다.

2. 자본주의 사회의 예술 발전 단계

2.1 초기 자본주의와 예술의 상품화

2.1.1 부르주아의 등장과 예술의 소비 확대

초기 자본주의는 중세의 신분 사회와는 달리, 부르주아 계급이 경제적 힘을 바탕으로 사회적 지위를 획득한 시기였다. 이 변화는 예술의 소비와 생산 방식에 큰 영향을 미쳤다. 중세까지 예술은 왕족, 귀족, 교회 등 소수 특권층의 전유물이었으나, 자본주의의 성장과 함께 부르주아가 새로운 예술 소비 계층으로 부상했다. 이탈리아 르네상스 도시국가에서 시작된 이러한 변화는 오페라 극장과 같은 문화 시설을 입장권을 산 사람이라면 누구나 즐길 수 있는 공간으로 바꾸었다. 예술은 더 이상 신분의 특권이 아닌, 경제적 여유가 있는 사람이라면 누구나 향유할 수 있는 '상품'이 되었다.

실제로 17세기 네덜란드에서는 중산 계급이 성장하며 미술 시장이 활성화되었다. 예술가들은 과거처럼 특정 후원자의 주문에만 의존하지 않고, 보다 많은 대중을 위한 작품을 제작하기 시작했다. 암스테르담의 부르주아들은 주택을 경쟁적으로 장식했고, 렘브란트와 페르메이르 같은 화가들은 이 신흥 시장에서 활동하며 명성을 쌓았다. 이처럼 예술은 점차 대중의 일상 속으로 스며들었고, 소비자와 생산자가 모두 개인이라는 새로운 관계가 형성되었다.

2.1.2 예술 시장의 형성과 예술가의 노동자화

상업 자본주의의 발달은 미술 시장의 전면적 확산을 가져왔다. 예술가는 후원자의 그늘에서 벗어나 독립적 창작 주체로 자리매김했지만, 동시에 불특정 다수의 소비자에게 선택받기 위한 치열한 경쟁에 내몰렸다. 이는 예술가의 지위와 노동 조건에 중대한 변화를 초래했다. 예술가는 이제 자신의 작품을 시장에 내놓고, 그 가치를 소비자에게 인정받아야만 생계를 유지할 수 있게 되었다.

이 과정에서 예술은 점차 상품으로서의 성격을 강화했다. 전시회와 공연, 음악회와 같은 공개적 유통 구조가 등장했고, 티켓 판매와 작품 거래가 일상화되었다. 예술가는 더 이상 귀족이나 왕실에 고용된 하층민이 아니라, 시장에서 독립적으로 활동하는 '노동자'가 되었다. 그러나 이러한 독립성은 실업의 불안과 상업적 수요라는 또 다른 압박을 동반했다. 예술가들은 시장의 요구에 맞춰 작품을 생산해야 했고, 이는 창조적 자유의 제한과 예술의 표준화로 이어졌다.

2.1.3 예술의 상품화와 계급적 본질

초기 자본주의에서 예술의 상품화는 예술이 생산수단의 소유와 계급 구조에 종속되는 과정을 의미한다. 예술은 자본의 논리에 따라 가치가 매겨지고, 예술가 역시 자본주의적 생산관계에 편입된다. 뒤샹이 "스파게티를 사는 것처럼 예술을 사게 된다"라고 비판했듯이, 예술은 더 이상 고유한 창조 행위가 아니라, 시장에서 거래되는 하나의 상품이 되었다.

이러한 변화는 예술의 계급적 본질을 드러낸다. 부르주아 계급은 예술을 통해 자신의 사회적 지위를 과시하고, 문화적 헤게모니를 강화했다. 반면, 예술가들은 시장에서의 생존을 위해 자신의 창조성을 자본의 요구에 맞춰야 했다. 예술의 발전은 곧 계급 간의 이해관계와 긴밀히 연결되었으며, 예술 시장의 확대는 예술가의 자유와 소외라는 이중적 결과를 낳았다.

2.2 산업 자본주의와 예술의 대량생산

2.2.1 기술 발전과 예술의 대량 복제

산업 자본주의는 기술 혁신을 바탕으로 예술의 생산과 유통에 근본적인 변화를 가져왔다. 19세기 후반부터 사진, 인쇄, 영화 등 새로운 매체가 등장하면서 예술 작품의 복제와 대량생산이 가능해졌다. 발터 벤야민은 『기술 복제 시대의 예술 작품』에서 사진과 영화의 등장이 예술의 '아우라', 즉 원본이 가지는 고유성과 신비함을 붕괴시켰다고 분석했다. 전통적으로 예술은 유일성과 진귀함, 제의적 가치에 기반했으나, 기술 복제는 예술을 대중적으로 접근 가능한 전시적 가치로 전환시켰다. 이는 예술의 민주화, 즉 더 많은 사람이 예술을 접하고 향유할 수 있는 길을 열었다는 점에서 긍정적으로 평가된다.

특히 영화와 같은 새로운 예술 형식은 기술적 복제 그 자체를 전제로 하며, 대량 보급을 통해 예술의 대중성을 극대화했다. 예술 작품이 이전처럼 소수의 특권층이 아니라 대중의 소비재가 된 것이다. 이 과정에서 예술은 점차 시장의 논리, 즉 생산 비용과 이윤, 대중의 취향에 의해 좌우되는 산업적 성격을 띠게 되었다.

2.2.2 예술의 상업화와 대중 예술의 부상

산업 자본주의의 발전은 예술의 상업화를 가속화했다. 예술가들은 이제 익명의 대중을 위한 작품을 생산하고, 시장에서의 판매와 유통을 통해 생계를 유지하게 되었다. 예술품은 산업 경제의 대량생산 모델을 좇아 제작되고, 유행이 끝나면 시장에서 사라지는 소비재로 변모했다. 일부 비판적 시각에서는 이러한 상업화가 예술의 타락과 소외를 초래한다고 주장한다. 예술 산업은 창작품을 '천박한 상품'으로 만들어버릴 위험이 있으며, 예술의 고유한 가치가 상업적 논리에 종속될 수 있다는 우려가 제기된다.

그러나 예술 시장의 팽창은 또 다른 긍정적 효과도 가져왔다. 예술품에 대한 접근성이 크게 증가하면서 잠재적 예술 소비자가 확장되었고, 예술계로 유입되는 젊은 인재들이 늘어나 창작 활동이 활성화되었다. 경제적으로 독립적인 예술가의 등장이 예술 발전에 기여했다는 평가도 가능하다.

2.2.3 프롤레타리아 예술의 등장과 계급적 저항

산업 자본주의하에서 프롤레타리아 계급이 성장하며, 이들의 현실을 반영하고 저항하는 예술 운동이 등장했다. 프롤레타리아 예술은 노동자 계층의 삶과 투쟁을 직접적으로 표현하며, 기존의 부르주아 예술과 차별화된 새로운 예술을 추구했다. 러시아 혁명기 프롤레트쿨트와 같은 운동은 노동자 계급이 주체적으로 문화를 창조해야 한다는 입장에서, 예술을 삶 그 자체이자 계급 해방의 도구로 보았다. 한국에서도 1920~1930년대 프롤레타리아 연극 운동이 사회경제적 모순을 고발하고 대중을 계몽하는 역할을 했다.

이러한 프롤레타리아 예술은 단순한 유희나 소비의 대상이 아니라, 사회 변혁과 계급의식을 고양하는 실천적 예술로 자리매김했다. 그러나 지나친 정치 선동과 도식화, 예술적 완성도의 한계 등으로 인해 대중적 지지를 얻는 데 어려움을 겪기도 했다.

2.2.4 대량생산 체제와 예술의 새로운 양상

산업 자본주의는 예술의 생산·유통·소비 구조를 근본적으로 변화시켰다. 예술은 대량생산 체제에 편입되며, 앤디 워홀의 팝아트처럼 반복적 이미지와 산업적 생산 방식이 예술의 주요 특징이 되었다. 워홀은 실크스크린 기법을 활용해 예술 작품을 대량으로 생산했으며, 이는 예술과 소비재의 경계를 허물었다. 팝아트는 예술의 대중화와 민주화에 기여했으나, 아이러니하게도 상류층의 소유욕을 자극하는 새로운 계급적 상징이 되기도 했다.

2.3 후기 자본주의와 문화 산업의 등장

2.3.1 문화 산업의 부상과 예술의 체계적 통제

후기 자본주의(20세기 중반 이후)는 이전과는 차원이 다른 방식으로 예술과 문화를 조직한다. 아도르노와 호르크하이머가 『계몽의 변증법』에서 제시한 '문화 산업' 개념은, 예술이 더 이상 개별적 창조의 산물이 아니라 대규모 자본과 기업에 의해 기획·생산·유통되는 산업적 체계의 일부가 되었음을 뜻한다. 영화, 대중음악, 방송, 광고 등은 모두 자본의 논리로 운영되며, 표준화와 획일화, 대량생산과 대량 소비가 예술의 기본 속성이 되었다.

문화 산업은 예술의 자율성과 비판적 기능을 약화시키고, 대중을 수

동적 소비자로 전락시킨다. 예술은 더 이상 사회 비판이나 해방의 도구가 아니라, 오락과 소비, 일상적 쾌락을 제공하는 상품으로 전락한다. 아도르노는 이러한 문화 산업이 대중의 비판적 사고를 마비시키고, 체제 순응적 이데올로기를 재생산한다고 비판했다.

2.3.2 후기 자본주의 예술의 양가성: 저항과 포섭

그러나 후기 자본주의의 예술은 단순히 지배계급의 이데올로기만을 반영하지 않는다. 오히려 대중문화의 확산 속에서 저항적이고 비판적인 예술 실천도 다양하게 등장했다. 록, 힙합, 그래피티, 독립영화 등은 체제에 대한 불만과 저항, 소수자 정체성, 새로운 공동체의 가능성을 예술적으로 표현했다.

하지만 이러한 저항적 예술마저도 곧 문화 산업에 의해 포섭되고 상품화되는 현상이 나타났다. 예를 들어, 1970~1980년대의 펑크록은 체제에 대한 반항과 급진적 메시지를 담았으나, 곧 패션과 상업적 브랜드로 흡수되어 대중 소비의 일부가 되었다. 힙합 역시 하위 계층의 현실을 고발하는 예술이었으나, 대기업과 미디어에 의해 글로벌 상품으로 변모했다.

이처럼 후기 자본주의의 예술은 저항과 포섭, 비판과 동화 사이에서 끊임없이 진동한다. 예술은 체제 비판의 가능성을 내포하면서도 자본의 논리에 의해 재구성되어 소비된다.

2.3.3 포스트모더니즘 예술의 특징과 계급적 함의

후기 자본주의와 함께 포스트모더니즘이 예술 전반에 확산되었다. 포스트모더니즘은 전통적 예술의 경계와 위계를 해체하고, 다양한 장르와 스타일, 대중문화와 고급문화를 혼합한다. 패러디, 아이러니, 시뮬라크르(모조와 복제), 파스티시(모방과 혼합) 등은 포스트모던 예술의 핵심적 기법이다.

이러한 경향은 예술의 민주화·다양성·다원성을 강조하는 긍정적 효과를 낳았다. 누구나 예술가가 될 수 있고, 예술의 주제와 형식도 무한히 확장되었다. 그러나 비판적 관점에서 볼 때, 포스트모더니즘은 계급적 현실을 은폐하거나 해체하는 이데올로기로 기능할 위험이 있다. '계급' 대신 '차이'와 '정체성'이 강조되고, 사회적 모순과 불평등의 구조적 문제는 상대화된다.

포스트모던 예술은 기존의 권위와 규범을 해체하지만, 그 해체의 과정마저도 자본주의적 상품 논리에 쉽게 포섭된다. 예술은 더 이상 저항의 언어가 아니라, 소비와 유희의 언어로 전락할 수 있다.

2.3.4 디지털 자본주의와 예술의 새로운 국면

21세기 들어 디지털 기술의 발전은 예술의 생산과 유통·소비 방식을 다시 한번 혁명적으로 변화시키고 있다. 유튜브, SNS, 스트리밍 서비스 등은 누구나 예술가가 되고, 누구나 작품을 유통할 수 있는 환경을 만들었다. 이는 예술의 민주화와 창작의 다양성을 확대하는 동시에, 클릭 수와 알고리즘, 플랫폼 자본에 의해 예술이 더욱 철저하게 상품화되는 현상을 낳았다.

디지털 자본주의하에서 예술가들은 창작의 자유와 독립성을 얻는 듯 보이지만, 실제로는 플랫폼 기업의 규칙과 시장 논리에 종속된다. 예술의 가치 역시 조회수, 팔로워, 광고 수익 등과 같은 계량적 지표로 환원된다. 이는 예술의 본질적 가치와 사회적 역할을 다시금 질문하게 만든다.

3. 리얼리즘, 모더니즘, 그리고 포스트모더니즘

3.1 리얼리즘: 현실 반영의 한계와 가능성

3.1.1 진보적 미학에서 리얼리즘의 위치

진보적 미학은 리얼리즘을 가장 '올바른' 예술 형식으로 간주한다. 이는 예술이 사회적 관계와 생산관계, 그리고 계급 구조를 객관적으로 반영해야 한다는 입장에서 비롯된다. 예술과 사회의 물질적 토대, 예술과 생산관계의 총체 사이에는 긴밀한 연관이 있으며, 진정한 진보적 예술은 부상하는 계급의 의식을 표현하는 예술이라고 본다. 따라서 작가는 새로운 계급의 이해관계와 요구를 명확히 드러내고 표현할 의무를 지닌다. 리얼리즘은 사회적 관계에 가장 적절하게 상응하는 예술 형식이며, 혁명적 내용과 예술적 특질이 결합될 때 진정한 예술적 진보가 이루어진다고 본다.

3.1.2 리얼리즘의 계급적 본질과 역사적 의의

리얼리즘은 사회 현실, 특히 계급적 모순과 변화를 객관적으로 묘사하는 데 초점을 둔다. 발자크와 플로베르 같은 작가들의 작품은, 그들이 개인적으로는 보수적이거나 귀족 계급에 동조했음에도 불구하고, 객관적으로는 낡은 지배계급의 몰락과 부상하는 부르주아, 그리고 자본주의적 계급 대립의 현실을 정확히 그려냈다. 엥겔스는 이를 두고 "리얼리즘의 가장 위대한 승리"라고 하였으며, 예술가의 계급적 입장과 무관하게 사회적 현실의 본질을 드러내는 것이 리얼리즘의 힘임을 강조했다.

리얼리즘은 문학뿐 아니라 미술, 연극 등 다양한 예술 영역에서 현실의 다면적 진실을 구체적으로 드러내려는 시도로 발전했다. 리얼리즘적 예술 형상은 사회적 생활의 역동적 과정 속에서 인간의 정신과 감각을 확장시키고, 사회적 실천의 폭을 넓히는 역할을 한다. 이는 리얼리즘이 단순한 사실의 재현이 아니라, 현실의 본질적 구조와 그 변화 가능성을 탐구하는 창조적 실천이라는 것을 의미한다.

3.1.3 리얼리즘의 한계와 내적 긴장

그러나 리얼리즘이 현실을 완벽하게 객관적으로 반영한다는 전제에는 몇 가지 한계와 긴장이 존재한다.

첫째, 예술가의 주관성과 객관성의 갈등이다. 현실을 객관적으로 보여주려는 노력에도 불구하고, 예술가의 관점과 해석, 주관적 선택이 개입될 수밖에 없다. 실제로 플로베르는 자신을 '사실주의 작가'로 분류하는 것에 거부감을 표했으며, 리얼리즘 내부에도 다양한 해석과 표현 방식이 공존했다.

둘째, 사회적 제약과 도덕적 충돌이다. 리얼리즘은 현실의 어두운 측면, 계급 모순, 빈곤과 부패 등을 드러내며 때로는 사회적 비난과 검열에 직면했다. 예술이 생활의 진실을 드러내는 것이 곧 현실에 대한 굴복이나 체제 순응으로 해석될 위험도 있다.

셋째, 미적 형식의 문제다. 리얼리즘은 사실적 표현에 치중하면서도,

예술의 미적 완성도와 형식적 실험이라는 과제와 충돌한다. 문학과 미술 등 장르 간에도 현실 재현 방식에 대한 논쟁이 이어졌다.

3.1.4 사회주의 리얼리즘의 정치적 활용

20세기에는 리얼리즘이 사회주의 리얼리즘으로 발전했다. 1934년 소비에트작가회의에서 공식 채택된 사회주의 리얼리즘은 사회 현실을 사회주의적 관점에서 형상적으로 인식하고 표현하는 창작 방법론이었다. 이 창작법은 인민성, 계급성, 당파성, 혁명적 낭만주의를 기본 축으로 삼았다. 사회주의 리얼리즘은 기존 리얼리즘이 자본주의 사회의 모순을 비판하는 데 그쳤던 것과 달리, 미래에 대한 낙관적 전망과 새로운 사회 건설의 과정을 적극적으로 형상화하는 데 중점을 두었다.

사회주의 리얼리즘은 예술이 인민의 생활을 적극 반영하고, 계급투쟁과 사회주의적 전망을 드러내야 한다고 강조했다. 이는 예술의 계급적 본질을 더욱 선명하게 드러내는 동시에, 예술의 정치적·혁명적 실천을 제도화했다는 점에서 사회주의 예술론의 중요한 전환점이었다.

3.2 모더니즘: 형식 실험의 계급적 함의

3.2.1 모더니즘의 등장과 사회적 배경

모더니즘은 19세기 말에서 20세기 초에 걸쳐 등장한 예술적·문화적 운동으로, 기존의 전통적 예술 형식과 규범을 해체하고 새로운 표현 방식을 모색하는 데 집중했다. 이 시기는 산업화, 도시화, 세계대전 등 급격한 사회 변화와 맞물려 있었다. 예술가들은 변화하는 현실과 인간 내면을 탐구하기 위해 기존의 사실주의적 재현에서 벗어나 다양한 실험적 기법과 주관적 표현을 시도했다. 피카소, 스트라빈스키, 조이스 등은 각각 미술, 음악, 문학에서 혁신적인 형식과 내용을 개척하며 모더니즘의 대표적 인물로 자리매김했다.

3.2.2 예술의 자율성과 부르주아 사회에 대한 비판

모더니즘의 핵심은 '예술의 자율성'에 대한 강조였다. 예술은 사회적 기능이나 도덕적 교훈에서 벗어나, 오로지 예술 자체의 논리와 형식적 실험에 집중해야 한다는 입장이다. 이는 산업 사회의 획일화·분업화·비인간화에 대한 반발이자, 예술을 자본주의적 효율성과 타협하지 않는 독립적 영역으로 지키려는 시도였다. 칸트와 실러의 미학적 전통에 바탕을 둔 이 자율성은, 예술을 통해 인간의 자유로운 정신과 상상력을 실현할 수 있다는 신념으로 이어졌다. 그러나 이러한 예술의 자율성은 동시에 부르주아 계급의 가치 체계와 긴장 관계를 형성했다. 모더니즘은 기존의 질서와 규범, 그리고 부르주아적 취향에 대한 비판과 부정을 통해 자신의 정체성을 구축했다.

3.2.3 아방가르드 운동과 반자본주의적 실천

모더니즘의 급진적 실험은 아방가르드 운동에서 극대화된다. 아방가르드는 부르주아 가치 체계와 전통에 대한 전면적 거부와 도전을 표방하며, 예술과 삶의 경계를 허물고 예술의 사회적·정치적 기능을 강조했다. 다다이즘, 초현실주의 등은 기존의 논리와 합리성, 실용주의를 비판하고, 상상력과 무의식, 우연성을 예술의 중심에 두었다. 이들은 예술이 자본주의적 상품 논리에서 벗어나, 사회 변혁과 해방의 도구가 되어야 한다고 주장했다. 아방가르드의 이러한 태도는 예술의 계급적 본질을 드러내며, 예술이 지배계급의 이데올로기를 전복하고 새로운 사회를 상상하는 실천임을 강조한다.

3.2.4 추상표현주의와 냉전 이데올로기

20세기 중반 미국에서 등장한 추상표현주의는 모더니즘의 형식 실험이 세계 정치와 결합한 대표적 사례이다. 본래 추상표현주의는 개인의 자유와 내면의 표현, 형식의 해방을 추구했으나, 냉전 시기 미국 정부와 문화기관은 이를 '자유 세계'의 상징으로 활용했다. 추상표현주의는 미국의 정치·경제·문화적 우월성을 시각적으로 과시하는 도구가 되었고, 소련의 사회주의 리얼리즘과 대립하는 '이념적 무기'로 전략적으로 사용되었다. 이처럼 모더니즘 예술은 자율성과 혁신을 표방했지만, 실제로는 자본주의 체제와 국가 권력의 이해관계에 편입되는 이중적 성격을 드러냈다.

3.2.5 모더니즘의 계급적 함의와 한계

모더니즘은 형식 실험과 예술의 자율성을 통해 기존 질서와 계급 구조에 도전했으나, 동시에 부르주아 계급의 문화적 헤게모니와도 긴밀하게 연결되어 있었다. 실험적 예술은 대중과의 소통에서 단절을 경험했고, 예술의 난해함과 비대중성은 오히려 상류 계급의 구별 짓기와 권위의 상징이 되었다. 또한, 국가와 자본은 혁신적 예술을 체제 유지와 이념 경쟁의 수단으로 포섭했다.

이러한 양면성은 모더니즘이 사회 비판과 해방의 가능성을 품으면서도, 자본주의적 계급 구조를 완전히 극복하지 못한 채 그 일부로 기능하게 되는 한계를 보여준다.

3.3 포스트모더니즘: 탈계급 담론의 역설

3.3.1 포스트모더니즘의 등장과 특징

포스트모더니즘은 1960년대 중반 이후 모더니즘에 대한 비판적 반동으로 나타난 예술·문화 사조다. 이는 단일한 이념이나 양식이 아니라, 다양성·해체·혼성·다원성·반항·변용 등 개방성과 유희성을 핵심으로 한다. 포스트모더니즘은 고급문화와 대중문화, 예술 장르 간의 경계를 허물고, 기존의 권위와 질서, 중심적 가치에 도전한다. 과거의 양식과 이미지를 자유롭게 차용하고, 상호 텍스트성, 탈장르화, 자기 반영성, 패러디와 아이러니, 혼성모방 등 다양한 전략을 통해 예술의 본질과 경계를 끊임없이 재구성한다.

3.3.2 고급문화와 대중문화의 경계 해체

포스트모더니즘은 모더니즘이 지켜온 고급예술과 대중문화의 위계질서를 비판하고, 이 두 영역의 경계를 적극적으로 허문다. 팝아트, 미니멀리즘, 개념미술, 행위예술 등은 대중문화의 이미지와 언어, 일상적 소재를 예술의 장으로 끌어들여 예술의 민주화와 다양성을 실현했다. 이는 '속물들의 복수'라 불릴 정도로 기존 엘리트주의 예술에 대한 도전이었으며, 억압받았던 주변적 장르와 소수자 문화, 반문화, 페미니즘, 제3세계 문학 등이 새롭게 조명받는 계기가 되었다.

3.3.3 패러디, 혼성, 상호 텍스트성의 정치학

포스트모더니즘 예술은 과거의 양식과 이미지를 자유롭게 인용하고, 패러디와 혼성을 통해 새로운 의미를 창출한다. 이는 단순한 향수나 모방이 아니라, 과거와 현재, 중심과 주변, 원본과 복제의 경계를 해체하며, 예술의 독창성, 유일성, 진품성, 소유권 등 자본주의적 가치관을 아이러니하게 비판한다. 패러디와 혼성은 기존의 재현 체계와 권력 구조를 드러내고, 예술의 의미와 가치를 상대화한다. 이 과정에서 예술은 더 이상 고정된 의미나 중심을 갖지 않고, 다양한 맥락에서 유동적으로 해석된다.

3.3.4 탈중심화와 주변적 가치의 부상

포스트모더니즘은 중심과 권위의 해체, 주변적 가치의 부상을 강조한다. 이는 억압받아온 소수자, 하위문화, 제3세계, 여성, 흑인 등 주변적 존재들의 목소리가 예술의 중심으로 진입하는 계기가 되었다. 장미셸 바스키아와 같은 작가는 흑인 정체성, 인종 차별, 계급 문제 등 사회적 불평등을 예술의 주제로 삼아, 기존 미술계의 위계와 질서에 도전했다. 바스키아의 작품은 낙서와 같은 거칠고 직설적인 표현으로 관객에게 직접적인 사회적 메시지를 전달하며, 억압받는 집단의 새로운 정체성을 재구성한다.

3.3.5 예술의 상품화와 계급적 모순

포스트모더니즘은 후기 자본주의, 소비 자본주의의 도래와 밀접하게 연관되어 있다. 예술은 대중문화와 결합하며 대량생산, 대량 소비의 상품이 되었고, 문화 산업의 논리에 적극적으로 편입된다. 이는 예술의 민주화와 다양성이라는 긍정적 효과와 동시에, 예술의 상품화와 상업화, 문화적 제국주의, 저급화라는 비판도 불러왔다. 예술의 가치가 시장에서 결정되고, 예술가와 작품이 소비·투자의 대상으로 전락하는 현상은 자본주의적 계급 구조의 재생산과도 맞닿아 있다.

3.3.6 탈계급 담론의 역설과 비판

포스트모더니즘은 계급, 이데올로기, 구조적 불평등과 같은 '거대 담론'을 해체하고, 차이와 정체성, 다원성의 가치를 강조한다. 이는 억압 받는 집단의 해방과 새로운 사회적 가능성을 열어주었지만, 한편으로는 계급 문제와 구조적 불평등의 현실을 상대화하거나 은폐하는 효과도 낳았다. 즉, 계급적 모순과 사회 구조의 문제는 '차이'와 '정체성'의 문제로 치환되어, 계급투쟁의 정치적 의미가 약화될 위험이 있다.

또한, 패러디와 혼성, 아이러니의 전략은 체제 비판의 힘을 약화시키고, 오히려 자본주의 문화 산업에 의해 쉽게 포섭·소비될 수 있다. 예술의 해방성과 비판성은 자본의 논리와 시장의 힘 앞에서 종종 상업적 유희로 전락한다.

4. 자본주의 이후 예술의 전망

4.1 디지털 시대, 예술의 계급적 재편

21세기 들어 디지털 기술의 비약적 발전은 예술의 생산·유통·소비 구조를 근본적으로 변화시키고 있다. 누구나 스마트폰과 컴퓨터, 인터넷을 통해 창작물을 제작하고 전 세계에 유통할 수 있는 환경이 조성되었다. 유튜브, 인스타그램, 틱톡, 스트리밍 서비스 등은 예술의 문턱을 낮추고, 전통적 예술가와 대중, 생산자와 소비자의 경계를 허물었다.

이러한 변화는 예술의 민주화와 다양성 확대라는 긍정적 효과를 가져왔다. 소수 엘리트의 전유물이던 예술이 다수의 참여와 집단적 창작, 상호소통의 장으로 확장된 것이다. 그러나 동시에 플랫폼 자본주의의 등장과 알고리즘, 데이터 독점 등은 새로운 형태의 계급적 분화와 소외를 낳고 있다.

플랫폼 기업은 예술가의 창작과 유통, 수익구조를 통제하며, 조회수, 팔로워, 광고 수익 등과 같은 계량적 지표가 예술의 가치와 성공을 결정한다. 이는 예술의 자율성과 창조성을 위협하며, 예술가를 또다시 시장과 자본의 논리에 종속시키는 결과를 초래한다.

결국 디지털 시대의 예술은 민주화와 집단성, 창조적 다양성의 확대와 함께, 플랫폼 자본주의라는 새로운 계급 구조와 소외의 문제를 동시에 안고 있다.

4.2 공동체적 창조 활동과 예술의 해방적 모델

자본주의 이후 예술의 전망은 예술의 공동체적·집단적 창조 활동에서 찾을 수 있다. 자본주의적 예술은 개인주의와 사적 소유, 시장 경쟁에 기반해왔다. 그러나 후기 자본주의와 디지털 사회에서는 협업, 공유, 오픈소스, 크라우드 펀딩 등 집단적 창작과 상호작용이 점점 중요해지고 있다.

예술가와 대중, 전문가와 아마추어, 생산자와 소비자가 함께 창작에 참여하는 '집단지성' 모델은 예술의 민주화와 해방 가능성을 보여준다. 예를 들어, 위키아트, 오픈소스 음악 프로젝트, 온라인 협업 미술 등은 예술의 소유와 창작을 공유와 연대의 원리로 재구성하고 있다.

이러한 공동체적 예술은 예술가의 소외와 상품화를 극복하고, 예술을 사회적 실천과 해방의 장으로 확장할 수 있는 잠재력을 지닌다. 예술은 더 이상 엘리트의 전유물이 아니라, 모두가 참여하고 향유하는 공공의 실천이 될 수 있다.

4.3 예술의 사회적 실천과 인간 해방

자본주의 이후 예술의 전망은 예술이 사회적 실천, 즉 인간 해방과 공동체적 삶의 실현에 기여하는 데 있다. 예술은 단순한 미적 활동이 아니라, 인간의 노동과 삶, 사회적 관계를 변화시키는 실천이다.

예술은 사회의 모순과 불평등을 비판하고, 새로운 사회의 가능성을 상상하는 힘이다. 사회적 불평등, 환경 위기, 소수자 문제 등 동시대의 다양한 사회적 이슈에 예술이 적극적으로 개입하고, 대중과 함께 변화를 만들어가는 실천적 예술이 중요해지고 있다.

공공미술, 커뮤니티 아트, 사회 참여적 예술 등은 예술이 사회적 실천과 해방의 도구가 될 수 있음을 보여준다. 예술은 개인의 내면적 해방뿐 아니라, 사회적 연대와 집단적 창조, 공동체적 삶의 실현에 기여할 수 있다.

4.4 계급 없는 예술, 새로운 전망

자본주의 이후의 예술은 '계급 없는 예술'이다. 이는 예술의 생산과 소비, 향유와 창작이 모두에게 평등하게 열려 있고, 예술이 더 이상 지배계급의 이데올로기나 시장의 논리에 종속되지 않는 상태를 의미한다.

이상적으로, 예술은 인간 해방의 실천이자, 모두의 창조적 삶의 일부로 자리매김할 수 있다. 예술은 사회적 소외와 분업, 상품화와 소유의 한계를 극복하고, 인간의 전면적 발전과 자유로운 자기표현의 장이 될 것이다.

물론 이러한 전망은 현실적으로 다양한 한계와 도전에 직면해 있다. 플랫폼 자본주의, 신자유주의적 경쟁, 문화 산업의 상업화 등은 여전히 예술의 해방을 가로막는 장애물이다. 그러나 예술의 집단적 창조와 사회적 실천, 인간 해방의 가능성은 자본주의 이후 예술이 지향해야 할 중요한 방향임은 분명하다.

제 4 장

자본주의 국가 조세 정책의 본질과 한계

1. 자본주의와 조세 정책의 딜레마

1.1 자본주의 체제와 두 갈래 조세 정책

오늘날 세계 자본주의 체제는 경제 성장과 효율성을 강조하면서도 사회적 불평등의 심화라는 구조적 문제를 동시에 안고 있다. 자본주의는 생산수단의 사유화와 시장 경쟁을 기반으로 하여 혁신과 효율을 촉진하지만, 그 이면에는 부와 자원의 집중, 노동 착취, 계층 간 격차 확대 등 심각한 사회적 모순이 내재되어 있다. 이러한 구조적 모순은 국가 조세 정책, 즉 증세와 감세 논쟁에서 극명하게 드러난다. 증세는 사회적 불평등 해소와 복지 확대라는 명분을 갖지만, 자본의 국제적 이동성과 경쟁력 약화라는 현실적 제약에 직면한다. 반면 감세는 투자 촉진과 경제 활성화를 내세우지만, 결과적으로 사회적 불평등을 더욱 심화시키는 경향이 있다. 이처럼 세계 자본주의 체제는 성장과 분배, 효율과 공정 사이에서 근본적 딜레마를 안고 있다.

1.2 감세 정책의 현실과 한계

　　감세 정책은 표면적으로는 국민의 세금 부담을 줄이고, 기업 투자와 경제 성장을 촉진한다는 논리로 추진된다. 실제로 미국 레이건 정부나 부시 정부의 사례 등에서 감세 정책이 경기 부양의 주요 수단으로 활용된 바 있다. 그러나 현실에서는 감세로 인해 세수 감소가 불가피하게 발생하고, 이는 국가 재정의 적자 심화로 이어진다. 몇몇 선진국의 사례에서도 입증된 바와 같이 감세가 실질적으로 소비와 투자 증가로 이어지지 못하고, 오히려 고소득층에 혜택이 집중되며 재정 적자만 확대되는 결과를 낳는다.

　이러한 감세의 한계는 자본주의 체제의 구조적 모순에서 비롯된다. 감세로 인한 세수 감소는 복지와 공공 서비스 축소로 이어지고, 이는 결국 사회적 불평등과 양극화를 심화시킨다. 특히 자산 시장의 호황과 실물 경제의 침체가 병존하는 가운데, 자산 계급은 부를 축적하는 반면, 노동 계급과 서민층의 실질 소득은 감소하는 경향이 두드러진다.

1.3 증세 정책의 필요성과 국제적 흐름

　　반대로, 미국 바이든 정부의 '인플레이션 감축법'이나 유럽연합의 첨단산업 보조금 정책 등은 대규모 재정 지출과 증세를 통해 국가 주도의 자본주의를 강화하는 방향으로 나아간 사례다. 첨단산업 경쟁과 복지 확대를 위해서는 필연적으로 추가 세수가 필요하며, 이는 증세 정책의 불가피성을 보여준다. 그러나 증세 정책 역시 자본의 국제 경쟁력 약화, 투자 감소, 자본 유출 등 부정적 효과를 동반할 수밖에 없다. 실제로 증세는 자본의 해외 이전을 촉진하거나, 기업의 투자 위축으로 이어져 국가 경제의 성장 동력을 약화시킬 위험이 있다.

1.4 조세 정책 딜레마의 구조적 원인

이처럼 감세는 사회적 불평등을, 증세는 자본 경쟁력 약화를 초래하는 자본주의 체제의 근본적 모순은 생산수단의 사적 소유와 이윤 추구라는 자본주의의 구조에서 비롯된다. 국가는 자본의 축적과 재생산을 뒷받침하기 위해 감세와 규제 완화에 나서지만, 동시에 사회적 안정과 체제 유지를 위해 증세와 복지 확대의 압력도 받는다. 이 두 가지 정책 방향은 상호 충돌하며, 어느 한쪽으로도 완전한 해결을 기대하기 어렵다.

결국 자본주의 국가의 조세 정책은 감세와 증세라는 두 축 사이에서 끊임없이 진동하며, 각 정책의 한계와 모순이 반복적으로 드러난다. 감세는 재정 적자와 사회적 양극화를, 증세는 자본 경쟁력 약화와 투자 위축을 낳는다. 이러한 조세 정책의 딜레마는 자본주의 체제 내에서 불가피하게 발생하는 구조적 문제임을 확인할 수 있다.

2. 자본주의 체제의 기본 구조와 불평등

2.1 자본주의의 성장 논리와 분배 구조

자본주의는 사적 소유와 시장 경쟁을 기반으로 하는 경제체제다. 이 체제에서 생산수단은 소수의 자본가 계층이 소유하며, 이윤 극대화가 경제 활동의 중심 동기가 된다. 시장에서의 자유로운 경쟁은 기술 혁신과 생산성 향상을 촉진하고, 이는 경제 성장의 원동력이 된다. 그러나 이러한 성장 논리는 생산 과정에서 창출된 부가 소수의 자본가에게 집중되는 경향을 내포한다. 노동자는 자신의 노동력을 임금과 교환하지만, 생산된 잉여가치는 자본가에게 귀속된다. 이로 인해 자본주의 사회에서는 자산과 소득의 불평등이 구조적으로 발생한다.

분배 구조 측면에서 자본주의는 노동 소득과 자본 소득의 비대칭성을 특징으로 한다. 노동 소득은 임금 형태로 지급되며, 자본 소득은 이자, 배당, 임대료, 자본 이득 등 다양한 형태로 실현된다. 자본 소유가 집중될수록 자본 소득의 비중이 커지고, 이는 상위 계층의 부의 축적을 가속화한다. 이러한 구조는 자본주의가 성장할수록 불평등이 심화되는 경향을 낳는다. 토마 피케티는 'r>g'(자본 수익률 > 경제 성장률)라는 공식을 통해, 본질적으로 불평등을 확대하는 자본주의 메커니즘을 설명하고 있다.

2.2 세계화, 금융화, 기술 변화가 불평등에 미치는 영향

20세기 후반 이후 세계화와 금융화, 그리고 기술 혁신은 자본주의 체제의 불평등 구조를 더욱 심화시켰다.

세계화는 자본과 상품, 노동의 국경 간 이동을 자유롭게 하여, 다국적 기업과 초국적 자본의 힘을 강화시켰다. 이 과정에서 저임금 국가로의 생산 기지 이전과 노동 시장 유연화가 진행되면서, 선진국 내 중산층과 저소득층의 소득 정체 또는 감소 현상이 나타났다. 반면, 자본가와 고숙련 노동자는 글로벌 시장에서 더 많은 기회를 누리게 되었다.

금융화는 실물 경제보다 금융 부문의 비중이 커지면서 자본 소득이 노동 소득에 비해 빠르게 증가하는 현상을 의미한다. 금융 상품과 자산 시장의 발달로, 금융 자산을 보유한 상위 계층은 자산 가격 상승의 혜택을 독점하게 되었다. 2008년 글로벌 금융 위기 이후에도 자산 시장 회복이 노동 시장 회복보다 빠르게 진행되면서, 자산 격차가 더욱 확대되었다.

기술 변화 역시 불평등 심화에 영향을 미쳤다. 정보통신기술과 인공지능 등 첨단 기술의 발전은 고숙련 노동자와 저숙련 노동자 간의 임금 격차를 확대시켰다. 자동화와 디지털화는 반복적이고 단순한 노동을 대체하면서, 저숙련 노동자의 일자리를 위협하는 반면, 기술을 활용할 수 있는 고숙련 인력은 더 높은 임금과 안정된 고용을 누리게 되었다.

2.3 노동 소득 분배율 하락과 자본 소득 집중의 역사적 추세

자본주의 경제에서 노동 소득 분배율은 전체 소득 중 노동자에게 분배되는 비율을 의미한다. 20세기 중반까지만 해도 선진국에서는 노동 소득 분배율이 상대적으로 높았으나, 1980년대 이후 신자유주의적 정책 기조와 함께 점차 하락세를 보이고 있다. 이는 노동조합의 약화, 노동 시장 유연화, 비정규직 확대, 자동화 등 구조적 변화와 맞물려 있다. 노동 소득 분배율의 하락은 중산층의 소득 정체와 사회적 이동성 저하로 이어지며, 사회적 불평등을 심화시키는 요인으로 작용한다.

반면, 자본 소득의 집중은 더욱 가속화되었다. 상위 1% 또는 10%가 전체 자산과 소득의 상당 부분을 차지하는 현상은 전 세계적으로 공통적으로 나타나고 있다. 국제통화기금(IMF)과 경제협력개발기구(OECD) 등 국제기구의 보고서에 따르면, 최근 수십 년간 선진국과 신흥국 모두에서 자산 불평등이 빠르게 확대되고 있다. 이는 자본주의 체제의 분배 구조가 점차 소수에게 유리하게 작동하는 역사적 추세를 보여준다.

3. 증세 정책의 한계: 자본 경쟁력과 이윤율 저하

3.1 증세 정책의 목표와 도입 배경

증세 정책은 자본주의 국가에서 사회적 불평등 완화, 복지 확대, 공공 서비스 강화를 목표로 추진된다. 특히 경제적 양극화가 심화되고 복지 수요가 증가할수록, 국가는 고소득층과 대기업에 대한 증세를 통해 재원을 확보하려 한다. 미국 바이든 행정부의 인플레이션 감축법(IRA)이나 유럽연합의 첨단산업 보조금 정책 등은 이러한 흐름의 대표적 사례다. 이처럼 증세 정책은 자본주의 체제 내에서 사회적 안정과 계급 갈등 완화를 위한 불가피한 선택으로 제시된다.

3.2 자본의 국제 경쟁력 약화와 자본 유출

그러나 증세 정책이 본격적으로 시행될 경우, 자본의 국제 경쟁력 약화라는 구조적 한계에 직면한다. 자본주의는 본질적으로 이윤 극대화와 자본축적을 지향한다. 세금 부담이 증가하면 기업은 투자 수익률이 낮아진다고 판단해, 생산 기지 이전이나 자본 유출을 모색한다. 실제로 글로벌 자본은 조세 부담이 적은 국가로 이동하는 경향이 강하며, 이는 각국이 감세 경쟁에 나서는 원인이기도 하다. 예를 들어, 2000년대 이후 유럽연합 내에서 법인세 인하 경쟁이 벌어진 것은 자본 유출을 막기 위한 불가피한 선택이었다. 증세가 투자 감소와 일자리 축소로 이어질 수 있다는 우려는 자본주의 국가들이 증세에 소극적일 수밖에 없는 현실적 이유다.

3.3 이윤율 저하 경향의 가속화와 자본축적 위기

자본주의의 가장 심각한 내재적 위기는 이윤율 저하 경향이다. 자본은 기술 혁신과 생산성 향상을 통해 이윤을 극대화하려 하지만, 경쟁이 심화될수록 이윤율은 점차 하락한다. 증세 정책은 이러한 이윤율 저하를 더욱 가속화하는 요인으로 작용할 수 있다. 세금 부담이 늘어나면 자본가의 순이윤이 줄어들고, 이는 투자 위축과 생산성 정체로 이어진다. 장기적으로는 자본축적 동력이 약화되고, 경제 전반의 성장률이 저하되는 결과를 초래한다. 이러한 구조적 한계는 자본주의 국가가 증세 정책을 장기적으로 지속하기 어렵게 만든다.

3.4 공공 지출 증가와 재정의 지속 가능성 문제

증세 정책은 복지 확대와 공공 서비스 강화를 위한 재원 마련 수단이지만, 동시에 공공 지출의 지속 가능성 문제를 동반한다. 복지 수요가 지속적으로 증가하는 상황에서, 증세만으로 모든 재정 수요를 충족시키기는 어렵다. 특히 고령화, 의료비 증가, 기후 위기 대응 등 구조적 비용이 늘어날수록 국가 재정의 부담은 가중된다. 만약 경기 침체나 자본 유출로 세수가 감소하면, 증세 정책의 효과는 제한적일 수밖에 없다. 이로 인해 국가 재정은 만성적 적자에 시달릴 위험이 크고, 결국 복지 축소나 긴축 정책으로 회귀할 가능성이 커진다.

3.5 자본의 정치적 반발과 정책의 불안정성

증세 정책은 자본가 계급의 강력한 정치적 반발에 직면한다. 자본은 로비, 언론, 정치자금 등을 동원해 증세 저지에 나서며, 정책 결정 과정에 막대한 영향력을 행사한다. 실제로 많은 국가에서 증세가 논의될 때마다 기업과 고소득층의 탈세, 조세 회피, 해외 이전 등 다양한 저항이 나타났다. 이로 인해 증세 정책은 일관성 있게 추진되기 어렵고, 정권 교체나 사회적 분위기에 따라 빈번하게 변화한다. 이러한 불안정성은 국가의 장기적 재정 계획과 사회적 신뢰를 저해하는 요인으로 작용한다.

3.6 증세 정책의 한계와 자본주의 체제의 구조적 모순

결국 증세 정책은 자본주의 체제 내에서 사회적 불평등 완화와 복지 확대라는 긍정적 효과를 기대할 수 있지만, 자본의 국제 경쟁력 약화, 이윤율 저하, 자본 유출, 재정 불안정 등 구조적 한계에 직면한다. 이러한 한계는 증세 정책이 자본주의 체제의 근본적 모순, 즉 생산수단의 사적 소유와 이윤 추구라는 본질적 구조를 건드리지 못하기 때문에 발생한다.

증세와 감세를 오가는 정책 변화는 자본주의 내에서 계급 간 이해관계의 충돌과 모순이 반복적으로 표출되는 한 단면일 뿐이다.

따라서 진정한 불평등 해소와 사회적 정의 실현을 위해서는 증세 정책을 넘어, 생산수단의 사회적 소유와 경제 민주화 등 체제 자체의 변혁이 필요하다는 결론에 도달하게 된다.

4. 감세 정책의 역설: 사회적 불평등의 심화

4.1 감세 정책의 주요 논리와 실제 효과

감세 정책은 주로 투자와 고용을 촉진하고 경제 전반의 활력을 높이기 위한 목적으로 추진된다. 시장 친화적 정책을 중시하는 신자유주의 경제학은 세금 부담을 줄이면 기업의 투자 여력이 커지고, 개인의 근로 의욕과 소비가 증가한다고 주장한다. 특히 법인세와 소득세를 인하하면 기업은 남는 자본을 설비 투자나 연구개발에 투입할 수 있고, 고소득층의 소비와 저축이 늘어나 경제 성장을 견인할 수 있다는 논리가 대표적이다. 미국 레이건 정부와 2000년대 초 부시 행정부, 최근 트럼프 행정부의 대규모 감세 정책은 이러한 논리에 근거를 두고 있다.

감세 정책의 효과를 설명할 때 자주 언급되는 것이 이른바 '낙수효과'(trickle-down effect)다. 즉, 상위 계층과 기업에 세제 혜택을 주면 이들이 투자와 소비를 늘려 경제 전체에 긍정적 파급 효과가 발생한다는 주장이다. 그러나 최근 수십 년간의 실증 연구들은 낙수효과가 기대만큼 크지 않다는 점을 보여준다. 미국, 영국, 독일 등 주요 선진국의 감세 사례를 분석한 결과, 감세가 경제 성장률을 유의미하게 높이지 못했다는 연구가 다수를 차지하고 있다.

특히 법인세 감면은 대기업의 사내 유보금 증가로 이어지는 경우가 많고, 실제로 투자와 고용 확대로 이어지지 않는 경우가 많았다. 소득세 감면 역시 고소득층의 저축 증가로만 귀결되어, 실질적인 소비 진작 효과가 제한적이었다는 평가가 많았다. 이와 같은 낙수효과의 한계는 경제협력개발기구(OECD), 국제통화기금(IMF) 등 국제기구의 공식 보고서에서도 반복적으로 지적되고 있다.

4.2 감세 정책이 불평등에 미치는 구조적 영향

감세 정책은 대기업과 고소득층의 세 부담을 줄여 투자와 경제 성장을 촉진한다는 논리로 추진되지만, 실제로는 조세지출의 혜택이 자금 여력이 풍부한 대기업과 부유층에 집중되어, 소득과 부의 양극화를 더욱 심화시키는 결과를 낳는다. 최근 한국의 사례에서도 '부자 감세'가 지속적으로 시행되면서 상위 계층의 소득과 자산이 더욱 빠르게 증가하고, 하위 20% 계층의 적자 규모는 오히려 늘어났다는 것을 확인할 수 있다. 대기업 세금 감면의 '낙수효과'는 중소기업이나 서민에게 실질적으로 전해지지 않고, 오히려 전체 가계 소득의 감소와 소득 격차 확대로 이어지고 있다.

4.3 복지 축소와 사회 안전망의 약화

감세로 인한 세수 부족은 국가 재정의 건전성을 악화시키고, 그 부담은 복지 예산 삭감으로 이어진다. 실제로 감세 정책을 취한 한국의 윤석열 정부는 '재정 건전성'을 명분으로 의료, 주거 등 필수 복지 영역의 예산을 대폭 삭감하고, 공공 병원 설립 취소, 지역 거점 병원 예산 축소 등 사회 안전망을 약화시키는 정책을 추진했다. 이는 서민과 취약 계층이 이용하는 복지 서비스의 질과 접근성을 크게 떨어뜨리고, 사회적 불평등을 더욱 고착화시켰다. 복지 축소와 민영화는 결국 사회적 약자를 더욱 취약하게 만들고, 계층 간 이동의 사다리를 끊어버리는 결과를 초래한다.

4.4 불평등 심화의 사회·경제적 결과

심각한 불평등은 단순히 소득 격차에 그치지 않는다. 건강, 교육, 사회 참여 등 삶의 전 영역에서 기회와 결과의 격차를 확대시킨다. 실제로 불평등이 심한 사회일수록 기대 수명이 낮고, 건강지표가 악화되며, 사회적 신뢰와 연대가 약화된다. 한국의 경우, 고도성장에도 불구하고 삶의 만족도는 OECD 하위권에 머물러 있고, 과도한 경쟁과 스트레스, 높은 자살률 등 사회적 병리 현상이 만연하다. 불평등은 소비와 총수요를 위축시켜 경기 침체를 심화시키고, 경제 성장에도 부정적 영향을 미친다. 저소득층의 한계소비성향이 높기 때문에 소득 분배가 악화되면 경제 전체의 소비 여력이 줄어들고, 장기적으로 생산성과 혁신도 저해된다.

4.5 정치·제도의 불평등 심화와 민주주의의 위기

감세 정책은 경제적 불평등뿐 아니라 정치적 불평등도 심화시킨다. 부유층과 대자본이 경제적 자원을 바탕으로 정치적 영향력을 확대하면서, 정책 결정 과정에서 자신들의 이익을 우선시하게 된다. 이는 승자

독식 정치와 정경유착, 대자본의 관료 포섭 등으로 이어지고, 민주주의의 기반을 약화시킨다. 실제로 부자와 기업에 유리한 정책, 조세 회피, 복지 삭감 등은 사회적 약자의 목소리를 배제하고, 사회 전체의 공정성과 신뢰를 저해한다.

4.6 불평등 심화의 장기적 위험과 사회적 비용

불평등이 심화되면 사회적 갈등과 정치적 불안정이 커지고, 이는 기업의 투자와 경제 성장에도 악영향을 미친다. 교육, 금융 등 주요 제도에서 기회의 불평등이 확대되면, 저소득층의 자녀가 잠재력을 실현하지 못하고 사회 전체의 혁신 역량이 저하된다. 포용적 제도의 발전이 가로막히고, 지대 추구와 부패가 만연해 경제 주체들의 노동과 혁신 의욕이 약화된다. 국제기구와 경제학자들은 불평등이 심각한 국가일수록 성장의 지속성이 떨어지고, 사회적 비용이 증가한다고 지적하고 있다.

5. 조세 정책의 모순: 자본주의 체제 내에서의 불가피성

5.1 경기순환, 과잉 생산, 실업 등 자본주의 위기의 반복

자본주의 체제는 주기적인 경기 순환과 위기를 내재한다. 자본은 이윤 극대화를 위해 생산을 확대하지만, 시장의 수요를 초과하는 과잉 생산이 발생하면 이윤율이 하락하고, 이는 실업과 경기 침체로 이어진다. 이러한 위기 상황에서 국가는 감세와 증세, 재정 지출 확대와 긴축 등 다양한 정책을 동원하지만, 근본적 위기 구조를 해소하지 못한다. 감세는 일시적으로 투자와 소비를 자극할 수 있으나, 불평등 심화와 재정 적자 누적이라는 부작용을 동반한다. 반면 증세와 복지 확대는 사회적 안정에 기여하지만, 자본의 투자 위축과 성장세 둔화, 자본 유출 등 또 다른 위기를 불러온다. 이처럼 조세 정책은 자본주의 위기의 반복을 막지 못하고, 오히려 위기를 순환적으로 심화시키는 역할을 한다.

5.2 계급투쟁과 사회적 긴장의 구조적 심화

자본주의 체제에서 조세 정책은 계급 간 이해관계의 충돌을 조정하는 수단이다. 감세 정책은 자본가 계급의 이익을 우선시하며, 노동 계급과 서민층의 부담을 전가한다. 반면 증세 정책은 노동 계급과 서민의 복지 확대를 명분으로 하지만, 자본가 계급의 반발과 투자 축소, 자본 유출 등 현실적 한계에 부딪힌다. 이 과정에서 계급 간 갈등과 사회적 긴장이 구조적으로 심화된다. 실제로 감세와 복지 축소는 사회적 약자의 불만과 저항을 키우고, 증세와 복지 확대는 자본가 계급의 정치적 저항과 탈세, 자본 이동 등 다양한 형태의 반발을 유발한다. 이러한 계급투쟁은 자본주의 체제 내에서 조세 정책이 근본적 모순을 해결하지 못하고, 오히려 사회적 긴장과 갈등을 재생산하는 구조임을 보여준다.

5.3 조세 정책의 한계와 자본주의 국가의 역할

자본주의 국가는 자본가 계급의 이해를 대변하는 계급 국가의 성격을 갖는다. 국가는 표면적으로는 전체 국민의 이익을 대변하는 것처럼 보이지만, 실제로는 자본의 축적과 이윤 극대화를 우선시한다. 조세 정책 역시 이러한 계급적 성격을 띤다. 감세 정책은 자본의 경쟁력 강화와 투자 활성화를 명분으로 하지만, 그 부담은 복지 축소와 사회적 약자에게 전가된다. 증세 정책은 사회적 불평등 해소와 복지 확대를 목표로 하지만, 자본의 반발과 정책 불안정성, 재정의 지속 가능성 문제 등 현실적 한계에 봉착한다. 결국 조세 정책은 자본주의 국가 내에서 계급 간 이해관계의 충돌을 임시적으로 조정할 뿐, 체제의 근본적 모순을 해결하지 못한다.

5.4 조세 정책 모순의 불가피성과 체제의 자기보존

　이처럼 자본주의 국가의 조세 정책은 감세와 증세라는 두 정책 사이에서 끊임없이 진동하며, 각 정책의 한계와 모순이 반복적으로 드러난다. 이는 자본주의 체제의 자기보존 논리에서 비롯된다. 국가는 자본의 축적과 재생산을 뒷받침하면서도, 사회적 안정과 체제 유지를 위해 일정 수준의 복지와 재분배를 도모해야 한다. 그러나 생산수단의 사적 소유와 이윤 추구라는 자본주의의 본질적 구조는 조세 정책의 모순을 불가피하게 만든다. 감세와 증세 어느 쪽도 체제 내 모순을 근본적으로 해결할 수 없으며, 오히려 위기와 갈등, 불평등을 재생산하는 결과를 낳는다.

　결국 자본주의 체제 내에서 조세 정책은 불가피하게 모순을 내포할 수밖에 없다. 감세와 증세 모두가 각기 다른 방식으로 체제 내 모순을 심화시키고, 계급 간 갈등과 사회적 긴장, 위기의 반복을 초래한다. 이는 자본주의의 구조적 한계이자, 조세 정책이 체제 내에서 단순한 조정 수단에 불과함을 보여준다. 이러한 조세 정책의 모순을 근본적으로 극복하기 위해서는 자본주의 체제 자체의 한계를 인식하고, 생산수단의 사회적 소유와 민주적 계획경제 등 대안적 체제의 모색이 필수적임을 시사한다.

6. 대안: 자본주의 모순의 극복

6.1　생산력 발전과 생산관계 변혁의 필요성

　　생산력의 발전이 일정 단계에 이르면 기존 생산관계와 충돌하게 되고, 이 모순이 체제 변혁의 동력이 된다. 자본주의는 과학기술의 발전과 대규모 생산력의 비약적 성장을 이끌었으나, 사적 소유와 이윤 추구를 본질로 하는 생산관계가 더 이상 생산력의 발전을 사회 전체의 이익으로 전환하지 못한다. 오히려 과잉 생산, 실업, 빈곤, 환경 파괴 등 사회적 위기가 반복되고, 조세 정책의 모순이 구조적으로 심화된다. 이러한 모순이 심화될수록, 생산수단의 사회적 소유와 새로운 생산관계로의 이행이 필연적으로 강조된다. 즉, 생산력의 발전을 사회적 필요와 조화시키려면, 사적 소유에 기반한 자본주의적 생산관계를 근본적으로 변혁해야 한다.

6.2　사회적 소유와 민주적 계획경제의 대두

　　자본주의의 모순을 극복하기 위한 대안의 핵심은 생산수단의 사회적 소유와 민주적 계획경제의 도입이다. 생산수단이 소수 자본가의 사적 이익을 위해 운영되는 것이 아니라, 사회 전체의 필요와 공공의 이익에 따라 운영되어야 한다. 사회적 소유란 국가 소유, 협동조합, 지역 공동체 소유 등 다양한 형태를 포괄할 수 있으며, 그 목적은 생산의 결과물이 소수의 이윤이 아니라 사회 전체의 복지와 발전에 기여하도록 하는 데 있다. 민주적 계획경제는 중앙 집중적 명령 경제가 아니라, 생산과 분배, 투자와 소비의 주요 결정이 노동자와 시민의 민주적 참여와 통제하에 이루어지는 경제 시스템을 의미한다. 이를 통해 사회적 필요와 자원의 효율적 배분, 환경적 지속 가능성, 불평등 해소 등이 가능해진다.

6.3 자본주의 체제 극복의 실천적 과제

자본주의의 조세 정책 모순은 체제 내 개혁만으로는 극복될 수 없다. 생산력 발전과 생산관계의 변혁, 생산수단의 사회적 소유와 민주적 계획경제, 계급 해체와 노동 계급의 주체화 등 근본적 전환이 필요하다. 이를 위해서는 사회적 연대와 집단적 실천, 민주주의의 심화, 사회적 대안에 대한 광범위한 토론과 실험이 동반되어야 한다. 조세 정책의 한계를 넘어, 사회 전체의 이익과 지속 가능한 발전을 지향하는 새로운 체제로의 이행이야말로 자본주의 모순의 근본적 극복을 위한 실천적 과제임을 강조할 수 있다.

제 5 장

자본주의 사회의 약탈적 소비의 계급적 본질

1. 자본주의 체제와 소비문화의 형성

1.1 자본주의의 기본 구조와 성장 논리

자본주의는 사적 소유와 자유 시장, 이윤 추구를 핵심 원리로 삼는 경제체제다. 이 체제에서 생산수단은 소수의 자본가 계급이 소유하며, 다수의 노동자는 자신의 노동력을 판매해 생계를 유지한다. 자본주의의 가장 두드러진 특징은 무한 성장에 대한 집착이다. 자본가들은 이윤 극대화를 위해 생산을 끊임없이 확대하고, 새로운 시장을 개척하며, 기술 혁신을 도모한다. 이러한 성장 논리는 단순히 경제 영역에 국한되지 않고 사회 전반에 영향을 미친다. 생산의 증대는 곧 더 많은 상품과 서비스의 출현을 의미하며, 이는 소비의 확대 없이는 지속될 수 없다. 즉, 자본주의는 생산과 소비의 순환을 통해 체제를 유지하고 발전시키는 구조를 갖는다.

이 과정에서 자본주의는 인간의 기본 욕구를 넘어선 '욕망'의 창출에 주력한다. 단순한 생존을 위한 소비가 아니라, 사회적 지위와 정체성, 심리적 만족을 위한 소비가 중시된다. 자본주의 사회에서 소비는 곧 개인의 성공과 행복, 나아가 사회적 인정의 척도가 된다. 이러한 구조는 소비의 무한 확대를 정당화하고, 체제의 안정성과 지속성을 뒷받침한다.

1.2 소비문화의 등장과 역할

　　　　　산업혁명 이후 대량생산 체제가 확립되면서, 상품의 공급이 수요를 초과하는 현상이 나타났다. 이에 따라 기업들은 소비를 촉진하기 위한 다양한 전략을 개발했다. 광고, 마케팅, 유행의 조작 등은 소비자의 욕망을 자극하고, 끊임없이 새로운 상품에 대한 수요를 창출하는 데 중요한 역할을 했다. 이 과정에서 '소비문화'가 본격적으로 등장했다.

　소비문화란 단순히 상품을 구매하는 행위의 집합이 아니라, 사회 구성원들이 소비를 통해 자신의 정체성을 표현하고, 타인과의 관계를 맺으며, 사회적 지위를 확인하는 문화적 현상이다. 소비문화는 개인의 취향과 라이프스타일을 다양화시키는 동시에, 특정 계급이나 집단의 소비 양식을 모방하도록 유도한다. 예를 들어, 상류층의 패션이나 생활양식은 곧 대중의 동경과 모방의 대상이 된다. 이로써 소비문화는 사회적 위계질서를 재생산하는 동시에, 계급 간 경계를 흐리게 만드는 역할도 수행한다.

1.3 물질적 부와 소비를 통한 행복 추구의 이데올로기

　　　　　자본주의 사회에서 소비는 단순한 경제 행위를 넘어, 개인의 행복과 사회적 성공을 실현하는 수단으로 자리 잡았다. 광고와 미디어는 '더 많이 소비할수록 더 행복해진다'는 메시지를 끊임없이 반복한다. 이는 물질적 부의 축적이 곧 인간 삶의 질을 높인다는 이데올로기로 작동한다. 실제로 많은 사람이 새로운 상품의 구매, 최신 유행의 추종, 고가의 브랜드 소비를 통해 일시적인 만족감과 자존감을 얻는다.

　그러나 이러한 이데올로기는 소비의 본질적 한계를 은폐한다. 소비를 통한 행복은 일시적이며, 곧 더 큰 욕망과 결핍으로 이어진다. 자본주의는 끊임없이 새로운 욕망을 창출하고, 이를 충족시키기 위한 소비를 부추긴다. 이 과정에서 개인은 자신의 진정한 욕구와 사회적 현실을 망각하게 되고, 소비의 무한 경쟁 속에서 소외와 불안, 심리적 피로를 경험한다.

더불어, 물질적 부의 축적과 소비를 통한 행복 추구는 계급적 불평등을 심화시킨다. 상류 계급은 고가의 상품과 서비스를 통해 자신의 우월성을 과시하고, 하위 계급은 이를 모방하거나 열등감을 느끼며 소비의 사슬에 편입된다. 이로써 소비문화는 표면적으로는 평등해 보이지만, 실제로는 계급 구조를 고착화하고 사회적 불평등을 재생산하는 역할을 한다.

1.4 자본주의와 소비문화의 상호작용

자본주의 체제는 생산의 확대와 이윤 추구를 위해 소비문화의 발전을 필연적으로 요구한다. 소비문화는 단순한 경제 현상을 넘어, 사회적 위계와 정체성, 행복에 대한 이데올로기까지 포괄하는 복합적 구조로 자리 잡았다. 이 과정에서 소비는 계급적 불평등과 사회적 모순을 드러내는 지표가 된다. 자본주의와 소비문화의 상호작용은 사회 구성원 모두의 삶에 깊은 영향을 미치며, 약탈적 소비의 구조적 토대를 제공한다. 이러한 맥락에서 약탈적 소비의 계급적 본질을 이해하는 것은 자본주의 사회의 모순과 한계를 인식하는 데 중요한 출발점이 된다.

2. 약탈적 소비의 개념과 특징

2.1 약탈적 소비의 정의 및 발생 배경

약탈적 소비는 자본주의 사회에서 특정 계급이 자신의 부와 권력을 유지·확대하기 위해 타인의 노동력, 자연자원, 사회적 자본을 착취하는 소비 행태를 의미한다. 단순한 과소비나 사치와 구분되는 점은, 약탈적 소비가 사회 구조적 불평등과 밀접히 연결되어 있다는 것이다. 즉, 약탈적 소비는 사회적·경제적 약자를 희생시키면서 상류 계급이 자신의 지위를 과시하고 재생산하는 행위로 볼 수 있다.

이 개념은 역사적으로도 유래가 깊다. 소스타인 베블런이 『유한계급론』(1899)에서 지적했듯, 약탈적 소비의 기원은 야만 사회에서의 약탈 문화에 뿌리를 두고 있다. 베블런은 "금력을 증명하는 최선의 방법은 꼭 필요하지 않은 부분에 소비하는 행동"이며, 이는 상류층이 노동에 참여하지 않고 부와 권력을 과시하기 위한 수단이라고 설명한다. 예를 들어, 은제 숟가락과 같이 실용성보다 비싼 가격과 낭비적 사용 가능성이 큰 물건을 소비하는 행위는 사회적 우월감을 나타내는 대표적 약탈적 소비 사례다.

2.2 자연과 노동, 사회적 자원의 착취 구조

약탈적 소비는 단순히 개인의 사치가 아니라, 자연과 노동, 사회적 자원의 착취를 기반으로 한다. 자본주의 사회에서 자본가 계급은 이윤 극대화를 위해 자연자원을 무분별하게 개발·소모하며, 노동자 계급은 과도한 노동과 저임금에 시달린다. 이 과정에서 소비는 자연과 노동의 착취를 정당화하는 이데올로기로 작동한다.

현대 자본주의는 공급자 중심의 경제체제이며, 기업들은 목표한 공급량에 맞춰 수요를 인위적으로 끌어올리는 데 집중한다. 소비자들은 광고와 마케팅에 의해 욕망이 증폭되어 필요 이상의 상품을 소비하게 되고, 이는 자원의 과잉 소비와 환경 파괴로 이어진다. 자본주의 사회의 소비자들은 더 오래, 더 경쟁적으로 일해서 번 수입을 소비에 탕진하는 현실에 갇혀 있으며, 이 과정에서 자연은 고갈되고 생태계는 파괴된다. 이러한 소비 행태는 결국 자연과 인간 모두를 약탈하는 구조적 문제를 내포한다.

2.3 환경 및 신체적 삶의 몰수와 그 확장

약탈적 소비는 환경 파괴뿐 아니라 인간의 신체적 삶과 사회적 관계에도 부정적 영향을 미친다. 과도한 소비와 경쟁은 개인의 삶을 피폐하게 만들고, 심리적 불안과 소외를 심화시킨다. 또한, 금융 시스템을 통한 과도한 신용 제공과 부채의 확산은 개인을 경제적 노예 상태로 몰아넣어 자율성을 박탈한다.

특히 약탈적 금융은 소득 수준을 초과하는 대출을 제공하여, 갚을 수 없는 빚에 시달리는 사람들을 양산한다. 이는 단순한 개인의 책임 문제가 아니라, 채권자의 탐욕과 사회 구조적 문제에 기인한다. 빚을 갚기 위해 노동과 시간을 소비하는 과정에서 개인은 자존감과 시민 의식을 상실하고, 사회적 연대감도 약화된다. 이처럼 약탈적 소비는 물질적 착취를 넘어 심리적·사회적 착취로 확장되어, 현대 사회의 다양한 문제를 야기한다.

2.4 약탈적 소비의 특징 요약

약탈적 소비의 특징을 요약하면 다음과 같다.

첫째, 비생산적이고 낭비적인 소비: 유용성보다는 고가와 희소성, 낭비 가능성이 큰 상품을 소비함으로써 사회적 지위를 과시한다.

둘째, 계급적 불평등의 재생산: 상류 계급이 노동에 참여하지 않고 소비를 통해 권력과 부를 과시하며, 하위 계급은 이를 모방하거나 열등감을 느끼며 소비의 사슬에 편입된다.

셋째, 자연과 노동의 착취: 무분별한 자원 소비와 노동력 착취를 기반으로 하며, 환경 파괴와 생태계 위기를 심화시킨다.

넷째, 금융을 통한 경제적 종속: 과도한 신용 제공과 부채 확산으로 개인을 경제적 노예로 만들고, 사회적 연대와 자율성을 훼손한다.

다섯째, 심리적·사회적 영향: 소비 경쟁과 부채 압박은 개인의 심리적 불안과 사회적 소외를 심화시키며, 시민 의식의 약화를 초래한다.

이와 같이 약탈적 소비는 자본주의 사회의 계급적 모순과 환경 위기, 그리고 개인의 삶 전반에 걸친 문제를 포괄하는 복합적 현상이다. 그 본질을 이해하는 것은 자본주의 체제의 구조적 문제를 진단하고, 대안적 사회 변화를 모색하는 데 필수적이다.

3. 계급 구조와 소비의 불평등

3.1 계급에 따른 소비 양식의 차별화

자본주의 사회에서 계급은 단순히 소득이나 재산의 많고 적음만으로 구분되지 않는다. 계급은 생산수단의 소유 여부, 사회적 지위, 교육 수준, 문화적 자본 등 다양한 요인에 의해 결정된다. 이러한 계급적 분화는 소비 양식에서도 뚜렷하게 드러난다. 상류 계급은 고가의 상품, 희소한 서비스, 사치품 등을 소비함으로써 자신의 경제적 우월성과 사회적 지위를 과시한다. 예를 들어, 요트, 고급 승용차, 명품 패션, 고급 레스토랑 이용 등은 상류 계급의 대표적 소비 양식이다.

반면, 중간 계급과 하위 계급은 상류 계급의 소비 양식을 모방하려는 경향이 있으나, 경제적 한계로 인해 대체재를 선택하거나 실용성을 중시하는 소비 행태를 보인다. 중하층 계급은 체면과 사회적 인정 욕구 때문에 상류 계급의 소비 방식을 따라 하려 하지만, 실질적으로는 자신의 경제적 상황에 맞는 소비를 할 수밖에 없다. 일부 노동 계급의 경우, 소득 수준이 중하층보다 높더라도 소비 양식은 실용성과 일상적 만족에 초점을 맞춘다. 이처럼 각 계급은 소비를 통해 자신만의 생활 방식과 정체성을 드러내며, 동시에 다른 계급과의 차별성을 강화한다.

3.2 소비의 균등화와 차별화의 이중성

현대 자본주의 사회는 대량생산과 대중 소비의 확산으로 인해 표면적으로는 소비의 균등화가 이루어진 것처럼 보인다. 누구나 스마트폰, 패스트푸드, 대형마트 상품 등 일정 수준의 소비재를 누릴 수 있게 되었기 때문이다. 그러나 이러한 균등화는 실질적인 계급 차이를 은폐할 뿐, 오히려 소비의 차별화 전략을 더욱 정교하게 만든다.

상류 계급은 대중화된 상품에서 벗어나 희소성과 상징성이 높은 제품을 선택함으로써 다시 한번 자신을 구별 짓는다. 예를 들어, 한정판 명품, 맞춤형 서비스, 프라이빗 클럽 이용 등은 상류 계급의 차별적 소비 전략이다. 중간 계급은 이러한 상류 계급의 소비를 동경하며, 자신이 속하고자 하는 준거 집단의 소비 양식을 모방하려 한다. 하위 계급은 실질적으로는 저렴하고 실용적인 상품을 선택할 수밖에 없지만, 때로는 무리한 소비나 신용카드, 대출을 통해 상위 계급의 소비를 흉내 내기도 한다.

이처럼 소비의 균등화와 차별화는 동전의 양면과 같다. 대중 소비의 확산이 계급 간 장벽을 낮추는 듯 보이지만, 실제로는 새로운 형태의 차별화와 계급적 위계질서를 재생산한다.

3.3 부르디외의 '구별짓기'와 문화적 취향의 계급적 반영

피에르 부르디외는 『구별짓기』(1979)에서 소비의 계급적 본질을 심도 있게 분석했다. 그는 경제적 자본뿐 아니라 문화적 자본, 사회적 자본이 계급을 구분하는 핵심 요소임을 강조한다. 각 계급은 자신만의 문화적 취향과 생활양식을 소비를 통해 드러내며, 이를 통해 다른 계급과의 경계를 명확히 한다.

예를 들어, 상류 계급은 세련되고 고급스러운 음식, 예술, 여가 활동을 선호하며, 문화적 아비투스(습관적 성향)를 통해 자신들의 우월성을 자연스럽게 표현한다. 반면, 중간 계급은 상류 계급의 취향을 모방하면서도 자신의 경제적 한계 내에서 선택적으로 소비한다. 하위 계급은 저렴하고 실용적인 상품, 간편한 음식, 대중문화에 더 많은 비중을 두는 경향이 있다.

부르디외는 이러한 '구별짓기'가 단순한 취향의 문제가 아니라, 사회 구조 속에서 계급적 위계질서를 재생산하는 메커니즘임을 밝혔다. 즉, 소비는 개인의 자유로운 선택이 아니라, 계급적 위치에 따라 제한되고 규정되는 사회적 행위라는 점에서 그 본질이 드러난다.

3.4 계급 구조와 소비 불평등의 사회적 의미

계급에 따른 소비 양식의 차별화는 단순히 경제적 불평등을 넘어 사회적 위계와 정체성, 문화적 자본의 축적과 밀접하게 연결되어 있다. 상류 계급은 소비를 통해 사회적 지위를 공고히 하고, 중간 계급과 하위 계급은 이를 모방하거나 열등감을 느끼며 사회적 위계질서에 편입된다.

이러한 구조는 소비를 통한 계급 차별화가 사회적 불평등을 심화시키는 메커니즘으로 작동함을 보여준다. 실제로 자산 규모, 교육 수준, 사회적 네트워크 등 다양한 자본의 축적이 소비 양식과 직결되며, 이는 다시 계급 구조의 재생산으로 이어진다. 소비의 불평등은 단순히 경제적 격차를 반영하는 것이 아니라, 사회적 인정 욕구, 문화적 위신, 상징적 권력 등 다양한 차원에서 계급 간 격차를 심화시킨다.

결국 자본주의 사회에서 소비는 계급 구조와 불가분의 관계를 맺고 있으며, 소비의 불평등은 사회적 모순과 갈등의 근본적 원인이 된다. 소비를 통한 계급 차별화와 불평등의 구조를 이해하는 것은 자본주의 사회의 본질을 파악하고, 더 평등한 사회로 나아가기 위한 중요한 출발점이 된다.

4. 유한계급과 과시적 소비

4.1 베블런의 유한계급론 개요

소스타인 베블런은 『유한계급론』에서 자본주의 사회의 상류 계급, 즉 유한계급의 소비 행태를 심도 있게 분석했다. 베블런에 따르면 유한계급은 생산적 노동에 직접 참여하지 않고, 축적된 부와 권력을 바탕으로 사회적 지위를 유지하는 계층이다. 이들은 자신의 부를 과시하고 사회적 우월성을 드러내기 위해 비생산적이고 낭비적인 소비, 즉 '과시적 소비'를 실천한다.

베블런은 유한계급의 기원을 원시 사회에서의 약탈 계급에서 찾았다. 그는 '약탈적 기질'이 유한계급의 본질임을 지적하며, 이 계급이 노동을 경멸하고 타인의 노동 성과를 소비하는 데에서 사회적 위신을 얻는다고 보았다. 유한계급은 노동에 직접 참여하지 않으며, 오히려 노동으로부터의 거리를 두는 것이 곧 계급적 위신의 상징이 된다. 이들은 실용성과 효율성보다는 낭비와 사치, 드러내기 위한 소비를 통해 계급적 차별성을 유지한다.

4.2 과시적 소비와 명성, 사회적 위계의 재생산

과시적 소비는 유한계급이 자신의 부와 권력을 드러내기 위해 의도적으로 비생산적이고 낭비적인 소비를 하는 행위다. 이 소비는 단순히 개인적 만족을 위한 것이 아니라, 타인의 시선을 의식하고 사회적 위신을 획득하기 위한 목적이 강하다. 베블런은 "금력을 증명하는 최선의 방법은 꼭 필요하지 않은 부분에 소비하는 행동"이라고 강조했다. 즉, 비싼 옷, 귀금속, 호화 주택, 고급 자동차와 같은 사치품 소비는 실질적 필요를 넘어서 사회적 지위를 과시하는 수단이 된다.

이러한 과시적 소비는 사회적 위계질서를 재생산하는 데 핵심적인 역할을 한다. 상류 계급의 소비 양식은 곧 사회적 모방의 대상이 되며, 중간 계급과 하위 계급은 이들을 따라 하려는 경향을 보인다. 하지만 실질적으로는 경제적 한계로 인해 완전한 모방이 불가능하며, 이로 인해 계급 간 위계와 경계가 더욱 공고해진다. 과시적 소비는 상류 계급의 사회적 우월성을 시각적으로 드러내는 동시에, 하위 계급에게는 열등감과 소외감을 심어준다.

또한, 과시적 소비는 단순히 물질적 차원을 넘어 문화적·상징적 의미를 지닌다. 예를 들어, 특정 브랜드의 명품을 소유하는 것은 단순한 상품 구매가 아니라, 그 브랜드가 상징하는 사회적 위신과 계급적 지위를 획득하는 행위로 간주된다. 이처럼 과시적 소비는 자본주의 사회에서 계급 구조를 유지하고 재생산하는 중요한 메커니즘으로 작동한다.

4.3 유한계급의 약탈적 기질과 역사적 기원

　　유한계급의 약탈적 기질은 자본주의 이전의 원시 사회와 봉건 사회에서부터 그 뿌리를 찾을 수 있다. 베블런은 유한계급이 약탈적 계급에서 발전했다고 보았다. 약탈적 계급은 직접 생산에 참여하지 않고, 타인의 노동 결과물이나 자연자원을 무력이나 권력을 통해 차지하는 집단이었다. 이들은 사냥, 전쟁, 정복 등을 통해 부를 축적하고, 이를 바탕으로 사회적 지위를 누렸다.

　　자본주의가 발전하면서 약탈적 계급은 직접적인 무력행사가 아닌 경제적 수단, 즉 자본과 금융, 지식, 정보 등 다양한 형태의 자본을 통해 사회적 지위를 유지하게 된다. 그러나 본질적으로는 타인의 노동과 자원을 착취하는 구조는 변하지 않았다. 현대의 유한계급 역시 노동에 직접 참여하지 않고, 자신의 부와 권력을 과시적 소비를 통해 드러낸다. 이들은 고급 교육, 문화예술, 자선 활동 등 다양한 방식으로 사회적 위신을 쌓지만, 그 근간에는 여전히 약탈적 기질이 자리하고 있다.

　　이러한 약탈적 기질은 현대 자본주의 사회에서도 다양한 형태로 나타난다. 예를 들어, 금융 자본가들은 실물 경제에 직접 참여하지 않고도 이자, 배당, 투자 수익 등으로 막대한 부를 축적한다. 이들은 고가의 미술품, 부동산, 사치품 등에 투자함으로써 자신의 사회적 지위를 과시하고, 동시에 자본의 대물림을 통해 계급 구조를 재생산한다.

4.4 현대 사회에서의 유한계급과 과시적 소비의 변화

　　전통적 유한계급은 주로 토지, 자본 등 물질적 자산을 소유한 계층이었으나, 현대 사회에서는 지식, 정보, 네트워크 등 비물질적 자본을 보유한 신유한계급이 등장했다. 이들은 창의적 산업, 금융, IT, 문화예술 등 다양한 영역에서 활동하며, 여전히 과시적 소비를 통해 사회적 위신을 드러낸다. 그러나 소비의 양상은 과거와 달리 더 세련되고 다양해졌다.

예를 들어, 현대의 유한계급은 단순한 사치품 소비를 넘어, 예술품 컬렉션, 고급 교육, 건강과 웰빙, 환경친화적 소비 등 새로운 형태의 과시적 소비를 실천한다. 이는 단순히 물질적 풍요를 넘어서, '문화적 자본'과 '상징적 자본'을 축적하고자 하는 욕망에서 비롯된다. 또한, 이들은 사회적 책임과 윤리적 소비를 강조함으로써, 자신의 소비가 사회 전체에 긍정적 영향을 미친다는 이미지를 구축하려 한다. 그러나 이러한 '윤리적 과시' 역시 본질적으로는 계급적 위신을 드러내는 또 다른 방식에 불과하다.

결국 유한계급과 과시적 소비는 자본주의 사회의 계급 구조와 불평등을 유지하고 재생산하는 핵심 메커니즘이다. 베블런이 지적한 유한계급의 약탈적 기질과 과시적 소비의 본질은 현대 사회에서도 여전히 유효하며, 그 양상만이 시대에 따라 변화하고 있을 뿐이다.

5. 현대 자본주의와 새로운 계급의 소비문화

5.1 전통적 유한계급에서 '야망 계급'으로의 변화

전통적으로 자본주의 사회의 상층부는 주로 토지, 자본 등 생산수단을 소유한 유한계급이었다. 이들은 노동에 직접 종사하지 않고, 축적된 부와 사회적 위신을 바탕으로 과시적 소비와 사치, 문화적 후원을 통해 사회적 위계를 유지했다. 하지만 20세기 후반 이후, 특히 신자유주의와 정보화 시대가 도래하면서 계급 구조에 중요한 변화가 나타났다. 새로운 계급, 즉 '야망 계급' 또는 '창조 계급'이 부상한 것이다.

이들은 전통적 유한계급과 달리, 자본의 세습이나 토지 소유가 아니라, 지식, 정보, 창의성, 네트워크 등 비물질적 자본을 통해 자신의 지위와 부를 획득한다. IT, 금융, 예술, 미디어, 컨설팅, 스타트업 등 다양한 분야에서 활동하며, 개인의 능력과 성취, 혁신을 중시한다. 이 계급은 자기 계발, 전문성, 창의적 성취를 중시하며, 개인의 브랜드와 사회적 영향력을 소비와 결합한다.

야망 계급의 소비문화는 단순한 과시나 사치에서 벗어나, '자기 투자'와 '경험의 소비'로 특징지어진다. 이들은 고급 교육, 건강, 웰빙, 문화예술, 여행, 자기 계발 등 비물질적 영역에 적극적으로 소비하며, 이를 통해 자신의 차별성과 우월성을 드러낸다. 전통적 유한계급이 주로 물질적 사치품에 집중했다면, 야망 계급은 경험, 지식, 네트워크, 라이프스타일 등 새로운 형태의 자본을 축적하고, 이를 사회적 위신의 근거로 삼는다.

5.2 물질적 소비에서 정신적·문화적 소비로의 전환

현대 자본주의의 소비문화는 물질적 소비에서 정신적·문화적 소비로 빠르게 전환되고 있다. 대중 소비 사회에서 스마트폰, 자동차, 명품 등 물질적 소비가 일정 수준까지 보편화되면서, 상위 계급은 차별화된 소비를 추구하게 되었다. 그 결과, 이제는 '경험', '지식', '문화', '웰빙' 등이 새로운 소비의 중심이 되고 있다.

야망 계급은 고급 레스토랑, 미술관, 콘서트, 여행, 요가, 명상, 친환경 상품, 사회적 기업 제품 등 다양한 문화적·정신적 소비에 적극적으로 참여한다. 이들은 단순한 소유를 넘어, '나만의 경험'과 '특별한 라이프스타일'을 추구하며, 이를 소셜 미디어 등에서 적극적으로 공유한다. 이러한 소비는 단순한 자기만족을 넘어, 사회적 인정과 네트워크 확장, 자기 계발의 수단이 된다.

또한, 정신적·문화적 소비는 '윤리적 소비', '지속 가능성', '사회적 책임' 등 새로운 가치와 결합한다. 야망 계급은 친환경 상품, 공정 무역, 사회적 기업, 기부, 자원봉사 등 '착한 소비'를 통해 자신의 도덕적 우월성과 사회적 책임감을 강조한다. 하지만 이런 소비 역시 본질적으로는 계급적 차별화와 사회적 위신의 재생산에 기여한다.

5.3 계급 재생산과 사회적 영향

야망 계급의 소비문화는 겉으로는 평등하고 개방적인 것처럼 보이지만, 실제로는 새로운 형태의 계급 재생산 구조를 형성한다. 고급 교육, 문화예술, 자기 계발, 건강관리 등은 모두 상당한 시간과 자본, 정보, 네트워크가 필요하다. 이는 곧 상위 계급만이 접근할 수 있는 특권적 영역이 되며, 하위 계급은 진입장벽에 가로막힌다.

예를 들어, 명문대 진학, 해외 연수, 다양한 문화 체험, 웰빙 라이프스타일 등은 경제적·사회적 자본이 뒷받침되어야만 가능하다. 야망 계급은 이러한 자본을 자녀에게 대물림함으로써, 계급 구조를 세련되고 은밀하게 재생산한다. 과거 유한계급이 물질적 자산을 세습했다면, 오늘날 야망 계급은 문화적·사회적 자본이나 네트워크, 교육 기회를 세습한다.

이러한 소비문화는 사회 전체에 미묘한 영향을 미친다. 상위 계급의 소비 양식은 곧 사회적 동경과 모방의 대상이 되며, 중하위 계급은 이를 따라 하려 하지만, 현실적으로는 한계에 부딪힌다. 그 결과, 계급 간 문화적·정신적 격차는 더욱 벌어지고, 사회적 불평등은 심화된다. 또한, 자기 계발과 경험 중심의 소비는 개인주의와 경쟁을 강화하며, 사회적 연대와 공동체 의식의 약화를 초래할 수 있다.

5.4 현대 소비문화의 양상과 문제점

현대 자본주의의 소비문화는 전통적 사치와 과시에서 벗어나, 더욱 세련되고 다양해졌지만, 본질적으로는 계급 구조와 불평등을 유지·강화하는 역할을 한다. 야망 계급의 소비는 자기 계발, 문화, 웰빙, 윤리적 소비 등 긍정적 가치를 내세우지만, 이는 곧 새로운 진입장벽과 차별화 전략으로 작동한다.

이러한 소비문화는 사회적 이동의 가능성을 제한하고, 계급 구조의 고착화를 심화시킨다. 또한, 자기 계발과 경쟁, 경험의 소비는 개인의 삶을 더욱 불안하고 피로하게 만들기도 한다. 사회 전체적으로는 물질적 풍요와 문화적 다양성의 이면에, 새로운 형태의 계급적 위계와 소외, 불평등이 자리 잡는다.

결국 현대 자본주의의 새로운 계급과 소비문화는 사회적 진보와 평등의 이념과는 거리가 멀다. 오히려 더욱 세련되고 복잡한 방식으로 계급 구조를 재생산하며, 소비를 통한 사회적 위계질서를 강화한다. 이러한 구조를 인식하고, 소비문화의 본질과 한계를 비판적으로 성찰하는 것은 더 평등하고 지속 가능한 사회로 나아가기 위한 중요한 과제다.

6. 약탈적 소비의 사회적·환경적 영향

6.1 자원 고갈과 생태 위기

자본주의적 약탈적 소비는 자원의 고갈과 심각한 생태 위기를 초래한다. 대량생산과 대량 소비를 기반으로 한 현대 경제는 자연자원을 무한정 사용할 수 있다는 전제를 깔고 있다. 그러나 실제로 자원은 한정되어 있으며, 과도한 소비는 산림 파괴, 토양 황폐화, 수자원 고갈, 광물 및 에너지 자원의 고갈로 이어진다. 산업 생산 과정에서의 대규모 채굴, 산림 벌목, 무분별한 농업 확장 등은 지구 생태계의 균형을 무너뜨리고 있다.

특히, 화석 연료의 대량 소비는 온실가스 배출을 증가시켜 기후 변화를 가속화한다. 이는 지구 온난화, 해수면 상승, 극단적 기후 현상 등 전 지구적 재난을 유발한다. 자본주의가 고도화되면서 소비 자본주의가 등장했고, 희귀 자원의 고갈과 복잡한 폐기물 문제가 심화되었다. 플라스틱, 전자 폐기물, 의류 등 각종 폐기물은 해양과 토양을 오염시키며, 해양 생물과 생태계 전반에 치명적 피해를 준다.

이러한 환경 파괴는 단순히 자연의 문제가 아니라, 인간의 생존과 직결된 문제다. 산림 파괴와 생물 다양성 감소는 식량 안보와 깨끗한 물, 건강한 공기 등 인간의 기본적 삶의 조건을 위협한다.

6.2 사회적 불평등과 문화적 보수성의 강화

약탈적 소비는 사회적 불평등을 심화시키고, 문화적 보수성을 강화한다. 자본주의 사회에서 상류 계급은 과시적 소비를 통해 사회적 위신과 권력을 공고히 한다. 이들의 소비 양식은 다른 계층에 모방의 대상으로 작용하며, 사회 전체의 소비 기준을 상향 평준화시킨다. 그 결과, 중하위 계층은 경제적 한계를 무시하고 상류 계급의 소비를 따라잡기 위해 과도한 부채와 경제적 불안을 감수하게 된다.

베블런은 『유한계급론』에서 과시적 소비가 사회 전체의 자원을 낭비하고, 불평등을 심화시키는 주범임을 지적했다. 상류 계급이 명성의 기준을 확립하면, 다른 계층 역시 최소 생계비를 제외한 나머지 소득을 과시적 소비에 쏟아붓게 된다. 이 과정에서 사회의 보수적 태도가 강화되고, 유한계급의 규범적 선례가 전체 사회의 소비 관행을 지배한다.

소비 격차는 교육, 주거, 의료 등 다양한 영역에서 불평등을 심화시키고, 물질주의와 과시 소비의 만연은 개인의 정신 건강 악화와 사회적 가치관의 왜곡으로 이어진다. 더 많이 소비할수록 더 행복해진다는 신화는 실질적으로는 소수의 자본가와 상류 계급만을 위한 구조를 강화할 뿐, 다수의 노동자와 중하위 계층은 상대적 박탈감과 소외를 경험한다.

6.3 소비문화가 개인과 사회에 미치는 영향

현대 소비문화는 단순한 경제 행위를 넘어 사회적 관계와 개인의 정체성, 가치관 형성에 깊은 영향을 미친다. 소비는 특정한 문화적 맥락 속에서 이루어지며, 소비자는 소비를 통해 사회적으로 용인되고 이해될 수 있는 의미를 만들어낸다. 예를 들어, 청바지와 같은 상품도 세대별·계층별로 상징적 의미가 달라진다. 소비는 개인의 사회적 지위, 문화적 태도, 정체성을 드러내는 상징적 행위가 된다.

그러나 광고와 마케팅에 의해 조장된 과도한 욕망과 결핍은 소비자에게 지속적인 불만족과 자기 부정, 심리적 피로를 안긴다. 소비의 주체가 된 개인은 자신의 정체성과 능력을 소비재로 치환해 평가받게 되며, 이는 자존감 저하와 사회적 소외, 경쟁과 불안의 심화로 이어진다.

또한, '녹색 소비'와 같은 친환경적 소비조차도 실질적으로는 위장 환경주의에 불과하다는 비판이 제기된다. 환경을 위한 소비라는 명목하에 새로운 상품이 생산·소비되면서, 오히려 환경 파괴가 가속화되는 역설이 발생한다. 자본주의 체제에서는 모든 소비가 필연적으로 환경 파괴로 이어질 수밖에 없으며, 소비를 통한 환경 보호는 구조적으로 한계가 있다.

6.4 약탈적 소비의 악순환과 대안의 모색

약탈적 소비는 자본주의 체제의 성장 논리와 결합해 사회적·환경적 악순환을 낳는다. 공급 과잉과 과잉 소비, 경쟁과 모방, 자원 고갈과 환경 파괴, 사회적 불평등과 문화적 보수성의 강화 등은 서로 맞물려 지속적으로 재생산된다. 이 악순환을 끊기 위해서는 개인의 가치관 변화, 기업의 사회적 책임 강화, 정부의 정책적 개입 등 다각도의 노력이 필요하다.

특히, '덜 사고 덜 쓰는 것', '육식 줄이기', '디지털 탄소발자국 줄이기' 등 개인의 실천이 중요하다. 그러나 개인의 노력만으로는 구조적 한계를 극복하기 어렵기 때문에, 사회 전체의 구조적 변화와 지속 가능한 소비문화의 확산이 병행되어야 한다.

궁극적으로, 약탈적 소비의 구조적 문제를 인식하고, 더 평등하고 지속 가능한 사회로 나아가기 위한 사회적 합의와 실천이 필요하다. 소비를 통한 행복의 신화에서 벗어나, 인간과 자연, 사회가 조화롭게 공존할 수 있는 새로운 가치와 삶의 방식을 모색해야 한다.

7. 결론

7.1 약탈적 소비의 계급적 본질 요약

자본주의 사회에서 약탈적 소비는 단순한 개인의 소비 행위가 아닌, 사회 구조와 계급 관계의 산물이다. 약탈적 소비란 상위 계급이 자신의 부와 권력을 유지·강화하기 위해 타인의 노동력, 자연자원, 사회적 자본을 착취하는 소비 행태를 의미한다. 이는 단순한 사치와 과시를 넘어, 사회 전체의 자원 분배와 환경, 문화, 인간관계에까지 광범위한 영향을 미친다.

역사적으로 약탈적 소비는 유한계급의 과시적 소비에서 그 기원을 찾을 수 있다. 베블런이 지적한 바와 같이, 상류 계급은 생산적 노동에 참여하지 않고, 비생산적이고 낭비적인 소비를 통해 사회적 위신을 드러낸다. 이러한 소비는 사회적 모방의 대상이 되어, 중하위 계급까지 과시적 소비의 사슬에 편입된다. 그 결과, 계급 구조는 더욱 공고해지고, 소비의 불평등은 심화된다.

현대 자본주의에서는 전통적 유한계급뿐 아니라, 새로운 야망 계급이나 창조 계급이 등장하여 지식, 정보, 네트워크, 문화적 자본을 통해 사회적 위계와 소비의 차별화를 실천한다. 이들은 물질적 소비를 넘어 경험, 자기 계발, 윤리적 소비 등 다양한 영역에서 차별화된 소비문화를 형성하며, 계급적 위신을 재생산한다. 이처럼 약탈적 소비의 계급적 본질은 시대와 형태를 달리하며 지속적으로 사회 구조에 내재되어 있다.

7.2 대안적 소비문화와 사회 구조 변화의 필요성

약탈적 소비의 구조적 문제를 극복하기 위해서는 단순한 개인의 절제나 윤리적 소비만으로는 한계가 있다. 소비의 계급적 본질과 사회 구조적 불평등을 인식하고, 근본적인 변화의 필요성을 모색해야 한다. 이를 위해 다음과 같은 대안적 방향을 제시할 수 있다.

첫째, 사회적 불평등 해소와 자원 분배의 공정성 강화가 필요하다. 이는 누진적 조세, 기본소득, 사회보장제도 강화 등 국가적 차원의 정책이 뒷받침되어야 한다. 상류 계급의 과시적 소비와 자본의 대물림을 억제하고, 사회적 약자에게 더 많은 기회와 자원을 제공하는 구조적 개혁이 필수적이다.

둘째, 지속 가능한 소비문화의 확산이 중요하다. '덜 사고, 덜 쓰는 것', '공유경제', '수리와 재사용', '로컬 푸드' 등 친환경적이고 공동체 지향적인 소비문화가 대안이 될 수 있다. 이는 단순히 환경 보호를 넘어서, 소비를 통한 사회적 연대와 공동체 회복, 인간다운 삶의 질 향상으로 이어진다.

셋째, 교육과 문화의 역할 강화가 필요하다. 소비를 통한 행복의 신화에서 벗어나, 인간의 가치와 의미, 사회적 연대와 협력, 자연과의 조화로운 공존을 중시하는 교육과 문화가 확산되어야 한다. 이는 개인의 가치관 변화뿐 아니라, 사회 전체의 인식 전환을 위한 중요한 기반이 된다.

넷째, 기업과 시장의 사회적 책임 강화가 요구된다. 기업은 단순한 이윤 추구를 넘어, 사회적 책임과 환경 보호, 윤리적 경영을 실천해야 한다.

정부는 이를 유도하는 정책과 제도를 마련하고, 시민사회는 적극적인 감시와 참여로 기업의 책임 있는 소비문화를 촉진해야 한다.

그러나 궁극적으로는, 이러한 체제 내적 대안과 노력이 갖는 한계를 극복하려면 자본 논리에 의해 무한 성장주의를 필연적으로 추구할 수밖에 없는 자본주의 체제를 지양하고 새로운 사회로 나아가야 한다.

7.3 새로운 사회를 향한 과제

약탈적 소비의 계급적 본질을 인식하는 것은 자본주의 체제의 모순과 한계를 직시하는 데 필수적이다. 소비의 구조적 불평등과 환경 파괴, 사회적 소외와 심리적 피로 등은 단순한 개인의 문제가 아니라, 사회 전체가 함께 해결해야 할 과제다.

앞으로의 사회는 더 이상 소비를 통한 행복과 성공의 신화에 머물러서는 안 된다. 인간의 존엄과 자연과의 조화, 사회적 연대와 공동체의 회복을 중심에 두는 새로운 가치와 삶의 방식이 필요하다. 이를 위해서는 개인의 실천과 더불어, 사회 구조의 근본적 변화, 정책과 제도의 혁신, 교육과 문화의 전환, 기업과 시장의 책임 강화 등 다각도의 노력이 요구된다.

궁극적으로, 약탈적 소비를 넘어선 대안적 소비문화와 평등하고 지속 가능한 사회를 향한 실천이야말로, 자본주의 사회의 모순을 극복하고 모두가 더불어 살아갈 수 있는 미래를 여는 열쇠가 될 것이다.

제 6 장

21세기 후기 파시즘에 대한 계급적 분석

1. 21세기 후기 파시즘에 대한 계급적 분석의 필요성

21세기 들어 전 세계적으로 부르주아 민주주의와 자유주의를 위협하는 정치적 흐름이 부상하고 있다. 이러한 흐름은 극우 포퓰리즘, 권위주의적 민족주의, 반(反)세계화 담론 등 다양한 형태로 나타나며, 이를 '후기 파시즘'이라고 명명할 수 있다. 후기 파시즘은 20세기 전간기(Interwar)의 파시즘과는 다른 양상을 보이지만, 여전히 계급적 갈등과 자본주의의 모순 속에서 작동한다는 점에서 유사성을 지닌다. 여기서는 후기 파시즘을 계급적 관점에서 분석함으로써 그 본질과 현대 자본주의 사회에서의 역할을 규명한다. 이를 통해 후기 파시즘이 단순한 정치적 현상이 아니라 사회경제적 구조의 산물이며, 현대 자본주의 사회의 계급투쟁을 왜곡함으로써 최대 수혜자인 자본가 계급과 극우 정치 세력의 이익을 지키는 역할을 하고 있다는 것을 밝히고자 한다.

1.1 후기 파시즘의 정의와 특징

후기 파시즘은 전통적인 파시즘과 달리 노골적인 군사적 침략이나 전체주의적 국가 건설을 추구하지 않을 수도 있지만, 여전히 권위주의적

이고 배타적인 이데올로기를 기반으로 한다. 이는 대중의 불안과 분노를 이용해 특정 계층이나 집단을 희생양으로 삼으며, 기존 부르주아 민주주의 제도를 약화시키고 사회를 통제하려는 경향을 보인다. 후기 파시즘은 종종 경제적 불평등과 계급 갈등이 심화된 상황에서 등장하며, 대중의 불안을 민족주의적 또는 문화적 갈등으로 전환시키는 전략을 사용한다. 이러한 특징은 후기 파시즘이 단순히 정치적 이념이 아니라 사회경제적 구조와 밀접하게 연관되어 있음을 시사하고 있다.

1.2 후기 파시즘의 계급적 분석의 필요성

후기 파시즘에 대한 논의는 주로 정치학 또는 국제관계학의 관점에서 이루어져 왔을 뿐 후기 파시즘의 계급적 본질을 탐구하는 작업은 상대적으로 미흡하다. 그러나 계급적 분석은 후기 파시즘이 단지 정치적 현상이 아니라 자본주의 체제 내에서 특정 계급 간 갈등과 불평등이 심화되는 과정에서 등장한 산물임을 이해하는 데 중요한 관점을 제공한다. 또한, 계급적 분석은 후기 파시즘에 효과적으로 대응하기 위한 전략을 마련하는 데에도 필수적으로 요구된다. 후기 파시즘의 계급적 특성에 대한 분석을 통해서만 현대 자본주의 사회가 직면한 위기의 본질을 더욱 명확히 규명하고, 이를 극복하기 위한 치밀한 이론적 토대를 구축할 수 있기 때문이다.

2. 파시즘의 역사적 기원과 발전

2.1 20세기 전간기 파시즘의 본질과 계급적 특성

파시즘은 제1차 세계대전 이후 전간기(1919~1939년) 유럽에서 등장한 정치적 운동이자 이데올로기로, 이탈리아의 무솔리니와 독일의 히틀러를 중심으로 급격히 확산되었다. 파시즘은 부르주아 민주주의와 자유주의, 사회주의에 대한 반발로 나타났으며, 강력한 국가주의, 민족주의, 권위주의를 핵심 이념으로 삼았다. 계급적 관점에서 보면, 전간기 파시즘은 자본주의 체제 내에서 심화된 계급 갈등을 해결하려는 시도로 이해할 수 있다. 특히 파시즘은 자본가 계급과 중간 계급(프티부르주아)의 지지를 기반으로 성장했으며, 노동 계급과 좌파 운동을 탄압하는 데 주력했다. 대공황으로 인해 자본주의가 위기에 처하자, 파시스트 정권은 국가 주도의 경제 통제를 통해 자본가 계급의 이익을 보호하면서도 대중에게는 '계급 협조'와 '민족 통합'이라는 환상을 제공했다.

파시즘은 또한 중간 계급의 불안과 불만을 적극적으로 활용했다. 산업화와 경제 위기로 인해 몰락 위기에 처한 중간 계급은 자신들의 경제적 지위를 유지하고자 했고, 파시즘은 이들에게 '강력한 지도자'와 '안정된 사회'라는 비전을 제시했다. 이러한 맥락에서 파시즘은 노동 계급의 혁명적 요구를 억압하는 동시에 중간 계급과 자본가 계급 간의 동맹을 강화하는 역할을 했다.

2.2 20세기 전통적 파시즘과 후기 파시즘의 연속성과 단절

20세기 전반기의 전통적 파시즘과 21세기의 후기 파시즘은 여러 면에서 유사성을 가지지만, 시대적 맥락과 작동 방식에서 중요한 차이를 보인다. 먼저 연속성 측면에서 두 현상 모두 경제 위기와 사회적 불안 속에서 등장하며, 대중 동원을 통해 권위주의적 통치를 정당화한다는 공통점을 가진다. 또한, 민족주의와 배타적인 정체성을 강조하며, 특정 집단(예: 유대인, 이민자)을 희생양으로 삼아 사회 문제를 해결하려 한다는 점에서도 유사하다.

그러나 후기 파시즘은 전통적 파시즘과 달리 노골적인 군사적 침략이나 전체주의적 국가 건설보다는 부르주아 민주주의 제도의 내부에서 점진적으로 권력을 장악하려는 경향을 보인다. 이는 현대 사회에서 부르주아 민주주의와 인권에 대한 국제적 규범이 강화되었기 때문에 나타난 전략적 변화로 볼 수 있다. 또한, 후기 파시즘은 과거처럼 대규모 군사 조직이나 폭력적 거리 투쟁에 의존하기보다 미디어와 디지털 기술을 활용해 대중의 지지를 얻고 여론을 조작하는 데 초점을 맞춘다.

계급적 관점에서도 차이가 나타난다. 전통적 파시즘이 주로 산업 자본가 계급과 중간 계급의 이해관계를 대변했다면, 후기 파시즘은 신자유주의 경제 질서 속에서 양극화된 사회 구조를 반영한다. 후기 파시즘은 초국적 자본의 영향력 아래 기존의 중간 계급이 몰락하는 상황에서 등장하며, 몰락한 중간 계급뿐만 아니라 불안정한 노동 계층까지 포섭하려는 경향을 보인다. 이는 후기 파시즘이 더 복잡하고 다층적인 계급 동력을 가지고 있음을 시사한다.

2.3 후기 파시즘 분석을 위한 역사적 맥락의 중요성

파시즘의 역사적 기원과 발전 과정을 이해하는 것은 후기 파시즘을 분석하는 데 필수적이다. 전통적 파시즘이 특정 시대와 지역에 국한된 현상이 아니었듯이, 후기 파시즘도 현대 자본주의 체제 내에서 반복적으로 나타날 수 있는 구조적 현상이다. 특히 후기 파시즘은 과거와 마찬가지로 경제적 불평등과 계급 갈등이 심화된 상황에서 등장하며, 이를 해결하기보다는 권위주의와 배타적인 이데올로기를 통해 은폐하려 한다. 따라서 후기 파시즘에 대한 분석은 단순히 정치적 현상에 국한되지 않고, 그 배경에 있는 사회경제적 구조와 계급 관계를 종합적으로 검토해야 한다.

3. 21세기 후기 파시즘의 특징

3.1 민족주의와 반국제주의

21세기 후기 파시즘은 민족주의를 핵심 이념으로 삼으며, 이를 통해 사회적 불안과 경제적 위기의 책임을 외부로 전가하는 경향을 보인다. 후기 파시즘은 '국가의 주권 회복'과 '민족의 재건'을 주장하며, 초국적 자본주의와 세계화로 인해 발생한 경제적 불평등과 사회적 양극화를 외부 세력 탓으로 돌린다. 반국제주의는 후기 파시즘의 또 다른 중요한 특징으로, 이는 국제기구(예: 유럽연합), 다자간 협약, 이민 정책 등을 비판하며 자국 중심의 폐쇄적인 정책을 강조한다. 이러한 반국제주의적 태도는 대중의 불안을 이용해 국가 내부의 계급 갈등을 은폐하고, 외부 적을 설정함으로써 대중의 지지를 얻는 전략이다.

후기 파시즘은 특히 이민자와 난민 문제를 중심으로 민족주의를 강화한다. 이민자와 난민은 종종 '경제적 부담' 또는 '문화적 위협'으로 묘사되며, 이들을 배척하는 정책이 대중적 지지를 얻는다. 이러한 담론은 노동계급과 중간 계급이 직면한 경제적·사회적 불안을 민족주의적 갈등으로 전환시키는 역할을 한다. 후기 파시즘은 이를 통해 계급 간 연대를 약화시키고, 민족 내부의 통합을 강조하는 동시에 외부 집단에 대한 배타성을 강화한다.

3.2 대중 동원과 지도자 숭배

후기 파시즘은 대중 동원을 핵심 전략으로 삼는다. 이는 대중 매체와 디지털 플랫폼을 활용하여 광범위한 지지를 확보하고, 대중의 정치적 참여를 특정 방향으로 유도하는 방식이다. 후기 파시즘은 전통적 군사 조직이나 폭력적 거리 투쟁보다는 소셜 미디어를 통해 여론을 조작하고, 대중에게 강력한 메시지를 전달한다. 이는 현대 사회에서 정보기술이 발달하면서 가능해진 새로운 형태의 대중 동원 방식이다.

지도자 숭배는 후기 파시즘의 또 다른 특징이다. 후기 파시즘 지도자는 종종 '강력한 해결사' 또는 '국가를 구원할 영웅'으로 묘사되며, 개인적 카리스마와 대중적 인기를 바탕으로 권력을 강화한다. 이러한 지도자는 기존 정치 구조를 비판하며 '새로운 정치 질서'를 약속하지만, 실제로는 권위주의적 통치를 강화하고 부르주아 민주주의를 약화시키는 경향이 있다. 지도자 숭배는 대중에게 안정과 희망을 제공하는 동시에, 정치적 반대 세력을 억압하는 도구로 작동한다.

3.3 자유주의와 부르주아 민주주의에 대한 도전

후기 파시즘은 자유주의와 부르주아 민주주의를 근본적으로 위협한다. 이는 자유로운 언론, 독립적 사법부, 시민권 등의 부르주아 민주주의 제도를 약화시키거나 무력화하려는 시도로 나타난다. 후기 파시즘은 종종 기존 정치 체제를 "부패하고 무능하다"라고 비판하며, 이를 대체할 새로운 권위주의적 질서를 구축하려 한다. 이러한 과정에서 부르주아 민주주의 제도의 외형은 유지되지만, 실질적으로는 권력 집중과 독재가 강화된다.

후기 파시즘은 또한 자유주의적 가치에 대한 공격을 통해 자신의 이념을 정당화한다. 이는 성 평등, 소수자 권리, 환경 보호 등과 같은 진보적 가치를 '사회 분열' 또는 '전통 가치의 훼손'으로 묘사하며 반대하는 방식으로 나타난다. 이러한 담론은 기존 사회 질서를 유지하려는 보수적 계층뿐만 아니라 변화에 대한 불안을 느끼는 중간 계급과 노동 계층에게도 호소력을 가진다.

3.4 후기 파시즘의 사회경제적 기반

후기 파시즘은 신자유주의 경제체제 속에서 심화된 사회경제적 불평등을 기반으로 성장한다. 이는 노동 계급과 중간 계급이 직면한 경제적 불안과 몰락 위기를 이용해 자신들의 이념을 확산시키는 데 성공한다. 특히 후기 파시즘은 신자유주의로 인해 발생한 구조적 문제를 해결하기보다는 이를 은폐하거나 왜곡함으로써 대중의 분노를 다른 방향으로 돌린다. 예를 들어, 실업률 증가나 복지 축소 같은 문제를 이민자나 국제기구 탓으로 돌리는 방식이다.

후기 파시즘은 또한 자본가 계급과 특정 중간 계급 집단 간 동맹을 형성하며 성장한다. 자본가 계급은 후기 파시즘이 노동 계급 운동과 좌파 세력을 억압하는 데 기여한다고 판단하여 이를 지지하며, 중간 계급은 자신의 몰락에 대한 두려움 속에서 후기 파시즘에 기대어 안정감을 추구한다.

4. 후기 파시즘의 계급적 분석

4.1 부르주아 계급과 후기 파시즘

후기 파시즘은 자본주의 체제 내에서 부르주아 계급(자본가 계급)의 이해관계를 대변하거나 보호하는 역할을 한다. 후기 파시즘은 신자유주의 경제 질서가 심화시키는 경제적 불평등과 계급 갈등을 직접 해결하기보다는, 이를 은폐하거나 왜곡함으로써 자본주의 체제를 유지하려 한다. 예컨대, 후기 파시즘은 노동 계급과 중간 계급의 불만을 외부 집단(이민자, 난민, 국제기구 등)으로 돌림으로써 자본가 계급에 대한 비판을 회피하게 만든다. 이는 전통적 파시즘과 마찬가지로, 후기 파시즘이 자본주의 위기의 해소보다는 체제의 안정화를 목표로 한다는 점을 보여준다.

또한, 후기 파시즘은 국가 개입을 통해 자본가 계급의 이익을 보호하는 정책을 추진한다. 이는 경제 위기 상황에서 국가가 적극적으로 시장에 개입하여 특정 산업이나 기업을 지원하거나 보호무역주의를 강화하는 방식으로 나타난다. 이러한 정책은 부르주아 계급에게 안정적인 환경을 제공하는 동시에, 대중에게는 '국가의 경제적 주권 회복'이라는 환상을 심어준다. 그러나 이러한 국가 개입은 노동 계급과 중간 계급의 희생을 전제로 하며, 실제로는 부르주아 계급의 이익을 극대화하는 데 초점이 맞춰져 있다.

4.2 중간 계급(프티부르주아)의 역할

중간 계급(프티부르주아)은 후기 파시즘의 주요 지지 기반 중 하나로 작동한다. 후기 파시즘은 신자유주의 경제체제 속에서 몰락 위기에 처한 중간 계급의 불안과 분노를 적극적으로 활용한다. 특히 후기 파시즘은 중간 계급에게 '사회적 안정'과 '전통적 가치의 회복'을 약속하며, 이들이 자신들의 경제적 지위를 유지할 수 있다는 희망을 제공한다.

중간 계급은 후기 파시즘의 민족주의와 배타적 담론에 쉽게 동조하는 경향이 있다. 이는 이민자나 난민 같은 외부 집단이 자신들의 일자리나 사회적 지위를 위협한다고 느끼기 때문이다. 또한, 후기 파시즘은 중간 계급이 겪는 경제적 불안을 문화적, 정체성 문제로 전환시키며, 이들에게 강력한 지도자와 권위주의적 통치가 문제를 해결할 수 있다는 믿음을 심어준다.

그러나 후기 파시즘하에서 중간 계급의 지위는 실질적으로 개선되지 않는 경우가 많다. 이는 후기 파시즘이 근본적으로 자본주의 체제 내에서 작동하며, 중간 계급의 몰락 원인을 해결하기보다는 이를 정치적으로 이용하기 때문이다. 따라서 중간 계급은 후기 파시즘에 의해 일시적으로 동원되지만, 장기적으로는 그 희생양이 될 가능성이 크다.

4.3 노동 계급과 후기 파시즘

노동 계급은 후기 파시즘의 가장 큰 피해자이자 잠재적인 저항 세력이다. 후기 파시즘은 노동 계급이 겪는 경제적 어려움과 불안을 이용해 자신들의 정치적 기반을 확장하려 하지만, 동시에 노동운동과 좌파 세력을 억압하는 데 주력한다. 이는 노동 계급 내부의 분열을 조장하고, 계급 연대를 약화시키는 방식으로 나타난다.

후기 파시즘은 노동 계급에게 "국가 주도의 경제 회복"이나 "일자리 창출" 같은 구호를 내세우며 지지를 얻으려 하지만, 실제 정책은 자본가 계급의 이익을 우선으로 한다. 예를 들어, 노동 규제를 완화하거나 복지 제도를 축소하는 정책은 노동 계급에게 직접적인 타격을 준다. 또한, 후기 파시즘은 노동 계급 내부에서 특정 집단(예: 이민 노동자)을 차별하거나 배제함으로써 노동 계층 간 갈등을 유발하고, 이를 통해 전체적 계급 연대를 약화시키려 한다.

그러나 노동 계급은 후기 파시즘에 저항할 수 있는 잠재력을 가진 세력이기도 하다. 이는 노동 계급이 자본주의 체제 내에서 가장 직접적으로 착취를 경험하며, 이를 통해 집단적 연대와 조직화를 형성할 수 있기 때문이다. 따라서 후기 파시즘에 대한 효과적 저항 전략은 노동 계급 내부의 연대를 강화하고, 이들이 정치적 주체로서 역할을 할 수 있도록 지원하는 데 초점을 맞춰야 한다.

4.4 후기 자본주의와 파시즘 간의 상호작용

후기 자본주의는 신자유주의와 글로벌화로 인해 심화된 경제적 양극화와 불평등을 특징으로 한다. 이러한 사회경제적 구조는 후기 파시즘이 등장할 수 있는 토대를 제공한다. 특히 후기 자본주의하에서는 기존의 복지국가 모델이 약화되고, 대중의 삶이 더욱 불안정해지면서 정치적 극단주의가 강화된다.

후기 자본주의와 후기 파시즘 간의 상호작용은 다음과 같은 방식으로 나타난다. 첫째, 신자유주의 정책으로 인해 발생한 사회경제적 문제(예: 실업 증가, 공공 서비스 축소)를 해결하지 못한 기존 정치 체제에 대한 대중의 불신이 확대된다. 둘째, 이러한 불신 속에서 후기 파시즘은 '강력한 국가'와 '지도자의 결단력'이라는 이미지를 통해 대중에게 대안을 제시한다. 셋째, 후기 자본주의는 디지털 기술과 미디어를 통해 여론 조작과 대중 동원을 용이하게 만들며, 이는 후기 파시즘이 성장하는 데 기여한다.

결론적으로 후기 자본주의는 후기 파시즘의 성장 배경이 되는 동시에, 후자의 정치적 전략과 작동 방식을 규정한다. 따라서 후기 파시즘에 대한 분석은 단순히 정치적 현상에 그치지 않고, 이를 가능하게 한 사회경제적 구조를 함께 검토해야 한다.

5. 후기 파시즘의 이데올로기와 전략

5.1 계급 협조와 민족 통합 담론

후기 파시즘은 계급 간 갈등을 은폐하고 '민족 통합'이라는 허구적 담론을 통해 사회적 불만을 흡수하려 한다. 이는 자본주의 체제 내에서 심화된 계급적 불평등과 노동 계급의 불안을 민족주의적 정체성으로 대체하려는 전략이다. 후기 파시즘은 "우리는 하나의 민족"이라는 구호를 내세워 계급 간 이해관계의 차이를 무시하며, 이를 통해 노동 계급과 중간 계급이 자본가 계급과 협력하도록 유도한다.

이러한 계급 협조 담론은 특히 경제 위기 상황에서 강력하게 작동한다. 후기 파시즘은 경제적 어려움의 원인을 외부 요인(예: 이민자, 국제기구, 다국적 기업)으로 돌리고, 내부적으로는 '민족 단결'을 강조한다. 이는 노동 계급과 중간 계급이 자신들의 경제적 문제를 구조적 관점에서 이해하지 못하도록 만들며, 대신 외부 적에 대한 적대감을 강화한다. 그러나 이러한 민족 통합 담론은 실질적으로 자본가 계급의 이익을 보호하는 데 기여하며, 노동 계급과 중간 계급은 여전히 경제적 착취와 불평등 속에 놓이게 된다.

5.2 '혁명적' 수사와 반혁명적 본질

후기 파시즘은 종종 혁명적 수사를 사용하여 기존 정치 체제를 비판하고 대중의 지지를 얻는다. 이는 부패한 엘리트, 무능한 정부, 불공정한 경제 구조 등을 공격하며 '새로운 정치 질서'를 약속하는 방식으로 나타난다. 그러나 후기 파시즘의 본질은 반혁명적이다. 후기 파시즘은 기존 자본주의 체제를 근본적으로 변화시키지 않으며, 오히려 이를 유지하고 강화하는 역할을 한다.

후기 파시즘의 혁명적 수사는 대중에게 급진적 변화를 약속하지만, 실제로는 권위주의적 통치를 강화하고 부르주아 민주주의를 약화시키는 결과를 초래한다. 예를 들어, 후기 파시즘은 기존 정치 엘리트를 비판하며 대중의 분노를 동원하지만, 새로운 권력 구조는 이전보다 더 집중되고 억압적인 형태를 띠게 된다. 이는 후기 파시즘이 본질적으로 체제 유지와 권력 집중을 목표로 한다는 점에서 반혁명적임을 보여준다.

5.3 가상의 적 창출과 선전 전략

후기 파시즘은 대중 동원을 위해 가상의 적을 창출하고 이를 선전 도구로 활용한다. 가상의 적은 주로 이민자, 난민, 소수자 집단, 또는 국제기구와 같은 외부 요인으로 설정되며, 이들은 사회 문제의 원인으로 묘사된다. 이러한 전략은 대중의 분노와 불안을 특정 대상에 집중시키고, 내부 갈등이나 구조적 문제를 은폐하는 데 효과적이다.

가상의 적 창출은 후기 파시즘의 선전 전략과 결합하여 더욱 강력한 효과를 발휘한다. 후기 파시즘은 현대 미디어 환경을 적극적으로 활용하여 대중에게 메시지를 전달한다. 소셜 미디어와 디지털 플랫폼을 통해 확산되는 선전은 빠른 속도로 대중에게 영향을 미치며, 기존 언론 매체보다 더 강력한 여론 형성 도구로 작동한다. 예를 들어, 음모론이나 허위 정보를 퍼뜨려 특정 집단에 대한 혐오를 조장하거나, 지도자의 이미지를 이상화하는 방식이 사용된다.

이러한 선전 전략은 후기 파시즘이 부르주아 민주주의 제도의 외형을 유지하면서도 점진적으로 권위주의를 강화할 수 있도록 돕는다. 대중은 선전에 의해 조작된 정보를 바탕으로 행동하며, 이는 후기 파시즘이 정치적 반대 세력을 억압하고 권력을 집중시키는 데 기여한다.

5.4 후기 파시즘의 정치적·사회적 동원 방식

후기 파시즘은 대중 동원을 위해 감정에 호소하는 방식을 채택한다. 이는 공포·분노·희망과 같은 감정을 자극하여 대중이 합리적인 판단보다는 감정적인 반응에 따라 행동하도록 유도하는 것이다. 예를 들어, 후기 파시즘은 경제 위기에 대한 공포를 외부 적에 대한 분노로 전환시키거나, 강력한 지도자에 대한 희망을 심어줌으로써 대중의 지지를 얻는다.

또한, 후기 파시즘은 특정 상징과 의례를 통해 대중 동원을 강화한다. 이는 국기나 국가(國歌)와 같은 전통적인 상징물을 활용하거나, 집회나 행진 같은 의례적인 활동을 통해 민족주의 정체성을 고취하는 방식으로 나타난다. 이러한 상징과 의례는 대중에게 소속감을 제공하며, 후기 파시즘의 이념에 대한 충성심을 강화하는 데 기여한다.

후기 파시즘의 동원 방식은 또한 기존 부르주아 민주주의 제도를 이용하는 특징을 가진다. 이는 선거와 같은 민주적 절차를 통해 권력을 장악하면서도 점진적으로 권위주의를 강화하는 전략이다. 예컨대 일부 후기 파시스트 정권은 선거에서 승리한 뒤 헌법 개정이나 사법부 장악 등을 통해 권력을 집중시키며 부르주아 민주주의 제도를 약화시키는 경향을 보인다.

6. 후기 파시즘의 계급적 본질과 왜곡된 계급투쟁

6.1 후기 파시즘의 계급적 본질

21세기 후기 파시즘은 단순히 정치적 이념이나 운동이 아니라, 자본주의 체제 내에서 심화된 계급 갈등과 사회적 불평등의 산물로 이해할 수 있다. 후기 파시즘은 부르주아 계급, 중간 계급, 노동 계급 간의 복잡한 상호작용 속에서 등장하며, 신자유주의 경제체제가 만들어낸 구조적 위기를 배경으로 삼고 있다. 후기 파시즘은 부르주아 계급의 이익을 보호하고, 중간 계급의 불안을 이용하며, 노동 계급의 분열을 조장함으로써 계급 간 연대를 약화시키는 역할을 한다.

후기 파시즘은 특히 민족주의와 배타적 담론을 통해 계급적 갈등을 은폐하고, 대중에게 허구적인 통합과 안정감을 제공한다. 이는 후기 자본주의 체제하에서 발생하는 경제적 위기와 사회적 불안에 대한 실질적인 해결책을 제시하지 못한 채, 외부 적을 설정하고 권위주의적 통치를 강화하는 방식으로 나타난다. 따라서 후기 파시즘은 본질적으로 현대 자본주의 체제를 유지하기 위한 정치적 도구로 작동하며, 그 결과는 부르주아 민주주의와 자유주의의 약화로 이어진다.

6.2 자본주의 사회 계급투쟁의 개념과 역사적 맥락

자본주의 사회 계급투쟁은 주로 마르크스주의 관점에서 정의되며, 생산수단을 소유한 자본가 계급과 노동력을 제공하는 노동자 계급 간의 갈등으로 이해된다. 이는 자본주의 체제에서 발생하는 경제적 불평등과 착취를 해결하기 위한 노동 계층의 집단적 투쟁으로, 궁극적으로는 계급 없는 평등한 사회를 지향한다.

역사적으로 계급투쟁은 산업혁명 이후 자본주의가 확산되면서 본격화되었다. 19세기 노동조합 운동과 사회주의 혁명은 이러한 투쟁의 대표적인 사례로, 노동자들은 임금 인상, 노동 조건 개선, 정치적 권리 확보를 위해 난설했다. 특히 20세기 초 러시아 혁명과 같은 사건은 계급투쟁이 정치적 변혁으로 이어질 수 있음을 보여준다.

이와 같이 자본주의 사회 계급투쟁은 경제적 불평등에 대한 구조적 문제를 해결하려는 집단적 연대와 저항을 강조했으며, 이는 현대 부르주아 민주주의와 복지국가 형성에도 중요한 영향을 미쳤다.

6.3 후기 파시즘과 왜곡된 계급투쟁

후기 파시즘의 영향으로 현대 자본주의 사회의 계급투쟁은 전통적인 형태에서 벗어나 왜곡된 방식으로 나타나고 있다. 후기 파시즘을 주도하는 극우 정치 세력은 대중의 경제적 불만과 사회적 불안을 이용해 계급투쟁의 본질을 흐리며, 이를 외부 집단에 대한 적대감과 문화적 갈등으로 전환시킨다.

먼저, 이들이 주도하는 왜곡된 계급투쟁에서는 투쟁 대상이 자본가 계급에서 이민자와 소수자와 같은 사회적 약자로 전환된다. 일종의 희생양 만들기 전략으로 극우 정치 세력은 경제적 불평등과 고용 불안, 복지 축소와 같은 문제를 외부 집단(이민자, 난민 등)의 탓으로 돌린다. 이는 대중이 구조적 문제를 인식하지 못하게 하고, 분노를 잘못된 방향으로 돌리게 만든다.

또 이들이 주도하는 왜곡된 계급투쟁의 초점은 경제 문제에서 문화 전쟁으로 이동한다. 경제적 불평등과 같은 현대 자본주의 사회의 구조적 문제 대신, 문화적, 정체성 갈등에 초점을 맞추는 경향을 보인다. 문화적 갈등 부각 전략으로 극우 정치 세력은 '전통적 가치'와 '국가 정체성'을 보호해야 한다는 명분으로 다문화주의, 페미니즘, 성 소수자 권리와 같은 진보적 가치를 공격한다. 이는 대중이 경제적 불평등 대신 문화적 논쟁에 몰두하도록 계급투쟁의 과녁을 잘못 설정하게 한다.

그 결과 현대 자본주의 체제가 빚어낸 경제적 불평등과 양극화의 피해자들인 몰락하는 중간 계급과 노동 계급, 사회적 소외층과 약자들이 현대 자본주의 체제와 함께 맞서는 연대 투쟁 대신에 분열되어 서로 싸우는 왜곡된 계급투쟁으로 내몰리게 된다. 그리고 이와 같은 왜곡된 계급투쟁의 최대 수혜자는 다름 아닌 자본가 계급 및 그들과 결탁한 극우 정치 세력이다.

7. 후기 파시즘의 기후 위기 가속화

7.1 후기 파시즘의 기후 변화 부정론

어느 나라나 할 것 없이 극우 정치 세력들은 기후 변화 부정론을 펼치고 있다. 유럽연합을 비롯한 세계 각 나라의 기후 환경 정책이 지구 온도 상승의 주범인 탄소 배출을 최대한 억제하는 방향으로 추진되고 그 여파로 서민들의 경제적 부담과 사회적 불만이 커지자 이를 이용하기 위한 극우 정치 세력들의 논리가 바로 기후 변화 부정론이다.

이들은 초기에는 기후 변화가 발생하고 있다는 사실 자체를 아예 인정하지 않는 입장을 취했다. 그러나 세계 곳곳에서 기상 이변이 반복적으로 발생하면서 이를 도저히 부정할 수 없게 되는 상황으로 내몰리자 이후에는 기후 변화가 인간 활동이 아닌 자연적 요인에 의한 것이라고 주장하기 시작했다.

극우 정치 세력들은 자연과학과 사회과학을 좌파의 산물로 간주하며 과학 자체를 부정하는 반계몽주의 태도를 보이는데 이는 기후 변화 대응을 방해하는 주요 요인으로 작용한다. 이들이 이러한 과학 부정과 반계몽주의 태도를 취하는 배경에는 석탄·석유 자본과 결탁하여 화석 연료 산업의 이익을 보호함으로써 경제적 이해관계를 구축함과 동시에 이를 국민

또는 민족의 운명과 동일시하여 기후 정책을 약화시키고 대중의 지지를 얻으려는 정치적 의도가 깔려 있다.

7.2 화석 파시즘과 생태 파시즘

스웨덴 학자 안드레아스 말름은 역시 스웨덴의 연구자-운동가 집단인 '체트킨 컬렉티브'와 함께 펴낸 저서 『흰 피부, 검은 연료: 화석 파시즘의 위험에 대해』(2021)에서 극우 정치 세력들이 화석 자본주의를 유지해야만 부와 권력을 지킬 수 있어 화석 자본과 긴밀히 연결돼 있다고 분석하고 있다. 미국과 유럽, 브라질의 여러 나라의 극우 정치 세력들이 자국의 석탄·석유 업계나 이들과 연계된 제조업체들의 이익을 국민 혹은 민족의 운명과 일치시키며 그것을 옹호하고 있는데 이러한 행태를 '화석 파시즘'이라고 명명한다.

화석 파시즘 세력들은 반기후 위기 대응 정책을 통해 기후 위기를 심화시키면서 그 결과 발생하는 기후 난민에 대해서는 배외주의·인종주의·민족주의를 조장하며 국경 장벽을 더욱더 강화할 가능성이 크다. 이런 가능성은 유엔 산하 교육 과학 문화 기구인 유네스코(UNESCO)의 『세계 수자원 개발 보고서』(2025)가 온난화 등 기후 위기로 전 세계 빙하가 녹아내리는 속도가 점점 빨라지면서 머지않아 수십억 명이 식량과 물 부족 등으로 생존에 위협을 받을 수 있다고 하는 경고를 통해서도 뒷받침되고 있다.

이와 같이 기후 위기가 심화되고 수십억 명의 기후 난민이 발생하면 극우 세력들은 물론 대다수의 정치 세력이나 일반 국민까지도 식량난과 대대적인 난민 이동에 맞서 전쟁 국가의 태세를 갖추고 국경 장벽을 더 높이 쌓아 올리는 조치에 매달리게 될 것이다. 그리하여 오로지 우리 민

즉, 우리 국가만의 자연 보호와 생태계 보호를 명분으로 전체주의적 통제를 합리화하는 이른바 '생태 파시즘' 시대가 열릴 것이다. 그리고 전 세계적으로 국가의 전반적인 폭압 체제가 만연하면서 마침내 인류는 돌이킬 수 없는 파멸로 치닫게 될 것이다.

제 7 장

양자컴퓨터와 AI가 초래할 자본주의 체제의 지속 불가능성

1. 기술 혁신과 자본주의의 구조적 한계

1.1 기술 혁명의 파급력과 자본주의의 딜레마

산업혁명 이후 인류는 반복적으로 기술 혁신의 물결을 경험해왔다. 그러나 21세기에 접어들면서 등장한 양자컴퓨터와 AI 기술은 기존의 생산력 증대를 넘어 인간 노동의 근본적 역할까지 재정의해야 하는 파급력을 보여준다. 이전의 혁명이 노동의 효율성을 높이거나 새로운 산업을 창출하는 데 그쳤다면, 이번 혁명은 인간의 직접적 생산 활동을 대체하는 '노동 없는 성장'을 현실화하고 있기 때문이다.

이러한 변화는 자본주의 체제에 유례없이 심각한 딜레마를 불러온다. 기술 혁신은 생산성을 극적으로 높여 부의 창출을 가속화하지만, 동시에 고용 기회를 급격히 축소시킨다. 일자리가 줄어들고 소득 불평등이 심화되면서 사회적 불안이 증폭된다. 자본주의는 본질적으로 생산과 소비, 공급과 수요의 균형 위에서 유지되는 체제이다. 그러나 양자컴퓨터와 AI가 결합한 새로운 기술 혁신으로 초래되는 과잉 생산과 수요 위축은 이러한 균형을 극단적으로 깨뜨리고, 체제의 지속 가능성을 심각하게 위협할 것이다.

1.2 양자컴퓨터와 AI: 생산성 혁명의 두 얼굴

양자컴퓨터와 AI는 현대 생산성 혁명의 핵심 동력이다. 양자컴퓨터는 기존의 이진법 기반 컴퓨팅을 뛰어넘는 병렬 연산 능력을 제공하여 복잡한 최적화 문제나 대규모 데이터 처리, 암호 해독 등에서 혁신적인 성과를 보여주고 있다. 이는 제조업, 물류, 금융 등 다양한 산업 분야에서 생산성과 효율성을 극대화하는 데 기여할 것이다.

AI는 대량의 데이터를 학습해 스스로 의사결정을 내리는 능력을 갖추었으며, 자율주행, 로봇공학, 의료 진단 등에서 인간을 대체하거나 보완하는 역할을 하고 있다. 이러한 양자컴퓨터와 AI가 결합되면, 기존에는 상상할 수 없었던 수준의 자동화와 무인화를 가능하게 하면서 '노동 없는 성장'이라는 새로운 패러다임을 낳는다. 그 결과 생산 과정에서 인간의 역할이 축소되면서, 일자리가 줄어들고 고용 불안이 심화된다.

기술 선진국에서는 생산성 증대에 따른 내수 위축과 실업 증가, 사회적 불평등이 심각한 사회 문제로 대두된다. 반면, 기술 후진국에서는 생산성 격차로 인해 가격 경쟁력을 상실하고, 저가 수입품에 밀려 국내 산업이 붕괴되는 현상이 나타난다. 이는 글로벌 차원에서 공급 과잉과 수요 위축을 초래하며, 자본주의 체제의 구조적 위기를 극단적 수준까지 고조시킬 것이다.

양자컴퓨터와 AI는 생산성 혁명의 두 얼굴을 갖고 있다. 한편으로는 경제 성장과 삶의 질 향상을 촉진하지만, 다른 한편으로는 사회적 불평등과 체제 불안정을 가속화한다. 이는 자본주의 체제가 직면한 새로운 도전과 딜레마를 상징한다.

2. 기술 선진국의 위기와 대응의 한계

2.1 기술 선진국의 내부적 위기

2.1.1 수급 괴리의 심화

　기술 선진국에서의 수급 괴리는 자동화와 무인화가 가져온 생산성 폭증과 내수 위축 사이의 극심한 불균형을 의미한다. 21세기 초부터 본격화된 디지털 전환과 AI, 양자컴퓨터 등 첨단 기술의 도입은 산업 전반에 걸쳐 기존의 생산 방식과 노동 구조를 근본적으로 재편했다. 공장, 물류, 서비스, 금융 등 다양한 분야에서 로봇과 알고리즘이 인간 노동을 대체하고, 그 결과 생산성은 기하급수적으로 상승했다. 그러나 이러한 생산성 증대는 반드시 소비 증대로 이어지지 않는다. 오히려 고용이 줄고 임금이 정체되거나 하락하면서 내수 시장의 소비 역량이 약화되는 현상이 나타난다. 이는 곧 '생산'과 '소비' 사이의 괴리, 즉 수급 불균형으로 이어진다.

　이와 같은 현상은 과거 산업혁명이나 정보통신 혁명과도 구별된다. 과거의 기술 혁신은 새로운 일자리와 산업을 창출하면서 소비를 확대하는 방식으로 수급의 균형을 맞추는 데 도움이 되었다. 그러나 최근의 기술 혁신, 특히 AI와 자동화가 일자리를 대체하는 속도는 새로운 일자리 창출 속도를 크게 앞지르고 있다.

이러한 변화는 단순히 일자리 감소에 그치지 않는다. 일자리가 줄어들면 소득이 감소하고, 소득이 감소하면 소비도 위축된다. 이는 다시 기업의 매출 감소, 투자 위축, 추가적 고용 감소라는 악순환을 낳는다. 특히, 임금이 정체되거나 하락하는 상황에서 소득 불평등이 심화되면, 소비의 주축이 되는 중산층이 약화되어 내수 시장이 더욱 위축된다. 이처럼 기술 선진국에서는 생산성 증대가 오히려 내수 위축과 수급 불균형을 심화시키는 역설에 빠지게 된다.

2.1.2 실업과 사회적 불평등의 극대화

기술 선진국에서 자동화와 AI의 도입은 실업 문제를 더욱 심화시키고, 사회적 불평등을 극대화하는 요인으로 작용한다. 과거에는 기술 혁신이 새로운 산업과 일자리를 창출하면서, 실업 문제가 상대적으로 완화되는 경향이 있었다. 그러나 최근의 기술 혁신은 일자리를 대체하는 속도가 훨씬 빠르고, 이로 인해 대량 실업과 근로 빈곤층의 증가가 심각한 사회 문제로 대두되고 있다.

실업 문제는 단순히 일자리가 줄어드는 것에 그치지 않는다. 자동화와 AI는 주로 중간 숙련도의 루틴 작업을 대체하는 경향이 강하다. 이는 공장 노동자, 사무직, 판매직 등 중산층의 주축이 되던 직업군에 큰 타격을 준다. 이로 인해 일자리의 양극화가 심화되고, 고숙련 노동자와 저숙련 노동자 사이의 소득 격차가 커진다. 중산층의 몰락은 소득 불평등을 더욱 심화시키고, 이는 사회적 불안과 정치적 혼란으로 이어진다.

2.1.3 사회 불안과 정치적 위기

기술 선진국에서 자동화와 AI의 도입은 단순히 경제적 변화에 그치지 않고, 사회적 불안과 정치적 위기로까지 확장된다. 실업과 소득 불평등의 심화는 사회 전반에 걸쳐 불만과 불안을 증폭시키며, 이는 곧 정치적 혼란과 체제 신뢰 저하로 이어진다. 특히, 중산층의 몰락과 근로 빈곤층의 증가는 사회적 신뢰와 통합을 약화시키는 주요 요인으로 작용한다.

사회적 불안은 다양한 형태로 나타난다. 실업과 빈곤, 소득 불평등이 심화되면서 시위, 폭동, 집단 공황 등 극단적 사회 반응이 증가한다. 예를 들어, 최근 몇 년간 미국, 유럽 등에서 자동화와 AI 도입에 따른 일자리 감소와 소득 불평등에 대한 시위와 집회가 빈번히 발생했다. 이러한 현상은 단순한 경제적 요구를 넘어 사회적 불만과 체제에 대한 불신으로 확장된다.

정치적 위기는 사회적 불안이 심화되면서 더욱 가속화된다. 정치적 갈등과 양극화가 심화되면, 국민은 불안, 분노, 무기력 등 부정적인 감정을 경험하게 된다. 이는 정치적 신뢰를 약화시키고, 사회적 통합을 어렵게 만든다. 특히, 정치적 불안정이 지속되면 사회적 고립감과 불신이 확산되며, 이는 극단적 사회 반응과 집단 공황으로 이어질 수 있다. 실제로, 최근 몇 년간 기술 선진국에서는 정치적 혼란과 사회적 불안이 동시에 확산되면서 체제의 지속 가능성에 대한 우려가 커지고 있다.

2.2 자본과 국가의 대응: 제국주의적 해외 시장 확장

2.2.1 해외 시장 개척의 논리와 한계

기술 선진국의 자본과 국가는 자동화와 AI 도입으로 인한 내부 위기, 즉 실업과 사회적 불평등, 내수 위축 등에서 벗어나기 위해 해외 시장 개척을 적극적으로 추진한다. 이는 과거 제국주의 시기와 유사하게, 국내에서 해결하지 못한 문제를 해외로 전가하는 전략이다.

해외 시장 개척의 논리는 다음과 같다. 첫째, 자동화와 AI로 인해 생산성이 폭증한 기술 선진국은 국내 수요만으로는 생산된 상품과 서비스를 모두 소화할 수 없게 된다. 둘째, 해외 시장은 저렴한 노동력과 풍부한 자원, 그리고 성장 잠재력이 큰 신흥 시장을 제공한다. 셋째, 해외 시장 개척은 단순히 상품 판매를 넘어, 금융, 서비스, 인프라 등 다양한 분야로 확장된다.

그러나 해외 시장 개척에는 여러 한계가 존재한다. 첫째, 해외 시장은 무한정 확장될 수 없다. 신흥국 시장도 어느 정도 성장하면 포화 상태에 도달하고, 선진국 상품에 대한 수요가 한계에 부딪힌다. 둘째, 현지 정부의 규제와 보호 무역 정책은 선진국 자본의 진입을 어렵게 만든다. 셋째, 문화적·제도적 차이로 인해 현지 시장에 적응하지 못하는 경우가 많다. 넷째, 해외 시장 개척은 단기적으로는 내부 위기를 완화할 수 있지만 근본적 문제 해결에는 이르지 못한다.

결국 해외 시장 개척은 기술 선진국의 내부 위기를 일시적으로 완화하는 수단에 불과하다. 해외 시장이 포화되거나, 현지 정부의 규제가 강화되면 선진국 자본의 해외 진출도 한계에 부딪힐 수밖에 없다.

2.2.2 기술 우위를 통한 시장 지배

기술 선진국은 자동화, AI, 양자컴퓨터 등 첨단 기술을 활용해 해외 시장에서 압도적인 경쟁력을 확보한다. 이러한 기술 우위는 해외 시장에서 시장 지배력을 강화하는 핵심 수단이 된다.

첫째, 첨단 기술은 생산성과 품질을 극대화해, 현지 기업과의 가격 경쟁에서 압도적인 우위를 점한다. 둘째, 기술 우위는 단순히 제조업에 국한되지 않는다. 금융, 의료, 물류, 통신 등 다양한 서비스 산업에서도 AI와 빅데이터를 활용한 혁신이 이루어지고 있다. 셋째, 기술 우위는 표준화와 규제 장악으로 이어진다. 선진국은 자국 기술을 글로벌 표준으로 만들고, 현지 정부에 기술 이전과 규제 완화를 요구한다.

그러나 기술 우위를 통한 시장 지배에도 한계가 존재한다. 첫째, 기술 이전과 표준화 과정에서 현지 정부와의 갈등이 발생한다. 둘째, 기술 우위는 단기적으로는 시장 점유율을 높일 수 있지만 장기적으로는 현지 기업의 기술 역량이 성장하면서 경쟁이 심화된다. 셋째, 기술 우위는 사회적·정치적 불안을 유발할 수 있다. 현지 기업과 노동자들은 외국 자본의 시장 지배에 반발하며, 보호 무역 정책이나 외국인 투자 규제를 요구하는 목소리가 커진다.

결국 기술 우위를 통한 시장 지배는 선진국 자본의 해외 진출을 강화하는 핵심 전략이지만 현지 정부와 기업의 반발, 기술 역량 격차 축소, 사회적 불안 등 다양한 한계에 직면한다. 이는 자본주의 체제의 해외 확장이 결코 순탄하지 않음을 보여준다.

2.2.3 제국주의적 대응의 실패

기술 선진국의 자본과 국가는 내부 위기를 해결하기 위해 제국주의적 해외 시장 확장을 시도하지만 이러한 전략은 근본적 문제 해결에 실패한다.

첫째, 해외 시장은 무한정 확장될 수 없다. 신흥국 시장도 성장 한계에 도달하면, 선진국 상품에 대한 수요가 감소한다. 둘째, 현지 정부의 보호 무역 정책과 규제는 선진국 자본의 시장 지배를 제한한다. 셋째, 해외 시장에서의 경쟁이 심화되면서, 선진국 자본 간에도 치열한 가격 경쟁과 시장 점유율 다툼이 벌어진다. 이는 이윤율 하락과 투자 위축으로 이어진다. 넷째, 해외 시장 개척이 실패하거나, 현지 정부의 규제가 강화되면 선진국 자본은 국내로 돌아와야 한다. 그러나 국내에서는 이미 실업과 사회적 불평등, 내수 위축 등 구조적 문제가 심화되어 있어, 자본의 귀환은 추가적 위기를 초래할 수 있다.

결국 자본과 국가의 제국주의적 대응은 체제 붕괴를 막을 수 없는 한계에 직면한다. 기술 혁신이 초래한 생산성 증대와 내수 위축, 실업, 사회적 불평등 등 구조적 문제는 해외 시장 확장만으로는 해결할 수 없다. 이는 자본주의 체제의 근본적 재구조화와 새로운 질서의 필요성을 시사한다.

3. 기술 후진국의 위기와 대응의 실패

3.1 기술 후진국의 내부적 위기

3.1.1 생산성 격차와 가격 경쟁력 상실

기술 후진국은 첨단 기술 혁신의 파도에 휩쓸리며, 생산성 격차와 가격 경쟁력 상실이라는 심각한 위기에 직면한다. 기술 선진국이 자동화, AI, 양자컴퓨터 등 최신 기술을 적극적으로 도입하여 생산성을 폭발적으로 높이는 동안, 기술 후진국은 여전히 전통적인 생산 방식과 노동 집약적 산업에 머물러 있다. 이로 인해 양측의 생산성 차이는 점차 벌어지고, 글로벌 시장에서 가격 경쟁력이 결정적인 요소로 작용하면서 후진국 산업은 점차 몰락의 길로 접어든다.

이처럼 생산성 격차는 단순히 산업 경쟁력의 약화에 그치지 않는다. 가격 경쟁력 상실은 국내 산업의 붕괴로 이어지고, 이는 다시 실업 증가와 소득 감소, 내수 위축으로 이어진다. 특히, 제조업뿐만 아니라 IT, 서비스, 금융 등 다양한 산업에서도 기술 선진국의 진입이 본격화되면서, 기술 후진국은 산업 전반에 걸쳐 위축될 수밖에 없다.

3.1.2 실업과 경제 위축

기술 후진국에서 생산성 격차와 가격 경쟁력 상실은 곧바로 실업과 경제 위축으로 이어진다. 기술 선진국의 저가 제품이 대량으로 유입되면서 국내 기업은 가격 경쟁에서 밀려나고, 공장 폐쇄와 구조 조정이 불가피해진다. 이는 곧 대량 실업으로 이어지며, 특히 청년층과 중장년층의 고용 불안이 심각한 사회 문제로 대두된다.

실업과 경제 위축은 단순히 개인적 불행에 그치지 않는다. 실업률이 높아지면 소비가 위축되고, 이는 다시 기업의 매출 감소와 투자 위축으로 이어진다. 이는 경제 성장의 악순환을 초래하며, 국가 경제의 장기적 침체로 이어진다. 특히, 기술 후진국은 첨단 기술 도입에 필요한 자본과 인력이 부족한 경우가 많아 산업 구조 조정과 고용 창출에 한계를 보인다. 이는 실업 문제를 더욱 심화시키고, 경제 위축을 가속화하는 요인으로 작용한다.

3.1.3 사회적 불안과 정치적 혼란

기술 후진국에서 실업과 경제 위축은 곧바로 사회적 불안과 정치적 혼란으로 이어진다. 실업률이 높아지고, 소득이 감소하면 국민의 불만과 불안이 커지며, 이는 다양한 형태의 사회적 갈등과 정치적 혼란으로 표출된다. 특히, 청년층의 실업과 고용 불안정은 사회적 신뢰와 통합을 약화시키는 주요 요인이다. 청년층이 안정적인 일자리를 찾지 못하면, 사회적 이동성과 계층 상승의 기회가 줄어들고, 사회적 불평등과 양극화가 심화된다.

사회적 불안은 정치적 혼란으로 이어질 수 있다. 실업과 소득 감소, 경제 위축이 심화되면 국민의 정부에 대한 불신과 불만이 커지고, 정치적 갈등과 양극화로 확대된다. 정치적 갈등이 심화되면 사람들 간의 신뢰가 약화되고, 사회적 고립감이 커진다. 이는 사회적 통합을 저해하고, 국가의 지속 가능한 발전을 어렵게 만든다.

결국 기술 후진국에서 사회적 불안과 정치적 혼란은 첨단 기술 혁신이 초래하는 글로벌 불균등 발전의 한 단면이며, 자본주의 체제의 구조적 한계를 극명하게 드러낸다.

3.2 보호 무역 정책과 그 한계

3.2.1 보호 무역의 논리와 실천

보호 무역 정책은 기술 후진국이 글로벌 경쟁에서 밀려나는 것을 막기 위해 시행하는 대표적인 경제 전략인데, 핵심 논리는 다음과 같다.

첫째, 국내 산업 보호를 통해 자국 기업이 성장할 시간적 여유를 제공한다. 둘째, 보호 무역 정책은 단기적으로는 실업과 산업 붕괴를 막는 효과가 있다. 셋째, 보호 무역은 국가 안보와도 밀접한 관련이 있다. 전략적 산업은 경제뿐만 아니라 국가 안보와도 직결되기 때문에, 외국 자본에 의한 지배를 막기 위한 조치가 필요하다.

그러나 보호 무역 정책은 장기적으로 여러 가지 문제를 야기할 수 있다. 첫째, 국내 기업이 보호의 그늘 아래에서 경쟁력을 키우지 못하고, 오히려 비효율성과 관료주의에 젖어 들 수 있다. 둘째, 보호 무역은 소비자에게 부정적인 영향을 미친다. 외국 제품의 유입이 제한되면 국내 시장에서 가격이 비싸지고, 품질도 하락할 수 있다. 셋째, 보호 무역은 국제적인 무역 분쟁과 보복 조치를 유발할 수 있다.

결국 보호 무역 정책은 기술 후진국이 글로벌 경쟁에서 살아남기 위한 필수적인 전략이지만 장기적으로는 국내 산업의 경쟁력 약화, 소비자 후생 저하, 국제적 갈등 등 다양한 한계에 직면한다.

3.2.2 생산성 격차와 가격 차이의 압박

　　보호 무역 정책이 시행되더라도 기술 후진국은 생산성 격차와 가격 차이로 인해 여전히 심각한 압박을 받는다. 기술 선진국은 자동화, AI, 양자컴퓨터 등 첨단 기술을 활용해 생산성을 극대화하고, 동일한 제품을 훨씬 낮은 원가로 생산할 수 있다. 반면, 기술 후진국은 여전히 전통적인 생산 방식에 머물러 있어 생산성이 낮고, 원가도 높을 수밖에 없다. 이러한 생산성 격차는 가격 경쟁력에서 결정적인 차이로 이어진다.

　또한, 생산성 격차는 단순히 산업 경쟁력의 약화에 그치지 않는다. 기술 후진국은 첨단 기술 도입에 필요한 자본과 인력이 부족한 경우가 많아 산업 구조 조정과 기술 혁신에 한계를 보인다. 이는 장기적으로 국가 경제의 성장 동력을 약화시키는 요인으로 작용한다.

　결국 보호 무역 정책은 생산성 격차와 가격 차이의 압박을 완전히 막을 수 없다. 기술 후진국은 여전히 글로벌 경쟁에서 밀리고, 국내 산업은 점차 몰락의 길로 접어든다. 이는 보호 무역 정책의 한계를 극명하게 보여주는 현상이다.

4. 글로벌 자본주의 체제의 붕괴 메커니즘

4.1 글로벌 차원의 과잉 공급과 수요 위축

4.1.1 생산 과잉과 소비 위축의 악순환

글로벌 자본주의 체제에서 기술 혁신, 특히 자동화와 AI의 도입은 생산성을 극적으로 높여왔다. 기술 선진국은 첨단 생산 시스템을 통해 대량의 상품을 저렴하게 생산할 수 있게 되었고, 이는 곧 글로벌 차원에서의 공급 과잉으로 이어진다. 그러나 동시에, 기술 혁신은 노동의 대체와 고용 감소를 초래하여 실업률이 증가하고, 소득 불평등이 심화된다. 이는 내수 시장의 소비 위축으로 이어지며, 결과적으로 생산 과잉과 소비 위축이라는 악순환이 반복된다.

이러한 악순환은 단순히 경제적 문제에 그치지 않는다. 생산 과잉과 소비 위축이 지속되면, 기업의 이윤율이 하락하고, 투자 위축이 가속화된다. 이는 다시 고용 감소와 소득 하락으로 이어지며, 사회적 불안과 정치적 혼란이 확산된다.

결국 글로벌 차원의 생산 과잉과 소비 위축은 자본주의 체제의 구조적 한계를 극명하게 드러낸다. 기술 혁신이 가져온 생산성 증대가 오히려 소비 위축과 사회적 불안을 심화시키는 역설이 반복되고 있다. 이는 자본주의 체제의 근본적 재구조화와 새로운 질서의 필요성을 강력히 시사한다.

4.1.2 가격 경쟁의 격화와 이윤율 하락

글로벌 차원에서 생산 과잉과 소비 위축이 심화되면서 기업 간 가격 경쟁은 극심해지고, 가격 경쟁의 격화는 이윤율 하락으로 이어진다. 기업들이 가격을 낮추면서 매출은 증가할 수 있지만, 이윤율은 오히려 하락하는 현상이 나타난다. 실제로, 최근 몇 년간 글로벌 제조업의 평균 이윤율은 꾸준히 하락하는 추세를 보이고 있다. 이는 가격 경쟁의 격화가 기업의 수익성에 부정적인 영향을 미치고 있음을 보여준다.

이윤율 하락은 투자 위축과 고용 감소로 이어진다. 기업들이 이윤을 확보하지 못하면 신규 투자와 고용 창출에 소극적일 수밖에 없다. 이는 경제 성장의 동력을 약화시키고, 실업과 소득 불평등을 심화시킨다. 특히, 중소기업은 대기업에 비해 자본과 기술력이 부족해 가격 경쟁에서 더욱 불리하다. 이는 산업의 양극화와 고용 불안정을 가속화하는 요인으로 작용한다.

이러한 가격 경쟁의 격화와 이윤율 하락은 단순히 경제적 문제에 그치지 않고 글로벌 차원의 사회적 불안과 정치적 혼란이 확산되는 배경이 되어 자본주의 체제의 위기를 심화시킨다.

4.1.3 금융 위기와 신용 경색

글로벌 차원에서 생산 과잉, 소비 위축, 가격 경쟁의 격화, 이윤율 하락이 지속되면, 금융 시스템에도 심각한 충격이 전달된다. 기업의 이윤율이 하락하고, 투자 위축이 가속화되면 금융 기관의 대출 부실 위험이 커져 금융 시스템의 불안정을 초래하며, 신용 경색과 금융 위기로 이어질 수 있다.

금융 위기는 단순히 기업의 부실에 그치지 않는다. 실업과 소득 불평등이 심화되면 가계 소득이 줄어들고, 가계 대출 상환 능력을 약화시킨다. 그 결과 금융 기관의 자산 건전성이 저하되고, 신용 경색이 가속화한다.

신용 경색은 투자 위축과 경제 성장 둔화로 이어진다. 금융 기관이 대출을 꺼리면, 기업들은 신규 투자와 고용 창출에 소극적일 수밖에 없다. 이는 경제 성장의 동력을 약화시키고, 실업과 소득 불평등을 심화시킨다. 특히, 중소기업은 대기업에 비해 자본 접근성이 낮아 신용 경색의 영향을 더욱 크게 받게 되고, 결국 산업의 양극화와 고용 불안정을 가속화하는 요인으로 작용한다.

4.2 자본주의 체제의 붕괴 메커니즘

4.2.1 사회적 불안의 확산과 체제 신뢰 상실

기술 혁신과 글로벌 경제 위기가 심화되면서 사회적 불안은 점차 확산되고 있다. 특히, 중산층의 몰락과 근로 빈곤층의 증가는 사회적 신뢰와 통합을 약화시키는 주요 요인으로 작용한다. 청년층이 안정적인 일자리를 찾지 못하면 사회적 이동성과 계층 상승의 기회가 줄어들어 사회적 불평등과 양극화가 심화된다.

사회적 불안은 단순히 경제적 문제에 그치지 않는다. 정치적 갈등과 양극화가 심화되면 국민은 불안, 분노, 무기력 등 부정적인 감정을 경험하게 되어 정치적 신뢰가 약화되고, 사회적 통합이 어려워진다. 특히, 정치적 불안정이 지속되면 사회적 고립감과 불신이 확산되어 극단적 사회 반응과 집단 공황으로 이어질 수 있다. 또 사회적 불안의 확산은 체제 신뢰 상실로 이어진다. 국민이 정부와 기존 체제에 대한 신뢰를 잃으면서 체제의 지속 가능성이 크게 약화된다.

이와 같은 사회적 불안과 체제 신뢰 상실은 단순히 국내 문제에 그치지 않는다. 글로벌 차원에서 경제적 불안정과 정치적 갈등이 동시에 확산되면, 국제적 협력과 글로벌 거버넌스도 위협받는다. 이는 자본주의 체제의 구조적 한계를 극명하게 드러내며, 체제 붕괴의 가능성을 높인다.

4.2.2 정치적 혁명과 체제 전환의 징후

사회적 불안과 체제 신뢰 상실이 심화되면 정치적 혁명과 체제 전환의 징후가 나타나기 시작한다. 국민의 불만과 분노가 축적되면 대규모 시위, 집회, 혁명적 운동으로 표출된다. 특히, 경제적 어려움과 정치적 불신이 결합되면, 체제 전환을 요구하는 목소리가 커진다.

정치적 혁명은 단순히 정권 교체에 그치지 않는다. 체제 전환은 경제적·정치적·사회적 변화가 복합적으로 이루어져야 가능하다. 정치적 혁명과 체제 전환의 징후는 다양한 형태로 나타난다. 대규모 시위와 집회, 사회 운동, 새로운 정치 세력의 등장 등이 대표적이다.

결국 정치적 혁명과 체제 전환의 징후는 자본주의 체제의 근본적 위기를 보여주는 중요한 신호다. 사회적 불안과 체제 신뢰 상실이 심화되면, 체제 전환의 필요성이 점점 더 커지고, 새로운 질서로의 전환을 촉진한다.

4.2.3 기존 질서의 붕괴와 혼란

사회적 불안과 정치적 혁명이 심화되면, 기존 질서는 점차 붕괴되고 혼란이 확산된다. 체제 신뢰가 상실되고, 정치적 혁명이 발발하면, 기존의 권력 구조와 사회적 질서는 더 이상 유지될 수 없다. 이는 경제적·정치적·사회적 혼란으로 이어지며, 국가의 지속 가능성 자체를 위협한다. 기존 질서의 붕괴는 단순히 정권 교체에 그치지 않는다. 체제 전환 과정에서 경제적 위기, 정치적 불안정, 사회적 분열이 동시에 나타난다.

　기존 질서의 붕괴와 혼란은 글로벌 차원에서도 나타난다. 미국의 패권 약화, 중국의 부상, 유럽의 분열 등으로 인해 국제 질서는 점차 불안정해지고 있다. 이는 글로벌 차원의 경제적 불안정과 정치적 갈등을 가속화하며, 자본주의 체제의 구조적 한계를 극명하게 드러낸다.

5. 결론: 자본주의 이후의 세계

5.1 기술 혁신과 사회적 위기의 교훈

　　기술 혁신은 인류의 삶을 획기적으로 변화시키는 동력이지만, 동시에 사회적 불평등과 경제적 불안정을 심화시키는 양면성을 지니고 있다. 양자컴퓨터와 AI의 발전은 생산성을 극대화하는 한편, 노동 시장의 구조적 변화를 초래하여 실업과 소득 격차를 확대시켰다. 이는 단순한 기술적 진보를 넘어 사회적·경제적 시스템 전반에 걸친 재조정을 요구한다. 기술 혁신이 가져온 생산성 증대가 소비 위축과 사회적 불안을 심화시키는 역설은 기존 자본주의 체제의 한계를 명확히 드러내며, 지속 가능한 발전을 위해서는 기술 발전의 혜택이 포용적으로 분배되어야 함을 시사한다.

　기술 혁신의 교훈은 첨단 기술의 도입이 반드시 사회 전체의 복지 증진으로 이어지지 않는다는 점이다. 오히려, 기술 발전의 속도와 방향이 사회적 통합과 경제적 안정에 부정적 영향을 미칠 수 있다. 이는 단순히 기술적 문제가 아니라, 사회적 가치와 제도의 재정립이 필요함을 의미한다. 예를 들어, 자동화와 AI가 일자리를 대체하면서 실업이 증가하고, 소득 불평등이 심화되는 현상은 전 세계적으로 보편화되고 있다. 특히, 양자컴퓨터와 AI의 결합이 초래한 유례없는 기술 혁신은 자본주의 체제의 종말적인 위기를 극명하게 드러낼 것이다.

5.2 체제 전환의 필요성과 방식

글로벌 자본주의 체제는 기술 혁신과 경제적 불균형, 사회적 불안이 복합적으로 작용하면서 근본적인 위기에 직면해 있다. 기존의 자본주의 모델은 생산성 증대와 이윤 극대화에 집중하는 반면, 사회적 포용과 지속 가능성 측면에서는 한계를 드러내고 있다. 이러한 상황에서 체제 전환은 선택이 아닌 필수로 부상하고 있다. 체제 전환은 단순한 경제 시스템의 변화가 아니라, 정치적·사회적 구조의 근본적 재편을 포함한다.

그러나 체제 전환 과정은 극심한 갈등과 혼란을 동반할 수 있다. 따라서 체제 전환은 경착륙이 아닌, 연착륙의 형태로 점진적 방식으로 추진되어야 한다. 체제 전환이 경착륙의 파탄적 방식으로 이루어질 때 가장 큰 피해자는, 기존 체제로 인해 가장 크게 고통받으면서도 그것을 온몸으로 떠받쳐온 노동자, 농민을 비롯한 전 세계 민중들이 될 것이기 때문이다.

사회적 소유 자본
Socially Owned Capital
'자본주의 너머' 새로운 사회를 향하여

1판 1쇄 인쇄 2025년 11월 10일
1판 1쇄 발행 2025년 11월 27일

지은이 이상섭

펴낸이 최준석
펴낸곳 푸른나무출판 (주)
주소 경기도 고양시 일산서구 강선로 49. 404호
전화 031-927-9279 팩스 02-2179-8103
출판신고번호 제2019-000061호 신고일자 2004년 4월 21일

ISBN 979-11-92853-08-6 (03300)

책값은 뒤표지에 있습니다.
잘못 만들어진 책은 구입하신 서점에서 교환해드립니다.